Studienbücher der
Geographie

W. Kuls / F.-J. Kemper
Bevölkerungsgeographie

D1698538

capio lumen

1790

Studienbücher der

Geographie

(früher: Teubner Studienbücher der Geographie)

Die Studienbücher der Geographie behandeln wichtige Teilgebiete, Probleme und Methoden des Faches, insbesondere der Allgemeinen Geographie. Über Teildisziplinen hinweggreifende Fragestellungen sollen die vielseitigen Verknüpfungen der Problemkreise sichtbar machen. Je nach der Thematik oder dem Forschungsstand werden einige Sachgebiete in theoretischer Analyse oder in weltweiten Übersichten, andere hingegen stärker in regionaler Sicht behandelt. Den Herausgebern liegt besonders daran, Problemstellungen und Denkansätze deutlich werden zu lassen. Großer Wert wird deshalb auf didaktische Verarbeitung sowie klare und verständliche Darstellung gelegt. Die Reihe dient den Studierenden zum ergänzenden Eigenstudium, den Lehrern des Faches zur Fortbildung und den an Einzelthemen interessierten Angehörigen anderer Fächer zur Einführung in Teilgebiete der Geographie.

Bevölkerungsgeographie

Eine Einführung

Von Dr. phil. nat. Wolfgang Kuls
em. Professor an der Universität Bonn
und Prof. Dr. rer. nat. Franz-Josepf Kemper
Professor an der Humboldt-Universität Berlin

unveränderter Nachdruck der 3., neubearbeiteten Auflage
Mit 130 Bildern und 33 Tabellen

Gebrüder Borntraeger Verlagsbuchhandlung
Berlin • Stuttgart 2002

Prof. Dr. phil. nat. Wolfgang Kuls

Geboren 1920 in Königsberg/Pr. 1946–1951 Studium in Frankfurt a.M., dort 1951 Promotion. 1952–1963 zunächst wiss. Assistent, dann Oberassistent am Geographischen Institut der Johann Wolfgang Goethe-Universität Frankfurt. Habilitation 1958. Seit 1963 o. Prof. an der Rheinischen Friedrich-Wilhelms-Universität Bonn, 1985 emeritiert.

Dr. rer. nat. Franz-Josef Kemper

Geboren 1944 in Bonn, 1963–1969 Studium in Bonn, Berlin (Freie Universität) und München, 1970 Staatsexamen Mathematik und Geographie in Bonn, 1975 Promotion. Ab 1970 wiss. Angestellter am Geographischen Institut der Universität Bonn. Habilitation 1988. Seit 1995 Prof. für Bevölkerungs- und Sozialgeographie an der Humboldt-Universität zu Berlin.

Die Deutsche Bibliothek – CIP-Einheitsaufnahme

Kuls, Wolfgang ; Kemper, Franz-Josef :
Bevölkerungsgeographie : eine Einführung / von Wolfgang Kuls
und Franz-Josef Kemper
3., neubearbeitete Aufl., unveränd. Nachdruck. - Berlin ; Stuttgart :
Borntraeger, 2002
(Studienbücher der Geographie)
ISBN 3-443-7112-0

© 2002 Gebrüder Borntraeger, Berlin · Stuttgart
Gedruckt auf alterungsbeständigen Papier nach ISO 9706-1994

ISBN 3-443-07112-0
ISSN 1618-9175

Verlag: Gebrüder Borntraeger Verlagsbuchhandlung
Johannesstr. 3 A, D-70176 Stuttgart
e-mail: mail@schweizerbart.de
Internet: http://www.borntraeger-cramer.de
www.schweizerbart.de/pubs/series/studienbuecher-geographie-239.html

Gesamtherstellung: Präzis-Druck Karlsruhe

Printed in Germany

Aus dem Vorwort zur ersten Auflage

Obwohl Untersuchungen über Verteilung, Zusammensetzung und Entwicklung der Bevölkerung von Ländern, Natur- und Kulturräumen in der Geographie auf eine lange Tradition zurückblicken können, hat die Bevölkerungsgeographie als eine eigenständige Teildisziplin noch vor relativ kurzer Zeit eher ein randliches Dasein geführt und nicht gerade im Mittelpunkt methodischer Erörterungen und empirischer Forschungen gestanden. Das hat sich in den vergangenen zehn bis fünfzehn Jahren deutlich verändert, erkennbar an einer ständig wachsenden Zahl von Veröffentlichungen, die sich besonders mit Fragen der Bevölkerungsstruktur und Bevölkerungsbewegung sowie grundsätzlich mit Aufgaben und Möglichkeiten bevölkerungsgeographischer Forschung befassen. Zurückzuführen ist das sicher zum einen auf das ganz allgemein wachsende Interesse an Bevölkerungsvorgängen und Bevölkerungsproblemen, zum andern aber auch darauf, daß sich für die Forschung durch neue Arbeitstechniken ganz andere Möglichkeiten als in der Vergangenheit boten.

Die hier vorliegende Einführung in die Bevölkerungsgeographie soll einen Überblick über jene Sachverhalte und Fragestellungen vermitteln, die teils zu den traditionellen Aufgaben bevölkerungsgeographischer Forschung gehören, teils hier erst in jüngerer Zeit stärkere Beachtung fanden. Daß dabei keine Vollständigkeit angestrebt werden konnte, dürfte verständlich sein. Sowohl die Gliederung des Stoffes als auch die Schwerpunktverteilung bei der Behandlung einzelner Fragestellungen sollen nicht anders als ein dem Autor vertretbar erscheinender Weg verstanden werden, um im Rahmen eines Studienbuches einen Zugang zu Fragen der Bevölkerungsgeographie zu vermitteln. Die relativ umfangreichen Literaturangaben mögen es erleichtern, spezielleren Fragen nachzugehen. Auf möglichst scharfe Abgrenzung zu benachbarten Disziplinen wurde bewußt verzichtet, lassen sich doch bevölkerungsgeographische Fragen kaum ohne die Einbeziehung von Forschungsansätzen und Forschungsergebnissen etwa der Sozialgeographie, namentlich aber auch anderer Bereiche der Bevölkerungswissenschaften verfolgen.

Wolfgang Kuls

Zur dritten Auflage

Die Überarbeitung galt wie bei der zweiten Auflage nicht nur einer Aktualisierung zahlreicher statistischer Angaben, sondern auch Hinweisen auf jüngere Forschungsansätze und -ergebnisse. Das Grundkonzept blieb dabei unverändert. Ein neuer Abschnitt über Bevölkerungspolitik wurde eingefügt. Die Veränderungen der dritten Auflage besorgte der Unterzeichnete. Für die Erstellung von Abbildungen danke ich Herrn Dipl.-Ing.-Kart. G. Schilling und Herrn Dipl.-Ing.-Kart. M. Winkelbrandt. Der zuständigen Herausgeberin, Frau Priv.-Doz. Dr. F. Kraas, gilt mein Dank für die sorgfältige Durchsicht des Manuskriptes und für viele Ergänzungs- und Verbesserungsvorschläge.

Berlin, im Februar 2000   Franz-Josef Kemper

Inhalt

Verzeichnis der Abbildungen

10 Verzeichnis der Abbildungen

Verzeichnis der Tabellen

12 Verzeichnis der Tabellen

1 Einführung

1.1 Entwicklung und Aufgaben bevölkerungsgeographischer Forschung

Lange vor dem Ausbau der *Anthropogeographie*, der in erster Linie FRIEDRICH RATZEL zu danken ist, haben sich Geographen für die Bevölkerung der verschiedenen Erdräume interessiert und nach ihrer Zusammensetzung, ihrer Zahl und Verteilung oder auch nach ihren Existenzgrundlagen gefragt. Abgesehen von zahlreichen Abhandlungen, die unmittelbar der Bevölkerung galten, spielt diese eine wichtige Rolle in den vielen, mehr oder weniger umfassenden Erd- und Landschaftsbeschreibungen seit der Antike. Dabei gab es Zeiten, in denen sich das Interesse weitgehend auf die Erfassung von Bevölkerungszahlen – was ja eine keineswegs einfache Aufgabe war – beschränkte, andere dagegen, in denen die Bewohner einzelner Länder und Erdteile als Angehörige verschiedener Rassen, Sprach- und Religionsgemeinschaften oder auch als Träger ganz bestimmter wirtschaftlicher Tätigkeiten Beachtung fanden.

Sicher läßt sich vor dem Ende des vergangenen Jahrhunderts noch nicht von einer Bevölkerungsgeographie sprechen, wie wir sie heute verstehen.. Aber es ist auch nicht so, daß sich die Bevölkerungsgeographie als ein Zweig der Allgemeinen Geographie des Menschen erst im Laufe der letzten Jahrzehnte entwickelt hat, und daß vorher unter einer solchen Thematik durchgeführte Untersuchungen kaum etwas anderes als mehr oder weniger umfassende Beschreibungen ohne eine wissenschaftliche Fragestellung waren. Vielmehr gehört die Bevölkerungsgeographie zu jenen Teilgebieten der Disziplin, für die bereits früh – eben durch FRIEDRICH RATZEL – ein methodisches Konzept entwickelt wurde, auf dem weitere Forschungen aufbauen konnten. Der zweite Teil von RATZELS Anthropogeographie mit dem Titel „Die geographische Verbreitung des Menschen" (1891) enthält besonders in dem Abschnitt „Das statistische Bild der Menschheit" eine Vielzahl von Fragestellungen, die auch in der heutigen bevölkerungsgeographischen Forschung eine wichtige Rolle spielen, so vor allem Fragen der Bevölkerungsverteilung, der Dichte (Dichtigkeit) und der Bevölkerungsbewegung. Daß es im übrigen aber bereits vor RATZEL eine ganze Reihe bedeutsamer Forschungsansätze gegeben hat, läßt sich allein schon den Quellen entnehmen, auf die RATZEL viele seiner Ausführungen stützen konnte.

Auch in den methodischen Schriften von O. SCHLÜTER (u. a. 1906), der heute in erster Linie und oft allein als Begründer der geographischen Landschaftslehre gesehen wird, wurde der Bevölkerungsgeographie ein wichtiger Platz eingeräumt. Sie tritt bei ihm als zweiter Hauptteil der Geographie des Menschen neben die Kulturgeographie, ist allerdings in der Folge von SCHLÜTER selbst nicht weiter ausgebaut worden.

Nach frühen, auch in die Zeit vor RATZEL zurückreichenden Ansätzen, wie sie etwa in den älteren Jahrgängen von Petermanns Geographischen Mitteilungen und z. T. schon bei den Geographen des 18. Jahrhunderts zu finden sind, läßt sich in den ersten Jahrzehnten dieses Jahrhunderts gerade in der deutschen Geographie eine gewisse Stagnation der bevölkerungsgeographischen Forschung feststellen. Dies ist sicher zu einem Teil mit der Hinwendung des Faches zu einer vornehmlich landschafts- und länderkundlich orientierten Konzeption zu erklären. In Frankreich, in den Vereinigten Staaten und anderen Ländern hat sich die Entwicklung der Geographie zwar nicht in gleicher Weise wie in Deutschland vollzogen, aber auch hier gab es nur eine begrenzte Zahl von bedeutsamen neuen Ansätzen, etwa mit den Arbeiten von M. AUROUSSEAU (1921, 1923) oder M. JEFFERSON (1931, 1939). Bei der Suche nach einer Erklärung für den längere Zeit nicht sonderlich hervortretenden Beitrag der Geographie zur Bevölkerungsforschung wird man wohl berücksichtigen müssen, daß damals in der Öffentlichkeit Fragen der Bevölkerungsentwicklung keine allzu große Beachtung fanden. Zugleich dürfen aber auch die Schwierigkeiten nicht übersehen werden, die sich gerade für vergleichende Studien von Ländern und größeren Erdräumen aus unzureichenden Datengrundlagen ergaben. Während einzelne Länder oder auch Städte über einen vorzüglich ausgebauten statistischen Dienst verfügten, gab es in vielen anderen nicht einmal genauere Unterlagen über die Bevölkerungszahl. Gerade für Arbeiten auf dem Gebiet der Bevölkerungsgeographie sind aber sachlich, räumlich und zeitlich differenzierte statistische Daten unerläßlich. Sie stehen zwar auch heute keineswegs überall in einem auch nur einigermaßen befriedigenden Umfange zur Verfügung (vgl. etwa die entsprechenden Angaben über die Qualität von Daten im „Demographic Yearbook" der Vereinten Nationen), doch haben die Fortentwicklung statistischer Erhebungsmethoden und manche Vereinheitlichung bei der Durchführung von Zählungen auch im internationalen Rahmen weitaus bessere Voraussetzungen für die Forschung geschaffen, als sie noch vor wenigen Jahrzehnten gegeben waren. Schließlich dürfen auch die großen Fortschritte, die auf dem Gebiet der Datenverarbeitung erreicht worden sind, nicht unberücksichtigt bleiben.

Wenn man sich mit Hilfe der sehr umfassenden Bibliographie von H.
DÖRRIES (1940) über bevölkerungsgeographische Aktivitäten in den ersten
Jahrzehnten dieses Jahrhunderts informiert (DÖRRIES berücksichtigt den Zeit-
raum von 1908 bis 1938), dann zeigt sich, daß damals das Hauptinteresse der
Geographen einem recht begrenzten Kreis von Fragestellungen galt. Im Vordergrund standen zunächst vor allem Studien zur Bevölkerungsverteilung und
Bevölkerungsdichte, wobei Möglichkeiten der Erfassung und kartographischen
Darstellung eine besondere Rolle spielten und bei der Frage nach den Ursachen von Unterschieden in der Verteilung und Dichte hauptsächlich die Bedeutung der Naturfaktoren zu klären versucht wurde. In der Zeit zwischen
den beiden Weltkriegen wandte sich die Aufmerksamkeit auch vermehrt Fragen der natürlichen Bevölkerungsbewegung und der räumlichen Mobilität zu.
Gleichzeitig entstanden in Deutschland – sicher nicht unbeeinflußt von den
weitgehend veränderten politischen und wirtschaftlichen Verhältnissen – mehrere grundlegende Untersuchungen zum Problem der Tragfähigkeit (A.
PENCK 1924, A. FISCHER 1925, W. HOLLSTEIN 1937). Schließlich spielte in
der damaligen Zeit die von Geographen aus zahlreichen Ländern verfolgte
Frage nach den Anpassungsmöglichkeiten von (europäischen) Siedlern an die
Lebensbedingungen einer ihnen fremden natürlichen Umwelt, namentlich der
Tropen, eine wichtige Rolle (vgl. dazu die zahlreichen Vorträge zu dieser
Thematik auf dem internationalen Geographenkongreß in Amsterdam 1938).
Im ganzen blieb jedoch der Anteil bevölkerungsgeographischer Untersuchun-
gen an der geographischen Forschung bis etwa 1950 weiterhin recht beschei-
den.

Das sieht in der Gegenwart erheblich anders aus. Ganz gleich, wie man den
Rahmen für die von der Bevölkerungsgeographie zu erfüllenden Aufgaben
absteckt, wird man eine starke Zunahme des Interesses von Geographen in
diesem Bereich feststellen können. Das zeigt sich am deutlichsten in dem ungemein rasch anschwellenden und inzwischen, ähnlich wie in anderen For-
schungszweigen der Geographie, kaum noch zu überblickenden Schrifttum.
Beteiligt sind daran Geographen aus allen Ländern, in denen wissenschaftliche
Geographie betrieben wird, nicht etwa nur einzelne Schulen oder Wissenschaftler bestimmter Nationen. Die Schwerpunkte der Forschung sind dabei
durchaus unterschiedlich gelagert, nicht zuletzt deshalb, weil die Aufgaben, die
man einer Bevölkerungsgeographie zuweist, nicht einheitlich gesehen werden
und damit auch die Stellung der Bevölkerungsgeographie innerhalb der Geographie verschieden ist.

Es gibt heute eine ganze Reihe zusammenfassender Darstellungen der Bevölkerungsgeographie, so im deutschsprachigen Bereich von J. BÄHR 1997, N. de

LANGE 1991, J. LEIB u. G. MERTINS 1983, E. WEBER, B. BENTHIEN u. A. KÄNEL 1986 sowie das umfassende Lehrbuch von J. BÄHR, C. JENTSCH u. W. KULS 1992, im englischsprachigen Bereich u.a. von H.R. JONES 1990, D.A. PLANE u. P.A. ROGERSON 1994, R. WOODS 1979 und im französischsprachigen von D. NOIN 1988, D. NOIN u. P.-J. THUMERELLE 1993. Daneben sind wichtige Sammelwerke mit Beiträgen zu verschiedenen Forschungsbereichen erschienen, von denen hier lediglich die wohl erste, weit verbreitete Zusammenstellung dieser Art von G.J. DEMKO, H.M. ROSE u. G.A. SCHNELL 1970 angeführt sei. Regelmäßig erscheinen in der Zeitschrift „Progress in Human Geography" Literaturberichte zum Stand und zu neueren Entwicklungen der Bevölkerungsgeographie (zuletzt erschienen P.E. OGDEN 1998).

Versucht man, Aufgaben und Stellung der Bevölkerungsgeographie in der Gegenwart näher zu umreißen, dann scheint es, als gäbe es eine Übereinstimmung zwischen jenen, die sich dazu geäußert haben, lediglich in der Feststellung, daß die bevölkerungsgeographische Forschung zu lange vernachlässigt wurde und in methodischer Hinsicht noch unzureichend ausgebaut ist. Es gibt zwar eine Reihe von Forschungsaufgaben, über deren Zuweisung zur Bevölkerungsgeographie kaum Meinungsverschiedenheiten bestehen, bei anderen gehen die Ansichten jedoch ziemlich weit auseinander. Deutlich wird dies nicht zuletzt bei der Diskussion um die Frage, welche Stellung der Bevölkerungsgeographie im Rahmen der Geographie des Menschen zukommt.

In der deutschen Geographie hat bei den methodischen Auseinandersetzungen der 60er und 70er Jahre das Konzept der Sozialgeographie bekanntlich eine besonders wichtige Rolle gespielt. Hier sind unter den ersten richtungsweisenden Arbeiten vor allem die Beiträge von H. BOBEK und W. HARTKE zu nennen, die zu einer Neuorientierung in der Geographie des Menschen führten. K. RUPPERT und F. SCHAFFER haben dann 1969, und 1977 zusammen mit J. MAIER und R. PAESLER, aufbauend auf einer Vielzahl bis dahin vorliegender Einzelstudien und methodischer Erörterungen den Forschungsansatz schärfer umrissen und die spezifischen Aufgaben einzelner Teilbereiche der Geographie des Menschen aus den Grundfunktionen menschlichen Daseins abgeleitet. Die Bevölkerungsgeographie wird von den zuletzt genannten Autoren ebenso wie von H. BOBEK (1962 a) als ein spezieller Zweig neben die anderen Teilbereiche einer sozialgeographisch orientierten Geographie des Menschen gestellt, indem ihr die Aufgabe zufällt, den mit den Funktionen „sich fortpflanzen" und „in Gemeinschaften leben" verbundenen Flächenansprüchen und Raumstrukturen unter besonderer Berücksichtigung des biosozialen Bereichs nachzugehen (J. MAIER, R. PAESLER, K. RUPPERT u. F. SCHAFFER 1977).

Eine Eigenständigkeit der Bevölkerungsgeographie im Sinne eines spezifischen Forschungsauftrages neben Sozialgeographie, Wirtschaftsgeographie usw. hat P. SCHÖLLER 1968 gefordert und zugleich die Aufgabenbereiche näher umrissen als „Geographische Anthropologie" (Verteilung und Gliederung der anthropologischen Gruppen; Bevölkerungsbiologie), „Bevölkerungsökologie" (Einfluß der Natur auf den Menschen; Gruppendifferenzierungen in Abhängigkeit von der naturgegebenen Umwelt) und „Bevölkerungsraumlehre" (die räumliche Lebensordnung der Menschheit und ihre Veränderungen; Bevölkerungsverteilung und Dichte, Grenzen der Ökumene, Wanderungsbewegung). Wenig später hat SCHÖLLER dann in einem Überblick über die Entwicklung der deutschen Bevölkerungsgeographie die Frage aufgeworfen, „ob die allseitige Erforschung des Wanderungsgeschehens künftig nicht die zentrale Aufgabe einer dynamisch verstandenen Bevölkerungsgeographie sein könnte" (1970, S. 37), und damit zum Ausdruck bringen wollen, daß nicht alle der vorher genannten Aufgaben gleichrangig nebeneinander stehen können. Dagegen hat J. BÄHR (1988) als weiteres zentrales Forschungsfeld der Bevölkerungsgeographie die Analyse der natürlichen Bevölkerungsbewegung herausgestellt. In beiden Bereichen der Wanderungen wie der Fertilität und Mortalität spielen die demographischen Betrachtungsweisen eine besondere Rolle.

Außerhalb des deutschsprachigen Schrifttums ist eine Reihe von grundsätzlichen Erörterungen über Aufgaben und Wege bevölkerungsgeographischer Forschung vor allem in der angloamerikanischen Fachliteratur zu finden. Hier erschien 1953 der für nachfolgende Arbeiten und methodische Auseinandersetzungen besonders bedeutsame Aufsatz von G.T. TREWARTHA „A Case for Population Geography". TREWARTHA fordert darin für die Bevölkerungsgeographie eine zentrale Stellung innerhalb der gesamten Geographie, indem er statt der traditionellen Zweigliederung des geographischen Forschungsansatzes „Naturraum - Kulturraum" eine Dreigliederung eben durch Hinzunahme eines von der Bevölkerung selbst ausgehenden Ansatzes vorschlägt. Für ihn stellt die Bevölkerung einen Bezugspunkte dar, von dem aus in der Geographie alle anderen Elemente betrachtet werden können und von dem aus sie ihre Bedeutung und ihren Sinn ableiten. In einem systematischen Überblick über die Forschungsaufgaben werden von TREWARTHA v. a. Historische Bevölkerungsgeographie, Bevölkerungszahl und Bevölkerungsentwicklung, Bevölkerungsverteilung, Wanderungsbewegungen und qualitative Merkmale der Bevölkerung genannt, und zwar sowohl sog. natürliche Merkmale als auch solche soziökonomischer Art.

Als wichtiger methodischer Beitrag ist aus dem amerikanischen Schrifttum dann die unter dem Titel „Geography and Demography" publizierte Abhandlung von E.A. ACKERMAN (1959) anzuführen. ACKERMAN befaßt sich mit dem spezifisch geographischen Ansatz bei der Erforschung der Bevölkerung und gibt dabei auch einen Überblick über einzelne Wege bevölkerungsgeographischer Forschung. In diesem Aufsatz werden enge Verbindungen zwischen Bevölkerungsgeographie und Demographie postuliert, die später von R. WOODS (1982) aufgegriffen und intensiviert werden. WOODS sieht die Möglichkeit von Fortschritten in der geographischen Forschung in einer engen Verbindung von geographischen und demographischen Ansätzen, indem sich die Geographen der analytischen Methoden von Demographen bedienen und deren Modelle und Theorien berücksichtigen. Gleichzeitig weist er darauf hin, daß seitens der demographischen Forschung in der Vergangenheit raumbezogene Fragestellungen zu wenig Beachtung fanden. Er plädiert deshalb für einen Weg (Spatial Demography), bei dem die traditionellen Ansätze beider Disziplinen zusammenkommen. Raumbezogene Modelle für demographische Daten hat besonders P. REES entwickelt (s. P. REES 1983, R. WOODS u. P. REES 1986). Im deutschsprachigen Schrifttum informieren im übrigen die Studienbücher von R.J. DINKEL (1989) und U. MUELLER (1993) über die demographischen Analysetechniken.

In einem einflußreichen Aufsatz haben 1991 die britischen Geographen A.M. FINDLAY und E. GRAHAM gegen den Ansatz der Spatial Demography eingewendet, daß er – trotz unbestrittener Verdienste in bislang vernachlässigten Bereichen von natürlicher Bevölkerungsbewegung und multiregionaler Prognose – inhaltlich und methodisch die Fragestellungen der Bevölkerungsgeographie zu stark verkürze. So seien einerseits Probleme von Migration, Bevölkerungsverteilung und physischer Umwelt sowie von Beziehungen zwischen Bevölkerung und Gesellschaft deutlich unterrepräsentiert, andererseits habe sich die Bevölkerungsgeographie nicht genügend an den theoretischen Diskussionen beteiligt, die seit den 80er Jahren in der angelsächsischen Humangeographie im Gange sind. Daran anknüpfend haben P. WHITE u. P. JACKSON (1995) stärkere Verbindungen zu den neueren theoretischen Konzepten in Sozial-, Kultur- und Wirtschaftsgeographie gefordert. Ein Forum für entsprechende Debatten bietet das seit 1995 erscheinende „International Journal of Population Geography".

In der DDR stand die Entwicklung der Bevölkerungsgeographie, die durchaus gepflegt wurde, unter einem anderen Vorzeichen als in Westdeutschland. Im Rahmen eines marxistischen Ansatzes hat so E. WEBER (1970) die Bevölkerungsgeographie als Teildisziplin der Ökonomischen Geographie verstanden, wobei die Zusammenhänge zwischen Produktionsweise und Bevölkerung besonders betont werden. Ein Beispiel hierfür sind die Verknüpfungen zwischen der beruflichen und sozialen Umschichtung der Bevölkerung, etwa im Verlauf der Industrialisierung, und ihrer räumlichen Umverteilung.

Nach den vorstehenden knappen Hinweisen auf Entwicklung und Aufgaben bevölkerungsgeographischer Forschung wird sich die Notwendigkeit einer Bevölkerungsgeographie als Teildisziplin der Geographie des Menschen kaum bestreiten lassen. Welche Stellung innerhalb der Gesamtdisziplin ihr zugewiesen wird, erscheint nicht von sehr großer Bedeutung, weil eine – wie auch immer vorgenommene – Gliederung einer Wissenschaft in einzelne Zweige nicht als Aufteilung in Zuständigkeitsbereiche mit nur schwer überschreitbaren Grenzen verstanden werden kann. Einer objektbezogenen Systematisierung wird man insofern zustimmen können, als diese vor allem für die Forschungspraxis manche Vorteile bringt, allein schon wegen der notwendigen Entwicklung bzw. des Ausbaus spezieller Arbeitsverfahren und des unerläßlichen Kontakts mit Nachbardisziplinen, besonders der Demographie und anderen Teilen einer umfassenden Bevölkerungswissenschaft. Entscheidend für bevölkerungsgeographische Arbeiten sind die aus der Allgemeinen Geographie des Menschen herzuleitenden Forschungsansätze, womit eine Isolierung von anderen Teildisziplinen, namentlich von der Sozialgeographie, von vornherein ausgeschlossen wird.

Mit dem hier vorliegenden „Studienbuch" soll – den Intentionen der Herausgeber entsprechend – in erster Linie dem interessierten Studenten ein Einblick in Fragestellungen, Sachverhalte und Arbeitsweisen vermittelt werden, um so eine Grundorientierung als Voraussetzung für intensivere Studien von Teilfragen zu ermöglichen. Notwendigerweise bleibt ein solcher einführender Überblick unvollständig. Aus der Fülle des für eine „Einführung" in Frage kommenden Stoffes mußte eine Auswahl getroffen werden. Manche anderen Lösungen hätten sich sehr wohl auch angeboten. Hier maßgeblich war das Bestreben, in erster Linie jene Fragestellungen zu verdeutlichen, denen in der jüngeren Forschung verstärkt Aufmerksamkeit geschenkt worden ist, aber auch solchen nachzugehen, die als fruchtbar erscheinende Ansätze in der Vergangenheit entwickelt, jedoch nur wenig weiter verfolgt worden sind. Daneben geht das Bemühen dahin, einzelne Fragen möglichst an konkreten Beispielen zu erörtern und gleichzeitig jeweils auf geeignete Untersuchungsverfahren sowie entsprechende Darstellungsmethoden zu verweisen. So wird der Leser einiges von dem vermissen, was zu Fragen der Bevölkerung und Bevölkerungsgeographie in älteren Lehr- und Handbüchern in sehr ausführlicher Weise zu finden ist, zum Beispiel längere Abschnitte über die Differenzierung der Menschheit nach körperlichen Merkmalen oder „ethnisch-rassischer" Zugehörigkeit. Auch auf die Behandlung von Fragen wie der Akklimatisation oder unterschiedlicher Ernährungsweisen mit ihren Auswirkungen auf die Bevölkerung wurde verzichtet. Das soll nicht heißen, daß sich der Bevölkerungsgeograph an der Forschung auf diesen Gebieten nicht mit originären Beiträgen beteiligen könnte. Auf der anderen Seite werden bewußt einzelnen Aspekten der Bevölkerungszusammensetzung und Bevölkerungsentwicklung recht breiter Raum gewidmet und Sachverhalte erörtert, die in erster Linie als Anliegen der Demographie betrachtet werden mögen. Ein Verzicht darauf erschien jedoch nicht vertretbar, ohne die Gefahr der Unverständlichkeit mancher Zusammenhänge in Kauf zu nehmen.

In der nachfolgenden Darstellung wird Bevölkerungsgeographie also als eine Teildisziplin der Allgemeinen Geographie des Menschen gesehen, für die in erster Linie die Sozialgeographie den Bezugsrahmen bildet. Als Aufgaben bevölkerungsgeographischer Forschung erfahren dabei besondere Berücksichtigung:

1. Untersuchungen über die räumliche Verteilung der Bevölkerung und der sie bedingenden Faktoren, Erörterung des Dichtebegriffs und der Bewertung von Dichteverhältnissen.

2. Untersuchungen über die Zusammensetzung der Bevölkerung in verschiedenen Erdräumen bzw. Regionen nach Merkmalen des Alters und Geschlechts sowie nach Differenzierungen in sozialer und wirtschaftlicher Hinsicht.

3. Untersuchungen über die natürliche Bevölkerungsentwicklung und die dafür bedeutsamen Bestimmungsfaktoren in räumlicher und zeitlicher Sicht, Fragen nach dem Verhältnis von Bevölkerungswachstum und verfügbaren Unterhaltsquellen unter dem Aspekt der Tragfähigkeit.

4. Untersuchungen von Wanderungsvorgängen im Kontext einer umfassenden geographischen Mobilitätsforschung.

Diesen Themenkreisen entsprechen die Hauptabschnitte, denen ein kurzes Kapitel über die für bevölkerungsgeographische Untersuchungen zur Verfügung stehenden statistischen Grundlagen und Quellen vorangestellt ist.

1.2 Datengrundlagen für bevölkerungsgeographische Untersuchungen

Es ist schon betont worden, daß bevölkerungsgeographische Untersuchungen im besonderen Maße auf ausreichende und zuverlässige Angaben über Bevölkerungszahlen und ihre Entwicklung, über die räumliche Verteilung der Bevölkerung und die dabei auftretenden Veränderungen sowie über eine Reihe von Merkmalen der Bevölkerung bzw. Bevölkerungsteile wie Alter, Geschlecht, Stellung in der Familie oder auch wirtschaftliche Tätigkeit und soziale Stellung angewiesen sind. Derartige Angaben sind nun keineswegs überall und für jeden beliebigen Zeitraum verfügbar. Werden sie überhaupt ermittelt, dann geschieht dies in den meisten Fällen wegen des hohen damit verbundenen Aufwandes nur in größeren Zeitabständen im Rahmen einer *Volkszählung*, eines Zensus. Eine derartige Volkszählung hält also einen Zustand zu einem bestimmten Zeitpunkt fest, und Entwicklungsabläufe lassen sich oft nur durch Vergleiche von Zuständen zu verschiedenen Zeitpunkten, d. h. durch Vergleiche von aufeinanderfolgenden Zählungen ermitteln.

Ein Zensus ist nicht erst eine Einrichtung unseres modernen Zeitalters, sondern – oft gegen erhebliche Widerstände der davon Betroffenen – in einigen Staaten der Erde schon vor sehr langer Zeit durchgeführt worden, wobei der Umfang der jeweiligen Ermittlungen sehr verschieden war. Bekannt sind frühe Zählungen aus dem Römischen Reich, aus dem alten China oder auch aus dem Inka-Staat, und zwar ist schon damals verschiedentlich nicht allein die Zahl der Menschen erfaßt worden, sondern es wurden auch Feststellungen über wirtschaftliche Verhältnisse oder das Alter und die Haushaltszusammensetzung getroffen. Mehr oder weniger regelmäßige Zählungen im europäischen Bereich gibt es allerdings kaum vor dem 18. Jahrhundert, und auch diese nur in wenigen Staaten oder kleineren Herrschaftsbereichen und einzelnen Städten mit oft sehr unregelmäßigen Abständen. Zählungen aus älterer Zeit enthalten auch gewöhnlich nur wenige über die Bevölkerungzahl hinausgehende Angaben. Immerhin war spätestens seit dem 18. Jahrhundert die Notwendigkeit einer umfassenden Bevölkerungsstatistik als eine der wichtigsten Grundlagen für die Politik der Staaten und für die Staatenkunde klar erkannt, sie wurde u. a. auch sehr energisch von zahlreichen Professoren an den damaligen Universitäten gefordert. Die Art der Erhebungen war ganz unterschiedlich, so daß eine Vergleichbarkeit von Zählungen in verschiedenen Gebieten und zu verschiedenen Zeiten gewöhnlich nur in begrenztem Umfang gegeben ist (vgl. hierzu K. WITTHAUER 1969).

Eine namentliche Erfassung sämtlicher Personen in sog. Haushaltslisten erfolgte in Deutschland erst seit der Mitte des vergangenen Jahrhunderts. Nach
der Gründung des Deutschen Reiches fanden dann bis zum Ersten Weltkrieg
Volkszählungen in fünfjährigem Abstand statt, danach – gekoppelt mit Berufs-
und Betriebszählungen – in den Jahren 1925, 1933 und 1939. Seit dem Bestehen der Bundesrepublik Deutschland wurden hier nach einer ersten Erhebung
1946 die großen Zählungen in den Jahren 1950, 1961, 1970 und 1987 durchgeführt und die Ergebnisse auf der Basis verschiedener räumlicher Bezugseinheiten (Länder, Regierungsbezirke, Kreise und Gemeinden) von den statistischen Ämtern des Bundes und der Länder mehr oder weniger ausführlich pu-
bliziert. Zensusjahre in der DDR waren 1946, 1950, 1964, 1971 und 1981.

Abstände, Umfang und Methode der Erhebungen wiesen vor allem in der
Vergangenheit von Land zu Land große Unterschiede auf. So gab es in einigen
Ländern ein Intervall von fünf oder zehn Jahren, in anderen fanden die Zählungen recht unregelmäßig statt, in Rußland bzw. der Sowjetunion z.B. 1879,
1926, 1939, 1959, 1970 und 1989. Seitens der Vereinten Nationen bemüht
man sich seit längerer Zeit um eine weitreichende Vereinheitlichung sowohl
der Termine als auch der Erhebungsmerkmale.

Zu den wichtigsten Forderungen, die an moderne Zählungen gestellt werden,
gehören Vollständigkeit, Gleichzeitigkeit, Erfassung von Einzelpersonen als
Einheiten der Zählung, eindeutige Abgrenzung der Erhebungsgebiete und
regelmäßige Wiederholung. Dazu kommen weitere Forderungen, die Aufbe-
reitung und Veröffentlichung der Daten betreffen. Sie alle zu erfüllen, ist an
eine Vielzahl von Voraussetzungen gebunden, die auch heute noch durchaus
nicht in allen Ländern gegeben sind und deshalb dort die Zensus-Behörden
vor große Probleme stellen.

Ein vielfach diskutiertes Beispiel bieten die Volkszählungen in Nigeria. Hier ist eine erste
umfassende Erhebung noch unter britischer Herrschaft in den Jahren 1950/53 vorgenommen worden. Knappheit beim Erhebungspersonal und Engpässe bei der Aufberei-
tung der Zählergebnisse bedingten einen langen Erhebungszeitraum, in dem zuerst die
Bevölkerung von Lagos, dann von Nordnigeria und zuletzt von Ostnigeria erfaßt wurde.
Das Ergebnis war eine Gesamtzahl von 30,4 Mio. Menschen. Der erste Zensus nach der
Unabhängigkeit fand dann 1962 statt, doch wichen die Ergebnisse so sehr von den pro-
gnostizierten Zahlen ab, daß man sie nicht veröffentlichte, sondern sich zu einer erneuten Zählung im Jahre 1963 entschloß. Dabei ergab sich eine Bevölkerungszahl von 55,7
Mio. – weit mehr als man erwartet hatte. Eine daraus zu berechnende durchschnittliche
jährliche Zuwachsrate von mehr als 6 % ist auch bei den sehr hohen Geburtenziffern
Nigerias völlig unwahrscheinlich, so daß man annehmen muß, daß mit der Zählung
1950/53 nicht die gesamte Bevölkerung erfaßt war und/oder 1963 zu viele Personen
gezählt wurden. Vieles spricht dafür, daß die Ergebnisse von 1950/53 zu niedrig waren.

Vor allem in einigen Teilen Nordnigerias und des Nigerdeltas ist offenbar nur unvollständig gezählt worden, und außerdem haben sich zahlreiche Personen einer Erfassung aus Angst vor steuerlicher Belastung entzogen. Beim Bekanntwerden der außerordentlich hohen Zahlen von 1963 sind diese teilweise als Fälschung gewertet worden, wobei man berücksichtigen muß, daß die Zahl der Parlamentsabgeordneten einer Region in dem inzwischen unabhängigen Staat nach der jeweiligen Einwohnerzahl festgesetzt wur-

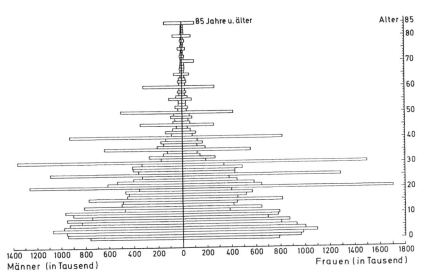

Abb. 1   Alterstruktur der Bevölkerung von Nigeria 1963 nach den veröffentlichten Daten der Volkszählung (nach F. Corvinus 1976, S. 102)

de. Man versuchte, Bevölkerungszahlen zur Rechtfertigung politischer Machtansprüche zu benutzen. Die unterschiedliche Bewertung der Zensusergebnisse von 1963 hat eine nicht unbedeutende Rolle für die Verschärfung der inneren Gegensätze und den Ausbruch des Bürgerkrieges gespielt (s. F. CORVINUS 1978, S. 13).

Im übrigen gibt die nach den veröffentlichten Daten erstellte Bevölkerungspyramide Nigerias noch ein Beispiel für weitere Schwierigkeiten beim Zensus in einem Land, in dem bis heute keine amtliche Registrierung von Geburten- und Sterbefällen erfolgt, in dem der Bildungsstand der Bevölkerung niedrig ist und ein Verständnis für die Aufgaben einer Volkszählung bei großen Teilen der Bevölkerung nicht erwartet werden kann: Die Altersangaben sind weitgehend abgerundet, der starke Ausschlag bei den 20jährigen erklärt sich in diesem Fall dadurch, daß bei den Parlamentswahlen ein Mindestalter von 20 Jahren vorgesehen war.

Unstimmigkeiten und fragwürdige Zuverlässigkeit der Volkszählungen bestimmen bis heute die Situation in Nigeria. Nachdem ein Zensus von 1973 nicht offiziell anerkannt wurde, weil sich die politischen Parteien, die regional-ethnisch gebunden sind, nicht auf die Ergebnisse der ethnischen Aufgliederung der Bevölkerung einigen konnten, entfiel beim nächsten Zensus von 1991 die Frage nach der ethnischen Zugehörigkeit. Die insgesamt mit hohem Aufwand und großer Sorgfalt durchgeführte Volkszählung von 1991 erbrachte allerdings eine Gesamtbevölkerungszahl von 88,5 Mio. Einwohnern, die weit unter den bisherigen Schätzungen lag und die Zahlen der Weltbank von 120 Mio. Einwohnern um über 30 Mio. unterschritt! Dies führte dazu, daß die Weltbank Nigeria aus der Kategorie der ärmsten Länder, die besonders zu fördern sind, herausnahm, weil das Bruttosozialprodukt pro Kopf aufgrund der neuen Bevölkerungszahl plötzlich stark angestiegen war. Insgesamt muß aber die Zuverlässigkeit der regionalen und sachlichen Aufgliederung der Zensusergebnisse in Nigeria weiterhin in Frage gestellt werden (s. W. FRICKE u. G. MALCHAU 1994).

Eine ausführliche Erörterung der für die Durchführung einer Volkszählung notwendigen Voraussetzungen und der dabei auftretenden Schwierigkeiten kann hier nicht erfolgen. Zur weiteren Information über diese Fragen mag auf die Bevölkerungsstatistik von J. FLASKÄMPER (1962), die Einführung in die Demographie von I. ESENWEIN-ROTHE (1982) und zahlreiche einschlägige Veröffentlichungen des Statistischen Bundesamtes verwiesen sein. Die hauptsächlichen Probleme für den Benutzer von Volkszählungsergebnissen resultieren nicht allein aus der unterschiedlichen Zuverlässigkeit der Daten, sondern auch aus der Uneinheitlichkeit der Erhebungsmerkmale in den einzelnen Ländern, aus einer oft von einer zur anderen Zählung vorgenommenen Änderung dieser Merkmale, aus der Änderung von Erhebungsgebieten (s. z.B. die Schwierigkeiten, die sich in der Bundesrepublik Deutschland für zeitliche Vergleiche durch die Verwaltungsgebietsreformen ergeben haben) und nicht zuletzt aus der Tatsache, daß manche Daten aus politischen oder wirtschaftlichen Gründen nicht veröffentlicht werden.

Nun bieten die mit hohen Kosten verbundenen Volkszählungen natürlich nicht die einzige Datenquelle für bevölkerungsgeographische Untersuchungen. Da die Abstände zwischen den Zählungen zwangsläufig recht groß sind, wird in der amtlichen Statistik zur Erfassung von Veränderungen das Verfahren der *Fortschreibung* angewandt, das ein funktionierendes Einwohnermeldewesen zur Voraussetzung hat. Bei diesem Verfahren wird von der bei der letzten Volkszählung ermittelten Personenzahl ausgegangen und die Anzahl der von den Ämtern erfaßten Geburten, Sterbefälle, Zuzüge und Fortzüge – mit einigen Merkmalen zur Person – hinzugerechnet bzw. abgezogen, so daß theoretisch jederzeit der genaue Bevölkerungsstand ermittelt werden kann. Dabei gibt es manche Fehlerquellen, die in erster Linie auf eine mehr oder weniger straffe Handhabung der Meldepflicht zurückzuführen sind.

Einige Länder (so die Niederlande und die skandinavischen Staaten), in denen die Meldung von Bevölkerungsereignissen weithin zuverlässige Ergebnisse bringt, verfügen über umfassende *Bevölkerungsregister*. Diese enthalten zahlreiche Angaben zur Person und können Volkszählungen erheblich vereinfachen. Der Verwertbarkeit solcher Register für Forschungszwecke sind allerdings – ebenso der Verwertbarkeit von Individualdaten aus Volkszählungen – fast immer enge rechtliche Grenzen gesetzt.

Oft ist es unmöglich, durch Fortschreibung wichtige Strukturmerkmale der Bevölkerung in ihrer zeitlichen Entwicklung zu fassen. Hier gewinnt deshalb der auf Stichproben beruhende *Mikrozensus* besondere Bedeutung. In der Bundesrepublik wird dieses Verfahren seit 1957 erfolgreich für verschiedene Fragestellungen angewandt, und auch in vielen anderen Ländern hat man es als ein äußerst wichtiges Instrument zur Erfassung von Entwicklungsprozessen ausgebaut. Notwendigerweise bieten Stichproben allerdings nur begrenzt Einblick in regionale Strukturen und Prozeßabläufe, so daß sie im Rahmen bevölkerungsgeographischer Untersuchungen oft nur bedingt verwertbar sind.

Selbstverständlich bringen auch zahlreiche Erhebungen anderer Art, wie etwa Gebäude- und Wohnungszählungen, landwirtschaftliche Betriebszählungen oder die Gesundheitsstatistik Angaben, die für den Bevölkerungsgeographen von großem Interesse sein können. Darüber hinaus erweist es sich jedoch in vielen Fällen als unerläßlich, auf andere nicht-amtliche Quellen zurückzugreifen und spezielle, in den Sozialwissenschaften entwickelte Erhebungs- und Beobachtungstechniken anzuwenden. Dazu gehört in besonderem Maße die meist in Form von Stichproben durchgeführte *Befragung*, mit deren Hilfe vor allem auch Einblicke in Motive für bestimmte Verhaltensweisen – wie generatives Verhalten oder Mobilitätsverhalten – gewonnen werden können. Im übrigen muß hinsichtlich der Art, des Umfanges und der regionalen Aufgliederung verfügbarer statistischer Daten auf die entsprechenden Veröffentlichungen der statistischen Ämter verwiesen werden.

Die als Informationsquelle bedeutsamste *internationale Veröffentlichung* von Bevölkerungsdaten, in der u. a. die Zensus-Ergebnisse einzelner Länder zu finden sind, ist das seit 1948 jährlich erscheinende „Demographic Yearbook", herausgegeben vom Statistischen Amt der Vereinten Nationen in New York. Hier finden sich neben den Bevölkerungszahlen von Ländern und Ländergruppen zahlreiche weitere Angaben zur Bevölkerungsstruktur und Bevölkerungsbewegung, wobei die einzelnen Bände unterschiedliche Schwerpunkte aufweisen, wie etwa Geburtenstatistik, Fruchtbarkeitsstatistik, Sterbestatistik, Statistik der Eheschließungen und Scheidungen oder Statistik wirtschaftlicher Merkmale der Bevölkerung. Freilich liegen solche Daten nicht für alle Länder

der Erde vor. Vielfach sind die dafür erforderlichen Erhebungen noch nicht oder zuletzt vor längerer Zeit durchgeführt worden, und die veröffentlichten Zahlen beruhen dann auf Schätzungen oder – in günstigen Fällen – auf Stichproben. Eine wichtige Informationsquelle über aktuelle Daten aller Länder der Erde bietet das vom Population Reference Bureau in Washington herausgegebene „World Population Data Sheet". Es erscheint jährlich, seit einigen Jahren auch in deutscher Übersetzung.

Da die Daten der Volkszählungen uneinheitlich sind, Volkszählungen noch nicht in allen Teilen der Erde durchgeführt sind bzw. zu unsicheren Ergebnissen geführt haben, unterschiedliche Verfahren der Fortschreibung angewandt werden etc., ist auch dem „Demographic Yearbook" keine exakte Angabe der Gesamtbevölkerung auf der Erde zu entnehmen. Immerhin sind die möglichen Fehler im Laufe der letzten Jahrzehnte mehr und mehr reduziert worden. Die Qualität der Daten ist im „Demographic Yearbook" jeweils kenntlich gemacht: So beruhen etwa die A-Daten auf Volkszählungen und laufender Aufzeichnung der Bevölkerungsvorgänge, B-Daten auf Interpolation oder Extrapolation von Angaben aus zwei oder mehr Volkszählungen, C-Daten auf einer Volkszählung und der Schätzung von Bewegungsvorgängen, D-Daten schließlich auf Schätzungen und teilweisen Aufzeichnungen.

Für einige Fragen im internationalen Rahmen werden im übrigen auch Statistiken anderer Organisationen der UNO herangezogen werden können, wie der FAO (Food and Agriculture Organization), der WHO (World Health Organization) und der UNESCO (United Nations Educational, Scientific and Cultural Organization). Als bedeutsame Quelle für Forschungen zur natürlichen Bevölkerungsentwicklung sollen hier allein die im Rahmen des 1972 begründeten World Fertility Survey erzielten Ergebnisse herausgestellt sein (J. CLELAND u. C. SCOTT 1987). Nützliche Überblicke zur Bevölkerungsentwicklung in Deutschland bieten die Berichte zur demographischen Lage, die regelmäßig in der „Zeitschrift für Bevölkerungswissenschaft" erscheinen (zuletzt E. GRÜNHEID u. U. MAMMEY 1997).

2 Bevölkerungsverteilung und Bevölkerungsdichte

2.1 Grundzüge der Bevölkerungsverteilung auf der Erde
Bevölkerungsverteilung und physische Umwelt

Das außerordentliche Wachstum der Erdbevölkerung und die Vielzahl der damit verbundenen Probleme gehören ebenso wie die großen und sich vielfach verstärkenden Unterschiede in der Bevölkerungsverteilung und Bevölkerungsstruktur zu den Themen, die heute längst nicht mehr allein einen begrenzten Kreis von Wissenschaftlern, Politikern und Wirtschaftsfachleuten, sondern in zunehmendem Maße die breite Öffentlichkeit beschäftigen. Sie haben eine Fülle von Diskussionen, Emotionen, aber auch von konkreten bevölkerungspolitischen Maßnahmen ausgelöst, mit denen man versucht, in Entwicklungsabläufe mit weitreichenden sozialen und ökonomischen Konsequenzen einzugreifen.

Die Gesamtzahl der Erdbevölkerung hat nach den Statistiken der UNO 1987 die 5-Milliarden-Grenze überschritten. 1960 waren es rund 3 Mrd., 1950 2,5 und 1900 erst 1,6 Mrd. Menschen. Im Herbst 1999 sollen 6 Mrd. erreicht werden – das wäre gegenüber der Zeit zwischen den Weltkriegen eine Verdreifachung.

Die *Verteilung der Bevölkerung* ist heute wie zu allen früheren Zeiten sehr ungleich. Auch in Zukunft wird es große Unterschiede geben. Aller Wahrscheinlichkeit nach werden sie sich sogar verstärken. Es gibt, wie allgemein bekannt, auf der einen Seite mehr oder weniger ausgedehnte Verdichtungsräume der Menschheit, auf der anderen Seite fast menschenleere Gebiete auch außerhalb von Wüsten oder unwirtschaftlichen Hochgebirgsregionen.

Einen groben, nach Kontinenten geordneten Überblick über die gegenwärtige Situation bietet Tab. 1, in der Bevölkerungs- und Flächenanteile einander gegenübergestellt sind.

Um die bestehenden Gegensätze in der räumlichen Verteilung der Bevölkerung zu verdeutlichen, sind in jüngerer Zeit häufig sog. „isodemographische Karten bzw. Kartogramme" verwendet worden, die nicht nur für weltweite Übersichten, sondern auch für die Darstellung kleinerer Räume geeignet sind. Bei der nicht ganz einfachen Konstruktion derartiger Karten (s. dazu L. SKODA

Tab. 1   Bevölkerungs- und Flächenanteile der Kontinente um 1998 (Angaben in %
nach World Population Data Sheet 1998)

	Anteil an der Weltbevölkerung	Anteil an der Landoberfläche
Asien (ohne Rußland)	60,8	23,9
Afrika	12,9	22,3
Europa (ohne Rußland)	9,8	3,9
Lateinamerika	8,4	15,1
Rußland	2,5	12,6
Nordamerika	5,1	15,8
Australien/Ozeanien	0,5	6,3

und J.C. ROBERTSON 1972) werden Länder oder auch andere Raumeinheiten
nicht maßstabgetreu ihrer Fläche nach, sondern nach der Zahl der Bewohner
dargestellt, wobei eine möglichst weitgehende Beibehaltung der räumlichen Gestalt und der Lagebeziehungen einzelner Teilräume angestrebt wird.
Abb. 2 zeigt die gegenwärtig auf der Erde vorhandenen Proportionen. Besonders tritt dabei das starke Gewicht des süd- und ostasiatischen Raumes hervor,
wo in Pakistan, Indien, Bangladesh, Indonesien, China und Japan zusammen
fast die Hälfte der Erdbevölkerung auf knapp 12 % der Landoberfläche lebt.
Auch Europa nimmt aufgrund seiner hohen Bevölkerungszahl einen relativ
großen Raum ein, während Amerika, Afrika und die Nachfolgestaaten der Sowjetunion wie auch Australien mit ihrem im Verhältnis zur Fläche geringen
Anteil an der Weltbevölkerung ganz beträchtlich zusammenschrumpfen.

In den Grundzügen ist die gegenwärtige Bevölkerungsverteilung auf der Erde
zwar schon seit längerer Zeit ähnlich wie heute, doch hat es laufend Veränderungen gegeben, die sich auch in Zukunft fortsetzen werden. Hohe Bevölkerungsdichten sind frühzeitig in den Räumen altweltlicher Hochkulturen zu verzeichnen, während in den jung erschlossenen Kolonialgebieten bei im allgemeinen geringer Dichte eine stärkere Bevölkerungskonzentration zunächst weitgehend auf die von See her erschlossenen randlichen Bereiche beschränkt blieb.

Die heute festzustellenden Veränderungen beruhen in erster Linie auf völlig
verschiedenartigen natürlichen Zuwachsraten. Hauptsächlich dadurch ist z.B.
der Anteil Europas (einschließlich Rußlands) an der Weltbevölkerung von
26,8 % im Jahre 1900 auf 12,3 % 1998 zurückgegangen, derjenige Amerikas im
gleichen Zeitraum von 9,1 auf 13,5 % gestiegen. Prognosen der künftigen Bevölkerungsentwicklung kommen zu dem Ergebnis, daß im Jahre 2010 rund
82 % aller Menschen in den weniger entwickelten Ländern leben werden.

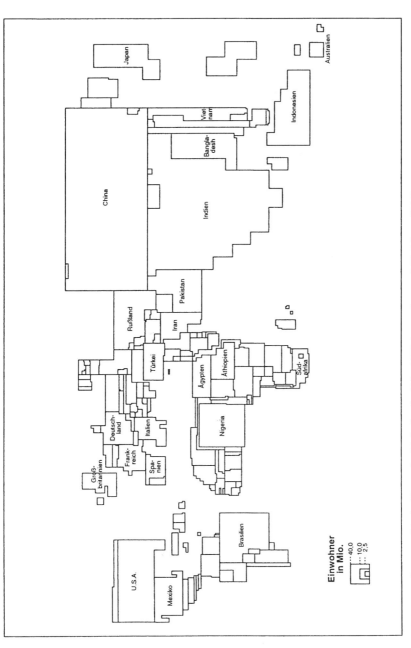

Abb. 2 Isodemographische Karte der Erde für das Jahr 2000 (verändert nach D. NOIN 1996)

Tab. 2   Bevölkerungszahlen der Kontinente 1900-1998 (Millionen)
(Quellen: 1900-1950 K. WITTHAUER 1969, S. 58; Demographic Yearbook
1974; World Population Data Sheet 1998)

	1900	1930	1950	1970	1998
Asien	907	1120	1381	2027	3604
Europa *	309	355	392	459	581
Rußland/Sowjetunion	122	179	180	243	147
Afrika	120	164	222	352	763
Nordamerika	81	134	166	226	301
Lateinamerika	65	108	163	283	500
Australien/Ozeanien	6	10	13	19	30
	1610	2070	2517	3610	5926

* 1930-1970 ohne SU, 1900 u. 1998 ohne Rußland

Wanderungen wirken sich in der Gegenwart, von relativ wenigen, wenn auch bedeutsamen Ausnahmen abgesehen, auf die Bevölkerungsentwicklung von Staaten und Staatsgruppen weit weniger aus als die Bilanzen der natürlichen Bevölkerungsbewegung; sie haben jedoch in der Vergangenheit in vielen Teilen der Erde eine erhebliche Rolle gespielt. Man denke vor allem an die Auswirkungen der europäischen Überseewanderung oder auch an die Einwanderung von Chinesen in den südostasiatischen Raum. Heute sind Wanderungen im allgemeinen sehr viel wirksamer für Änderungen der Bevölkerungsverteilung innerhalb der Länder. Sie haben vor allem seit dem Beginn des Industriezeitalters zur Herausbildung großer Verdichtungsräume und zur Entleerung vieler agrarischer Wirtschaftsräume, namentlich solcher in peripherer Lage zu den städtischen Wachstumspolen, geführt.

Es versteht sich, daß die ungleiche Verteilung der Bevölkerung, sei es auf der Erde insgesamt oder innerhalb von begrenzten Natur-, Kultur- und Wirtschaftsräumen, seit jeher das besondere Interesse von Geographen in Anspruch genommen hat und daß man schon früh nach Wegen suchte, die Art der Verteilung näher zu charakterisieren bzw. zu messen und den dafür maßgeblichen Ursachen nachzugehen. Dabei war es nicht zuletzt eine Frage des Maßstabes, welche Aspekte in den Vordergrund gestellt wurden und welcher Verfahren man sich bediente. Für weltweite Vergleiche ist es sicherlich von erheblichem Interesse festzustellen, welche Anteile der Bevölkerung etwa in den verschiedenen Klimazonen leben, wie die Verteilung der Bevölkerung innerhalb der Kontinente aussieht oder in welchem Ausmaß einzelne Höhenzonen besiedelt sind. Im größeren Maßstab treten daneben oft andere Fragen stärker in den Vordergrund, wie etwa die nach dem Zusammenhang zwischen Bevölkerungsverteilung und der Verteilung von spezifischen Unterhaltsquellen, sei es im landwirtschaftlichen, im industriell-gewerblichen Bereich oder im Dienstleistungssektor. Hierbei wird insbesondere auch die Frage nach den Faktoren von Interesse sein, die zu Veränderungen in der Bevölkerungsverteilung führen.

Beschränkt man sich zunächst auf einige Besonderheiten der Lage und der Landesnatur und fragt hier nach Zusammenhängen mit der Bevölkerungsverteilung, dann zeigt sich großräumig etwa, daß die *Hauptverdichtungsräume der Menschheit am Rande der Kontinente* zu finden sind, während die küstenfernen Binnenräume größtenteils deutlich schwächer besiedelt sind. Das trifft für die Alte Welt ebenso zu wie für die Neue Welt und ist besonders ausgeprägt in Australien, wo 3/4 aller Menschen in einem Abstand von weniger als 50 km von der Küste leben. Nach Berechnungen von J. STASZEWSKI (1959), die auf der Grundlage von Bevölkerungszahlen für das Jahr 1950 vorgenommen wurden, lebte damals etwa die Hälfte der Erdbevölkerung in Gebieten, die nicht mehr als 200 km von der Meeresküste entfernt sind. Sie haben nur einen Anteil von rund 30 % an der gesamten Landoberfläche. Allein in einem Streifen mit nur 50 km Küstenabstand, der 12 % der bewohnten Erde umfaßt, betrug der Anteil an der Gesamtbevölkerung 28 %. Auf der anderen Seite hatten Gebiete mit einer Entfernung von mehr als 500 km zur nächsten Küste bei einem Flächenanteil von 45 % nur 26 % der Bevölkerung aufzuweisen.

Zwischen den Kontinenten zeigen sich aufgrund ihrer ganz unterschiedlichen Größe und Gestalt beträchtliche Gegensätze. So ist etwa in Afrika der Flächenanteil der über 1000 km von der Küste entfernt liegenden Gebiete mit 28 % besonders hoch, er umfaßt in Südamerika nur 15 %: die entsprechenden Bevölkerungsanteile lagen bei 13 bzw. 0,3 %.

Neben Faktoren wie Küstengestalt, Bau und Oberflächenformen des Festlandes (man denke etwa an das Vorhandensein großer, fruchtbarer Schwemmlandebenen im Mündungsbereich der Flüsse), klimatische Bedingungen (Ozeanität, Kontinentalität) usw. sind für die Erklärung der Bevölkerungsverteilung nach Distanzzonen von der Küste selbstverständlich im besonderen Maße wirtschaftliche Faktoren, Verkehrsverhältnisse oder auch politische Bedingungen (etwa die koloniale Abhängigkeit von überseeischen Mächten) u.a.m. heranzuziehen. Das gilt vor allem für die Frage nach dem Zustandekommen von Veränderungen, die ja laufend stattfinden und seit der Mitte des vergangenen Jahrhunderts in vielen Teilen der Erde ein beträchtliches Ausmaß erreicht haben: In der Alten Welt ist weitgehend im Zusammenhang mit den Hauptphasen der Industrialisierung und mit der Verstärkung von interkontinentalen Verflechtungen eine Zunahme des Bevölkerungsanteils in küstennahen Bereichen festzustellen, in der Neuen Welt dagegen – dem Kolonisationsvorgang entsprechend – der umgekehrte Vorgang.

Beträchtliche Gegensätze zeigen sich weiterhin – wie es aufgrund unterschiedlicher Lebensbedingungen, insbesondere der ungleichartigen landwirtschaftlichen Produktionsmöglichkeiten nicht anders zu erwarten ist – bei der Erfassung der Bevölkerung nach ihrer Verteilung auf verschiedene *Klimazonen*. Hierzu liegen ebenfalls Berechnungen von J. STASZEWSKI (1961) auf der Basis der Klimagebiete KÖPPENs vor; außerdem hat W. MÜLLER-WILLE (1978) sehr differenzierte Angaben über die Bevölkerungsdichte in bioklimatischen Bereichen der Erde gemacht (Grundlage ist hier die Klimaklassifikation von C. TROLL u. K.H. PAFFEN 1964). Nach STASZEWSKI leben allein im Bereich der warmen wintertrockenen Klimate und der feuchttemperierten Klimate 48 % aller Menschen, obwohl die beiden Klimazonen nur knapp 15 % der Landoberfläche umfassen. Demgegenüber weisen die Steppen-, Wüsten- und Tundrenklimate, die 38 % der Oberfläche einnehmen, nur einen Bevölkerungsanteil von 8,4 % auf. In diesen Klimazonen ist eine landwirtschaftliche Nutzung – soweit überhaupt möglich – auf kleine Flächen (Oasen) oder auf Formen extensiver Weidewirtschaft beschränkt, und die Landwirtschaft ist ja nicht nur in der Vergangenheit, sondern auch heute noch eine der wichtigsten Grundlagen dauerhafter und dichterer Besiedlung besonders in wirtschaftlich wenig entwickelten Ländern.

Daß man allerdings nicht von der Annahme einfacher Zusammenhänge zwischen Klimazonierung und Bevölkerungsverteilung ausgehen kann, zeigt sich daran, daß die gleichen Klimazonen in verschiedenen Teilen der Erde durchaus nicht auch gleichartige Dichteverhältnisse aufweisen. So gibt es in den humiden Tropen Gebiete mit extrem hoher Bevölkerungsverdichtung (Java) ebenso wie solche, die auch heute noch kaum besiedelt sind (Teile des Amazonas- und des Kongobeckens). Ähnliches ist im Bereich des wechselfeuchten tropischen Klimas (und nicht nur dort) festzustellen, wo allein innerhalb des afrikanischen Kontinents große Abweichungen vom Durchschnitt der Bevölkerungsdichte vorkommen, die u. a. auf das Vorhandensein von unterschiedlichen Wirtschafts- und Lebensformen der dort lebenden Völker zurückzuführen sind.

Von Interesse ist weiter die Frage nach der Verteilung der Bevölkerung auf verschiedene *Höhenstufen*. Auch hier zeigen sich bedeutende Unterschiede sowohl zwischen den Kontinenten mit ihrer jeweils andersartigen hypsographischen Grundstruktur als auch zwischen einzelnen Klimazonen. Unter Verwendung von Bevölkerungszahlen für 1945 hat J. STASZEWSKI (1957) Berechnungen durchgeführt, die für die ganze Erde erwartungsgemäß einen starken

Abfall der Bevölkerungsdichte mit der Höhe ergeben. Nur die Höhenstufe bis 200 m hat einen wesentlich größeren Bevölkerungsanteil als es ihrem Flächenanteil entspricht (56,2 % zu 27,8 %) und damit die höchste durchschnittliche Bevölkerungsdichte. Das ist jedoch keineswegs in allen Teilen der Erde so, vielmehr bestehen besonders ausgeprägte Gegensätze zwischen tropischen und außertropischen Gebirgsräumen: Während in vielen Teilen der Tropen Höhenregionen um 2000 m und darüber dicht besiedelt und benachbarte Tiefländer kaum erschlossen sind, weisen in den außertropischen Gebirgen – soweit sie größere Höhen erreichen – hauptsächlich die Talzonen eine stärkere Bevölkerungsverdichtung auf. Die von STASZEWSKI errechneten Werte sind später von H. HAMBLOCH (1966) kritisch überprüft und korrigiert worden. HAMBLOCH hat bei seiner Untersuchung die nicht zur Ökumene gehörigen Areale der einzelnen Höhenstufen ausgeschieden und ist für die Kontinente zu den in Tab. 3 angeführten Ergebnissen gelangt.

Tab. 3   Bereinigte Bevölkerungsdichte der Ökumene (Einw./km²) nach Höhenstufen 1958 (Quelle: H. HAMBLOCH 1966, S.44)

Kontinent	Höhenstufe in m über NN				
	0 - 1000	1000 - 2000	2000 - 3000	3000 - 4000	4000 - 5000
Nordamerika	14,6	6,0	11,6	3,0	-
Südamerika	7,1	14,8	12,8	17,5	2,7
Europa	63,7	14,5	0,0	-	-
Afrika	8,7	8,1	15,3	10,0	-
Asien	50,2	19,7	7,0	5,9	0,1
Australien/Ozeanien	2,1	1,0	0,0	-	-
Erde	26,8	12,2	9,8	9,1	0,8

Besonders bemerkenswert sind die in den Dichtewerten zum Ausdruck kommenden Bevölkerungskonzentrationen in den Hochländern Südamerikas und Afrikas, die ihre Erklärung hauptsächlich in den für eine dauerhafte agrarische Besiedlung günstigen Bedingungen der Landesnatur tropischer Hochländer finden. Es gibt Staaten – wie beispielsweise Äthiopien –, deren Kernraum im Verlauf einer langen Geschichte stets das Hochland gewesen ist und wo sich die aus der Konzentration der Bevölkerung im Gebirgsraum ergebende relative Isolation lange Zeit eher als Vorteil denn als Nachteil ausgewirkt hat. Heute resultieren daraus mancherlei einer Modernisierung und wirtschaftlichen Entwicklung entgegentretende Schwierigkeiten. Allein die Verkehrserschließung der Hochländer stößt in vielen Fällen auf kaum lösbare Probleme. Marktorientierte landwirtschaftliche und industrielle Produktionsbetriebe stellen andere

Anforderungen an die Landesnatur bzw. an spezifische Standorte als die zu einem großen Teil auf Selbstversorgung ausgerichteten Bauernbetriebe oder lokalen Bedürfnissen dienende Handwerksstätten. So zeigen sich in vielen Fällen deutliche Tendenzen zu Änderungen in der Bevölkerungsverteilung zugunsten der Tiefländer – soweit eine ausgeprägte Exportorientierung der Produktion vorliegt, namentlich zugunsten küstennaher Tiefländer.

Auch außerhalb der Tropen ist in zahlreichen Gebirgsräumen im Verlauf der jüngeren Geschichte eine relative und absolute Abnahme der Bevölkerung in Höhengebieten eingetreten, die unter der Bezeichnung *Höhenflucht* bzw. *Bergflucht* (s. A. LEIDLMAIR 1958, S. 84 f.) bekannt ist. Eingehender erforscht sind die Verhältnisse im Alpenraum und in einigen anderen europäischen Gebirgen. Dabei wurde deutlich, wie gerade die höheren, oft schwer erreichbaren und durch große Reliefunterschiede gekennzeichneten Bergregionen im Laufe der Zeit unterschiedlich bewertet, genutzt und besiedelt waren. In vielen Bereichen der Alpen bildete z.B. eine hoch spezialisierte, an die besonderen Bedingungen des Naturraumes angepaßte Landwirtschaft die maßgebliche Lebensgrundlage des Bergbauerntums. Mit der fortschreitenden Verkehrserschließung der großen Täler und dem Ausbau gewerblicher Wirtschaftszweige änderte sich die Lage der Berglandwirtschaft. Neben der sich wandelnden Situation auf dem Arbeitsmarkt wie auch bei den Absatzbedingungen wurden für die Aufgabe zahlreicher Betriebe und eine verstärkte Abwanderung die begrenzten Möglichkeiten der Mechanisierung entscheidend. Im Laufe der Zeit gab es dann mit der fortschreitenden Erschließung zahlreicher Gebirgsregionen für den Fremdenverkehr oft erneute Veränderungen in der Bewertung des Raumes, die mit entsprechenden Auswirkungen auf die Bevölkerungsverteilung verbunden waren.

Die Untersuchung der Bevölkerungsverteilung und -zusammensetzung mit ihren Veränderungen in einzelnen Höhenstufen von Gebirgen kann ein geeigneter Ansatzpunkt für die Analyse kulturlandschaftlicher Entwicklungsprozesse sein. Dabei ist „Höhe" gewöhnlich zu relativieren und die Abgrenzung von Höhenstufen jeweils aus den besonderen Gegebenheiten des Untersuchungsraumes abzuleiten. Es wird in vielen Fällen angebracht sein, gar nicht nach Höhenstufen zu gliedern, sondern Teilgebiete mit charakteristischen Relief- und Zugangsbedingungen innerhalb des Gebirgsraumes auszugliedern (s. A. LEIDLMAIR 1975).

Nicht weniger aufschlußreich als Analysen der Bevölkerungsverteilung nach Höhenstufen oder Klimagebieten können solche nach pedologischen, hydrographischen oder pflanzengeographischen Raumeinheiten sein, und im besonderen Maß ist sicher die Frage nach Beziehungen zwischen Bevölkerungsverteilung und der Verbreitung bestimmter Krankheiten von Interesse. In fast allen diesen Fällen handelt es sich nicht um einfache Abhängigkeitsbeziehungen, indem bestimmte Bedingungen der natürlichen Umwelt die Bevölkerungsverteilung verursacht haben, sondern in der Regel um mehr oder weniger komplexe Wechselwirkungen.

Zur Frage des Zusammenhangs zwischen *Krankheiten und Bevölkerungsverteilung*, die vor allem von geomedizinischer Seite Beachtung findet und der namentlich im Bereich der Tropen eine große Bedeutung zukommt (vgl. den neueren Überblick von Th. KISTEMANN, H. LEISCH u. J. SCHWEIKART 1997 mit Hinweisen zur „Ökologie der Krankheiten"), hat – um ein Beispiel zu nennen – schon vor längerer Zeit C. GILLMAN (1936) einen wichtigen Beitrag geliefert. GILLMAN beschäftigte sich mit der Bevölkerungsverteilung in Ostafrika, und bei der Anfertigung entsprechender Karten zeigte sich, daß in weiten Gebieten eine bemerkenswerte Übereinstimmung zwischen Bevölkerungsdichte und Verbreitung der Tsetse-Fliege (Überträgerin der Schlafkrankheit und der Nagana-Seuche beim Vieh) festzustellen war: Stark verseuchte Gebiete waren kaum besiedelt, dagegen dort, wo es eine Bevölkerungsverdichtung gab, fehlten die Tsetse und die von ihr auf Mensch und Tier übertragenen Krankheiten. Der naheliegende Schluß eines direkten Zusammenhangs in der Weise, daß die Menschen als Siedlungsräume Tsetse-freie Gebiete aufgesucht und verseuchte gemieden haben, erwies sich als unzureichend. Es ließ sich vielmehr nachweisen, daß Ausbreitung und Zurückdrängung der Tsetse entscheidend von menschlichen Aktivitäten bestimmt sein können. Die Fliege benötigt für ihre Existenz schattenreiches, also wald- und buschreiches Gelände. Sind ihr bei stärkerer Bevölkerungsverdichtung durch umfassende Rodungen die Lebensbedingungen entzogen, dann verschwinden dementsprechend die von ihr übertragenen Krankheiten. Umgekehrt führte die Aufgabe von Kulturland infolge Bodenerschöpfung und eine Verringerung der Bevölkerungszahl zum Aufkommen von Sekundärgehölzen und zu erneuter Verseuchung. Ein erfolgreiches Eindringen von Siedlern in Tsetse-verseuchte Savannengebiete war bei den angewandten Verfahren der Shifting Cultivation nur dann zu erwarten, wenn ein Mindestmaß an Bevölkerungsverdichtung erreicht werden konnte.

Beispiele für Zusammenhänge zwischen Bevölkerungsverteilung und der Verbreitung von Krankheiten gibt es auch aus vielen anderen Teilen der Erde. So ist etwa in Südeuropa eine stärkere Besiedlung mancher Küstenräume erst wieder in diesem Jahrhundert möglich geworden, nachdem dort die Malaria ausgerottet war. Die Küstenhöfe Süditaliens waren in der Antike Stätten einer blühenden Kultur mit zahlreichen bedeutenden Städten. Anstieg des Meeresspiegels, Bevölkerungsverlust durch Kriege und Krankheiten und der Rückzug

der Menschen von der Küste in höher gelegene, sicherere Gebiete (Seeräuber-
unwesen) führten zum Verfall von Be- und Entwässerungsanlagen. Es kam zu
ausgedehnten Versumpfungen, womit ideale Voraussetzungen für die Ausbreitung der die Malaria übertragenden Anopheles-Mücken entstanden.

Betrachtet man rückblickend die bisher genannten Faktoren unter dem Gesichtspunkt ihres Einflusses auf die Bevölkerungsverteilung, dann zeigt sich,
daß ihre Bedeutung sowohl räumlich als auch zeitlich sehr variabel sein kann.
Bodenverhältnisse, die heute für die landwirtschaftliche Produktion und damit
für eine Besiedlung als günstig angesehen werden, können zu anderen Zeiten
und unter anderen Bedingungen etwa technologischer und wirtschaftlicher Art
gänzlich anders eingeschätzt worden sein. Das Gleiche gilt für bestimmte klimatische Bedingungen oder für die Reliefverhältnisse und die Höhenstufen in
den Gebirgen. Die jeweiligen Möglichkeiten, Zielsetzungen und Aktivitäten
menschlicher Gruppen bilden die entscheidende Grundlage für eine Bewertung des Naturraumes, der keinen konstanten Faktor im Verhältnis Mensch-
Umwelt darstellt. Die unter verschiedenartigen gesellschaftlichen, ökonomischen und politischen Voraussetzungen vorgenommenen Bewertungen des
Raumes und einzelner seiner Eigenschaften führten zu spezifischen Mustern
der Bevölkerungsverteilung, die mit Änderungen der Voraussetzungen auch
selbst einer Veränderung bedürfen. Ausgehend von der Überlegung, daß insbesondere eine wirtschaftliche Entwicklung und eine zunehmende gesellschaftliche Differenzierung Auswirkungen auf die Bevölkerungsverteilung haben müssen, wird im folgenden Abschnitt den damit verbundenen Fragen nähere Aufmerksamkeit zugewandt.

2.2 Bevölkerungsverteilung und ihre Abhängigkeit
von wirtschaftlichen und gesellschaftlichen Faktoren

Die kartographische Erfassung der Bevölkerungsverteilung innerhalb begrenzter Teile der Erdoberfläche gibt groß- wie kleinräumig vielfältige Muster
zu erkennen. Dabei lassen sich allerdings – unabhängig von besonderen Bedingungen der Landesnatur, auf deren Bedeutung im vorangehenden Abschnitt eingegangen wurde – gewisse Regeln aufdecken, sofern man Art und
Umfang der wirtschaftlichen und gesellschaftlichen Differenzierung des betreffenden Raumes berücksichtigt. Unter dem Einfluß dieser Faktoren ändert

sich die Bevölkerungsverteilung im Laufe der Zeit, was sich leicht mit einem Vergleich der Verhältnisse in Deutschland vor der industriellen Revolution und heute verdeutlichen läßt.

Der Gegensatz zwischen Gebieten hoher Bevölkerungsverdichtung und relativ dünn besiedelten Räumen hat sich in den vergangenen 100 Jahren beträchtlich verstärkt. Gleichzeitig ist festzustellen, daß die Verteilung einzelner Bevölkerungsgruppen durchaus verschiedenen Prinzipien folgt. Man braucht lediglich an die ganz andersartige Verteilung der landwirtschaftlichen Bevölkerung innerhalb eines Landes oder auch eines Landesteiles gegenüber der industriellen Bevölkerung zu denken und wird dies ebenso bei der Verteilung von Erwerbstätigen, Nichterwerbstätigen oder von bestimmten Altersgruppen usw. feststellen können. Das kann kaum überraschen, haben doch verschiedene Teile der Bevölkerung durchaus andersartige Ansprüche an den Raum, an die Lage und die Ausstattungsmerkmale ihres Wohnstandortes, der in aller Regel in räumlicher Nachbarschaft zum Arbeitsplatz gesucht wird, sofern der Wohnplatz nicht ohnehin gleichzeitig auch Arbeitsplatz ist. Ganz allgemein läßt sich zumindest für die weit überwiegende Mehrzahl aller Menschen feststellen, daß ihre räumliche Verteilung – die Verteilung ihrer Wohnplätze – in enger Beziehung zur räumlichen Verteilung der verfügbaren bzw. verwendeten Unterhaltsquellen steht. Wenn diese an bestimmte räumliche Bedingungen gebunden sind, dann muß es auch die Bevölkerungsverteilung sein, die ihrerseits als wichtiger Faktor für die Lokalisation von Produktions- und Versorgungseinrichtungen wirksam werden kann.

Bildet innerhalb eines Landes eine vornehmlich auf Selbstversorgung ausgerichtete *Landwirtschaft die entscheidende Lebensgrundlage* der Menschen, dann ist zu erwarten, daß die anzutreffende Bevölkerungsverteilung mehr oder weniger deutlich die räumliche Verteilung der für die Landwirtschaft wesentlichen Produktionsbedingungen widerspiegelt. Unterschiede der Böden, des Klimas oder der Geländebeschaffenheit werden sich bemerkbar machen, namentlich dann, wenn es sich um so extreme Gegensätze handelt wie zwischen Bewässerungsoasen und angrenzenden Wüsten oder zwischen fruchtbaren Schwemmlandebenen und benachbarten, schwer zugänglichen und mit kargen Böden ausgestatteten Gebirgsräumen. Ausmaß und Art der Übereinstimmung von Bevölkerungsverteilung und Verbreitung der für die Landwirtschaft bedeutsamen natürlichen Produktionsverfahren hängen allerdings in starkem Maße auch von den vorhandenen technischen Möglichkeiten, von Art und Umfang der Marktorientierung landwirtschaftlicher Produktion, von der Lage der Produktionsgebiete zu den Märkten oder auch von den herrschenden Besitzverhältnissen ab, so daß entsprechende Modifikationen zu erwarten sind.

Eine beträchtliche Zahl von Ländern weist auch heute noch hohe, in manchen Fällen über 70 oder gar 80 % liegende Anteile der Agrarbevölkerung auf, von der ein großer Teil auf Subsistenzwirtschaft angewiesen ist und an einer Produktion für den Markt infolge Landmangels, fehlender technischer Hilfsmittel und Kenntnisse allenfalls im bescheidenen Umfang teilnimmt.

Unter solchen Voraussetzungen kann es nicht überraschen, daß der größte Teil der Bevölkerung weit verstreut in kleinen Dörfern oder auch Einzelhöfen lebt, daß im ganzen also ein hohes Maß an Dispersion vorhanden ist und sich Gebiete unterschiedlicher Bevölkerungsdichte wenigstens zu einem großen Teil mit der Differenzierung des Naturraumes erklären lassen. In vielen Fällen erreichen auch die vorhandenen Mittelpunktsiedlungen, Zentrale Orte oder Marktsiedlungen nur eine bescheidene Größe, was eben nicht zuletzt mit dem geringen Grad der Kommerzialisierung landwirtschaftlicher Produktion zusammenhängt.

Die Verteilung der *von industrieller Tätigkeit abhängigen Bevölkerung* sieht ebenso wie die Verteilung der *Tertiärbevölkerung* wesentlich anders aus. Wohl sind auch in diesem Falle Beziehungen zum Naturraum festzustellen, so namentlich durch die Verbreitung von Rohstoffen, das Vorhandensein geeigneter Energiegrundlagen oder durch bestimmte Lagekriterien, die einen Industriestandort oder die Entwicklung einer größeren Stadt begünstigen. Im ganzen ergibt sich dabei eine sehr ungleiche Verteilung: Die Industrie ist größtenteils auf wenige, eng begrenzte „Standorte" beschränkt, und die von der Arbeit in Industriebetrieben abhängigen Menschen können ihren Wohnsitz nur in einem engeren Umkreis solcher Standorte wählen.

Wenn auch lediglich ein Teil der Industriebetriebe an natürliche Standortfaktoren gebunden ist, haben die anderen doch bei der Wahl ihres Standortes auch nur begrenzte Möglichkeiten. Sie sind etwa im hohen Maße auf Vorteile angewiesen, die sich in Verdichtungsräumen ergeben, welche ihrerseits bereits das Ergebnis industrieller Entwicklung sind. Auf diese Weise tritt eine Verstärkung der Bevölkerungskonzentration ein, zumal auch die Entwicklung des tertiären Wirtschaftssektors, die zwar dem zentralörtlichen Prinzip entsprechend anderen Standortbedingungen folgt, entscheidend zum Wachstum gerade der großen Verdichtungsräume beigetragen hat.

Ganz allgemein läßt sich also feststellen, daß sich im Verlauf einer Entwicklung, die durch zunehmende Differenzierung und Spezialisierung wirtschaftlicher Tätigkeiten und damit einhergehender Veränderungen gesellschaftlicher Strukturen gekennzeichnet ist, eine ausgeprägte *Tendenz zur Konzentration* von immer größeren Teilen der Bevölkerung auf relativ kleinen Flächen bemerkbar macht. Das hat mit der Entwicklung des Städtewesens begonnen und sich mit zunehmender Arbeitsteilung und damit verbundener Spezialisierung menschlicher Aktivitäten bei gleichzeitiger Einschränkung der Wahlmöglichkeiten geeigneter Standorte besonders in der modernen Industriegesellschaft verstärkt. Dabei muß sich ein derartiger Konzentrationsvorgang nicht allein auf die vorhandenen städtischen Zentren und industriellen Verdichtungsräume beschränken. Er kann sich auch im agrarischen Bereich – hier freilich im anderen Maßstab – bemerkbar machen, indem etwa früher genutzte Flächen infolge abseitiger Lage zu den Märkten oder einer aus anderen Gründen eingetretenen relativen Wertminderung der vorhandenen Produktionsbedingungen aufgegeben und auch die dort vorhandenen Siedlungen zugunsten anderer Räume verlassen bzw. entvölkert werden. Ebenso kann die Konzentration der Bevölkerung Folge völlig veränderter Eigentumsstrukturen in der Landwirtschaft sein, z. B. durch Sozialisierung und gleichzeitige Schaffung von Großbetrieben.

Wie angedeutet hat auch die Entwicklung innerhalb des tertiären Wirtschaftssektors in entscheidendem Maße zur Verstärkung von Konzentrationsvorgängen beigetragen. Es soll allerdings nicht übersehen werden, daß es hier in bestimmten Bereichen, etwa durch den Ausbau der Fremdenverkehrswirtschaft, auch andersartig gerichtete Tendenzen gibt.

Während in den heutigen Industrieländern großenteils schon im 19. Jahrhundert weitreichende Veränderungen der Bevölkerungsverteilung in der geschilderten Weise eingetreten sind, vollziehen sich entsprechende Vorgänge in vielen wirtschaftlich wenig entwickelten Ländern erst heute, hier jedoch unter wesentlich anderen Voraussetzungen als seinerzeit in Europa – oft mit außerordentlicher Geschwindigkeit. In den Entwicklungsländern ist häufig ein besonders starkes Wachstum und damit eine hohe Bevölkerungsverdichtung auf ein einziges herausragendes Zentrum – gewöhnlich handelt es sich um die Hauptstadt – bzw. auf eine nur kleine Zahl von regionalen Entwicklungspolen beschränkt, wobei in den Zielgebieten von Wanderungsströmen die Zunahme verfügbarer Arbeitsplätze in typischen Fällen weit hinter der Zunahme der Arbeitskräfte zurückbleibt. Natürlich können regional begrenzte Verdichtungen auch dort mit dem Abbau von Bodenschätzen verbunden sein oder im Zusammenhang mit Neuerungen im landwirtschaftlichen Bereich stehen, wie etwa mit der Einführung von Cash Crops, mit der Intensivierung der Bodenbewirtschaftung durch verbesserte Anbautechniken oder durch größere Bewässerungsprojekte. Der Verdichtungseffekt ist dabei in aller Regel jedoch weitaus geringer als beim Wachstum städtischer Zentren.

Zu der vielfach auch noch in jüngster Zeit geäußerten Annahme, daß sich die Konzentration von Bevölkerung und Arbeitsstätten im Zuge der in den westlichen Industrieländern anzutreffenden wirtschaftlichen und gesellschaftlichen

Entwicklungsprozesse auch in absehbarer Zukunft fortsetzen wird und es damit zu einer immer stärkeren Polarisierung von großstädtischen Wachstumsgebieten und Schrumpfungsgebieten im ländlichen Raum kommt, besteht nach neueren Erkenntnissen über die regionale Bevölkerungsentwicklung offenbar keine Veranlassung. So wurde in den Vereinigten Staaten festgestellt, daß hier zu Beginn der 70er Jahre das Bevölkerungswachstum in den metropolitanen Regionen erheblich unter dem im ländlichen Raum blieb (D.R. VINING u. A. STRAUSS 1977). Die dadurch bewirkte großräumige *Dekonzentration*, die vor allem durch veränderte Wanderungsprozesse erfolgte, wurde als *population* oder *migration turnaround* bzw. als *counterurbanisation* (B.J.L. BERRY 1976) bezeichnet. Es zeigte sich jedoch, daß die Verdichtungsräume der USA in den 80er Jahren wieder ein höheres Bevölkerungswachstum hatten und sich die Gewinne im ländlichen Raum auf gut erreichbare Gebiete, häufig im Pendlereinzugsbereich metropolitaner Räume, beschränkten (J. BURDACK 1989). In den 90er Jahren setzt sich dann der frühere Dekonzentrationsprozeß wieder durch (L. NUCCI u. L. LONG 1995). Auch für zahlreiche andere Industrieländer wurden – wenn auch nicht immer gleichzeitig – ähnliche Tendenzen der Dekonzentration nachgewiesen (s. A.J. FIELDING 1982 und die von A.G. CHAMPION 1989 zusammengestellten Beiträge) und gewisse Wellenbewegungen im Ausmaß der Dekonzentration festgestellt, so die „grüne Welle" der 70er Jahre in Schweden, die von einer Verlagerung des Bevölkerungswachstums in die Verdichtungsräume in den 80er Jahren abgelöst wurde. Für Großbritannien hat A.G. CHAMPION (1994) gezeigt, daß ungeachtet zeitlich schwankender Bevölkerungsentwicklungen der Agglomeration London die großräumige Dekonzentration seit den 70er Jahren anhält. Die dafür im wesentlichen verantwortlichen Wanderungen werden jedoch nicht durch Migrationen aus den Großstädten in den ländlichen Raum dominiert, sondern durch kurzdistanzielle Wanderungen entlang einer Hierarchie von Gemeinden nach dem Verdichtungsgrad in Richtung einer jeweils geringeren Verdichtung. Hierfür wurde der Begriff der „Counterurbanisierungs-Kaskade" geprägt.

Bei der Frage nach den Ursachen der Dekonzentration wird meist ein ganzes Bündel von Einflußfaktoren angeführt. Diese reichen von einer Dezentralisierung der Arbeitsplätze über veränderte Wohnpräferenzen und Lebensstile bis zur verbesserten Infrastruktur (Verkehr, Bildung, Gesundheit u.a.) ländlicher Räume, die nicht zuletzt aufgrund regionalpolitischer Maßnahmen zustande kam. Hinsichtlich der Arbeitsplätze wird auf eine räumliche Restrukturierung der Industrie hingewiesen im Sinne einer Deindustrialisierung in den Verdichtungsgebieten bzw. einer Konzentration auf Leitungsfunktionen und einer Verlagerung der Produktion in ländliche Räume (B. BUTZIN 1986). Ländliche

Regionen haben aber auch Beschäftigte im tertiären Sektor gewonnen, z.b. Bürofunktionen in ausführenden Bereichen (back-office) oder Arbeitsplätze im Tourismus. Sicherlich wird man auch altersspezifische Differenzierungen beachten müssen, ist doch gerade die wachsende Gruppe der älteren Menschen durch Ruhesitzwanderungen in wenig verdichtete, landschaftlich attraktive Regionen gekennzeichnet. Insgesamt zeigt sich, daß die einem andauernden Konzentrationsprozeß entgegenwirkenden Kräfte erst in einem weit fortgeschrittenen Entwicklungsstadium wirksam werden, in dem die allgemeine Mobilität und die Aktionsreichweiten des Einzelnen ein bis dahin nicht bekanntes Ausmaß erreicht haben. Wie stark sich die Dekonzentrationstendenzen durchsetzen, hängt allerdings von konjunkturellen Schwankungen und Investitionsrunden der Wirtschaft und vom raumzeitlich variierendem Ausmaß regionalpolitischer Förderung ab.

Der seit langem bestehende und in den meisten Ländern der Erde noch anhaltende Trend zur Konzentration hat zu beträchtlichen räumlichen Disparitäten im Bereich von Wirtschaft, Versorgung und Bildung geführt, denen bisher auch mehr oder weniger weitreichende Eingriffe von seiten des Staates nicht entscheidend haben entgegenwirken können. Von dieser Situation muß bei der Beurteilung gegenwärtiger Verhältnisse ausgegangen werden: Verdichtungsräume, die sich in den letzten Jahrzehnten meist beträchtlich ausgedehnt haben, stehen dem relativ dünn besiedelten ländlichen Raum mit den darin ausgebildeten städtischen Zentren überwiegend mittlerer und geringer Größenordnung gegenüber, wobei in typischen Fällen um die vorhandenen Städte mit wachsender Distanz abnehmende Bevölkerungsdichte festzustellen ist.

Besonders eingehend sind die charakteristischen Merkmale und Veränderungen der *Bevölkerungsverteilung innerhalb großstädtischer Zentren,* im Bereich von Stadtregionen und Verdichtungsräumen erforscht. Bei Großstädten der Industrieländer liegt – abgesehen von dem in der City ausgebildeten Bevölkerungskrater – ein deutlich ausgeprägtes Kern-Rand-Gefälle vor, das durch das Vorhandensein von Subzentren, besonderen Entwicklungsachsen oder neu errichteten Großwohnsiedlungen am Stadtrand modifiziert sein kann, aber doch im Prinzip erhalten bleibt. Von besonderem Interesse sind dabei die zeitlichen Veränderungen, für die in Abb. 3 mit der Entwicklung von London seit dem Beginn des 19. Jahrhunderts ein Beispiel gegeben wird. Entscheidend ist, daß mit dem Ansteigen der Bevölkerungszahl vor allem seit der zweiten Hälfte des vergangenen Jahrhunderts bei zunehmender Verringerung des Transportaufwands durch moderne Verkehrsmittel eine starke Ausdehnung des Stadtgebietes und die gleichzeitige Verringerung der Dichte in den zentralen Bereichen erfolgte. Der Dichtegradient nahm spürbar ab.

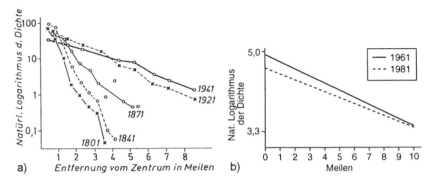

Abb. 3   Dichte und Distanz vom Stadtzentrum in London
a) 1801-1941 (nach C. CLARK aus: B.J.L. BERRY u. a. 1963, S. 400)
b) 1961-1981 (nach G.R. CRAMPTON 1991)

Entsprechende Veränderungen, die auf die rasche flächenhafte Ausdehnung
großstädtischer Agglomerationen, den Prozeß der Citybildung, eine nach außen zunehmende Auflockerung der Bebauung und die Verringerung der
Wohndichten zurückzuführen sind, kennzeichnen die Entwicklung in allen
alten Industrieländern. Soweit bisher entsprechende Untersuchungen vorliegen, sehen die Verhältnisse in zahlreichen *Entwicklungsländern* jedoch durchaus
anders aus. B.J.L. BERRY, J.W. SIMMONS und R.J. TENNANT (1963) haben sich
eingehender mit den zeitlichen und räumlichen Unterschieden der Dichteverhältnisse in Großstädten befaßt und sind dabei zu einigen bemerkenswerten
Feststellungen gelangt, die sicher noch weiterer Prüfung und wohl auch mancher Korrekturen bedürfen, aber doch ein starkes Interesse bei den Bemühungen um die Erkenntnis regionaler Besonderheiten städtischer Strukturen und
Entwicklungsprozesse beanspruchen können. In Abb. 4 sind die von den genannten Autoren ermittelten Veränderungen der Bevölkerungsdichte in Abhängigkeit von der Distanz mit Hilfe von Dichtegradienten dargestellt. Es
wird zwischen „westlichen" und „nicht-westlichen" Ländern unterschieden
und deutlich gemacht, daß der Dichtegradient in „nicht-westlichen" Ländern
durch das Wachstum der Bevölkerung keine entscheidenden Veränderungen
erfährt, während er sich in „westlichen" Ländern erheblich abflacht.

In den letzten Jahrzehnten ist allerdings auch in einer Reihe von Entwicklungsländern die innerstädtische Bevölkerungsdichte deutlich zurückgegangen,
so daß es sich bei den von B.J.L. BERRY u.a. (1963) herausgestellten Verhältnissen in den „nicht-westlichen" Ländern anscheinend um Vorgänge von begrenzter zeitlicher Dauer handelt.

w

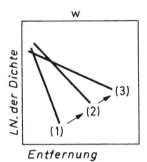

n. w.

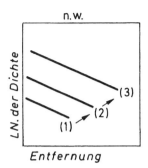

Abb. 4   Zeitliche Veränderungen (1-2-3) der Bevölkerungsdichte mit der Distanz vom Zentrum in Großstädten westlicher (w) und nicht-westlicher (n.w.) Länder (nach B.J.L. BERRY u. a. 1963, S. 403)

Die zuerst von C. CLARK (1951) an 36 Städten untersuchte Änderung der Bevölkerungsdichte mit zunehmender Entfernung vom Zentrum ist in folgender Weise zu beschreiben:

$$D_x = D_0 \cdot e^{-bx}$$

D_x = Bevölkerungsdichte in Distanzzone x

D_0 = Bevölkerungsdichte in der zentralen Zone (extrapoliert)

b = Dichtegradient

e = Eulersche Zahl (Basis des natürlichen Logarithmus)

Der Gradient b variiert von Stadt zu Stadt und – wie vorstehend ausgeführt – auch zeitlich. Seine Ermittlung stellt eine der Möglichkeiten dar, charakteristische Strukturen von Städten im Rahmen vergleichender Untersuchungen zu erfassen. Die in Abb. 3b dargestellten negativen Exponentialfunktionen wurden z.B. von CRAMPTON (1991) auf der Basis der Werte von 24 boroughs in Greater London berechnet. Ein alternatives Distanzmaß ist die negative Potenzfunktion, die auch beim Potential (s.u.) benutzt wird. Sie wird in einer neueren Arbeit von M. BATTY und K.S. KIM (1992) herangezogen, weil der entsprechende Dichtegradient in enger Beziehung zur sog. fraktalen Dimension der Stadt steht.

Ein Modell, bei dem die zeitlichen Veränderungen der Dichteverhältnisse berücksichtigt sind, hat B.E. NEWLING (1969) entwickelt. Es bringt zum Ausdruck, daß die Dichte im frühen Stadium der Großstadtentwicklung bei noch sehr begrenzter Stadtfläche schnell und gleichförmig vom Zentrum nach außen abfällt, daß dann die Dichtezunahme im Zentrum geringer wird, die Bevölkerung hier schließlich zurückgeht und im Zuge der Citybildung weitgehend verdrängt wird. Die Zone höchster Dichte im Stadtbereich verlagert sich im Verlauf dieser Entwicklung zunehmend nach außen, während im Zentrum ein *Dichtekrater* entsteht.

Für zahlreiche Fragen der Stadtstruktur und Stadtentwicklung wird allerdings die Kennzeichnung der Bevölkerungsverteilung allein durch Berechnung von zentraler Dichte und Dichtegradienten nicht ausreichend sein. Andere Möglichkeiten bestehen in der Erfassung von Gradienten einzelner Sektoren des Stadtgebietes. Darüber hinaus gibt es aber selbstverständlich eine Reihe weiterer Verfahren, um die Bevölkerungsverteilung und ihre Veränderungen innerhalb von Stadtgebieten und städtischen Verdichtungsräumen zu erfassen – nicht zuletzt gehören dazu auch solche kartographischer Art.

Bei Untersuchungen über die *Bevölkerungsentwicklung* in den nach bestimmten Kriterien abgegrenzten *Stadtregionen* der Bundesrepublik Deutschland hat die Erfassung zeitlicher Veränderungen innerhalb der verschiedenen Strukturzonen zu wertvollen Einsichten geführt, und zwar vor allem über die die jüngere Stadtentwicklung kennzeichnenden Deglomerationstendenzen. Die Zonen stärksten Wachstums haben sich bei mehr und mehr verringerter Bebauungs- und Bevölkerungsdichte in den vergangenen Jahrzehnten immer weiter nach außen verlagert, womit eine Fülle von Problemen der Versorgung, des Verkehrs, der Kommunikation usw. entstanden ist. Besonders extrem ist der Prozeß randlichen Wachstums von Verdichtungsräumen in Nordamerika verlaufen, dort als „urban sprawl" bezeichnet und verbunden mit sehr nachhaltigen Auswirkungen auch auf die Kernbereiche der Städte.

Von den zahlreichen Aspekten, die für die Untersuchung der Bevölkerungsverteilung und ihrer Veränderungen von Bedeutung sind, konnten hier verständlicherweise nur einige – und dies auch noch in teilweise stark vereinfachter Form – erörtert werden. Eine solche Vereinfachung stellen vor allem die Ausführungen über die Zusammenhänge zwischen wirtschaftlicher Entwicklung und Bevölkerungsverteilung dar. Es sollte hier lediglich auf gewisse Tendenzen verwiesen, nicht aber der Versuch unternommen werden, ein umfassendes Modell der Bevölkerungsverteilung zu entwickeln.

Eine ergänzende Bemerkung erscheint in diesem Abschnitt jedoch noch erforderlich zum Zusammenhang zwischen *Bevölkerungsverteilung und Siedlungsstruktur* vor allem im ländlichen Raum. Die Mehrzahl der Siedlungen stellt ein relativ dauerhaftes – „persistentes" – Element der Kulturlandschaft dar. Ihre Größe, räumliche Verteilung und Gestalt bestimmen deshalb für längere Zeit das Verteilungsmuster der Bevölkerung, soweit man es einer großmaßstäbigen Analyse unterzieht. Dies trifft sowohl für städtische Teilbereiche als auch für ländliche Räume zu, wird aber in den letztgenannten besonders augenfällig.

Nicht nur in Europa, sondern auch in vielen anderen Teilen der Erde sind die heute anzutreffenden Siedlungen vor mehr oder weniger langer Zeit – oft vor vielen Jahrhunderten – unter ganz anderen wirtschaftlichen und sozialen Bedingungen angelegt worden als sie heute bestehen. Streusiedlungen, geschlossene Dörfer ganz unterschiedlicher Größe, bandförmige Siedlungen wie die in vielen Teilen der Erde anzutreffenden Wald- oder Marschhufenanlagen, Kombinationen von Einzelhöfen mit Gruppensiedlungen, wie sie z.b. für das Siedlungsgebiet der Großen Ungarischen Tiefebene charakteristisch sind, wurden von bäuerlichen Siedlern oft in gelenkten und zu mehr oder weniger großer Einförmigkeit führenden Kolonisationsmaßnahmen angelegt. Sie entsprachen zur Zeit ihrer Gründung wenigstens zu einem großen Teil den Bedürfnissen und Vorstellungen ihrer Träger.

Das trifft heute in vielen Fällen nicht mehr zu, sei es, daß die Landwirtschaft für den größeren Teil der dort lebenden Menschen ihre Bedeutung als Lebensgrundlage verloren hat und die räumliche Einheit von Wohnstätte und Arbeitsstätte aufgelöst wurde, oder sei es, daß zahlreiche Einrichtungen, die heute zur Erfüllung der Lebensbedürfnisse benötigt werden, fehlen bzw. vom Wohnplatz aus nur schwer erreichbar sind. Umsiedlung, Neuordnung des Siedlungswesens als Maßnahmen, mit denen eine den Bedürfnissen besser angepaßte Bevölkerungsverteilung erreicht werden könnte, stoßen jedoch allein aufgrund von Eigentumsstrukturen auf große Schwierigkeiten. So sind auch in wirtschaftlich hoch entwickelten Gebieten allenthalben veraltete, zumindest unter ökonomischen Aspekten unzweckmäßige Strukturen anzutreffen, die sich nur sehr allmählich verändern. In manchen Entwicklungsländern und in Ländern mit staatlicher Planwirtschaft können Maßnahmen zur Veränderung des Siedlungsgefüges eher in Gang gesetzt werden. Als Beispiel läßt sich die relativ rasch fortschreitende Veränderung der Siedlungsstruktur und Bevölkerungsverteilung in Teilen von Ungarn anführen. Dort ist innerhalb der Großen Tiefebene die Zahl der verstreut liegenden und nur mit großen Schwierigkeiten an moderne Versorgungsnetze anzuschließenden Einzelhöfe (Tanyen) ehemaliger Kleinbauern stark zurückgegangen. Im Rahmen von Verwaltungsgebietsreformen und im Zuge der Kollektivierung der Landwirtschaft wurden neben den alten, weit voneinander entfernten Großdörfern oder Agrostädten neue Mittelpunktsiedlungen angelegt. In der Baranya in Transdanubien gibt es viele sehr kleine und dementsprechend mit tertiären Einrichtungen nur schlecht ausgestattete Dörfer, deren landwirtschaftliche Nutzfläche für einen rational wirtschaftenden genossenschaftlichen Großbetrieb nicht ausreicht. Allein aufgrund landesplanerischer Maßnahmen (Lenkung von Investitionen zugunsten größerer Mittelpunktsdörfer, Bauverbot usw.) haben viele von ihnen kaum eine Überlebenschance. In diesem Landesteil ist also ebenfalls eine weitreichende Änderung des Siedlungsgefüges und der Bevölkerungsverteilung im Gange. Diese veränderten Siedlungsverteilungen in Ungarn haben offenbar auch in den post-kommunistischen 90er Jahren Bestand (vgl. E. VARIS 1998) Eine umfassende Neuordnung des ländlichen Siedlungswesens, verbunden mit einer weitgehenden Umgruppierung der Bevölkerung, wurde – um noch auf ein außereuropäisches Beispiel zu verweisen – auch in Tansania angestrebt. Hier wurde der Versuch unternommen, auf diese Weise entscheidende Grundlagen für einen zur Modernisierung von Gesellschaft und Wirtschaft führenden Entwicklungsprozeß auf der Basis eines afrikanischen Sozialismus zu schaffen.

2.3 Erfassung und Darstellung der Bevölkerungsverteilung, Bevölkerungspotential

Seit langer Zeit haben sich Geographen intensiv mit den Möglichkeiten einer genauen Erfassung der Bevölkerungsverteilung hauptsächlich im mittleren und großen Maßstab beschäftigt, wobei die Entwicklung geeigneter *kartographischer Verfahren* eine besondere Rolle spielte. Namentlich das Schrifttum aus den ersten Jahrzehnten dieses Jahrhunderts enthält eine Fülle von Beiträgen hierzu, von denen seines methodischen Gehalts wegen der 1900 in der Geographischen Zeitschrift erschienene Aufsatz von A. HEITNER über bevölkerungsstatistische Grundkarten eigens genannt sein soll. Hier und in vielen weiteren Arbeiten von anderen Geographen werden grundsätzliche Fragen der Konstruktion und Verwendbarkeit absoluter und relativer Darstellungen erörtert, wobei der besondere Wert von Verteilungskarten für viele Zwecke der Forschung, aber auch der Praxis herausgestellt wird.

In derartigen Verteilungskarten oder „Absolutdarstellungen" wird die Wohnbevölkerung eines Gebietes möglichst exakt lokalisiert, was freilich in den meisten Fällen des Maßstabes wegen eine mehr oder weniger starke Generalisierung erfordert. Als viel beachtetes und weitere Versuche maßgeblich beeinflussendes Beispiel für die Entwicklung einer solchen Absolutdarstellung, die ja keineswegs allein der Veranschaulichung eines bestehenden Zustandes dient, sondern vor allem auch als Erkenntnismittel große Bedeutung hat, ist das von S. DE GEER (1922) entwickelte Verfahren zu nennen. Der Autor hat mit Hilfe von Kreis- und Kugelsymbolen die räumliche Verteilung der Bevölkerung Schwedens im Maßstab 1: 500 000 dargestellt, ohne sie von vornherein in einen Bezug zu bestimmten Flächen (Verwaltungseinheiten, landwirtschaftliche Nutzflächen, Verkehrsgebiete usw.) zu bringen. Es wurden jedoch Merkmale der Siedlungsdichte und Landnutzung ebenso wie Verkehrslinien, Gewässernetz und Verwaltungsgrenzen gleichzeitig miterfaßt, so daß eine Reihe von Zusammenhängen zwischen Bevölkerungsverteilung und Strukturmerkmalen des Raumes rasch zu überblicken ist. Hinsichtlich späterer Modifikationen des DE GEERschen Prinzips sei auf die einschlägige Literatur zur thematischen Kartographie verwiesen.

Bevölkerungskarten dieser Art lassen sich nicht durch andere Verfahren zur Erfassung der Bevölkerungsverteilung ersetzen. Sie werden dementsprechend stets ihre Bedeutung haben, und zwar ebenso für Aussagen über die Gesamtbevölkerung als auch über Teilbevölkerungen eines Raumes. Ihre Erstellung erfordert allerdings einen beträchtlichen Aufwand und ist von der Art der statistischen Erfassung der Bevölkerung abhängig.

Jede Verteilungskarte zeigt ein anderes Grundmuster bzw. das Nebeneinander verschiedener Verteilungsmuster, die sich jedoch wenigstens zum Teil typenmäßig ordnen lassen. Als wichtige Merkmale sind dabei zu berücksichtigen: Ausmaß der Streuung bzw. Konzentration, Regelmäßigkeit oder Unregelmäßigkeit der Verteilung, kontinuierliche oder diskontinuierliche Veränderungen, Vergesellschaftung unterschiedlicher Verteilungsmuster oder Vorherrschen eines einzigen Grundprinzips. Beispiele unterschiedlicher Arten der Bevölkerungsverteilung innerhalb von Staaten, die von großer Bedeutung für deren Wirtschaft, das Verkehrswesen, die Einrichtung von Versorgungsstandorten u.v.a.m. sind, lassen sich in beliebiger Zahl finden, so daß sich die Wiedergabe eines konkreten Falles erübrigt.

Gerade wegen des mit der Entwicklung von Verteilungskarten verbundenen Aufwandes, aber auch wegen der Schwierigkeiten, daraus quantitative, für räumliche Vergleiche verwendbare Aussagen abzuleiten, sind verschiedene Verfahren zur Kennzeichnung bestimmter Merkmale der Bevölkerungsverteilung entwickelt worden, die sich zum großen Teil leicht anwenden lassen und von denen einige nachfolgend beschrieben werden.

Als *Maß für die Bevölkerungskonzentration* innerhalb eines Gebietes finden vielfach sog. *Lorenzkurven* Verwendung. Zu ihrer Konstruktion unterteilt man das jeweilige Untersuchungsgebiet in möglichst gleich große Teilgebiete und berechnet für diese die Bevölkerungsdichte sowie die Anteile an der Gesamtbevölkerung und Gesamtfläche. Die Anteilswerte werden, nach Dichtewerten geordnet, kumulativ in ein Diagramm übertragen, in dem die Abszisse den

Anteil der Fläche, die Ordinate den Anteil der Bevölkerung angibt. Bei völlig gleichmäßiger Verteilung ergibt sich eine Gerade als Diagonale, d. h. auf jeweils einen bestimmten Anteil der Fläche entfällt ein ebenso großer Anteil der Bevölkerung. Das ist ein theoretischer Grenzfall. Relativ geringe Abweichungen von der Diagonalen sind entsprechend den Ausführungen im vorangehenden Abschnitt dort anzutreffen, wo ein großer Teil der Bevölkerung in ländlichen Gebieten lebt und von der Landwirtschaft abhängt. Voraussetzung ist allerdings, daß die natürlichen Produktionsbedingungen für die Landwirtschaft einigermaßen gleich verteilt sind (Beispiel 1 in Abb. 5). Je stärker die Bevölkerungskonzentration, desto mehr nähert sich die Konzentrationskurve den Koordinatenachsen (Beispiel 2). Der der Gleichverteilung entgegengesetzte Grenzfall ist dann gegeben, wenn die gesamte Bevölkerung an einem Punkt (in einem einzigen der für die Berechnung verwendeten Teilgebiete) lebt.

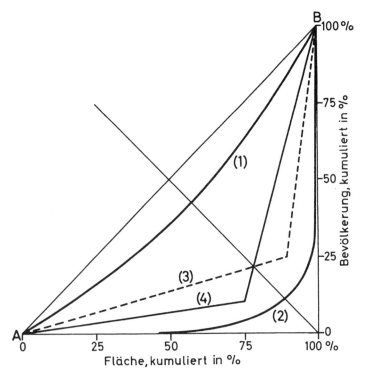

Abb. 5   Lorenzkurven der Bevölkerungsverteilung (Erläuterung s. Text)

Daß der Kurvenverlauf stark durch die Größe der räumlichen Bezugseinheiten (Gemeinden, Kreise, Provinzen etc.) beeinflußt wird, sei nur nebenbei bemerkt. Bei Ländervergleichen wird also eine Verwendung von Lorenzkurven nur dann sinnvoll sein, wenn die jeweiligen Verwaltungsgebiete, für die Einwohnerangaben vorliegen, etwa gleich groß sind. Gerade dies ist aber oft nicht der Fall.

Der Verlauf von Konzentrationskurven verschiedener Räume oder auch des gleichen Raumes zu unterschiedlichen Zeiten gibt einen unmittelbaren Einblick in einige Grundmerkmale der Bevölkerungsverteilung, ohne allerdings das tatsächliche *räumliche Verteilungsbild* zu berücksichtigen. Um Vergleichswerte zu haben, kann der *Konzentrationsindex* nach GINI (GINI-Index) berechnet werden. Er ergibt sich aus dem Verhältnis

$$\frac{\text{Fläche zwischen der Diagonalen und der Konzentrationskurve}}{\text{Fläche zwischen der Diagonalen und den Koordinatenachsen}}$$

Der so ermittelte Wert liegt zwischen 0 bei fehlender und 1 bei vollständiger Konzentration. Er enthält natürlich nicht mehr die gleiche Information wie die Konzentrationskurve selbst, zumal gleiche Werte bei unterschiedlichem Kurvenverlauf (Beispiel 3 und 4 in Abb. 5) zustande kommen können. Man hat deshalb verschiedene Versuche unternommen, den Kurvenverlauf noch näher zu kennzeichnen und auch das Diagramm durch zusätzliche Eintragungen zu ergänzen. L. KOSIŃSKI u. A. WOJCIECHOWSKA (1967) haben z. B. in das Diagramm Angaben über Zahl und Anteil von Verwaltungsgebieten mit unterschiedlichen Dichtewerten aufgenommen, und in Belgien haben R.E. DE SMET (1962) und J. DE RUDDER (1977) bei ihren Berechnungen Steilheit und Asymmetrie der Konzentrationskurve mitberücksichtigt.

Als Beispiel für zeitliche Veränderungen der Bevölkerungskonzentration, die durch die Lorenzkurve erfaßt wurden, mag die entsprechende Berechnung von W. SAHNER (1961) für das Gebiet der Bundesrepublik Deutschland angeführt werden. Sie wurde auf der Basis von Volkszählungsergebnissen der Jahre 1939, 1946, 1950 und von Zahlen für 1960 durchgeführt. Dabei ergab sich eine Veränderung des Konzentrationskoeffizienten von 0,75 im Jahre 1939 auf 0,70 1946, die in erster Linie mit den kriegsbedingten Evakuierungs- und Flüchtlingsströmen in die ländlichen Räume zu erklären ist. In der Folgezeit stieg der Konzentrationskoeffizient bis 1950 wieder auf 0,72 an und überschritt dann 1960 den Vorkriegsstand mit 0,77 um rund 2,5 %.

Als weiterer Index zur Charakterisierung der Bevölkerungsverteilung bzw. –konzentration hat u. a. der als „HOOVER-Index" bezeichnete *Dissimilaritätsindex*

Verwendung gefunden (vgl. O.D. DUNCAN 1957). Er wird wie folgt berechnet:

$$ID = \frac{1}{2}\sum_{i=1}^{k}|x_i - y_i|$$

x_i = Flächenanteil von Teilräumen

y_i = Bevölkerungsanteil von Teilräumen

Auch die zusätzliche *Berechnung von Mittelpunkten* kann zur Kennzeichnung der räumlichen Verteilung der Bevölkerung innerhalb eines Landes zweckmäßig sein. Beim *Bevölkerungsschwerpunkt* handelt es sich um das arithmetische Mittel der Lage (geographische Koordinaten) der nach ihrer Einwohnerzahl gewichteten Wohnorte. Gewöhnlich erfolgt die Berechnung auf der Basis von Verwaltungsgebieten, für die zunächst ein Mittelpunkt zu bestimmen ist.

Für die Bundesrepublik Deutschland liegen Berechnungen des Schwerpunktes und weiterer Mittelpunkte vor (vgl. K. SCHWARZ 1970, D. KUNZ 1986). Der Schwerpunkt befand sich 1950 östlich von Marburg/Lahn und hat sich in der Folgezeit bis 1984 vor allem aufgrund der vorherrschenden Wanderungsströme um insgesamt etwa 18 km zunächst nach Südwesten, dann mehr und mehr nach Süden verlagert.

Für das wiedervereinigte Deutschland verschiebt sich der Bevölkerungsschwerpunkt in Richtung Nordosten. Nach Berechnungen auf Kreisbasis für das Jahr 1995 befindet sich der Punkt nördlich von Bad Hersfeld beim Ort Friedlos (freundliche Mitteilung von Dipl.-Geogr. Ch. Breßler, Berlin). Angemerkt sei, daß der flächenbezogene Mittelpunkt noch weiter nach Nordosten verschoben ist. Aufgrund unterschiedlicher Berechnungs- bzw. Schätzverfahren haben sich nach der Wende mehrere Orte im Grenzbereich von Hessen, Thüringen und Niedersachsen mit dem Titel „Mittelpunkt Deutschlands" geschmückt, u.a. Wanfried bei Eschwege und Landstreit (!) bei Eisenach (K.-H. PÖRTGE 1997).

Ein spezifisches Maß, das besonders unter ökonomischen und sozialen Aspekten Bedeutung gewinnen kann, ist das *Bevölkerungspotential*. Zugrunde liegt dabei die Frage nach der Erreichbarkeit eines Ortes von allen anderen Orten eines abgegrenzten Raumes, also eines Landes oder eines Verwaltungsgebietes. Man kann das Bevölkerungspotential als Ausdruck möglicher räumlicher Interaktionen betrachten und auch hierbei u. U. nicht allein die Gesamtbevölkerung, sondern ebenso nur bestimmte Teile der Bevölkerung (z.B. Erwerbspersonen) berücksichtigen. Die Berechnung sieht wie folgt aus:

$$P_i = \sum_{j=1}^{n} \frac{M_j}{d_{ij}^b}$$

P_i = Bevölkerungspotential des Ortes i

M_j = Einwohnerzahl des j-ten Ortes

d_{ij} = Entfernung zwischen i und j

b = Distanzexponent

(Näheres zur Berechnung s. J. GÜSSEFELDT 1996, im übrigen v.a. J.Q. STEWART 1947)

Berechnungen des Bevölkerungspotentials liegen in großer Zahl vor, so eine Reihe von Arbeiten über Polen. In einer Untersuchung von K. DZIEWÓNSKI u.a. (1975), die den Zeitraum 1950 - 1970 umfaßte, wurde über das Land ein Quadratgitternetz mit einer Seitenlänge von 10 km gelegt. Für die Karte des Bevölkerungspotentials in Deutschland in Abb.6 wurden Kreisdaten zugrunde gelegt. Man erkennt vor allem die großräumige Lagegunst von Achsen im Westen und Südwesten, die Verdichtungsräume verbinden. Welche Veränderung das Potential als Erreichbarkeitsindikator durch die Grenzöffnung zwischen Ost- und Westdeutschland angezeigt hat, wurde von C. GRASLAND (1991) untersucht. Die höchsten Gewinne ergaben sich für Grenzregionen zwischen beiden Teilen des vereinten Deutschlands, vor allem im Osten, und in einem Korridor zwischen Magdeburg und Berlin. Im übrigen lassen sich durch Veränderungen des Bevölkerungspotentials gut großräumige Wandlungen der Bevölkerungsverteilung nachzeichnen (für Westdeutschland vgl. F.J. KEMPER u.a. 1979).

Karten des Bevölkerungspotentials sehen erheblich anders aus als Karten der Bevölkerungsverteilung oder Bevölkerungsdichte, sie können eine wertvolle Hilfestellung für die Beurteilung räumlicher Strukturen leisten. Ihre Verwertbarkeit ist im übrigen auch eine Frage des Maßstabes. Sie sind eher für ganze Länder (politische Einheiten) und Ländergruppen zu verwenden als für kleinere Verwaltungseinheiten, bei denen sich Grenzen auf räumliche Interaktionen weit weniger auswirken als Staatsgrenzen.

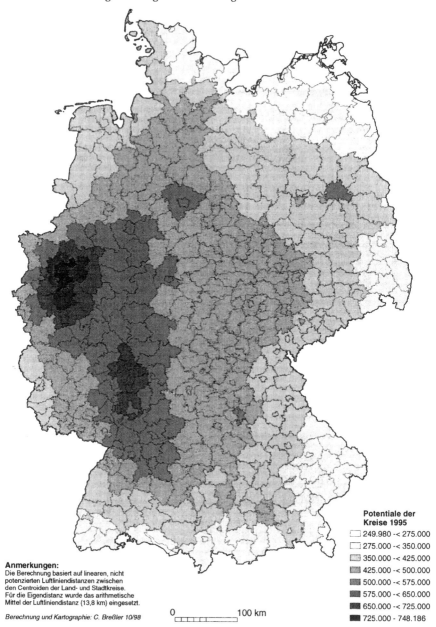

Anmerkungen:
Die Berechnung basiert auf linearen, nicht
potenzierten Luftliniendistanzen zwischen
den Centroiden der Land- und Stadtkreise.
Für die Eigendistanz wurde das arithmetische
Mittel der Luftliniendistanz (13,8 km) eingesetzt.

Berechnung und Kartographie: C. Breßler 10/98

**Potentiale der
Kreise 1995**

☐ 249.980 -< 275.000
☐ 275.000 -< 350.000
☐ 350.000 -< 425.000
▨ 425.000 -< 500.000
▨ 500.000 -< 575.000
▨ 575.000 -< 650.000
▨ 650.000 -< 725.000
■ 725.000 - 748.186

0 ▭▭▭▭▭ 100 km

Abb. 6   Bevölkerungspotential in Deutschland 1995 – Werte in 1000 Einwohner je
km (Entwurf: C. Breßler, Berlin)

2.4 Bevölkerungsdichte, verwandte Begriffe und das Problem der Bewertung von Dichteverhältnissen

Der in den bisherigen Ausführungen bereits mehrfach verwendete Begriff „Bevölkerungsdichte" dient seit langem als Ausdruck für das Verhältnis von Bevölkerungszahl und Fläche. Der Dichtewert wird benutzt zur Kennzeichnung eines wichtigen Strukturmerkmals von Ländern, Wirtschaftsräumen oder auch Siedlungsgebieten, zum Vergleich von Raumeinheiten oder – in seiner zeitlichen Veränderung – auch zur Beurteilung von Entwicklungsprozessen, obwohl man sich dessen bewußt ist, daß eine quantitative Aussage dieser Art durchaus nicht auch gleichzeitig ein Maß etwa für die Qualität der Lebensbedingungen zu sein braucht. Die Feststellung unterschiedlicher Dichtewerte sagt allein noch wenig aus über deren Bedeutung. Erst im Zusammenhang mit weiteren Strukturmerkmalen können Bevölkerungsdichte und andere Werte, mit denen Dichte gemessen wird, brauchbare Kennziffern für die Beurteilung bestehender Zustände und Schwierigkeiten werden, etwa solcher, die sich in ökologischer oder in wirtschaftlicher Hinsicht aus übermäßiger oder auch zu geringer Dichte in bestimmten Lebens- und Wirtschaftsräumen ergeben.

Zunächst einiges zum *Verfahren der Dichtemessung.* Die Berechnung der Bevölkerungsdichte ist einfach, zumal die dafür erforderlichen Daten unter allen Angaben zur Bevölkerungsstatistik am leichtesten zu beschaffen sind. Man gibt die Zahl der Menschen pro Flächeninhalt (qkm, ha oder auch Quadratmeile usw.) an. Das ist die sog. *arithmetische Dichte:*

$$d = \frac{\text{Bevölkerung } (B)}{\text{Fläche } (F)}$$

Als Bezugsfläche gilt die Gesamtfläche der jeweiligen räumlichen Einheit. Verschiedentlich wird auch das umgekehrte Verhältnis erfaßt, das ist die *Arealitätsziffer:*

$$f = \frac{\text{Fläche } (F)}{\text{Bevölkerung } (B)}$$

Dieser Wert gibt also an, eine wie große Fläche dem Einzelnen im Durchschnitt zur Verfügung steht.

Eine dritte Möglichkeit ist die Verwendung der *Abstandsziffer* (Proximität). Hier wird der Abstand (gewöhnlich in Metern) ermittelt, in dem sich die Bewohner eines Landes befinden würden, wenn sie gleichmäßig über die Fläche verteilt wären.

Diese Berechnung ist etwas umständlicher: Man stellt sich die gesamte Fläche des zu untersuchenden Gebietes mit regelmäßigen Sechsecken bedeckt vor und jeden Einwohner im Mittelpunkt eines solchen Sechsecks. Der Abstand zwischen diesen Punkten ist

$$e = 1{,}0774 \cdot \sqrt{f}$$

e = Proximität oder Abstandsziffer

In der Bundesrepublik Deutschland lagen 1996 folgende Werte für die alten und neuen Bundesländer vor:

	Alte Länder	Neue Länder
d	259 Einw./qkm	162 Einw./qkm
f	3857 m²/Einw.	6171 m²/Einw.
e	66,9 m	84,6 m

In den weitaus meisten Fällen wird heute bei der Erfassung der Dichte von größeren Raumeinheiten die arithmetische Dichte verwendet. Die anderen Maßzahlen können jedoch zur Verdeutlichung bestimmter Zustände und ihrer Veränderungen in der Zeit durchaus von Nutzen sein, wobei zu berücksichtigen ist, daß sich

– die Bevölkerungsdichte proportional der um den Faktor k
veränderten Bevölkerungszahl

– die Arealitätsziffer im Verhältnis $1/k$

– die Abstandsziffer im Verhältnis $1/\sqrt{k}$

ändert.

Der Veranschaulichung unterschiedlicher Dichteverhältnisse bei gleichzeitiger Darstellung der absoluten Einwohnerzahlen und des Flächenumfangs von Ländern können die u. a. von K. WITTHAUER (so 1969) verwendeten Diagramme dienen. Abb. 7 enthält Angaben für Länder aus verschiedenen Erdregionen. Ein derartiges Diagramm ist leicht lesbar und auch leicht zu interpretieren. Dabei besteht auch die Möglichkeit, zeitliche Veränderungen innerhalb einzelner Länder deutlich zu machen, indem zusätzlich entsprechende Werte eingetragen und miteinander verbunden werden.

Die *kartographische Darstellung* der Bevölkerungsdichte ist seit weit über 100 Jahren allgemein verbreitet. Dabei hat man eine große Anzahl verschiedener Verfahren erprobt und die Vor- und Nachteile unterschiedlicher Darstellungsarten

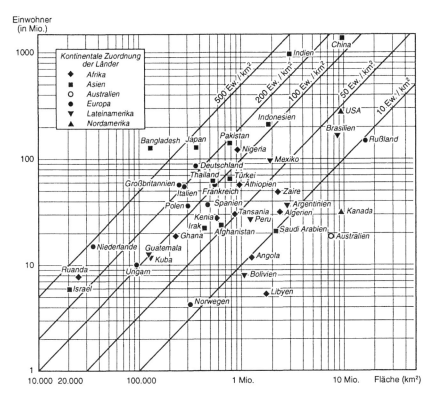

Abb. 7   Flächen-Bevölkerungsdiagramm ausgewählter Länder um 1998
Datenquelle: World Population Data Sheet 1998

eingehend diskutiert, so daß ein außerordentlich umfangreiches Schrifttum zu der scheinbar so einfachen Berechnung und kartographischen Wiedergabe von Dichtewerten vor allem aus den ersten Jahrzehnten dieses Jahrhunderts zu finden ist (vgl. die Literaturübersicht bei H. DÖRRIES 1940). Hier soll nun allerdings nicht näher auf bestimmte kartographische Verfahren eingegangen werden (s. dazu besonders W. WITT 1971), vielmehr geht es darum, einige Probleme deutlich zu machen, die bei der Erfassung von Dichteverhältnissen und bei der Beurteilung von Dichtemaßen auftreten.

Schon früh wurden Zweifel angemeldet, ob es in jedem Falle zweckmäßig und sinnvoll sei, die Bevölkerungszahl auf die Fläche von Staaten oder Verwaltungsgebieten (Bezirke, Kreise, Gemeinden) zu beziehen, so wie es auch in der

Gegenwart überwiegend geschieht. Einerseits sind solche Angaben natürlich für Politik und Verwaltung von Interesse, andererseits ist aber die Verwendung dieses Dichtewertes einfach darauf zurückzuführen, daß die dafür erforderlichen Angaben am ehesten zur Verfügung stehen. Nun sind jedoch die politischen Einheiten in aller Regel aus Teilräumen mit sehr unterschiedlicher Ausstattung zusammengesetzt, die politischen Grenzen und die Verwaltungsgrenzen decken sich gewöhnlich nicht mit den Grenzen von Naturräumen oder Wirtschaftsgebieten. Deshalb sind viele Versuche unternommen worden, besser geeignet erscheinende Bezugsflächen zu erhalten.

Insbesondere bei der Erfassung der Bevölkerungsverteilung und Bevölkerungsdichte in Gebirgsräumen traten Probleme auf, ist doch in diesen Fällen zu fragen, ob und in welchem Umfang etwa für Siedlungen ungeeignete Steilhänge, Areale von Gletschern oder infolge ihrer Höhenlage unbewohnbare Teile des Gebirges bei Dichteberechnungen mitberücksichtigt werden sollten. Ähnlich ließe sich fragen, ob in einem Land wie Ägypten die Bevölkerungszahl zur Gesamtfläche des Staates in Beziehung gesetzt überhaupt etwas aussagt oder es hier nur sinnvoll sein kann, allein das vorhandene Kulturland zu berücksichtigen. Die Antwort kann in allen solchen Fällen nur lauten, daß es keine optimale Lösung gibt, sondern daß das Verfahren der Dichtemessung aus dem jeweils bestehenden Untersuchungsanliegen abzuleiten ist.

So wurden besonders für die Entwicklung von Volksdichtekarten im mittleren und größeren Maßstab unterschiedliche Wege beschritten. Von einigen Autoren wurde zum Beispiel die Berechnung der Bevölkerungsdichte zwar für die Gesamtfläche von Gemeinden oder anderen Verwaltungsgebieten vorgenommen, bei der kartographischen Darstellung jedoch die unproduktive Fläche (Steilhänge, Schutthalden oder auch größere Waldflächen etc.) ausgeschieden. In anderen Fällen ist dies bereits bei der Berechnung geschehen. Sofern man allein die landwirtschaftliche Nutzfläche als Bezugsfläche für die Ermittlung der Bevölkerungsdichte verwendet, handelt es sich um die sog. *physiologische Dichte* oder Ernährungsdichte. Eine derartige Karte kann aufschlußreiche Einblicke in räumliche Strukturen vermitteln, stellt aber natürlich auch keine bessere, sondern lediglich eine von vielen Lösungsmöglichkeiten bei der Ermittlung von Dichteverhältnissen dar. Sie kann etwa dann besonderes Interesse beanspruchen, wenn ein großer Teil der Bevölkerung von der Landwirtschaft lebt bzw. auf die agrarische Produktion des betreffenden Raumes angewiesen ist.

Anstelle des Ausscheidens bestimmter Flächenanteile ist bei der Berechnung von Dichtewerten auch der Weg beschritten worden, statt der Vewaltungsgebiete ganz andere räumliche Bezugsflächen zu wählen. So finden sich im geographischen Schrifttum bereits frühe Ansätze zur Ermittlung der *Bevölkerungs-dichte auf der Basis von Naturräumen*, die u.a. von N. KREBS (1923) weiterentwik-kelt wurden und schließlich in den 50er Jahren zu einer Karte der „Bevölke-rungsdichte der Bundesrepublik Deutschland nach naturräumlichen Einhei-ten" (E. MEYNEN u. A. HAMMERSCHMIDT 1967) führten. Ohne Berücksichti-gung von Gemeinden mit mehr als 20 000 Einwohnern ergaben sich z.b. 1961 innerhalb des Rheinischen Schiefergebirges Dichtewerte von 293 Einw./qkm im Siegerland, von 42 im Hochsauerland oder 171 im gesamten Bergisch-Sauerländischen Gebirge (Süderbergland).

Beispiele für die Verwendung anderer Raumeinheiten zur Errechnung und Darstellung von Dichteverhältnissen und ihrer Veränderung gibt es dann vor allem aus Untersuchungen über *Städte und Verdichtungsräume*. Innerhalb von Städten sind statt der statistischen Bezirke vielfach Baublöcke, Straßenab-schnitte oder Straßenseiten als Bezugsflächen verwendet worden, und es ist allein auf diese Weise gelungen, tiefere Einblicke in das innerstädtische Gefüge zu gewinnen. Seit einiger Zeit wurden – nicht nur in Städten – häufiger auch Quadratraster verwendet, um Bevölkerungsverteilung und Bevölkerungsdichte zu erfassen und mit anderen Strukturmerkmalen in Verbindung zu bringen. Ein Beispiel dieser Art befindet sich etwa in einer Untersuchung von E. KANT (1962), in der besonders auf die Abgrenzung des Stadtkerns mit Hilfe bevölke-rungskartographischer Methoden eingegangen wird. Quadratraster bieten den großen Vorteil, daß mit Bezugsflächen einheitlicher Größe gearbeitet werden kann, deren Abgrenzung völlig neutral ohne Berücksichtigung irgendwelcher Strukturmerkmale erfolgt, wie das bei Baublöcken, Straßenabschnitten usw. der Fall ist. Sie haben sich vor allem bei der Bewältigung großer Datenmengen mit Hilfe elektronischer Rechenanlagen bewährt. Der Gefahr einer Zerschnei-dung struktureller Raumeinheiten durch die Gitterlinien kann durch die Wahl geeigneter Maschenweiten begegnet werden, d.h. man wird in der Regel mit einem möglichst engen Raster arbeiten, lassen sich doch bei der elektronischen Datenverarbeitung die Grundeinheiten leicht zu größeren Einheiten zusam-menfassen (hierzu wie grundsätzlich zur Wahl von räumlichen Bezugssyste-men für regionale Daten s. E. DHEUS 1970). Zunehmende Bedeutung auch für die Analyse bevölkerungsgeographischer Sachverhalte gewinnen neuere Methoden Geographischer Informationssysteme (GIS) sowie Auswertungen von Luft- und Satellitenbildern (Ch. LECHTENBÖRGER 1997).

Neben der Bevölkerungsdichte bzw. der Arealitätsziffer und der Abstandszif-fer finden nun noch zahlreiche andere Dichtewerte Verwendung. So versteht man unter *Agrardichte* das Verhältnis landwirtschaftlicher Bevölkerung zur landwirtschaftlichen Nutzfläche (E. LENDL 1954). In diesem Wert spiegeln sich nicht allein die natürlichen Produktionsfaktoren für die Landwirtschaft, sondern ebenso auch die Betriebs- und Absatzverhältnisse usw. Da im übrigen die landwirtschaftliche Nutzfläche sehr unterschiedlich zusammengesetzt sein kann, wurde das Berechnungsverfahren z. T. noch in der Weise modifiziert, daß man die Bestandteile der landwirtschaftlichen Nutzfläche (Ackerland, Wiesen, Weiden, Rebland usw.) auf Ackerlandbasis umrechnete.

Eine Reihe weiterer Dichtewerte wurde v.a. für Untersuchungen im städtischen Bereich entwickelt. So finden heute im Städtebau bzw. in der Stadtplanung folgende Begriffe Verwendung:

Siedlungsdichte = Einwohner je ha besiedelter Fläche (gesamte städtisch genutzte Fläche einschließlich öffentlicher Freiflächen)

Bruttowohn- = Einwohner je ha Bruttobaugebiet, (Nettobauland dichte zuzüglich der Gemeindebedarfsflächen, der für die innere Erschließung der Bruttobaugebiete benötigten Flächen und der öffentlichen Grünflächen)

Nettowohn- = Einwohner der ha Nettowohnbauland (überbaute dichte Wohngrundstücksflächen einschließlich der privaten Freiflächen, Wege usw.)

Belegungsziffer = Bewohner je Wohnung

Behausungsziffer = Bewohner je Wohngebäude

Werte dieser Art werden seit langem zur Beurteilung der Wohnqualität verwendet und dienen als Normen beim Wohnungsbau. So galt z. B. in den 20er Jahren der Wert von 500 Einwohnern je ha Nettowohnbauland in Deutschland als noch vertretbare Obergrenze. Inzwischen ist diese durch Baunutzungsordnungen auf etwa 400 ebenso herabgesetzt worden wie die erstrebenswerte Obergrenze der Siedlungsdichte (dazu G. ALBERS 1968, E. LICHTENBERGER 1986, S. 92 ff.).

Im übrigen wird der Begriff *Wohndichte* nicht nur in der o. a. Definition verwendet, sondern auch als Zahl der Bewohner je Wohnraum oder als Fläche (in qm), die dem einzelnen Bewohner zur Verfügung steht. Daß es sich dabei um Werte zur Kennzeichnung von Dichteverhältnissen handelt, die nicht nur für Städte sondern auch ländliche Siedlungen von Bedeutung sind, hat etwa J.I. CLARKE (1960) am Beispiel Großbritanniens zeigen können. Hier besteht seit langem ein bemerkenswerter Unterschied in den Wohnverhältnissen Englands und Schottlands. 1951 betrug die durchschnittliche Zahl der Personen pro Raum in England und Wales 0,74, in Schottland dagegen 1,05. Diese Werte haben sich bis heute stark verringert. So lebten 1991 nur noch 2 % der Bevölkerung Großbritanniens in Wohnungen, in denen es weniger Räume als Personen gab. Jedoch bestehen die relativen Unterschiede zwischen Schottland und England weiterhin (T. CHAMPION u.a. 1996, S.88f.). Eine wichtige Rolle für die Ausbildung dieser Unterschiede spielt nach den Untersuchungen von CLARKE offenbar die Wohnbausubstanz, d.h. das Vorherrschen verschiedener Wohnhaustypen. In Schottland ist der Anteil von Häusern mit nur 1-3 Wohnräumen besonders hoch, das wiederum ist mit einer Reihe von Besonderheiten der Wirtschafts- und Sozialstruktur der Bevölkerung in Verbindung zu bringen.

Im Rahmen von Dichteuntersuchungen ist nun im allgemeinen nicht nur die Erfassung eines bestimmten Zustandes, sondern auch dessen *zeitliche Veränderung* von Interesse, wobei dies in aller Regel in unmittelbarem Zusammenhang mit Veränderungen der Bevölkerungsverteilung steht. Als Beispiel für Verfahren zur Erfassung solcher Veränderungen lassen sich Untersuchungen von W. STEIGENGA (1963) über die Verhältnisse in den Niederlanden zwischen 1889 und 1959 anführen. STEIGENGA hat, um die relativen Veränderungen in dem genannten Zeitraum deutlich zu machen, bei der Darstellung der Dichteverhältnisse zu verschiedenen Zeiten die Schwellenwerte der Dichteklassen gegenüber dem Ausgangsdatum jeweils mit einem Faktor multipliziert, der der Zunahme der niederländischen Bevölkerung insgesamt entsprach. Auf diese Weise konnte der für den Untersuchungszeitraum charakteristische Konzentrationsvorgang, der zur Verstärkung von Gegensätzen zwischen dicht und dünn bevölkerten Landesteilen – namentlich auf Kosten der nördlichen Provinzen – führte, besonders deutlich herausgestellt werden.

Allen Bemühungen um Dichteerfassung liegt als gemeinsames Anliegen zugrunde, qualitativ verwertbare Vorstellungen von *Verdichtung* zu vermitteln und Maße zu entwickeln, die einen Zustand übermäßiger Verdichtung bzw. einen solchen nicht ausreichender Verdichtung kennzeichnen. Dabei ist nach den bisherigen Ausführungen deutlich geworden, daß eine Zahl von 200 Einwohnern pro Quadratkilometer hinsichtlich der Lebensbedingungen für die Menschen nicht günstiger oder ungünstiger zu sein braucht als eine solche von nur 20 oder weniger. Von den größeren Ländern der Erde haben eine sehr hohe Bevölkerungsdichte (über 200 Einw./qkm) u. a. Indien, Bangladesh, Japan, Großbritannien, Deutschland und Süd-Korea, eine geringe Dichte (unter 20 Einw./qkm) dagegen Rußland, Australien, Kanada, Brasilien und Peru – Länder also ganz unterschiedlicher Wirtschaftsstruktur, unterschiedlichen Lebensstandards und unterschiedlicher Ausstattung seitens der Landesnatur. Man muß deshalb die Frage aufwerfen, wie weit es überhaupt Zusammenhänge zwischen Dichte und Lebensbedingungen für den Menschen gibt und wie weit die Beurteilung eines bestimmtes Dichtezustandes möglich ist, wenn man kulturelle, ökonomische und soziale Bedingungen, unter denen die Menschen leben, mitberücksichtigt. Besonderes Interesse gewinnen dabei die Möglichkeiten, Bevölkerungsdruck durch Dichtemessungen zu erfassen.

Von einem solchen *Bevölkerungsdruck* wird man dann sprechen müssen, wenn das bestehende Verhältnis zwischen Mensch und Raum – der in ganz unterschiedlicher Weise in Wert gesetzt sein kann – durch unzureichende, unbefriedigende Lebensbedingungen gekennzeichnet ist. Eine eindeutige, von Wertungen freie Beurteilung eines derartigen Zustandes ist sicher nicht möglich, da es kein objektives und allgemein gültiges Maß für befriedigende oder unbefriedigende Lebensbedingungen gibt. Sicher ist allerdings, daß ein Bevölkerungsdruck bei völlig unterschiedlichen Dichtewerten auftreten kann. Das Zustandekommen von Drucksituationen hängt entscheidend von den einer bestimmten Bevölkerungsgruppe zur Verfügung stehenden technologischen Möglichkeiten, von vorhandenen Kenntnissen, sich den Raum nutzbar zu machen, vom Grad der wirtschaftlichen Entwicklung und von einer Reihe weiterer Faktoren ab. Entsprechendes gilt auch für einen Zustand, den man als *Untervölkerung* bezeichnet hat, um damit eine Situation zu charakterisieren, bei der zu geringe Bevölkerungsdichte (Verdichtung) vorhanden ist, um etwa wirtschaftliche Entwicklungsprozesse in Gang zu setzen, eine ausreichende Versorgung der Bevölkerung zu gewährleisten oder bestimmte Neuerungen zu übernehmen (vgl. Kap. 4.4).

Am Beispiel zweier Ländergruppen mag das Vorstehende erläutert werden. Sowohl in großen Teilen von Nordeuropa wie in einer Reihe von Ländern des tropischen Afrika gibt es ausgedehnte Gebiete mit Bevölkerungsdichten von 10 oder noch weniger Einwohnern pro Quadratkilometer. Im Falle der afrikanischen Länder ist die Bevölkerung bei ihrem Lebensunterhalt ganz überwiegend auf die Landwirtschaft angewiesen, die hauptsächlich als Selbstversorgungswirtschaft zur unmittelbaren Befriedigung der Nahrungsbedürfnisse betrieben wird. Unter den gegebenen Bedingungen (geringe Ertragsfähigkeit tropischer Böden, unterentwickelte Agrartechnik, fehlende Möglichkeiten zur Marktproduktion usw.) zeigt sich, daß eine merklich größere Zahl von Menschen hier gar nicht existieren könnte, weil der Flächenbedarf für die agrarische Produktion im Rahmen der weit verbreiteten Landwechselwirtschaft (Shifting Cultivation) nicht zu decken wäre ohne weitreichende negative Folgen für die Böden oder den Wasserhaushalt. Eine ausgesprochene Drucksituation kann unter diesen Umständen also schon bei einer Bevölkerungsdichte von 10 Einw./qkm oder noch darunter auftreten.

Ähnliche Dichtewerte – etwa im Norden Schwedens – sind dagegen ganz anders bedingt, und sie haben auch ganz andersartige Auswirkungen. Zwar spielt auch hier Landwirtschaft als Erwerbsgrundlage eine Rolle (allerdings keineswegs ausschließlich), doch handelt es sich nicht um Subsistenzwirtschaft, sondern um eine marktorientierte Produktion unter wenig günstigen Bedingungen der Landesnatur, Lage zu möglichen Absatzgebieten, zu Mittelpunktsiedlungen mit Schulen, Einkaufsmöglichkeiten, Ärzten usw. Die Errichtung und Unterhaltung einer ausreichenden Infrastruktur stößt infolge der geringen Bevölkerungsdichte auf erhebliche Schwierigkeiten und ist ohne umfangreiche Investitionen seitens des Staates gar nicht möglich. Hier wäre der Zustand durch den Begriff der Untervölkerung zu kennzeichnen (s. S. HELMFRID 1970).

Selbstverständlich besitzt Dichte nicht nur unter Bedingungen, wie sie eben geschildert wurden, also im Maßstab von Ländern und größeren Regionen, eine große Bedeutung, sondern überall dort, wo Menschen leben, die aufeinander angewiesen sind und als Konkurrenten bei Raumansprüchen auftreten können. Dabei braucht es durchaus nicht in erster Linie um wirtschaftliche Notwendigkeiten und Interessen zu gehen, vielmehr kann Dichte auch in einem psychologischen und sozialen Sinne eine wesentliche Bedeutung gewinnen. Es ist deshalb nicht verwunderlich, daß sich gerade Stadtforschung und Stadtplanung intensiv mit Dichteverhältnissen befaßt und nach Wegen gesucht haben, Maße zu bestimmen, die eine kritische Dichte anzeigen. Bei der Errichtung von neuen Siedlungen oder bei Überlegungen über Sanierungsbedürftigkeit von Stadtgebieten geht man häufig von der Vorstellung einer optimalen Dichte aus (Siedlungsdichte, Wohndichte). Zwar sind zumindest die wirtschaftlichen und sich in Kosten niederschlagenden Nachteile einer extrem niedrigen und einer extrem hohen Dichte hier ohne allzu große Schwierigkeiten deutlich zu machen; die Frage aber, wann eine optimale Dichte erreicht wird, ist weder für alle Räume noch für alle Zeiten in gleicher Weise zu beantworten (vgl. hierzu die Untersuchungen von H.J. BUCHHOLZ 1973 über Hongkong). Eher meßbar dürfte (allerdings ebenfalls in zeitlicher und räumlicher Einschränkung) schon übermäßige Dichte sein, die häufig in entsprechenden Reaktionen der Bevölkerung zum Ausdruck kommt.

Von soziologischer Seite ist zu diesem Problemkreis unter anderem durch P. ATTESLANDER (1975) ein wichtiger Beitrag geliefert worden, in dem die Aufgabe der Soziologie in erster Linie darin gesehen wird, festzustellen, wie sich Dichte auf das Sozialverhalten der Menschen auswirkt. Daß der Geograph beim Umgang mit Dichtezahlen die Erkenntnisse derartiger Untersuchungen verwerten muß, dürfte sich von selbst verstehen. Es ist sicher, daß man bei der

Beurteilung von Dichteverhältnissen unter dem Gesichtspunkt ihrer Bedeutung für menschliches Verhalten nicht mit den hier behandelten Meßwerten der Bevölkerungsdichte oder der physiologischen Dichte, der Wohndichte usw. auskommen kann, die sich unter dem Begriff „physische Dichte" zusammenfassen lassen. Ein wichtiger weiterer Schritt ist hier in der Erfassung der wahrgenommenen Dichte zu sehen, bei der es nicht nur persönliche, sondern offenbar auch ausgeprägte kulturelle Unterschiede gibt. Von hier aus ist dann auch ein Zugang zu dem als Übervölkerung empfundenen Zustand des „Crowding" möglich, dem die soziologische Forschung besondere Aufmerksamkeit zugewandt hat (s. P. ATTESLANDER 1975).

3 Bevölkerungsstruktur

Die bisherigen Ausführungen haben allein die Bevölkerungszahl und ihr Verhältnis zum Raum zum Gegenstand gehabt. Unberücksichtigt ist dabei geblieben, daß sich Bevölkerung jeder Siedlung, jedes Landes oder jeder sonstigen räumlichen Einheit aus Personen mit unterschiedlichen Merkmalen, wie solchen des Alters, des Geschlechts, der Erwerbstätigkeit, der sozialen Stellung oder auch des Familienstandes zusammensetzt. Dies aber ist von ganz entscheidender Bedeutung für das im Vordergrund geographischen Interesses stehende Verhältnis Mensch – Raum, resultieren doch aus den qualitativen Merkmalen einer Bevölkerungsgruppe ganz spezifische Anforderungen und Auswirkungen, die den Raum betreffen.

Auf die Gliederung der Menschheit in verschiedene Rassen und eine Vielzahl von Ethnien wird im folgenden nur in einem recht groben Überblick hingewiesen, da für geographische Fragestellungen in erster Linie bedeutsamen „Rassenproblemen", soweit sie nicht in den Bereich anthropologischer Forschung fallen, vornehmlich im sozialgeographischen Kontext zu untersuchen sind. Ähnliches gilt für die den Kulturgeographen besonders interessierenden ethnischen bzw. ethnolinguistischen Gruppen. Breiten Raum nimmt dann die Gliederung der Bevölkerung nach Merkmalen des Geschlechts und Alters ein, da deren Erfassung und Erklärung nicht nur für die Bevölkerungsentwicklung, sondern ebenso für die räumlichen Ansprüche und die Aktivitäten der in einem Gebiet lebenden Menschen von erheblicher Bedeutung sind. Anschließend sollen zumindest diejenigen Merkmale aus dem sozialen und wirtschaftlichen Bereich Beachtung finden, deren Verständnis für die Bevölkerungsverteilung und für die verschiedenen Arten der Bevölkerungsbewegung unerläßlich erscheint.

3.1 Rassen und ethnische Gruppen

Für humangeographische Untersuchungen ist der vielfach in Frage gestellte biologische Begriff der „Rasse" von eher geringerem Gewicht. Als Rassen werden häufig Gruppen mit gemeinsamen Körpermerkmalen verstanden. Es hat sich aber gezeigt, daß die genetische Variabilität solcher Gruppen in der

Regel so hoch ist, daß eine Abgrenzung äußerst schwierig ist (L. u. F. CA-
VALLI-SFORZA 1994). Diese Variabilität gilt auch für die Abgrenzung nach den
sichtbaren, äußeren Merkmalen, wie sie der bekannten Grobgliederung der
Menschheit in die drei großen Rassenkreise Europide, Mongolide und Negride
zugrunde liegt, wobei einige kleinere Menschengruppen wie Australide,
Khoisanide und Pygmäen nicht in diese Einteilung passen. Für eine Orientierung mag die Angabe reichen, daß um 1975 etwa 45 % der Erdbevölkerung zu
den Europiden, 18 % zu den Mongoliden und gut 6 % zu den Negriden zähl-
te, aber 30 % Misch- und Übergangsformen angehörten (S. BROOK 1979).
Auch die Grundzüge der räumliche Verteilung dürften bekannt sein. Diese ist
in ihrem heutigen Bild im wesentlich das Ergebnis von großen Bevölkerungsbewegungen während der letzten Jahrhunderte, in denen die europäische
Überseewanderung stattfand, die russische Besiedlung Nordasiens vor sich
ging, vergleichbare Wanderungen sich auch im asiatischen Raum (Ausbreitung
der Chinesen) wie in Teilen Afrikas vollzogen, und große Veränderungen –
hauptsächlich in diesem Jahrhundert – durch Zwangswanderungen ausgelöst
wurden. Zwangswanderung, mehr oder weniger gewaltsame Umsiedlung und
Ströme von Flüchtlingen über politische Grenzen sind allerdings nicht erst ein
spezielles Merkmal unserer Zeit. Es hat sie auch früher schon gegeben, in besonders krasser Form durch den über Jahrhunderte anhaltenden Sklavenhan-
del, bei dem nach einigen Schätzungen allein aus Afrika mehr als 15 Mio.
Menschen verschleppt wurden.

Durch Wanderungen, seien sie freiwillig oder unter Druck zustande gekommen, sind in einigen Teilen der Erde neben den geschlossenen Verbreitungs-
gebieten der großen Rassen Räume starker rassischer Mischung entstanden.
Verwiesen mag auf die Gebiete sein, in denen Weiße und Schwarze sowie eine
mehr oder weniger große Zahl von Mischlingen nebeneinander – seltener miteinander – leben. Sie gehören zum Teil zu den Problemgebieten und Krisen-
herden der Gegenwart, sei es im nationalen oder im internationalen Rahmen.
In den USA lebten 1995 etwa 33 Mio. Schwarze, 13 % der Bevölkerung, in
einer Verteilung, die sich einerseits auf frühe Phasen der Landnahme und
Kolonialgeschichte, andererseits auf die hauptsächlich durch Industrialisierung
und Verstädterung ausgelösten Binnenwanderungen zurückführen läßt. In
Südafrika waren 1994 von 41,6 Mio. Bewohnern 30,6 Mio. Schwarzafrikaner,
5,2 Mio. Weiße, 3,4 Mio. Mischlinge und 1,0 Mio. Asiaten in einer noch weitgehend durch die frühere Apartheidspolitik festgelegten Verteilung anzutreffen.

Auch in Lateinamerika ist die starke rassische Mischung in einigen Räumen
das Ergebnis kolonialzeitlicher Bevölkerungsverschiebungen, von Sklavenhan-

del, Zwangsrekrutierung von Arbeitskräften und späteren Wanderungsvorgängen. Ganz unterschiedlich hohe Anteile hat hier die indianische Bevölkerung in Mexiko, den Staaten Zentralamerikas und den südamerikanischen Anden, wo in den meisten Fällen der Prozentsatz der Menschen überwiegt, die als Mischlinge mehr oder weniger hohe Anteile indianischer Herkunft besitzen.

Vielfach sind Gegensätze zwischen verschiedenen Rassen zugleich Gegensätze von Bevölkerungsgruppen mit unterschiedlichem sozialen Status, so wie dies auch beim Vorhandensein mehrerer ethnischer Gruppen innerhalb eines Staates häufig der Fall ist. Mehr oder weniger ausgeprägt sind im Zusammenhang damit dann auch räumliche Segregationserscheinungen etwa in Form der Ghettobildung oder einer freiwilligen Absonderung in eigenen, meist ländlichen Siedlungen.

Im Gegensatz zur biologischen Rasse liegt dem Begriff der *ethnischen Gruppe* ein sozialwissenschaftliches Konzept zugrunde. Als Ethnie wird eine Gruppe bezeichnet, die tatsächliche oder vermeintliche Gemeinsamkeiten besitzt, auf deren Grundlage sich eine gewisse kollektive Identität ergibt (vgl. F. HECKMANN 1992). Solche Gemeinsamkeiten können in Geschichte und Abstammung, Sprache, Religion, Sitte und Kultur liegen. Da der Begriff die subjektive Zuordnung meint, können Menschen im Laufe der Zeit – in gewissem Rahmen – die ethnische Zugehörigkeit wechseln, abschwächen oder verstärken (Assimilierung, Ethnisierung). Für geographische Untersuchungen liegen allerdings oft keine Angaben über eine solche subjektive Einordnung vor, man behilft sich dann mit Merkmalen wie Sprache und nationale Herkunft. Bei den ethnischen Minoritäten kommt zur kollektiven Identität noch eine Minoritätensituation hinzu, die nicht nur quantitativ definiert werden kann (vgl. R. VOGELSANG 1985, F. KRAAS 1992).

Die Zusammensetzung der Staatsbevölkerung aus verschiedenen ethnischen Gruppen ist heute für eine große Zahl jener Länder charakteristisch, die bis vor einigen Jahrzehnten europäische Kolonien waren (vgl. auch C. CLARKE u. a. 1984). Während der Kolonialzeit wurden vor allem in Afrika die Grenzen der europäischen Herrschaftsgebiete großenteils ohne Rücksicht auf die Siedlungsgebiete und Wirtschaftsräume von dort ansässigen Völkern gezogen, sei es, weil dies eigenen Interessen entgegenlief oder auch allein deshalb, weil man die räumlichen Strukturen der afrikanischen Bevölkerung gar nicht kannte bzw. zur Kenntnis nehmen wollte. Diese Grenzen sind auch nach der Unabhängigkeit kaum verändert worden. So gibt es heute mehrere Staaten, in denen sich zwei oder mehrere große Völkergruppen, zwischen denen tiefgreifende Gegensätze existieren, gegenüberstehen und in denen zusätzlich zahlreiche kleinere ethnische Gruppen leben, die erst allmählich aus ihrer Stammesbindung den Weg zu einem Nationalbewußtsein finden müssen. Eines der Bei-spiele bildet Äthiopien, wo letztlich die ethnische Vielfalt und die Vorherr-schaft einer Gruppe zu schweren inneren Kämpfen und zur Beseitigung über-kommener Herrschaftsstrukturen geführt haben. Auch Teile von Asien sind durch eine Vielfalt indigener ethnischer Gruppen geprägt, die sich u.a. in Rückzugslagen von Peripherräumen und Gebirgsregionen finden. Am Beispiel von Gruppen im Hindukusch-Karakorum hat H. KREUTZMANN (1996) die Rolle von Ethnizität im Entwicklungsprozeß beleuchtet.

Ethnische Vielfalt ist allerdings keineswegs allein auf Afrika oder Asien be-schränkt. In Europa hat sie für den Ablauf der jüngeren Geschichte und für die Veränderung der Staatsgrenzen vor allem im Gefolge der letzten großen Kriege eine ganz wesentliche Rolle gespielt. Im besonderem Maße gilt dies für das östliche Mittel- und Südosteuropa, wo die Rolle der ethnischen Minder-heiten durch die politischen Verhältnisse nach dem Zweiten Weltkrieg eine Zeitlang stark zurückgedrängt war. Wie das Beispiel Jugoslawien zeigt, brechen aber in jüngster Zeit mit dem Niedergang politischer Zentralgewalten alte Spannungen wieder voll auf.

Eine Orientierung über Zahl und Verbreitung verschiedener ethnischer Grup-pen bzw. verschiedener Nationalitäten ist vielfach nur schwer zu bekommen (vgl. die nützliche Zusammenstellung bei F. KRAAS-SCHNEIDER 1989). Gera-de hier werden (meist aus politischen Gründen) von offizieller Seite oft unzu-reichende Angaben gemacht, wobei allerdings auch zu berücksichtigen ist, daß Erhebungen dieser Art nicht ganz einfach sind. Eher erreichbar sind schon Unterlagen über Sprachgruppen, weshalb diese bei den bisher wenigen Versu-chen zur Kennzeichnung der ethnischen Struktur von Ländern auch meist herangezogen wurden. Ein derartiger Versuch liegt z.B. von W. RUTZ (1970) vor. Er berücksichtigt (nach dem Merkmal Sprache) die Anzahl der in einem Staat lebenden ethnischen Gruppen, den Anteil der stärksten Gruppe an der Staatsbevölkerung und den Anteil dieser stärksten Gruppe innerhalb des je-weiligen Staates an der gesamten – also auch außerhalb der Staatsgrenze le-benden – ethnischen Gruppe, um eine dreiteilige Kennziffer zu bilden. In den letzten Jahrzehnten haben auch in vielen wirtschaftlich entwickelten Nationen ethnische Minoritäten eine größere Eigenständigkeit verlangt. Am Beispiel des Mittelmeerraumes sind von N. KLIOT (1989) mögliche Bestimmungsfaktoren einer kulturellen und politischen „Mobilisierung" solcher Gruppen diskutiert worden.

Vor allem aufgrund von Zuwanderung ist die ethnische Vielfalt in den meisten westlichen Industrieländern in den letzten Jahrzehnten deutlich angewachsen (vgl. Kapitel 5.7.5). Die Migranten haben sich dabei vor allem in Großstädten niedergelassen. Es gibt inzwischen eine umfangreiche Literatur über damit verbundene ethnische Segregation, Konzentration bis hin zur Ghettobildung, auf die hier nicht näher eingegangen werden kann. Verwiesen sei auf einen kürzlich erschienenen Sammelband von C.C. ROSEMAN, H.D. LAUX und G. THIEME (1996).

Ohne die hier angeschnittenen Fragen der rassischen und ethnischen Differenzierung weiterzuverfolgen, muß doch wohl darauf hingewiesen werden, daß sie für den Bevölkerungsgeographen nicht belanglos sein können. Dort, wo mehr oder weniger ausgeprägte rassische und ethnische Gegensätze vorhanden sind, ist mit diesen in der Regel auch ein unterschiedliches Verhalten im generativen Bereich, bei der Mobilität oder in der Siedlungs- und Wirtschaftsweise verbunden.

3.2 Geschlechterverhältnis und Altersstruktur

Die Zusammensetzung der Bevölkerung nach den natürlichen demographischen Merkmalen Alter und Geschlecht ist von grundlegender Bedeutung nicht nur für die Bevölkerungsentwicklung; sie wirkt sich in entscheidendem Maße auch auf soziale und ökonomische Strukturen aus.

Zur Messung des Geschlechterverhältnisses wird die *Sexualproportion* verwendet, bei der in den meisten Ländern Männer auf 100 oder 1000 Frauen bezogen sind. Verschiedentlich wird auch das umgekehrte Verhältnis angegeben. Die Sexualproportion kann mehr oder weniger ausgeglichen sein, aber auch bedeutende Unterschiede im Anteil der Geschlechter zum Ausdruck bringen, etwa beim Vergleich von Ländern, Kulturregionen oder auch von einzelnen Stadtvierteln und bestimmten Bevölkerungsgruppen innerhalb eines Landes. Auch bei zeitlichen Vergleichen des Bevölkerungsaufbaus ergeben sich oft erhebliche Unterschiede, die in erster Linie auf selektive Wanderungsvorgänge zurückzuführen sind.

In den meisten Industrieländern, besonders in denjenigen mit zahlreichen älteren Menschen, überwiegt heute der Anteil der weiblichen Bevölkerung, während in vielen Ländern Asiens und Afrikas die Relation meist zugunsten der männlichen Bevölkerung verschoben ist. Tab. 4 gibt dafür einige Beispiele.

Tab. 4   Männer auf 1000 Frauen (um 1994) (Quelle: Demographic Yearbook 1995)

Rußland	885	Schweden	977
Deutschland	946	Mexiko	983
Frankreich	949	Tunesien	1021
Simbabwe	954	China	1060
Japan	963	Pakistan	1067
Brasilien	976	Indien	1081

Ein Beispiel für regionale Unterschiede der Sexualproportion eines Landes findet sich im Nationalatlas von Schweden, Teilbereich Bevölkerung (S. ÖBERG u. P. SPRINGFELDT 1991, S.91). Untersucht wurde das Geschlechterverhältnis für die Bevölkerungsgruppe der 20-39jährigen, die nicht in einer ehelichen oder nicht-ehelichen Lebensgemeinschaft zusammenwohnten. Für das ganze Land kamen 1985 auf 100 Frauen 139 Männer, es gab jedoch beträchtliche regionale Unterschiede mit Werten von über 250 für periphere ländliche Gemeinden, besonders im Norden des Landes. Dort waren nur wenig Arbeitsplätze für Frauen vorhanden, die daher abwanderten. Dies führte zu einer erheblichen Einschränkung der Heiratsmöglichkeiten für junge Männer. Relativ ausgeglichene Verhältnisse mit Werten um 120 trafen für Großstädte und Universitätsorte zu, in denen für Frauen gute Erwerbs- bzw. Studienmöglichkeiten bestanden. Ein derartiges Gleichgewicht in Universitätsstädten ist jedoch nicht in allen Ländern anzutreffen. So berichtet S. KENNETT (1980) im Rahmen einer Untersuchung der Sexualproportion in Großbritannien im Jahre 1971 von einer relativ extremen Struktur der Universitätsstädte, besonders von Oxford und Cambridge, mit stark überdurchschnittlichem Männeranteil.

Beträchtliche Abweichungen von den Durchschnittswerten eines Landes können sich auch beim Vergleich von Siedlungen unterschiedlicher Größenklassen zeigen, indem etwa in den Großstädten der Industrieländer meist ein beträchtlicher Frauenüberschuß zu verzeichnen ist. Die Zahl der Männer auf 1000 Frauen betrug z.B. Ende 1996 in den kreisfreien Städten des Landes Nordrhein-Westfalen 925 gegenüber 958 in den Landkreisen. Beim Vergleich der Stadt Köln mit der Umlandregion des Erftkreises ergaben sich Verhältniszahlen von 938 zu 968.

Fragt man nach dem Zustandekommen derartiger Unterschiede, dann lassen sich mehrere Hauptursachen anführen. Zunächst ist festzustellen, daß im allgemeinen mehr Knaben als Mädchen geboren werden und daß es eine ungleiche Sterblichkeit der Geschlechter gibt. Bei Neugeborenen liegt das Verhältnis von Knaben und Mädchen in vielen Ländern bei etwa 105 zu 100, es ist jedoch zeitlich nicht konstant. Infolge der unterschiedlichen Mortalität beider Geschlechter ergeben sich dann Veränderungen der bei Neugeborenen anzutreffenden Sexualproportion, die allerdings erst bei den höheren Altersgruppen einsetzen.

In Deutschland, wo ebenso wie in vielen anderen Ländern noch weitere Faktoren das Geschlechterverhältnis stark beeinflußt haben, ging 1994 der bei den jüngeren Altersklassen vorhandene Männerüberschuß bei den 55-60jährigen in einen Frauenüberschuß über (Tab.5). Der relativ hohe Anteil männlicher Bevölkerung bei den 25-40jährigen ist durch Zuwanderung aus dem Ausland bedingt. Ab der Gruppe 65-70 Jahre ist der Frauenüberschuß in Deutschland deutlich höher als in Schweden. Dies ist vor allem auf die Kriegsverluste bei der männlichen Bevölkerung in Deutschland zurückzuführen. In beiden Industrieländern, die in Tab.5 ausgewiesen sind, ist jedoch eine kontinuierliche Zunahme des Frauenanteils bei den älteren Leuten mit fortschreitendem Alter zu erkennen. Die Konsequenzen für das Zusammenleben älterer Menschen und für entsprechenden sozialpolitischen Handlungsbedarf hat z.B. E. CARLSON (1990) untersucht.

Beim Vergleich von Sexualproportionen verschiedener Länder zeigt sich nun, daß durchaus nicht überall ein Anwachsen des Frauenanteils in den höheren Altersklassen festzustellen ist. In Tunesien, das in Tab. 5 als Beispiel angeführt wird, besteht in den meisten, vor allem auch in den höheren Altersklassen, ein Männerüberschuß, d. h. daß hier offenbar die Unterschiede in der Mortalität der Geschlechter nicht in gleicher Weise zum Tragen kommen. Man wird wohl davon ausgehen müssen, daß hier wie in Ländern, die aufgrund ihres Entwicklungsstandes mit Tunesien vergleichbar sind, die Frauensterblichkeit überdurchschnittlich hoch ist, zurückzuführen auf körperliche Überbeanspruchung der Frau, unzureichende hygienische Verhältnisse und eine ungenügende medizinische Versorgung, wobei Tunesien sicher kein Land ist, in dem in dieser Hinsicht besonders extreme Verhältnisse herrschen.

Im ganzen muß man jedoch davon ausgehen, daß aufgrund der beiden genannten Faktoren – unausgeglichene Sexualproportion bei Neugeborenen und unterschiedliche Mortalität der Geschlechter – der Altersaufbau einer Bevölkerung von wesentlicher Bedeutung für das jeweils anzutreffende Geschlechterverhältnis ist. Bei relativ geringen Anteilen junger und hohen Anteilen älterer Menschen, die auf niedrige Geburten- und Sterberaten zurückzuführen sind (typische Situation der Industrieländer) tritt eine mehr oder weniger deutliche Verschiebung der Sexualproportion zugunsten der weiblichen Bevölkerung

Tab. 5   Bevölkerung ausgewählter Länder nach Alter und Sexualproportion 1994
(Quelle: Demographic Yearbook 1995)

Altersgruppe von ... bis unter ... Jahren	Männer auf 1000 Frauen		
	Deutschland	Schweden	Tunesien
unter 5	1053	1052	1054
5-10	1054	1055	1044
10-15	1053	1055	1051
15-20	1060	1051	1039
20-25	1060	1037	1015
25-30	1079	1052	956
30-35	1073	1054	987
35-40	1061	1047	1015
40-45	1031	1037	1008
45-50	1036	1030	953
50-55	1025	1041	968
55-60	996	939	993
60-65	939	938	1026
65-70	757	887	1099
70-75	548	826	1029
75-80	476	733	1228
80-85	407	617	1067
85 u. m.	327	439	931
insgesamt	946	977	1021

ein. Hier wirkt sich die höhere Sterblichkeit der älteren Männer auf das Geschlechterverhältnis merklich aus. Bei hohen Anteilen junger Menschen und
einem sehr viel schwächeren Besatz der älteren Jahrgänge, also bei anhaltend
hohen Geburtenraten (Verhältnisse in den meisten Entwicklungsländern) ist
sehr viel eher mit einem Überwiegen des männlichen Bevölkerungsanteils aufgrund der unausgeglichenen Sexualproportion bei Neugeborenen zu rechnen,
die sich zumindest bis ins mittlere Alter fortsetzt.

Ebenso wie in Deutschland ist nun auch in vielen anderen Ländern das Geschlechterverhältnis der Bevölkerung durch *Kriegsauswirkungen,* insbesondere
durch Verluste bei der männlichen Bevölkerung zusätzlich beeinflußt worden.
Wenn man die Zahlen für die Gesamtbevölkerung für einen längeren Zeitraum
zusammenstellt (vgl. hierzu auch Abb. 9), dann zeigen sich schon hierin deutlich die Auswirkungen der beiden Weltkriege, wobei zu bemerken ist, daß der
in Tab. 6 für 1946 angegebene Wert zu einem Teil auch damit zu erklären ist,
daß damals viele Kriegsgefangene noch nicht zurückgekehrt waren.

Tab. 6   Männer auf 1000 Frauen im Deutschen Reich bzw. (seit 1946) in der Bundesrepublik Deutschland (Quelle: P. FLASKÄMPER 1962, S. 149 u. Stat. Jb. BRD)

Jahr	Männer	Jahr	Männer	Jahr	Männer	Jahr	Männer
1871	964	1910	973	1946	814	1987	923
1880	962	1919	915	1950	874	1995	948
1890	962	1925	934	1960	887		
1900	969	1939	958	1970	908		

Schon der nach 1870 vorhandene Frauenüberschuß ist zum Teil mit den vor-
angegangenen Kriegen in Verbindung zu bringen, wenn auch andere Faktoren,
wie erhöhte Sterblichkeit von männlichen Säuglingen und Auswanderung
(1890), eine wichtige Rolle gespielt haben.

Richtet man den Blick allein auf das Geschlechterverhältnis bei den vom
Zweiten Weltkrieg am stärksten betroffenen Altersgruppen, dann wird das
Ausmaß der für den Bevölkerungsaufbau und die Bevölkerungsentwicklung
gravierenden Verluste in einigen Ländern besonders deutlich. Im Jahre 1950
kamen z. B. in der Sowjetunion auf 100 Frauen im Alter zwischen 30 und 50
Jahren nur 75 Männer, in der Bundesrepublik waren es zum gleichen Zeitpunkt 80.

Einen besonders starken Einfluß auf die Zusammensetzung der Bevölkerung
nach dem Geschlecht können schließlich Wanderungen ausüben. An den
weitaus meisten Wanderungen der Gegenwart ist nicht die Gesamtbevölkerung eines Raumes beteiligt, vielmehr sind es in aller Regel einzelne Altersgruppen, Haushaltsgruppen oder auch Berufsgruppen, die den mobilen Teil
der Bevölkerung bilden. Auf diese Weise kommt es zu Selektionsprozessen,
die in entscheidendem Maße eben auch die Sexualproportion sowohl in Ab-
wanderungs- wie in Zuwanderungsgebieten verändern können.

An vielen Wanderungen, die ihren Ausgang von wirtschaftlich weniger entwickelten Ländern bzw. von relativ rückständigen Agrargebieten nehmen, sind vorzugsweise Männer beteiligt. Das führt in den Abwanderungsgebieten zu einem ausgeprägten Frauenüberschuß und in den Zuwanderungsgebieten zum entsprechenden Mangel an Frauen mit vielfach weitreichenden sozialen und wirtschaftlichen Konsequenzen. Gerade bei Wanderungen über große Distanzen kann der Anteil der Männer stark überwiegen. So verhielt es sich in der Vergangenheit etwa bei der europäischen Überseewanderung. Von den deutschen Auswanderern nach Übersee waren im Zeitraum 1871-1928 z.B. rund 3/5 männlichen und 2/5 weiblichen Geschlechts. Die großen Einwanderungsländer hatten bis weit in dieses Jahrhundert hinein einen Überschuß der männlichen Bevölkerung aufzuweisen. So gibt es – um hier ein Beispiel zu nennen – in zahlreichen Großstädten Indiens, Südostasiens und des tropischen Afrika bei einer starken Zuwanderung aus oft weit entfernt liegenden ländlichen Bereichen ein erhebliches Übergewicht an Männern. Dieses Übergewicht wurde vielfach in jüngster Zeit aufgrund von Zuwanderung von Frauen deutlich abgebaut.

Es läßt sich indessen keine allgemeine Regel für die durch Migration ausgelösten geschlechtsspezifischen Selektionsvorgänge aufstellen. So sind in Lateinamerika bei den heutigen, auf die großen und ungemein rasch wachsenden Städte gerichteten Wanderungsströmen vielfach Frauenanteile von weit über 50 % zu verzeichnen, weil die Möglichkeiten, einen Arbeitsplatz in der Stadt zu finden, in diesen Ländern für Frauen noch eher gegeben sind als für Männer. Bei den Wanderungen in wirtschaftlich hoch entwickelten Ländern läßt sich gegenüber der Situation in vielen Entwicklungsländern allenfalls feststellen, daß es hier seltener zu starken Disparitäten bei der Mobilitätsbereitschaft und Migration von Männern und Frauen kommt. Als ausgeprägter haben sich bei zahlreichen Untersuchungen eher Unterschiede bei der Wanderungsdistanz beider Geschlechter erwiesen.

Im übrigen kann eine stark unausgeglichene Sexualproportion nicht nur für die Gesamtbevölkerung bestimmter Räume bzw. für einzelne Altersgruppen in Abwanderungs- und Zuwanderungsgebieten charakteristisch sein, sondern auch allein für Angehörige einer ethnischen Gemeinschaft, einer Rasse oder auch einer sozialen Gruppe. Dies ließ sich z.B. bei den in die ostafrikanischen Länder eingewanderten Indern beobachten. Die Männer sind zunächst meist allein gewandert und haben ihre Frauen und Kinder erst später nachkommen lassen, als die eigene wirtschaftliche Existenz einigermaßen gesichert war. Aus dem südostasiatischen Raum liegt zu diesem Thema eine ausführliche Untersuchung über die Zusammensetzung verschiedener ethnischer Einwanderungsgruppen nach den Merkmalen Geschlecht und Alter u.a. von W. NEVILLE (1966) vor, die zugleich aufschlußreiche Einblicke in ökonomische und soziale Zusammenhänge vermittelt. NEVILLE befaßte sich mit den in Singapur lebenden Chinesen, Indern und Pakistani, die sich hinsichtlich der hier interessierenden Merkmale sowohl voneinander als auch besonders von dem malayischen Bevölkerungsanteil unterschieden. Das Geschlechterverhältnis war vor allem bei den aus Indien und Pakistan stammenden Immigranten stark zugunsten der Männer verzerrt, dies infolge der vielfach nur als zeitweilig betrachteten Einwanderung, weiterhin des Wunsches, die Familienbindung mit dem Herkunftsgebiet zu erhalten und nicht zuletzt aufgrund der finanziellen Schwäche der meisten Immigranten. Diese Unterschiede sind bis 1990, nicht zuletzt dank des wirtschaftlichen Wachstums, weitgehend aufgehoben (W. NEVILLE 1996).

In fast allen Fällen sind Besonderheiten der Sexualproportionen mit solchen der Altersstruktur von Bevölkerungsgruppen in Verbindung zu bringen, so daß einige zu dieser Thematik gehörende Aspekte auch bei den nachfolgenden Ausführungen über die Alterszusammensetzung angeschnitten werden können. Im Augenblick mag hier allein noch auf bedeutsame Auswirkungen eines wie auch immer zustande gekommenen unausgeglichenen Zahlenverhältnisses der Geschlechter hingewiesen werden. Sie zeigen sich im demographischen Bereich durch eine Beeinflussung der Geburtenzahl infolge eingeschränkter Heiratsmöglichkeiten und können teilweise wohl auch mit den bei einigen Völkern anzutreffenden Formen von Polygynie oder Polyandrie in Verbindung gebracht werden. So lassen sich etwa in Afrika Zusammenhänge zwischen Polygynie (ein Mann hat zwei oder mehr Frauen) und den starken Verlusten bei der männlichen Bevölkerung infolge des Sklavenhandels bzw. auch aufgrund von Stammeskriegen sehen.

Bedeutsamer und sehr viel weiter verbreitet sind freilich Auswirkungen unausgeglichener Sexualproportionen in sozialen und wirtschaftlichen Bereichen: Auswirkungen, die sich z.B. in der Familie durch das Fehlen des Vaters zeigen, in der ländlichen Gemeinschaft durch die Abwesenheit ganzer Altersjahrgänge von Männern und auf der anderen Seite in Barackensiedlungen von Zuwanderern am Stadtrand durch einen extremen Frauenmangel, schließlich – oft von wesentlicher Bedeutung für die Ernährungssituation – durch das Fehlen von Männern in der Landwirtschaft von Abwanderungsgebieten. Es soll jedoch nicht der Eindruck erweckt werden, daß es sich lediglich um Probleme handelt, die irgendwo auf der Welt in wirtschaftlich wenig entwickelten Ländern auftreten und dort vorübergehende Erscheinungen sind. Vielmehr sind sie in dieser oder jener Form auch bei uns anzutreffen, sei es in ländlichen Abwanderungsgebieten, in denen Bauern keine Frauen mehr finden können, oder auch in bestimmten Quartieren unserer Großstädte, in denen aufgrund von Überalterung der Bevölkerung hauptsächlich alleinstehende Frauen anzutreffen sind oder wo Formen des Wohnungsbaus eine einseitige Zusammensetzung der Bevölkerung bewirkt haben.

Auf die Zusammenhänge zwischen Geschlechterverhältnis und Altersstruktur ist mehrfach hingewiesen worden. Obwohl es unendlich viele Möglichkeiten der Alterszusammensetzung einer Bevölkerung gibt, lassen sich doch verschiedene Grundtypen des *Altersaufbaus* unterscheiden, denen sich ein konkreter Fall gewöhnlich in wenigstens grober Weise zuordnen läßt. Viele Vorteile bietet bei einer solchen orientierenden Typenbildung die Verwendung von *Alterspyramiden,* einfacher Diagramme, bei denen die Anteile der männlichen und weiblichen Bevölkerung auf der Abszisse, die Altersgruppen auf der Ordinate angegeben werden. Um Vergleiche verschiedener Alterspyramiden zu ermöglichen, muß auf der Basis von relativen Zahlen ein einheitlicher Maßstab gewählt werden.

Man unterscheidet verschiedene Grundformen. Dazu gehört die des gleichschenkligen Dreiecks (Abb. 8a). Sie ist typisch für Länder mit hohen und über längere Zeit hinweg konstanten Geburten- und Sterberaten. Die absolute Zahl der Geburten nimmt dabei zwar ständig zu, die Bevölkerung vermehrt sich jedoch nicht sehr rasch. Die Zuspitzung der Pyramide ergibt sich aus der mit fortschreitendem Alter zunehmenden Sterblichkeit und daraus, daß die ältere Bevölkerung aus einer merklich kleineren Ausgangsbevölkerung hervorgegangen ist. Eine modifizierte Form ist die Pyramide mit verbreiteter Basis und geschwungenen Seiten (b). Sie ist dort anzutreffen, wo die Sterberate besonders bei Kindern abzusinken begonnen hat, die Geburtenrate jedoch weiterhin hoch bleibt. Die einem Bienenkorb gleichende Bevölkerungspyramide (c) entsteht bei niedrigen Geburten- und Sterberaten. Die absolute Zahl der Geburten bleibt in diesem Falle annähernd gleich. Da die Sterblichkeit erst im höheren Alter stark zunimmt, setzt die Zuspitzung auch erst relativ spät ein. Man hat es mit einer stationären Bevölkerung zu tun. Pyramiden von mehr oder weniger ausgeprägter Glockenform (d) entstehen, wenn nach längerer Zeit mit relativ niedrigen Geburten- und Sterberaten wieder eine Zunahme der Geburtenhäufigkeit eintritt. Schließlich kommt die Form einer Urne (e) durch eine sich laufend verringernde Zahl der Geburten zustande. Der Geburtenrückgang kann auch sehr rasch und nachhaltig erfolgen, die resultierende Bevölkerungspyramide entspricht damit dem Typ (f).

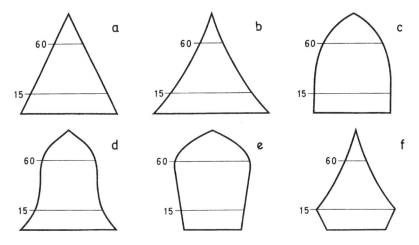

Abb. 8   Grundformen von Alterspyramiden (Erläuterungen s. Text)

Den in Abb. 8 dargestellten Grundformen läßt sich gewiß nicht jede einzelne konkrete Pyramide ohne weiteres zuordnen, doch können die Grundzüge des Altersaufbaus der Bevölkerung zumindest von größeren Ländern und Regionen mit Hilfe derartiger Typen im allgemeinen ganz gut gekennzeichnet werden. Die Dreiecksform, besonders Typ b, ist in vielen Entwicklungsländern anzutreffen, während die Industrieländer einen Bevölkerungsaufbau haben, der überwiegend der Bienenkorbform, teilweise aber auch der Urnenform entspricht.

In grober Weise können die Pyramiden in der Reihenfolge a-b-c-e als aufeinanderfolgende Stadien einer Entwicklung angesehen werden, die durch zunehmende Verstädterung und Industrialisierung eines Landes gekennzeichnet ist. In allen heutigen Industrieländern ist während der vergangenen 50 bis 100 Jahre die Tendenz zu einer Verbreiterung des oberen Teils (relative Zunahme der älteren Jahrgänge) und einer Verschmälerung der Basis (Rückgang der Geburten) festzustellen.

Im einzelnen haben natürlich die den Altersaufbau beeinflussenden Faktoren nicht zu allen Zeiten unverändert gewirkt, haben besondere Ereignisse wie Kriege oder Naturkatastrophen oder auch gezielte bevölkerungspolitische Maßnahmen ihre Folgen gezeigt, so daß auch die Bevölkerungspyramiden großer Länder erhebliche Unregelmäßigkeiten ihres Aufbaus aufweisen können, indem es tiefe Einschnitte oder auf der anderen Seite Ausweitungen durch unverhältnismäßig geringen bzw. starken Besatz bestimmter Altersklassen gibt, schließlich auch deutliche Asymmetrien bei ungleicher Verteilung der Geschlechter auf die Altersklassen.

Zu den sehr unausgeglichenen Bevölkerungspyramiden von Ländern gehört sicher die der Bundesrepublik Deutschland, die in Abb. 9 wiedergegeben ist. Hier lassen sich insbesondere die Geburtenausfälle beider Weltkriege ablesen, ein Geburtendefizit während der Wirtschaftskrise um 1932, der starke Rückgang der Geburten in jüngerer Zeit (sog. „Pillenknick" nach 1967/68), außerdem aber auch die Auswirkungen von Phasen hoher Geburtenziffern. Schließlich werden besonders deutlich die altersspezifischen Unterschiede in der Geschlechterverteilung mit einem bedeutenden Frauenüberschuß bei den älteren Menschen und den von den Kriegen hauptsächlich betroffenen Jahrgängen sowie mit einem Überschuß der männlichen Bevölkerung bei den jungen Altersklassen.

Mit Hilfe von Bevölkerungspyramiden lassen sich im übrigen neben Altersaufbau und altersspezifischen Sexualproportionen auch weitere Gliederungsmerkmale einer Bevölkerung gut veranschaulichen. So können etwa zusätzliche Angaben über Familienstand, Erwerbstätigkeit oder Staatsangehörigkeit berücksichtigt werden. Außerdem sind Bevölkerungspyramiden auch zu verwenden, um zeitliche Veränderungen der Bevölkerungszusammensetzung vor Augen zu führen. Man erhält auf diese Weise bereits zahlreiche Anhaltspunkte für die Interpretation verschiedener Pyramiden, wobei im allgemeinen davon ausgegangen werden kann, daß die Bevölkerungspyramiden von größeren Ländern oder gar Ländergruppen vornehmlich durch die natürliche Bevölkerungsbewegung beeinflußt werden, während solche von kleineren Regionen, von einzelnen Städten, Stadtvierteln oder Landgemeinden in sehr viel stärkerem Maße durch Wanderungsvorgänge bestimmt sein können.

Obwohl nun Bevölkerungspyramiden eine recht umfassende Auskunft über den Altersaufbau geben, wird man nicht immer auf sie zurückgreifen können oder auch wollen. Schwierigkeiten treten vor allem dann auf, wenn man eine größere Anzahl von Bevölkerungspyramiden nicht nur optisch, sondern quantifizierend miteinander vergleichen will. Aus solchen Gründen sind verschiedene andere *Verfahren zur Kennzeichnung des Altersaufbaus* von Bevölkerungsgruppen entwickelt worden, von denen einige der häufiger verwendeten nachfolgend beschrieben werden.

Ein einfacher Weg besteht darin, daß man zahlreiche Geburtenjahrgänge zu wenigen groben Altersklassen zusammenfaßt. Das bedeutet natürlich einen Informationsverlust, der u.U. in Kauf genommen werden kann. Gleichzeitig

Altersaufbau 1.1.1996

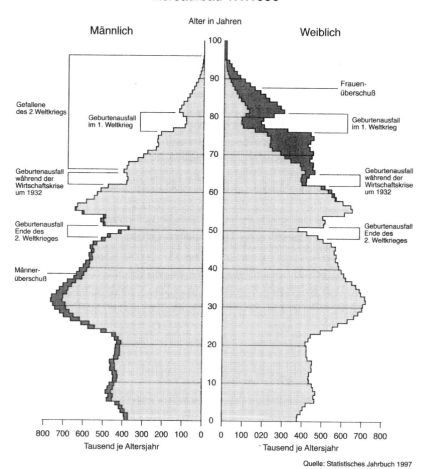

Quelle: Statistisches Jahrbuch 1997

Abb. 9   Altersaufbau der¹ Bevölkerung in der Bundesrepublik Deutschland am
1.1.1996

tritt aber das Problem auf, daß es kein im Altersaufbau der Bevölkerung selbst
begründetes Einteilungsprinzip gibt. Welche Altersjahrgänge zählt man zur
jungen Bevölkerung, welche zur alten? Gewiß wird man von Fall zu Fall je
nach der mit einer Untersuchung verfolgten Fragestellung eine „passende"
Einteilung finden können, indem man etwa den durchschnittlichen Beginn des
Rentenalters oder das Ende des schulpflichtigen Alters als Kriterien benutzt,
aber daß man damit bei internationalen Vergleichen sehr bald in Schwierig-

keiten kommt, ist leicht einzusehen. Auch bei uns war ja der Beginn des Rentenalters bei Männern und Frauen verschieden, und für einen großen Teil der
Bevölkerung (Selbständige, mithelfende Familienangehörige) ändert sich mit
dem Erreichen des 65. oder 60. Lebensjahres weder etwas in beruflicher Hinsicht noch in bezug auf das räumliche Verhalten.

In vielen Fällen kommt man z.b. nicht umhin, Altersgruppen zu bilden, und
benutzt dann deren zahlenmäßiges Verhältnis zueinander, um *Indices* zu definieren, mit denen Grundzüge der Altersstruktur gekennzeichnet werden sollen. Im allgemeinen bemüht man sich dabei, die für das generative Verhalten
entscheidende Altersgruppe von den Jungen und Alten abzugrenzen oder die
noch nicht und die nicht mehr im Erwerbsleben stehende bzw. erwerbsfähige
Bevölkerung der „aktiven" Bevölkerung gegenüberzustellen. Daß das gerade
bei Untersuchungen, die Länder mit sehr verschiedenen Grundstrukturen ein-
beziehen, nicht einfach ist, mag noch mit dem Hinweis auf unterschiedliche
Bestimmungen über das Schulpflichtalter, auf große Unterschiede beim Heiratsalter oder bei der Altersfürsorge unterstrichen werden.

Häufig verwendete Schwellenwerte liegen bei 15 oder 20 Jahren für die junge
Bevölkerung und bei 60 oder 65 Jahren für die alte Bevölkerung. Es werden
dann verschiedene Relationen berechnet, etwa das Verhältnis von junger (J)
und alter (A) Bevölkerung zu der im mittleren Alter (E) stehenden Bevölkerung,

$$\frac{J + A}{E}$$

das auch als Abhängigkeitsrelation bezeichnet wird.

Bei einem von E.P. BILLETER (1954) entwickelten und für die Beurteilung der
generativen Struktur benutzten Index wird die Differenz von jungen und älteren Menschen (unter 15jährige und über 50jährige) den im reproduktionsfähigen Alter stehenden Jahrgängen gegenübergestellt. Dieser Index nimmt bei
einer dreiecksförmigen Bevölkerungspyramide Werte um 1 an, er ist negativ,
wenn der Anteil der über 50jährigen größer ist als der Anteil der unter
15jährigen. Eine solche Bevölkerungsgruppe wäre als demographisch „alt" zu
bezeichnen. Bei relativ hohen positiven Indexwerten ließe sich von einer
„günstigen" Altersstruktur sprechen.

Einen anderen Weg, einen Altersindex aus einer differenzierten Bevölkerungspyramide abzuleiten, hat M.R.C. COULSON (1968) eingeschlagen. Bei der
Berechnung seines „Age Structure Index" werden die prozentualen Anteile der
5-Jahre-Altersgruppen unter Verzicht auf geschlechtspezifische Informationen
in ein Koordinatennetz eingetragen, auf dessen *x*-Achse das mittlere Alter und

auf dessen y-Achse der prozentuale Anteil der jeweiligen Altersgruppe dargestellt sind. Die so erfaßten Punkte im Koordinatensystem werden durch eine Regressionsgerade angenähert. Deren Steilheit ergibt den „Age Structure Index". Bei einer jungen Bevölkerung ist der Steigungswinkel sehr steil und der Index nimmt stark negative Werte an. Bei zunehmenden Anteilen alter Bevölkerung nähert sich die Steigung dem Wert 0, bei starker Überalterung kann es auch positive Werte anzunehmen (vgl. Abb. 10). Der Vorteil gegenüber Mittelwerten/Medianwerten und auch den vorher erwähnten Indices, die aus lediglich 3 Altersgruppen gebildet werden, besteht darin, daß die gesamte Verteilungsform der Altersgruppen Berücksichtigung findet. Voraussetzung ist allerdings, daß die Regressionsgerade relativ gut angepaßt ist. Gibt es einen etwa durch Wanderungen ausgelösten, sehr verzerrten Altersaufbau, dann wird die Verwendung des „Age Structure Index" wenig hilfreich sein.

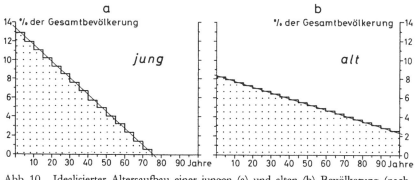

Abb. 10   Idealisierter Altersaufbau einer jungen (a) und alten (b) Bevölkerung (nach M.R.C. COULSON 1968, S. 156)

Im Rahmen bevölkerungsgeographischer Untersuchungen interessieren nun wieder im besonderen Maße *räumliche Unterschiede* im Altersaufbau der Bevölkerung, die sich mit Hilfe der oben genannten Verfahren aufdecken lassen und auf die bisher nur randlich hingewiesen wurde.

Bei einer globalen Übersicht, die sich auf die im „Demographic Yearbook" (1995) veröffentlichten Daten stützt und bei der nur drei große Altersgruppen (unter 15 Jahre, 15-65 Jahre und über 65 Jahre) berücksichtigt sind, lassen sich zwei Hauptgruppen von Ländern mit völlig andersartiger Alterszusammensetzung ihrer Bevölkerung unterscheiden. Auf der einen Seite sind es fast alle europäischen Länder mit Anteilen junger Bevölkerung, die weit unter 30 % liegen, und einem verhältnismäßig starken Besatz der älteren Jahrgänge (um 15 %). Auf der anderen Seite steht die Mehrzahl der afrikanischen, lateiname-

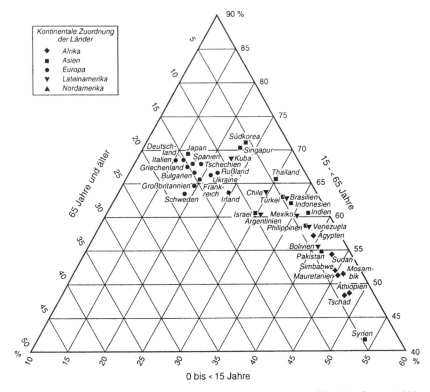

Abb. 11   Anteile von Altersgruppen an der Bevölkerung ausgewählter Länder um 1990
(Datenquelle: Demographic Yearbook 1995)

rikanischen und asiatischen Ländern, in denen mehr als 35 % der Bevölkerung
nicht älter als 15 Jahre sind und die Anteile der älteren Menschen meist unter
5 % bleiben. Eine dritte Gruppe von Ländern, in denen die Altersgliederung
der Bevölkerung weder dem einen noch dem anderen Extrem entspricht, in
denen also noch verhältnismäßig große Anteile junger Menschen, aber auch
schon bedeutendere Anteile älterer Menschen anzutreffen sind, ist zahlenmäßig nicht sehr stark. Zu ihr gehören Länder wie Israel, Chile, Argentinien und
Irland (s. Abb. 11).

Um die großen Unterschiede im Altersaufbau von einer anderen Seite her zu
beleuchten und zugleich auf die unterschiedlichen Aussagen hinzuweisen, die
sich mit Hilfe eines Dreiecksdiagramms oder eines Altersstrukturindex ma-

chen lassen, sind in Tab.7 für einige Länder die Abhängigkeitsrelationen berechnet (Personen unter 15 und über 65 Jahre auf 100 Personen im Alter von 15-65 Jahren).

Tab. 7   Abhängigkeitsrelationen ausgewählter Länder um 1994 (Quelle: Demographic Yearbook 1995)

Japan	44	Israel	65
Deutschland	46	Indien	99
Kanada	48	Mexiko	104
Frankreich	53	Tschad	105
Brasilien	59		

Tiefgreifende Unterschiede in der Alterszusammensetzung der Bevölkerung, wie sie aus Abb. 11 zu entnehmen sind, treten nun keineswegs allein bei einem Vergleich von Ländern oder größeren Erdräumen zutage, sie lassen sich vielmehr ebenso innerhalb von Ländern, etwa bei der Analyse von Verdichtungsräumen und ländlichen Räumen oder im Bereich von Stadtregionen und Großstädten aufdecken und haben ihre entsprechenden Auswirkungen auf die Bevölkerungsentwicklung, die Erwerbstätigkeit oder auch die Infrastruktur.

Ein anschauliches Beispiel für *regionale Unterschiede der Altersstruktur* bietet eine Untersuchung von H. ACHENBACH (1976) über die räumliche Differenzierung der Bevölkerung in der Lombardei und Piemont. Die von ACHENBACH vorgenommene Typisierung geht von dem Besatz der Altersklassen unter 19, 19 bis unter 60 und 60 und älter aus. Die räumliche Verteilung der Typen gibt klare Muster zu erkennen: Die Kernräume der Agglomerationen, vor allem Turin und Mailand selbst, sind durch besonders hohe Anteile der mittleren Altersklassen (Ein- und Zweipersonenhaushalte) gekennzeichnet, in den angrenzenden Randzonen ist dann gleichzeitig auch der Anteil der Jugendlichen (Familien mit Kindern) hoch. In den außerhalb der Verdichtungsräume gelegenen kleineren Städten sind meist die mittleren und älteren Jahrgänge stark besetzt, nicht aber die der Jugendlichen, und in großen Teilen des ländlichen Raumes – hier namentlich in den kleinen Siedlungen – weisen die älteren Jahrgänge allein einen weit über dem Durchschnitt liegenden Besatz auf (Abwanderungsgebiete).

Zahlreiche Untersuchungen über die Bevölkerungsstruktur von Großstädten haben insofern zu ähnlichen Ergebnissen geführt, als auch hier gewisse Regeln bei der räumlichen Verteilung der Altersklassen festzustellen sind, auf die im Zusammenhang mit Wanderungsvorgängen noch einzugehen sein wird.

Den entscheidenden Einfluß auf die Alterszusammensetzung üben nämlich in diesen Fällen gewöhnlich Wanderungen aus, und wenn lediglich in sehr grober Weise zwischen „junger" und „alter" Bevölkerung unterscheidet, dann lassen sich mehrere unterschiedliche Raumtypen nennen, die durch eine junge oder alte Bevölkerung gekennzeichnet sind. Zu den ersteren gehören Kolonisationsgebiete, Neusiedlungen im ländlichen und städtischen Bereich, zu den letzteren Abwanderungsgebiete oder auch Gebiete mit einer selektiven Zuwanderung älterer Menschen (Altersruhesitze).

Die *zeitlichen Veränderungen* in der Altersstruktur größerer Länder, Wirtschafts- oder Kulturräume resultieren in den meisten Fällen ausschließlich oder doch überwiegend aus Veränderungen bei der natürlichen Bevölkerungsbewegung. Die in Abb.11 zum Ausdruck kommenden räumlichen Unterschiede lassen sich in ähnlicher Weise bei den einzelnen Industrieländern im Laufe ihrer Entwicklung feststellen. Dies kann am Beispiel des Deutschen Reiches und der Bundesrepublik Deutschland für die Zeit von 1900 bis 1995 gezeigt werden, in der entscheidende Veränderungen im generativen Verhalten der Bevölkerung eingetreten sind (Tab. 8). Der von 1988 bis 1995 ansteigende Kinderanteil ist auf die deutlich höheren Werte in Ostdeutschland zurückzuführen.

Bei der zunehmenden Verschiebung der Bevölkerungszusammensetzung zugunsten der älteren Bevölkerung taucht der – nicht von vornherein wertend zu verstehende – Begriff der Alterung oder *Überalterung* auf, der sowohl einen Prozeß als auch – häufiger – einen Zustand kennzeichnen soll.

Mit den Möglichkeiten, den Zustand der „Überalterung" zu erfassen und zu kennzeichnen, gleichzeitig aber auch mit den Prozessen, die zu einer Überalterung/Alterung der Bevölkerung führen, hat sich ausführlich u.a. G. VEYRET-VERNER (1971) befaßt. Die Autorin weist zunächst auf die üblicherweise angewandten Kriterien einer Überalterung hin, wobei die Schwellenwerte charakteristisch für die 60er Jahre sind:

a) Anteil der über 60jährigen über 15 %
b) durchschnittliches Alter der Bevölkerung über 35 Jahre
c) Altersindex: Anteil der über 60jährigen zum Anteil der unter 20jährigen größer oder gleich 0,4

Einzeln sind diese Kriterien im allgemeinen nicht ausreichend, um die Art der Überalterung zu kennzeichnen, wohl aber kombiniert und in Verbindung mit weiteren Merkmalen wie Fruchtbarkeits- oder Geburtenziffern.

Tab. 8   Anteile der Altersgruppen im Deutschen Reich (1871-1939) und in der Bundesrepublik Deutschland (1950-1995) (Quelle: Statistisches Bundesamt: Bevölkerung und Wirtschaft 1872-1972, Stat. Jb. 1990 f d. BRD, Stat. Jb. 1997)

| | Jahr | Auf 100 der Gesamtbevölkerung entfielen …. Personen im Alter | | |
		0 bis unter 15	15 bis unter 65	65 Jahren und mehr
Deutsches	1871	34,3	61,0	4,6
Reich	1900	34,8	60,3	4,9
	1925	25,7	68,5	5,8
	1939	23,3	68,9	7,8
Bundes-	1950	23,3	67,3	9,4
republik	1961	21,7	67,2	11,1
Deutsch-	1970	23,2	63,6	13,2
land	1980	17,8	66,7	15,5
	1988	14,8	69,8	15,4
	1995	16,2	68,2	15,6

Unter verschiedenen Typen der Überalterung nennt VEYRET-VERNER zunächst einen, bei dem eine niedrige Fruchtbarkeitsziffer als Ergebnis eines entsprechenden generativen Verhaltens die entscheidende Rolle spielt. Sie führt zu einer Verringerung des Anteils der Jugendlichen bei gleichzeitiger Zunahme der über 60jährigen. Die zeitliche Entwicklung zu einer Überalterung dieses Typs vollzieht sich relativ langsam. Sie umfaßt bei Fehlen anderer bedeutsamer Einflüsse auf die Bevölkerungsstruktur einen Zeitraum von etwa 40-60 Jahren, wie es die Beispiele Frankreichs und Schwedens zeigen.

Durch Abwanderung verursachte Überalterung tritt in weit kürzerer Zeit ein. Hier ist von besonderer Bedeutung, daß vorzugsweise junge Menschen abwandern und dadurch vor allem die Geburtenziffern stark negativ beeinflußt werden. Zähler und Nenner des Altersindex erreichen im allgemeinen höhere Werte als beim erstgenannten Typus der Überalterung. Häufig sind es strukturschwache Agrargebiete, Bergländer oder innerhalb von Großstädten sanierungsbedürftige Altbaugebiete, in denen der Altersindex extrem hohe Werte erreichen kann und die Überalterung ohne Eingriffe von außen bereits vorhandene Schwierigkeiten bei den Lebensbedingungen für die betreffende Bevölkerung rasch verstärkt.

Weitere Typen der Überalterung ergeben sich nach VEYRET-VERNER aus dem Zusammenwirken von Geburtenbeschränkung und selektiver Abwanderung oder aus Kriegseinwirkungen, die u.a. zu einer geringen Zahl von Eheschließungen führen.

Einen durch zunehmende Überalterung gekennzeichneten Bevölkerungsaufbau mag hier das Beispiel einer Abwanderungsgemeinde im Apennin verdeutlichen (Abb. 12). Die Zahl der über 60 Jahre alten Menschen erreichte in Valbrenna 1961 das dreieinhalbfache der Jugendlichen unter 14 Jahren (I. KÜHNE 1974). Daß Abwanderung aber nicht notwendigerweise zu Überalterung führt, zeigt das Beispiel einer ostanatolischen Gemeinde, die zwischen 1960 und 1980 mehr als die Hälfte der Bevölkerung durch Migration in Großstädte oder ins Ausland verlor. Die Abwanderung betraf zwar zum größten Teil jüngere Erwachsene, aufgrund der hohen Fertilität blieb aber dennoch ein beachtlicher Kinderanteil erhalten, so daß 1980 die Zahl der über 60jährigen nur ein Viertel der Kinder unter 14 Jahren ausmachte (E. STRUCK 1988).

Insgesamt ist die Alterung der Bevölkerung einer der wichtigsten demographischen Prozesse in den Industrieländern, der räumlich ungleichartig verläuft. Aus Ländervergleichen, die T. WARNES (1993) und E. GRUNDY (1996) für Europa durchgeführt haben, lassen sich einerseits gemeinsame Entwicklungen erkennen wie das überdurchschnittliche Wachstum des Anteils der hochbetagten Menschen ab 80 Jahren, auf der anderen Seite aber auch gewichtige Unterschiede, etwa in den Haushaltsformen, dem Familienstand oder der ökonomischen Situation der älteren Menschen. Unterschiede in der allgemeinen Mobilität, bei Wohnungswechseln und regionalen Bindungen hat K. FRIEDRICH (1995) im Vergleich zwischen den USA und Deutschland herausgearbeitet.

Neben Bevölkerungsstrukturen, die sich durch Begriffe wie jung, alt, gealtert oder überaltert kennzeichnen lasen, gibt es eine Reihe von *Sonderfällen*, bei denen der Altersaufbau durch Abweichungen im Besatz einzelner Altersgruppen gekennzeichnet ist, wo einzelne Jahrgänge völlig fehlen können, während andere den weitaus größten Teil der Bevölkerung umfassen. Das trifft niemals für ein größeres Land zu, wohl aber kann es die Bevölkerungssituation einzelner Siedlungen oder Siedlungsteile und auch bestimmte Teile einer Bevölkerung kennzeichnen.

So zeigen etwa rasch wachsende Städte mancher Entwicklungsländer gerade in den Anfangsphasen des Wachstums durch Zuwanderung einen Bevölkerungsaufbau, der durch einen überaus großen Anteil von jungen Erwachsenen, das weitgehende Fehlen von Kindern im Alter zwischen etwa 10 und 15 Jahren

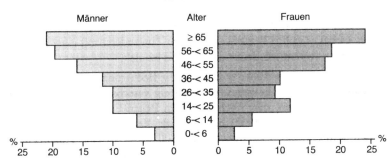

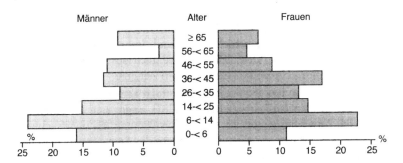

Quelle: I. Kühne 1974, S. 65 und E. Struck 1988, S. 217

Abb. 12   Altersaufbau zweier Gemeinden im Apennin 1961 (Valbrevenna) und im
östlichen Anatolien 1980 (Yagbasan)

wie auch von alten Menschen und zugleich durch eine ausgeprägte Asymmetrie im Verhältnis der Geschlechter gekennzeichnet ist. Meist liegt ein erhebliches Defizit an weiblicher Bevölkerung vor.

Häufig noch stärkere Abweichungen von einer „normalen" Alterspyramide
finden sich bei einzelnen ethnischen Gruppen in Zuwanderungsräumen. Beispiele dafür boten sich u. a. in ehemaligen Kolonien bei der europäischen Bevölkerung, bei fremden Händlergruppen wie den Indern in Ostafrika oder in
Südostasien (vgl. hierzu W. NEVILLE 1966). Wirtschaftliche Situation, unterschiedliche Motive und Zwänge bei der Wanderung, das Verhältnis zu anderen
Gruppen usw. müssen zur Erklärung derartiger Strukturen herangezogen wer-

den, in denen sich die Bedingungen der Zuwanderung und vielfach auch die Probleme einer Assimilation von Fremdgruppen spiegeln. Auch bei der Alterszusammensetzung ausländischer Arbeitskräfte und ihrer in den Zuwanderungsgebieten lebenden Angehörigen sind durchaus ähnliche Verhältnisse anzutreffen, wobei es sich ja keineswegs nur um Zuwanderer mit einer nur kurzfristig geplanten Aufenthaltsdauer im Gastland handelt.

Wie sehr soziale, wirtschaftliche und rechtliche Bedingungen auch in früheren Zeiten Einfluß auf die Alterszusammensetzung verschiedener Bevölkerungsgruppen haben konnten, mag noch an einem Beispiel aus Schweden gezeigt werden. O. NORDSTRÖM (1953) hat über die Verhältnisse im südöstlichen Schweden während des Zeitraumes von 1800 bis 1910 eine entsprechende Untersuchung durchgeführt. Es handelt sich um ein Gebiet, in dem bis etwa 1870 die Landwirtschaft wichtigste Lebensgrundlage der Bevölkerung war. Daneben gab es noch Erwerbsmöglichkeiten in Eisenhütten, die jedoch hauptsächlich für die Bewohner der Fabrikorte selbst, weniger für die in ländlichen Siedlungen lebenden Menschen Bedeutung hatten. Eine weitreichende Pendelwanderung gab es nicht. Nach 1870 entstanden mit der Einführung der Gewerbefreiheit weitere Industriebetriebe und Industrieorte, und zugleich entwickelten sich zentrale Orte (Tätorte), die auch auf die Bevölkerungszusammensetzung ihres Umlandes Auswirkungen zeitigten.

Die Ausgangssituation um 1800 läßt sich wie folgt kennzeichnen: Bei den Bewohnern der großen landwirtschaftlichen Höfe zeigte sich im Altersaufbau insofern eine Abweichung von der Gesamtbevölkerung des untersuchten Regierungsbezirkes, als hier vor allem bei Männern die Altersklassen zwischen 15 und 30 Jahren stärker vertreten waren. Das ergab sich aus den auf den Höfen arbeitenden Knechten, die mit etwa 30 Jahren heirateten und dann in der Regel eine Häuslerstelle (nicht voll ausgestattete landwirtschaftliche Kleinstelle) übernahmen, aus der der Grundbedarf an Nahrungsmitteln in etwa gedeckt werden konnte.

Die älteren, in der Nähe der großen Höfe gelegenen Häuslerstellen wiesen damals einen im ganzen relativ ausgeglichenen Altersaufbau ihrer Bevölkerung auf. Das ist damit zu erklären, daß hier die Beschäftigungsmöglichkeiten relativ günstig waren. Sowohl auf den großen Höfen als auch in den in relativer Nähe gelegenen Fabriken wurden Arbeitskräfte benötigt. Eine Abwanderung spielte hier keine größere Rolle, der vom Durchschnitt der Gesamtbevölkerung abweichende stärkere Besatz der Altersjahrgänge zwischen 30 und 45 Jahren ergab sich aus dem eben erwähnten Zuzug von den Gütern (Heirat und Familiengründung). Daraus resultierte auch eine verhältnismäßig große Kinderzahl.

Eine sehr viel ungünstigere Lage bestand bei den meist später in abseitiger Lage entstandenen Häuslerstellen im Bereich kleinerer Bauernbetriebe. Hier gab es keine Beschäftigungsmöglichkeiten in der Nachbarschaft des Wohnsitzes. Das Ergebnis war Abwanderung zu den größeren Gütern und zu den Fabrikorten. An ihr beteiligten sich vornehmlich die Altersjahrgänge zwischen 15 und 30 Jahren.

Bei den Bewohnern von Katen (Hintersassen ohne nennenswerte Landausstattung) gab es einen von der übrigen Bevölkerung völlig abweichenden Altersaufbau, in dem vor allem alte Menschen, in erster Linie Frauen, stark vertreten waren, während es an älteren Jugendlichen und Erwachsenen bis zu einem Alter von 40 Jahren weitgehend fehlte. Bei den anwesenden Kindern handelte es sich zu einem großen Teil um unehelich Geborene, die bei ihren Großmüttern aufwuchsen.

Beinahe spiegelbildliche Verhältnisse wies die Bevölkerungspyramide der Bewohner von Fabrikorten auf: Großer Anteil von jungen Erwachsenen (Männerüberschuß) und kleinen Kindern – sehr geringer Anteil an älteren Menschen.

Im Verlauf des 19. Jahrhunderts traten in der Alterszusammensetzung der in den verschiedenen Siedlungen des Untersuchungsgebietes lebenden Bevölkerung mehr oder weniger starke Veränderungen ein, auf die hier nicht näher einzugehen ist. Hervorgehoben sei lediglich die Tatsache, daß auch am Ende des Untersuchungszeitraumes (1910) ausgeprägte Unterschiede festzustellen waren, obwohl sich die rechtlichen und wirtschaftlichen Verhältnisse nachhaltig gewandelt hatten. Das Beispiel mag besonders gut verdeutlichen, daß die Alterspyramide der gesamten Bevölkerung eines bestimmten Gebietes das Bild eines weitgehend „normalen" Altersaufbaus vermitteln kann, obwohl die Wirklichkeit bei keiner der die Bevölkerung zusammensetzenden Gruppen bzw. in keinem der verschiedenen Siedlungstypen diesem Durchschnitt entspricht.

In vielen Fällen, in denen man es mit einem ungewöhnlichen Altersaufbau zu tun hat, wird sich die Tendenz zu einem mehr oder weniger rasch fortschreitenden Ausgleich bzw. zur *Anpassung* an den „normalen" Altersaufbau der in einem Gebiet lebenden Menschen zeigen, sofern nicht Überalterung schließlich zum Aussterben führt oder Wanderungen die weitgehende Erhaltung einer bestimmten Altersstruktur bewirken. Ausgleichs- bzw. Anpassungsprozesse sind besonders bei der Bevölkerung von Neusiedlungen, von neuen Städten und Stadtteilen und auch von rasch wachsenden Großstädten in wirtschaftlich wenig entwickelten Ländern zu beobachten. Meist lassen sich dabei mehrere charakteristische Entwicklungsphasen feststellen. So ist beispielsweise bei der jungen Großstadtentwicklung im tropischen Afrika in vielen Fällen ein Übergang von einer Phase, die durch den Zuzug junger, alleinlebender Männer charakterisiert war, über den Nachzug von Frauen und Kindern zu einer Phase der „Normalisierung" des Altersaufbaus zu erkennen.

Die typischen Bevölkerungspyramiden neuer Großwohnsiedlungen in unseren Städten und ihre Veränderungen im Laufe der Zeit mögen als ein weiteres Beispiel genannt sein. Die Angleichung an den Altersaufbau der übrigen Stadtbevölkerung kann in solchen Fällen lange Zeit dauern, sich u.u. über Generationen hinziehen, indem bestimmte Altersklassen ungewöhnlich stark, andere sehr schwach besetzt sind, sofern nicht andere „Anpassungsmechanismen", d.h. vor allem Wanderungsvorgänge, die Entwicklung beeinflussen. F. SCHAFFER (1968) hat sich bei der Untersuchung der Bevölkerungsentwicklung eines Großwohngebietes (Ulm-Eselsberg) ausführlich diesen Fragen gewidmet und auf die Problematik sog. *Bevölkerungswellen* hingewiesen, bei denen Geburtenhochs und Geburtentiefs aufeinanderfolgen und zu erheblichen Problemen allein bei der Ausstattung solcher Siedlungen mit Kindergärten, Schulen und verschiedenen Versorgungseinrichtungen führen. „Etwas überspitzt könnte man sagen: Nach ca. 60 Jahren beginnt die ,demographische Metamorphose' der Neusiedlung zur Altsiedlung" (F. SCHAFFER 1968, S. 68).

Ähnliche Entwicklungen sind heute in vielen großen Plattenbausiedlungen in Ostdeutschland zu erkennen, in die in den siebziger und achtziger Jahren vor allem junge Familien mit Kindern eingezogen sind.

Alle angeführten Beispiele mögen verdeutlichen, wie notwendig bei der Untersuchung von Altersstrukturen (und anderen Strukturmerkmalen der Bevölkerung) eine differenzierte Betrachtung sowohl gruppen- wie raumspezifischer Merkmale ist, wenn man zu einer Erfassung vorhandener Probleme und schließlich auch zu prognostischen Ansätzen gelangen will.

3.3 Familienstand, Familien- und Haushaltszusammensetzung

Neben Altersaufbau und Sexualproportion beanspruchen im Rahmen bevölkerungsgeographischer Untersuchungen weitere Merkmale der Bevölkerung aus dem sozialen, wirtschaftlichen und rechtlichen Bereich ein erhebliches Interesse, vornehmlich weil sie sowohl für die natürliche Bevölkerungsentwicklung als auch für die verschiedenen Formen der geographischen Mobilität große Bedeutung haben. Die Gliederung nach dem Familienstand und die Zusammensetzung von Familien und Haushalten, denen zunächst das Interesse gelten soll, stehen in besonders enger Beziehung zum Altersaufbau, werden jedoch zugleich in starkem Maße von wirtschaftlichen und sozialen Bedingungen und von gesellschaftlichen Normvorstellungen beeinflußt.

Beim *Familienstand* wird in der Bevölkerungsstatistik zwischen ledigen, verheirateten, geschiedenen und verwitweten Personen unterschieden. Eine weitere Differenzierung könnte etwa nach Verheirateten, aber getrennt Lebenden oder nach erstmals Verheirateten und Wiederverheirateten vorgenommen werden, doch ist dies i. allg. weniger bedeutsam als eine Gliederung verschiedener Altersgruppen nach dem Familienstand. Gerade für räumliche und zeitliche Vergleiche wird eine Verwendung von altersspezifischen Familienstandsquoten erforderlich sein, die sich in einer Bevölkerungspyramide gut verdeutlichen lassen. Dabei taucht wieder – sofern man größere Altersgruppen bilden will – die Frage nach sinnvollen Schwellenwerten auf, ist doch etwa das Heiratsalter in einzelnen Ländern und Kulturregionen durchaus verschieden. Auch innerhalb eines Landes zeigen sich im Laufe der Zeit mehr oder weniger starke Veränderungen, wenn man sich an das durchschnittliche Heiratsalter von Männern und Frauen hält. Schließlich kann es ausgeprägte schichtenspezifische Unterschiede geben.

Tab. 9 zeigt eine Übersicht über die Familienstandsgliederung der Bevölkerung im Alter von 15 und mehr Jahren in einigen ausgewählten Ländern der Erde. Daraus läßt sich zwar ableiten, daß der Altersaufbau für die jeweiligen Anteile der Ledigen, Verheirateten usw. eine Rolle spielen muß, daß aber offenbar zahlreiche weitere Faktoren die Familienstandsgliederung bestimmen. Die Anteile der *Ledigen* sind offenbar mehr vom Heiratsverhalten als von der Altersstruktur eines Landes abhängig. Hohe Anteile sind vor allem dort anzutreffen, wo das durchschnittliche Heiratsalter hoch und die Heiratshäufigkeit gering ist, so in Schweden, der Bundesrepublik Deutschland und Frankreich. Sehr geringe Anteile weist Ungarn auf, das zwar eine relativ junge Bevölkerung besitzt, in dem aber im Durchschnitt früh geheiratet wird. Auch der Unterschied zwischen den Anteilen der beiden deutschen Staaten ist auf das Heiratsverhalten zurückzuführen.

Weitere Unterschiede ergeben sich in der Familienstandsgliederung beider Geschlechter. So waren von der Bevölkerung in Deutschland ab 15 Jahren im Jahre 1996 29,5 % ledig. Der entsprechende Anteil an der männlichen Bevölkerung lag bei 34,3 %, an der weiblichen Bevölkerung dagegen nur bei 25,1 %. Das ergab sich hauptsächlich daraus, daß von der weiblichen Bevölkerung ein ungleich höherer Prozentsatz verwitwet war. Die altersspezifischen Ledigenquoten sahen natürlich anders aus, indem etwa – zurückzuführen auf das unterschiedliche Heiratsalter von Männern und Frauen – bei den 20-25jährigen

Männern der Anteil der Ledigen erheblich höher war als bei der gleichen Altersgruppe der Frauen. Bemerkenswert und vor allem für die Bevölkerungsentwicklung bedeutsam ist innerhalb der Bundesrepublik Deutschland eine beträchtliche Erhöhung der Ledigenquoten sowohl von Männern als auch von Frauen. So waren 1987 von den 24jährigen Männern 85 % und von den gleichaltrigen Frauen 64 % ledig. Die Vergleichszahlen für 1970 sind 52 % und 22 %.

Tab. 9   Familienstandsgliederung der Bevölkerung ausgewählter Länder
(Quelle: Demographic Yearbook 1990)

Land	Jahr	Von der Bevölkerung im Alter von 15 Jahren und mehr waren in %			
		ledig	verheiratet	verwitwet	geschieden
Bundesrepublik Deutschland	1988	27,7	57,2	10,3	4,8
DDR	1988	22,1	60,7	10,0	7,2
Frankreich	1989	29,8	56,5	8,7	4,9
Schweden	1988	35,6	47,6	8,2	8,5
Ungarn	1989	20,0	61,9	11,2	6,9
Mali	1987	25,2	66,9 [1]	5,5	2,4 [2]
Guatemala	1990	27,4	63,1 [1]	5,8	3,7
USA	1990	26,2	55,5	7,2	11,0 [2]
China	1987	27,0	65,9	6,5	0,5

[1] einschließlich nicht-ehelicher Lebensgemeinschaften
[2] einschließlich getrennt lebend und unbekannt

Auch für den Prozentsatz der *Verheirateten* einer Bevölkerung sind Altersaufbau und Heiratsalter von großer Bedeutung. Aus dem Vorstehenden geht außerdem hervor, daß die geschlechtsspezifische Sterblichkeit älterer Menschen eine wichtige Rolle spielt. Darüber hinaus wird sich eine unausgeglichene Sexualproportion bemerkbar machen.

Eine für die Bevölkerungswissenschaftler seit jeher wichtige Frage ist die nach Ursachen und Auswirkungen von Unterschieden im *Heiratsalter,* resultiert doch daraus ein entscheidender Einfluß auf die natürliche Bevölkerungsbewegung. Eine späte Heirat bedeutet v.a. Einschränkung der ehelichen Fruchtbarkeit, sie wirkt sich aber auch auf den Ablauf des Familienzyklus, auf die Familien- und Haushaltszusammensetzung und die Erwerbsstruktur der Bevölkerung aus.

Es gibt nun bei der Ermittlung des durchschnittlichen Heiratsalters in verschiedenen Ländern und Erdräumen in der Gegenwart kein einfaches Verteilungsmuster, das etwa mit dem wirtschaftlichen Entwicklungsstand der betreffenden Räume in Verbindung zu bringen wäre. Die Gründe sind in einer Vielzahl für die Eheschließung bedeutsamer Faktoren zu suchen, deren Wirksamkeit in der einen oder anderen Richtung sich gegenseitig verstärken, teilweise aber auch aufheben kann. Zunächst einmal können – allerdings nicht in allen Ländern vorhandene – gesetzliche Bestimmungen eine wichtige Rolle spielen. Dann sind es vielfach wirtschaftliche Gründe, die zu einem frühen oder späten Heiratsalter führen, wobei sich gewöhnlich deutliche Unterschiede bei Männern und Frauen ergeben. Bedeutsam kann auch die Dauer der Ausbildung sein, und schließlich ist ein Komplex von Faktoren aus dem kulturellen und sozialen Bereich zu nennen, der sich selbstverständlich nicht nur auf das Heiratsalter auswirkt, sondern ebenso auch auf die Familien- und Haushaltsstruktur. Der Einfluß der zuletzt genannten Faktoren wird besonders bei vergleichenden Untersuchungen in verschiedenen Kulturräumen, aber auch bei der Erforschung der Bevölkerungsverhältnisse europäischer Länder in präindustrieller Zeit deutlich.

In Mitteleuropa gab es wie in vielen anderen Teilen der Erde (dort teilweise auch heute noch) neben zahlreichen Regeln und Gewohnheiten, die die Eheschließung betrafen, u. a. *Heiratsbeschränkungen,* die der Heirat überhaupt oder dem Heiratsalter galten unabhängig von einem etwa gesetzlich festgelegten Mindestalter für die Eheschließung. Solche Heiratsbeschränkungen wurden vor allem jenen auferlegt, die nicht den Nachweis erbringen konnten, den Lebensunterhalt für eine eigene Familie sicherzustellen. Das betraf auf dem Lande z.B. nichterbende Söhne von Bauern oder in der Stadt diejenigen, die als Handwerker keine Meisterstelle bekamen. Es handelte sich um Maßnahmen, die nicht unwesentlich zu weitgehender Stagnation der Bevölkerung bei sich wenig ändernden wirtschaftlichen Bedingungen beitragen und die etwa in den Anerbengebieten Nordwestdeutschlands zu einem hohen Anteil von Ledigen innerhalb der ländlichen Siedlungen führten.

Vergleicht man die europäischen Verhältnisse mit denen der übrigen Welt, dann zeigt sich, daß bis in die ersten Jahrzehnte dieses Jahrhunderts das durchschnittliche Heiratsalter – vor allem der Männer – in Europa merklich höher lag als in anderen Teilen der Erde. Daher hat J. HAJNAL (1965, 1982) vom „europäischen Heiratsmuster" gesprochen, das durch ein hohes Heiratsalter und einen relativ großen Anteil lebenslang Unverheirateter geprägt war. Bei genauerer regionaler Betrachtung ergibt sich, daß auch in Europa bedeutsame Unterschiede zwischen West und Ost bestanden und daß dieses Muster im wesentlichen auf West-, Nord- und Mitteleuropa beschränkt war. So lag um 1900 der Prozentsatz der ledigen Männer im Alter zwischen 20 und 24 Jahren in den meisten westeuropäischen Ländern nur wenig unter 90 %, in den Ländern Südosteuropas dagegen zwischen 50 und 60 %. Noch bei der Gruppe der 25- bis 29jährigen Männer gab es im Westen Ledigenanteile um 50 %, im Osten lagen sie unter 30 %. Bemerkenswert hoch war in den westeuropäischen Ländern auch der Anteil der unverheirateten Männer und Frauen höherer Altersklassen: Bei den 45-49jährigen vielfach über 15 % gegenüber weniger als 5 % in östlichen Teilen Europas (Angaben nach J. HAJNAL 1965).

Das Vorhandensein beträchtlicher regionaler Unterschiede innerhalb Deutschlands bei den altersspezifischen Quoten der verheirateten Männer im ausgehenden 19. Jahrhundert mag hier an einer Tabelle, die Angaben für verschiedene Teile Preußens enthält, verdeutlicht werden (Tab. 10).

Tab. 10   Prozentsatz der verheirateten Männer verschiedener
Altersklassen in Deutschland 1880
(Quelle: E.A. WRIGLEY 1969, S. 161)

Provinz bzw.	Altersklassen		
Regierungsbezirk	20-24	25-29	30-34
Ostpreußen	9,7	52,9	81,7
Hannover	7,3	43,9	73,3
Minden	8,5	48,7	77,0
Arnsberg	9,1	48,6	76,3
Münster	4,2	30,2	60,8
Düsseldorf	8,2	45,2	73,6
Aachen	4,3	31,5	61,0

Um derartige regionale Verschiedenheiten erklären zu können, wird man die wirtschaftlichen Verhältnisse, den damaligen Grad der Industrialisierung einzelner Landesteile, ebenso aber auch das zahlenmäßige Verhältnis der Geschlechter (Unterschiede von Zu- und Abwanderungsgebieten) oder die Zugehörigkeit der Bevölkerung zu verschiedenen Konfessionsgruppen zu berücksichtigen haben, um einige wichtige Einflußfaktoren auf das Heiratsalter und die Zahl der Heiraten zu nennen.

Über Veränderungen des durchschnittlichen Heiratsalters und der Verheiratetenquote in jüngerer Zeit liegen vor allem Untersuchungen aus den heutigen Industrieländern vor. Als Beispiel für Änderungen beim Heiratsalter mögen

Zahlen aus den USA dienen: Dort betrug 1890 das mittlere Heiratsalter der Männer 26,1 Jahre, das der Frauen 22,0 Jahre. Die entsprechenden Zahlen für 1970 lauten: Männer 23,2 – Frauen 20,8 Jahre. Seitdem ist wieder ein Anstieg der Ziffern zu beobachten. Auch in Deutschland hat sich das durchschnittliche Heiratsalter lediger Personen gegenüber der Zeit um die Jahrhundertwende verringert, doch ist die Entwicklung nicht gleichmäßig verlaufen. In der Bundesrepublik war das mittlere Alter bei der Erstheirat bis 1975 bei den Männern auf 25,3, bei den Frauen auf 22,7 Jahre gefallen. Die weitere Entwicklung ist durch einen deutlichen Anstieg gekennzeichnet (1996: 30,0 Jahre für die Männer, 27,6 für die Frauen).

Deutlicher als bei den Ledigen und den Verheirateten kommt der Altersaufbau einer Bevölkerung in dem Anteil der verwitweten Personen zum Ausdruck (vgl. Tab. 9). Je höher der Anteil älterer Menschen, desto höher auch der Anteil der *Verwitweten,* unter denen sich infolge der größeren Sterblichkeit der älteren männlichen Bevölkerung überwiegend Frauen finden. In der Bundesrepublik Deutschland waren 1996 12,9 % der weiblichen, aber nur 2,6 % der männlichen Bevölkerung verwitwet. Im übrigen haben in vielen europäischen Ländern auch die Kriegsverluste der männlichen Bevölkerung zu einem hohen Anteil verwitweter Frauen geführt.

Die schließlich ebenfalls in Tab. 9 an einigen Beispielen aufgezeigten unterschiedlichen Anteile der *geschiedenen Personen* sind z.T. auf die bestehenden Ehegesetze, auf verschiedenartige Einstellungen zur Ehe, auf die jeweilige Stellung der Frau in der Gesellschaft und in der Familie, auf Einflüsse der Kirchen u.a.m. zurückzuführen. Aufschlußreicher als der Anteil der geschiedenen Personen an der gesamten Bevölkerung ist für eine Beurteilung der Auswirkungen auf Familien und Geburten die Zahl der Ehescheidungen – bezogen auf 1000 oder 10000 Einwohner – oder deren Verhältnisse zur Zahl der geschlossenen Ehen. In Deutschland gab es zum Beispiel vor dem Ersten Weltkrieg weniger als 3 Scheidungen auf 10000 Einwohner. Zwischen den beiden Weltkriegen lag die Zahl zwischen 5 und 6. Sie erreichte um 1950 in der Bundesrepublik ähnlich wie in anderen am Kriege beteiligten Ländern ein Maximum mit mehr als 15 bei einer damals ebenfalls sehr hohen Zahl von Eheschließungen. Nach anschließendem Rückgang ist sie seit dem Ende der 50er Jahre wieder merklich angestiegen und hat 1996 einen Wert von 21 erreicht.

Dabei gibt es ausgeprägte Unterschiede zwischen Stadt und Land wie auch zwischen Gebieten mit überwiegend katholischer bzw. protestantischer Bevölkerung. Internationale Vergleiche sind wegen der großen Verschiedenartigkeit von Scheidungsursachen und -möglichkeiten bzw. Scheidungsgesetzen äußerst schwierig. Der Einfluß der Kirchen wird etwa deutlich an den niedrigen Ehe-

scheidungsquoten katholischer Länder in Südeuropa oder Lateinamerika.
Größer als in den meisten europäischen Ländern ist die Zahl der Eheschei-
dungen in den USA und Rußland, und auch in einer Reihe von islamischen
Ländern sind Scheidungen leichter und häufiger als in Europa.

Nicht weniger bedeutsam als die Gliederung einer Bevölkerung nach dem Fa-
milienstand ist als Element der generativen Struktur die Zusammensetzung der
Familien, die in einem mehr oder weniger engen Zusammenhang mit der
Haushaltsstruktur steht.

Die Familie ist eine soziale Einheit auf biologischer Grundlage. Sie ist eine in
allen Teilen der Erde anzutreffende Institution, jedoch nach Größe, Zusammensetzung, Stabilität, Stellung innerhalb der Gesellschaft und einer Reihe
weiterer Merkmale, zu denen auch die Herrschaftsstruktur (patriarchalisch,
matriarchalisch) gehört, durchaus verschieden. Der uns vertraute und innerhalb der Industriegesellschaften vorherrschende Typ ist die Kernfamilie, die
sich auf die Existenz einer Ehe gründet und zu der zwei Generationen (Eltern
– Kinder, Vater/Mutter u. Sohn/Tochter) gehören. In einer Familie können
jedoch auch mehr als zwei Generationen zusammenleben. In der Familienstatistik werden nicht nur die vollständigen, aus Eltern und Kindern bestehenden
Familien erfaßt, sondern auch Ehepaare ohne Kinder und alleinerziehende
Mütter bzw. Väter.

Bei einer Typisierung wird man also zwischen Kernfamilien, erweiterten Familien und „unvollständigen Familien" zu unterscheiden haben und dabei die
Zusammensetzung nach Generation und Geschlecht berücksichtigen. Leitge-
danke für die Aufstellung von Typen können die Phasen des *Lebenszyklus* (Fa-
milienlebenszyklus) sein. Danach wären zunächst junge Ehepaare ohne Kinder
als (noch) unvollständige Familien zu erfassen. Die folgende Phase beginnt mit
der Geburt des ersten Kindes.

Jetzt handelt es sich um eine „vollständige" Kernfamilie, die – solange weitere
Kinder erwartet werden können – als wachsende Familie bezeichnet wird. Im
allgemeinen umfaßt diese Phase heute einen Zeitraum von weniger als 10 Jahren, an den sich eine weitere Phase anschließt, in der die Kinder heranwachsen
und sich (in unserer Gesellschaft großenteils über das schulpflichtige Alter
hinaus) in der Ausbildung befinden. Jetzt handelt es sich um sog. konsolidierte
Familien. In der Folgezeit kommt es mit dem Auszug von Kindern aus dem
elterlichen Haushalt zum Typ der schrumpfenden Familie und schließlich zu
einer Phase im Lebenszyklus, in der die Eltern wieder allein leben, bis schließlich durch den Tod eines Ehepartners alte Einpersonenhaushalte („Restfamili-
en") übrigbleiben. Es wird ersichtlich, daß dieses klassische Konzept des Le-

benszyklus an der Kernfamilie orientiert ist. In vielen Industrieländern haben jedoch in den letzten Jahrzehnten andere Familientypen (Alleinerziehende, nichteheliche Lebensgemeinschaften, mehrfache Heirat und Kinder aus verschiedenen Ehen) stark an Bedeutung gewonnen, die in ein erweitertes Konzept des Lebenszyklus zu integrieren sind (Ch. HÖHN 1982). Abb. 13 zeigt ein einfaches Schema, in dem relativ leicht zu erfassende Haushaltstypen dargestellt sind, bei denen man in der Regel davon ausgehen kann, daß es sich um Familien im Sinne der Familienstatistik handelt. Die möglichen weiteren Typen der 3-Generationenfamilie, der Familien, in denen Großeltern mit ihren Enkeln zusammenleben, und der „unvollständigen" Familien lassen sich aus diesem Schema ableiten.

Der soeben verwendete Begriff des *Haushalts* bedarf noch einer Definition. Hier handelt es sich um eine Personengemeinschaft, die nach sozioökonomischen Gesichtspunkten bestimmt und durch gemeinsame Wohnung und Hauswirtschaft gekennzeichnet ist. In sehr vielen Fällen werden Familien und Haushalte identisch sein, zum Haushalt können aber auch familienfremde Personen bzw. entfernte Verwandte gehören, was bei uns vor allem in früheren Zeiten häufiger der Fall war. Neben Privathaushalten gibt es auch Anstaltshaushalte, die hier unberücksichtigt bleiben.

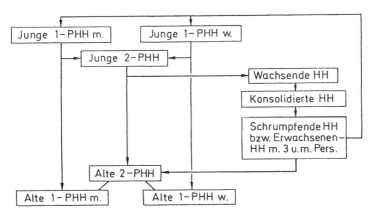

Abb. 13   Schema der Haushaltstypen nach dem Lebenszyklus

Zahl und Zusammensetzung von Haushalten und Familien und die hierbei stattfindenden Veränderungen in der Zeit sind ebenso wie die räumlichen und ggf. schichtspezifischen Unterschiede von vielfältiger Bedeutung, sei es auf wirtschaftlichem Gebiet durch den entsprechenden Bedarf an dauerhaften

Konsumgütern oder die Ansprüche an den Wohnraum, die Wohnlage und Wohnumgebung, oder sei es unter ökologischen (Versorgung, Entsorgung) und sozialpolitischen Aspekten.

Sieht man sich die Zusammensetzung der Familien und Haushalte zunächst in ihrer zeitlichen Entwicklung innerhalb der heutigen Industrieländer an, dann ergibt sich jedenfalls in den letzten Jahrzehnten eine sehr einheitliche Tendenz zur Verkleinerung, und zwar einerseits durch den Rückgang der Kinderzahlen in den Familien, andererseits durch den zunehmenden Trend zum Haushalt ohne familienfremde Mitglieder. In Deutschland betrug die durchschnittliche Personenzahl je Privathaushalt im Jahre 1871 4,63, bis zum Ersten Weltkrieg sank sie nur geringfügig ab, danach jedoch relativ rasch auf einen Stand von 3,27 im Jahre 1939 und 2,35 im Jahre 1987 (BRD). Gleichzeitig erhöhte sich die Zahl der Einpersonenhaushalte, allerdings im starken Maß erst nach 1945. 1996 bestanden in Deutschland 35,4 % aller Privathaushalte aus einer Person (1939 = 9,8 %, 1871 = 6,2 %). Seit 1950 ist die Gesamtzahl der Haushalte in der BRD beträchtlich gestiegen, weit stärker als die Zahl der in Haushalten lebenden Personen. Dies eben ist Folge einer erheblichen Zunahme der. Ein- und Zweipersonenhaushalte bei gleichzeitigem Rückgang des Anteils der größeren Haushalte (Tab. 11).

Tab. 11   Privathaushalte in der Bundesrepublik Deutschland nach der Haushaltsgröße 1950-1996 (Quelle: Stat. Jb. 1997 f.d. BRD)

Haushaltgröße	1950		1970		1989		1996	
	Zahl 1000	%	Zahl 1000	%	Zahl 1000	%	Zahl 1000	%
1 Person	3229	19,4	5527	25,1	9805	35,3	13191	35,4
2 Personen	4209	25,3	5959	27,1	8369	30,1	12039	32,3
3 Personen	3833	23,0	4314	19,6	4660	16,8	5770	15,5
4 Personen	2692	16,2	3351	15,3	3495	12,6	4556	12,2
5 u.m. Pers.	2687	16,1	2839	12,9	1464	5,3	1725	4,6
Gesamt	16650	100	21991	100	27793	100	37281	100

Die weitverbreitete Vorstellung, daß Familien und Haushalte in früherer Zeit (vor der Industrialisierung) durchweg sehr viel größer waren, daß in den Familien in der Regel drei Generationen zusammenlebten und daß sich im Zusammenhang mit der Industrialisierung und Verstädterung die Kernfamilie mehr und mehr ausbreitete, bedarf in mancher Hinsicht der Korrektur. Die aus drei oder in Ausnahmefällen gar aus vier Generationen bestehende „Stammfamilie" war nach den Ergebnissen bevölkerungshistorischer Forschungen keineswegs überall in Europa und bei allen Bevölkerungsschichten verbreitet. In großen Teilen West- und Mitteleuropas war im Gegenteil dieser Familientyp durchaus nicht die Regel. Stattdessen dominierte dort schon seit Jahrhunderten die Kernfamilie, oft durch Gesinde ergänzt (P. LASLETT 1983). Mehrere Gründe waren dafür bedeutsam, und zwar einmal das oft recht späte Heiratsalter, das zu einer Vergrößerung des Generationenabstandes führte, dann die relativ geringe Lebenserwartung und – bei der bäuerlichen Bevölkerung – die Art der Hofübergabe. Weit verbreitet war hier die Form des Ausgedinges, d.h. der Hof wurde an den Erben zu Lebzeiten der Eltern übergeben, und diese zogen sich in einen eigenen Haushalt im „Altenteil" zurück. Innerhalb der Kernfamilie werden die Kinderzahlen früherer Zeiten oft überschätzt. Hier wirkte sich die außerordentlich hohe Kindersterblichkeit aus, außerdem blieben die Kinder, besonders die Söhne, oft nur bis zum 10. oder 12. Lebensjahr im elterlichen Hause, dann traten sie in den Gesindedienst auf anderen Höfen oder auch in die Lehre in Gewerbebetrieben ein (hierzu und zum Folgenden s.v.a. M. MITTERAUER 1977).

Mit dem Rückgang der Sterblichkeit, besonders der Kindersterblichkeit, mit steigender Lebenserwartung, mit der Herabsetzung des Heiratsalters und der Einführung der Schulpflicht sind die Familien in den frühen Abschnitten des Industriezeitalters dann eher vergrößert als verkleinert worden. Seitdem hat allerdings auch die Zahl der „unvollständigen" Familien und der Einpersonenhaushalte als „Familienreste" zugenommen.

Ausgesprochen große Familien hat es innerhalb Europas hauptsächlich im Osten und Südosten gegeben. Das wohl bekannteste Beispiel ist die in Resten bis heute erhalten gebliebene Zadruga bei den Südslawen, eine Großfamilie mit ausgeprägter patriarchalischer Struktur. Die lange Erhaltung dieser Familienform – weit verbreitet noch im 19. Jahrhundert – ist zu einem großen Teil auf Druck seitens der Grund- und Landesherren zurückzuführen, die in dieser Institution eine Sicherung der von ihnen geforderten Leistungen der bäuerlichen Bevölkerung sahen.

Räumliche Unterschiede in der Familien- und Haushaltszusammensetzung gibt es ebenso wie früher auch heute in allen Teilen Europas und der übrigen Welt. Sie gründen sich auf Verschiedenheiten der Wirtschaftsstruktur, der Siedlungsweise, aber auch auf Einstellungen zur Familie und zur Ehe, die ihre Wurzeln oft in weiter zurückliegender Vergangenheit haben können. Ein Überblick der regionalen Unterschiede in Deutschland im zeitlichen Wandel ist bei F.J. KEMPER (1997) zu finden. Besonders ausgeprägt ist der Gegensatz zwischen den großen Städten und mehr oder weniger abgelegenen ländlichen Räumen. In den Städten ist die durchschnittliche Haushaltsgröße merklich geringer, und zwar einerseits durch einen besonders hohen Anteil der Ein- und Zweipersonenhaushalte, andererseits aber auch durch das Vorherrschen verhältnismäßig kleiner Mehrpersonenhaushalte. So lag 1997 der Anteil von Einpersonenhaushalten in den Großstädten Deutschlands bei 44,3 % (BRD: 35,4 %) und der Anteil der 5- und mehr-Personenhaushalte nur bei 3,1 % (BRD: 4,6 %). Dabei stellen die Einpersonenhaushalte – entsprechend dem Lebenszyklus – ebenso wie auch Zwei- und Mehrpersonenhaushalte keine einheitliche Gruppe dar. Einpersonenhaushalte junger lediger Personen sind etwa besonders oft anzutreffen in Universitätsstädten, alleinstehende Frauen jüngeren und mittleren Alters hauptsächlich in Städten mit einem großen und vielseitigen Angebot an Beschäftigungsmöglichkeiten im tertiären Sektor, Einpersonenhaushalte von Verwitweten in Städten mit einer mehr oder weniger überalterten Bevölkerung.

Nicht nur in dem Bezugsfeld Stadt-Land, sondern auch innerhalb von Städten und ländlichen Räumen lassen sich vielfach bemerkenswerte Unterschiede in der Haushalts- und Familienzusammensetzung aufdecken. In den Städten sind sie oft in starkem Maße mit den Gebäude- und Wohnverhältnissen in Verbindung zu bringen und dabei meist das Resultat von innerstädtischen Wanderungen (s. Abschnitt 5.7.4), in den ländlichen Räumen dagegen eher mit Besonderheiten der Erwerbsstruktur, mit Erbsitten bei der bäuerlichen Bevölkerung und mit tradierten unterschiedlichen Einstellungen zur Familie, die ihre Wurzeln in einer mehr oder weniger weit zurückliegenden Vergangenheit haben können. Im übrigen hat es vor allen früher oft ausgeprägte Unterschiede zwischen einzelnen sozialen Schichten gegeben, die bei regionalen Analysen natürlich beachtet werden müssen.

Von geographischer Seite sind bisher hauptsächlich die in Städten anzutreffenden Verhältnisse erforscht worden, etwa unter dem Gesichtspunkt der unterschiedlichen Zusammensetzung von Haushalten (Familien) in einzelnen Stadtteilen (s. hierzu die Ausführungen in Kapitel 5.7.4).

Bei derartigen Untersuchungen muß man sich – sei es, daß die erforderlichen Daten nicht zur Verfügung stehen oder auch wegen eines zu großen Arbeitsaufwandes – meist auf die Erfassung weniger Haushaltstypen, etwa allein nach der Personenzahl beschränken. Als Beispiel mag hier eine Arbeit von R. PALM (1976) genannt sein, in der bei der Frage nach der räumlichen Verteilung von Haushalten in amerikanischen Städten drei große Gruppen (alleinstehende Ehepaare, Ehepaare mit Kindern und „unvollständige" Haushalte/Familien) unterschieden wurden.

Mit Hilfe eines „Index of Diversity"

$$A_w = 1 - ([X_1]^2 + [X_2]^2 + \ldots [X_n]^2)$$

A_w = Index of Diversity

X = Anteil der Haushaltsgruppe 1,2 …

wurden u. a. die zentral-peripheren Veränderungen in der Zusammensetzung der Bevölkerung nach den genannten drei Haushaltsgruppen ermittelt. Es ergaben sich klare Unterschiede zwischen innerstädtischen Altbaubereichen, angrenzenden, in der Nachkriegszeit entstandenen Wohngebieten und randlichen Neubaubereichen, die in Abb. 14 modellhaft dargestellt sind. Der höchste Wert des „Index of Diversity" (in diesem Falle 0,667) bedeutet, daß alle drei Gruppen mit gleichen Anteilen vertreten sind. Je niedriger der Wert, desto stärker ist eine der 3 Gruppen unterrepräsentiert. Im Extremfall, wenn nur eine einzige Gruppe vorhanden ist, nimmt der Index den Wert 0 an. Es haben sich in diesem Falle nicht nur enge Zusammenhänge zwischen Haushaltszusammensetzung und Gebäudealter ergeben. Eine wichtige Rolle für einen hohen Index spielen auch die Zufriedenheit der Bevölkerung mit ihrem Wohngebiet und eine relative Stabilität des Wohnquartiers.

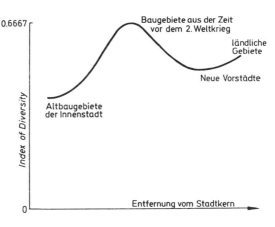

Abb. 14
Ein Modell der räumlichen Ausprägung des „Index of Diversity" von Haushalten in den Städten des mittleren Westens der USA (nach R. PALM 1976, S. 199)

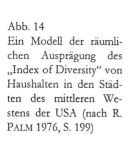

In einer späteren Arbeit hat P. GOBER (1986) die Haushaltstypen erweitert und die beträchtlichen innerstädtischen Veränderungen der Haushaltsstrukturen in den siebziger Jahren untersucht. In einer Reihe von Teilgebieten, vor allem in Wohnquartieren ethnischer Minoritäten, war hohe Wohnmobilität für den haushaltsstrukturellen Wandel verantwortlich, in anderen blieb dagegen trotz hoher Mobilität die Zusammensetzung der Haushalte stabil.

Seit den späten achtziger Jahren hat man sich in geographischen Untersuchungen verstärkt Haushalts- und Familienformen zugewendet, die sich außerhalb der konventionellen, an der Kernfamilie orientierten Lebenszyklustypen befinden. Dies betrifft z.b. die Alleinerziehenden, eine in vielen Industrieländern stark angewachsene Haushaltsgruppe (vgl. F. KRAAS u. U. SAILER-FLIEGE 1995). Im Rahmen einer Perspektive des Lebensverlaufs, der durch demographische Ereignisse wie Geburt von Kindern oder Änderung des Familienstands gekennzeichnet wird, hat D. STEGMANN (1997) Entwicklungsmuster der Alleinerziehenden in West- und Ostdeutschland vergleichend untersucht. Bei den vorherrschenden alleinerziehenden Frauen ist vielfach eine Marginalisierung der ökonomischen Position und der Wohnungssituation beobachtet worden (H. WINCHESTER 1990), die in enger Verbindung mit einer „Feminisierung der Armut" stand (J.P. JONES u. J.E. KODRAS 1990). Aus feministischer Sicht hat L. MC DOWELL (1991) in einer interessanten Arbeit den Wandel in den Familienstrukturen mit der ökonomischen Restrukturierung und der Regulationstheorie (vgl. H. BATHELT 1994) verknüpft und einen Übergang von einer „fordistischen" Kernfamilie zur „postfordistischen" Familie postuliert.

Zumindest einige der in diesem Abschnitt angeschnittenen Fragen sind noch im Zusammenhang mit der natürlichen Bevölkerungsbewegung zu behandeln. Da im weltweiten Rahmen vergleichbare Angaben über die Zusammensetzung von Familien und Haushalten kaum zur Verfügung stehen, soll an dieser Stelle auf eine Erörterung globaler Unterschiede verzichtet werden. Herausgestellt sei lediglich, daß große Familien, in denen oft auch mehrere Generationen zusammenleben, und große Haushalte, zu denen auch familienfremde Mitglieder zählen, vor allem dort anzutreffen sind, wo diese Gemeinschaften noch heute eine bedeutende Rolle für die wirtschaftliche und soziale Sicherung des einzelnen besitzen und/oder wo wirtschaftliche Tätigkeiten sich zu einem großen Teil im Rahmen von Haushalten abspielen. Das trifft in einer Vielzahl der heutigen Entwicklungsländer zu, deren Bevölkerungsverhältnisse nicht oder allenfalls sehr bedingt mit denen Europas in präindustrieller Zeit vergleichbar sind.

3.4 Stadtbevölkerung – Landbevölkerung

Bei der Zusammensetzung der Bevölkerung nach Alter, Geschlecht, Familienstand, Familien- oder Haushaltsgruppen gibt es, wie die bisherigen Ausführungen mehrfach haben deutlich werden lassen, mehr oder weniger ausgeprägte Unterschiede zwischen Stadt und Land, die im engen Zusammenhang mit Unterschieden in der Lebensweise von städtischer und ländlicher Bevölkerung zu sehen sind. In allen Teilen der Erde nimmt heute der Anteil der in Städten lebenden Menschen rasch zu, und gleichzeitig breiten sich städtische Lebens- und Wirtschaftsformen in zunehmenden Maße auch in ländlichen Gebieten aus. Art, Umfang und Ablauf der „Verstädterung" zu erfassen, zwischen Stadt- und Landbevölkerung zu unterscheiden, ist deshalb auch im Rahmen bevölkerungsgeographischer Untersuchungen für die Beantwortung zahlreicher Fragen der natürlichen Bevölkerungsbewegung und der Mobilität von großer Bedeutung.

Das Begriffspaar städtisch – ländlich kennzeichnet idealtypisch zwei verschiedenartige Strukturen und Verhaltensweisen, die sich mit Hilfe zahlreicher Indikatoren erfassen, aber in der Wirklichkeit kaum scharf abgrenzen lassen. Wenigstens innerhalb der Industrieländer mit den hier anzutreffenden engen und vielseitigen Verflechtungen zwischen Stadt und Land handelt es sich nicht um einen tiefgreifenden Gegensatz. Vielmehr existieren, welche Merkmale man auch immer erfaßt, vielfältige graduelle Übergänge, die zu dem Konzept des Stadt-Land-Kontinuums geführt haben. Dennoch kann es für viele Fragen, u. a. auch der Raumbewertung und eventueller Eingriffe landesplanerischer Art nicht gleichgültig sein, das Ausmaß dessen, was städtisch oder was ländlich ist, festzustellen, so etwa wie es P.J. CLOKE (1977) am Beispiel von England und Wales mit Hilfe einer größeren Anzahl von Variablen getan hat, die neben demographischen Daten Angaben über Erwerbstätigkeit, Wohnverhältnisse, Wanderungen, Pendelwanderungen und Entfernung zu größeren städtischen Zentren einschließen. Auf der Grundlage solcher Merkmale wurde ein „Index der Ruralität" gebildet. Wie eine erneute Analyse mit jüngeren Daten zeigte, waren die Gewichte der Variablen allerdings zeitlich nicht konstant, z.B. für das demographische Merkmal der Bevölkerungsveränderung (P.J. CLOKE u. G.F. EDWARDS 1986). Sie müssen daher den jeweils veränderten Bedingungen angepaßt werden. Neben solchen Versuchen, Ruralität deskriptiv zu erfassen, widmen sich neuere Ansätze weniger der ‚objektiven' Situation ländlicher Räume, sondern den alltäglichen Diskursen, in denen gleichsam Ländlichkeit sozial ‚produziert' wird (K.H. HALFACREE 1993).

Mit den Begriffen „Verstädterung" und „Urbanisierung" werden verschiedenartige, die Bevölkerungsstruktur und die Verhaltensweisen der Menschen ändernde Vorgänge bezeichnet. Sie werden nicht einheitlich verwendet. Es gibt
dazu ein umfangreiches soziologisches Schrifttum. Innerhalb der deutschen
geographischen Literatur werden häufig beide Begriffe synonym verwendet.
Es wurde aber auch vorgeschlagen, Verstädterung als das Wachstum städtischer Siedlungen oder Bevölkerungszahlen von Urbanisierung im Sinne von
Ausbreitung städtischer Verhaltensweisen, von „Urbanität" zu unterscheiden
(R. PAESLER 1976). Der demographische Begriff von Verstädterung wird
darüber hinaus nicht nur zur Erfassung eines Prozesses, des Wachstums der
Stadtbevölkerung, verwendet, sondern auch zur Beschreibung eines Zustands,
des Anteils städtischer Bevölkerungen zu einem Zeitpunkt (auch Verstädterungsgrad).

Bei der Analyse der Bevölkerungsverhältnisse eines Landes, einer Wirtschafts-
region oder einer anderen Raumeinheit wird es in der Regel zunächst einmal
erforderlich sein, die Anteile der in städtischen und in nicht-städtischen Siedlungen lebenden Menschen und deren Veränderungen festzustellen. Indessen,
so einfach eine Unterscheidung von Stadtbevölkerung und Landbevölkerung
auf den ersten Blick scheinen mag, so schwierig ist es, die Wirklichkeit in be-
friedigender Weise so zu erfassen, daß mit den jeweiligen Anteilen auch qualitative Unterschiede zum Ausdruck kommen. Probleme ergeben sich hier vor
allem bei internationalen Vergleichen. Eine einheitliche Definition von Stadt
und eine daraus abzuleitende eindeutige Bestimmung der Stadtbevölkerung ist
weltweit nicht vorhanden und auch nicht zu erwarten. Vielmehr muß man
davon ausgehen, daß die Phänomene Stadt und Urbanisierung Veränderungen
unterliegen und den jeweiligen Zivilisationsstand reflektieren, daß infolgedes-
sen die Definitionen „Stadt" und „städtisch" ebenso wie „Land" und „ländlich" nicht für alle Zeiten und für alle Länder gleich sein können.

Wenn es gerade in den Industrieländern heute nicht mehr möglich ist, von
einem klaren Gegensatz Stadt − Land, städtisch − ländlich zu sprechen, der
etwa in der Bevölkerungsweise, im Verhalten bei räumlichen Entscheidungen
oder in der unterschiedlichen Ausprägung von Aktionsräumen der Bewohner
städtischer und ländlicher Siedlungen zum Ausdruck kommt, sondern nur
zahlreiche Übergänge zwischen gedachten Extremen festgestellt werden können (Stadt-Land-Kontinuum), dann sah dies doch vor Beginn und z.T. auch in
den Anfangsstadien der Industrialisierung noch anders aus. Für die Erfassung
von Städten und städtischer Bevölkerung konnte damals auf Rechtsqualitäten
der bestehenden Siedlungen, auf bestimmte, den Bewohnern zugebilligte Pri-
vilegien im wirtschaftlichen und sozialen Bereich zurückgegriffen werden. Erst

als dies nicht mehr der Fall war, hat man sich um andere Kriterien zur Kennzeichnung städtischer Siedlungen bemühen müssen, sei es aus dem Bereich der Bevölkerung, der Wirtschaft oder auch der Siedlungsweise.

Ganz gewiß spielt für die Qualitäten einer Stadt das Zusammenleben vieler Menschen auf engem Raum eine wichtige Rolle, und so ist es verständlich, daß man heute in allen Ländern *Einwohnerzahlen* heranzieht, um städtische Siedlungen abzugrenzen und zu klassifizieren, unabhängig davon, welche weiteren Merkmale zur Definition den Stadt verwendet werden. Doch schon bei der Einwohnerzahl gibt es manche Schwierigkeiten. Soll oder kann z.b. die Einwohnerzahl der kleinsten Verwaltungseinheit (Gemeinde) verwendet werden, wie es etwa in der Bundesrepublik Deutschland, in Österreich, den Niederlanden oder auch in Brasilien geschieht, oder sollte lediglich der Hauptort, die größte geschlossene Siedlung innerhalb der kleinsten Verwaltungseinheit Berücksichtigung finden (Frankreich, Dänemark, Indien)? Wie weit ist es zweckmäßig, verwaltungsrechtliche Merkmale der Siedlungen zu verwenden (Großbritannien, Kanada, Australien)? Und wie verfährt man schließlich am besten bei großstädtischen Agglomerationen, die allein mit ihrer bebauten Fläche über mehrere Verwaltungseinheiten hinweggreifen können und darüber hinaus enge Verflechtungen mit Nachbargemeinden durch Pendelwanderung, Verkehrsverbindungen oder Naherholung aufweisen?

Die von den einzelnen Ländern veröffentlichten Zahlen über Städte und städtische Bevölkerung sind allein wegen der unterschiedlichen Kriterien zur Abgrenzung städtischer Siedlungen nur bedingt miteinander vergleichbar. Auch dann, wenn ein einheitlicher Schwellenwert von mindestens 2000 oder 5000 Einwohnern verwendet wird, ist zumindest zu prüfen, ob es sich dabei um geschlossene Siedlungen oder um Verwaltungsgebiete mit mehreren darin zusammengeschlossenen Siedlungen handelt. Man denke an die zahlreichen, im Zuge von Verwaltungsgebietsreformen entstandenen „Neuen Städte" oder an Städte, die allein durch Eingemeindungen, die weit über städtebaulich geschlossene Gebiete hinausgriffen, sprunghaft gewachsen sind. Im übrigen ist mit der Einwohnerzahl allein noch nichts über die Struktur und Funktion der betreffenden Siedlung ausgesagt. Es gibt Siedlungen mit mehreren zehntausend oder gar hunderttausend Bewohnern, in denen überwiegend in der Landwirtschaft tätige Menschen leben und denen städtische Merkmale weitgehend fehlen, während umgekehrt schon Siedlungen mit nur ein paar hundert Einwohnern vorwiegend städtische Funktionen ausüben können.

Dies muß also berücksichtigt werden, wenn man statistische Angaben über Städte bzw. Stadtbevölkerung und Landbevölkerung vor allem für internationale Vergleiche benutzt. Selbstverständlich bieten trotz der genannten Schwierigkeiten die in nationalen und internationalen Statistiken aufzufindenden Zahlen durchaus wichtige Informationen, namentlich wenn sich die Angaben zur Stadtbevölkerung auf Städte verschiedener Größenklassen beziehen. Die qualitativen Implikationen sind dabei von Fall zu Fall zu prüfen. In einigen Ländern wird im übrigen bei den statistischen Angaben nicht nur zwischen Stadtbevölkerung mit ihrer Verteilung auf Städte verschiedener Größenklassen und Landbevölkerung getrennt, sondern auch zwischen Bevölkerung in Verdichtungsräumen und ländlichen Räumen sowie bei der Landbevölkerung zwischen landwirtschaftlicher und nichtlandwirtschaftlicher Bevölkerung unterschieden.

Wenn man die heute in den einzelnen Ländern der Erde vorhandenen großen Unterschiede im Anteil der städtischen Bevölkerung betrachtet und auch die Wachstumsraten der Stadtbevölkerung berücksichtigt, dann liegt es nahe, diese mit verschiedenartigen *Stadien der Stadtentwicklung und Verstädterung* in Verbindung zu bringen, so wie es etwa J.P. GIBBS (1963) in einem Modell zu fassen suchte. Der Autor unterscheidet 5 Stadien wie folgt:

1. Es entwickeln sich Städte, aber das Anwachsen der ländlichen Bevölkerung geht im gleichen oder noch stärkerem Maße vor sich. Das Verhältnis von Stadt- zu Landbevölkerung ist im starken Maße abhängig von der Nahrungsmittelversorgung und den Transportverhältnissen.

2. Die städtische Bevölkerung nimmt stärker zu als die ländliche Bevölkerung, d.h. die Abwanderung vom Lande beginnt eine gewisse Rolle zu spielen, ohne daß sich zunächst größere Städte mit einem hohen Grad an funktionaler Differenzierung entwickeln.

3. Die Abwanderung vom Land in die Städte nimmt zu, auf dem Lande wird der Bevölkerungsverlust durch den Geburtenüberschuß nicht mehr ausgeglichen, damit verringern sich die Entwicklungsmöglichkeiten auf dem Land. Die städtische Bevölkerung erreicht einen hohen Anteil an der Gesamtbevölkerung.

4. Die Abwanderung erfaßt nun auch kleinere Städte, es bilden sich Agglomerationen bzw. großstädtische Verdichtungsräume aus.

5. Der Konzentrationsvorgang läuft nicht in der Weise weiter, daß schließlich nur noch ein einziges großes Zentrum innerhalb eines Landes vorhanden ist; vielmehr kommt es unter dem Einfluß zunehmender Verbesserung der Verkehrsverhältnisse zu Dispersionsvorgängen und zur Verminderung räumlicher Disparitäten in der Bevölkerungsverteilung (vgl. dazu 2.2).

Hier ist neben dem sich ändernden Verhältnis Stadt – Land bzw. Stadtbevölkerung – Landbevölkerung auch der zeitliche Wandel in der Verteilung der

Bevölkerung auf Städte verschiedener Größenklassen angedeutet. Die einzelnen Stadien, die nicht unbedingt alle nacheinander deutlich ausgeprägt zu sein brauchen, kennzeichnen die charakteristische Entwicklung in den westlichen Industrieländern, insbesondere den USA. Eine Übertragung des GIBBschen Modells auf die heutigen Entwicklungsländer, in denen der Anteil städtischer Bevölkerung vielfach noch erheblich unter dem in den Industrieländern liegt, ist sicherlich nicht ohne weiteres möglich. Die Bedingungen, unter denen sich die Stadtentwicklung bzw. der gesamte Urbanisierungsprozeß hier vollzieht, weichen in vielen wesentlichen Punkten von denen in den Industrieländern während des 19. und frühen 20. Jahrhunderts ab.

Im ganzen wird man freilich davon ausgehen müssen, daß die Zunahme der städtischen Bevölkerung von einem niedrigen Niveau aus unter dem Einfluß wirtschaftlicher Veränderungen und vor allem des Wandels überkommener Gesellschaftsstrukturen, ebenso aber auch unter dem Einfluß heutiger Verkehrs- und Informationssysteme zumindest eine Zeitlang sehr rasch vor sich gehen kann. Unter welchen Bedingungen und auf welchem Niveau die Zuwachsraten der Stadtbevölkerung zurückgehen werden bzw. eine weitgehende Stagnation im Verhältnis von Stadt- zu Landbevölkerung zu erwarten ist, läßt sich heute für die meisten Entwicklungsländer kaum prognostizieren. Bei den wirtschaftlich am weitesten entwickelten Ländern hat sich die Zunahme der Stadtbevölkerung bei einem Anteil von etwa 75 % an der Gesamtbevölkerung deutlich verlangsamt. Das geschah in England schon nach 1860, in Belgien nach 1910 und in Schweden nach 1920.

Für die Entwicklung der *ländlichen Bevölkerung* müßte Entsprechendes im umgekehrten Sinne gelten. Natürlich läuft ein solcher Prozeß innerhalb eines Landes nicht ohne mehr oder weniger ausgeprägte räumliche und zeitliche Differenzierungen ab, vor allem wenn man ihn nicht nur an den relativen, sondern auch an den absoluten Zahlen der ländlichen Bevölkerung verfolgt. Von W. ZELINSKY (1962 b) liegt über die Veränderungen von Anzahl, Anteil und räumlicher Verteilung der ländlichen Bevölkerung in den Vereinigten Staaten während des Zeitraumes von 1790 bis 1960 eine zu diesem Thema aufschlußreiche Untersuchung vor. Sie umfaßt den Abschnitt der amerikanischen Geschichte, in dem sich der wesentliche Teil des Besiedlungsvorganges der Staaten abgespielt hat, in dem die großen Einwanderungsströme den nordamerikanischen Kontinent erreichten, die Industrialisierung stattfand, die riesigen städtischen Agglomerationen entstanden und sich innerhalb der Landwirtschaft die technische Revolution vollzog. In groben Zügen gibt es bis 1910 eine beträchtliche absolute, in manchen Landesteilen aber auch eine relative Zunahme der Landbevölkerung, dann stagniert diese in den folgenden 30 Jahren weitgehend bei Verringerung ihres Anteils an der Gesamtbevölkerung, und erst seit etwa 1950 gibt es eine deutliche absolute Abnahme der ländlichen (landwirtschaftlichen und nicht-landwirtschaftlichen) Bevölkerung. Regional bestehen große Unterschiede im Entwicklungsablauf, die ZELINSKY in mehreren Typen erfaßt hat: kontinuierliches Wachstum der ländlichen Bevölkerung – Wachstum und nachfolgender Rückgang – zyklisches Wachstum – diskontinuierlicher Rückgang usw. Auf die in dieser Untersuchung erfaßten Ursachen der Entwicklungsabläufe (natürliche Bevölkerungsbewegung, Wanderungen, wirtschaftliche Entwicklung, Änderungen der Agrarstruktur etc.) soll hier jedoch nicht näher eingegangen werden.

Eine Zusammenstellung der Vereinten Nationen (Weltbevölkerungsbericht 1998) über *Zahl und Anteil der Stadtbevölkerung* auf der Erde ergab für 1995 2,58 Mrd. Menschen. Das waren 45 % der Weltbevölkerung. Gegenüber 1960 lag eine absolute Zunahme von 1,57 Mrd. Menschen und eine Erhöhung des Anteils um 11 % vor. Geht man weiter zurück, dann ergibt sich für 1950 ein Anteil der städtischen Bevölkerung von 29,8 %, für 1900 ein solcher von 13,6 % und für 1850 erst von etwa 6 %. In Tab. 12 sind Daten für größere Erdregionen zusammengestellt. Sie lassen nicht nur weitreichende Unterschiede bei den absoluten Zahlen und den jeweiligen Anteilen an der Gesamtbevölkerung deutlich werden, sondern auch ein sehr verschieden rasches Wachstum der Stadtbevölkerung. Deutlich über dem Weltdurchschnitt liegen im Zeitraum 1980/95 die Zuwachsraten in Afrika und Asien, erheblich darunter diejenigen Europas und Nordamerikas.

Tab. 12   Städtische Bevölkerung 1980 und 1995 nach Kontinenten (Quelle: United Nations [ed]: Compendium of human settlements statistics 1995)

Kontinent	Stadtbevölkerung				
	in Millionen		in % d. Gesamtbevölkerung		1995 in % von
	1980	1995	1980	1995	1980
Welt	**1751,4**	**2584,5**	**39,4**	**45,2**	**147,6**
Afrika	129,9	240,0	27,3	34,4	184,8
Nordamerika	186,7	223,4	67,7	74,0	119,7
Südamerika	163,8	249,3	68,2	78,0	152,9
Asien	706,3	1198,0	28,7	34,6	169,8
Europa	479,2	535,1	69,2	73,6	111,6
Australien/ Ozeanien	16,2	20,1	71,2	70,3	124,2

Die sehr rasche Zunahme der städtischen Bevölkerung in der Mehrzahl der Entwicklungsländer, wo ihr Anteil noch großenteils unter dem Weltdurchschnitt liegt, ist einerseits mit den auf die Städte gerichteten Wanderungsströmen zu erklären, andererseits aber auch in starkem Maße das Ergebnis hoher natürlicher Zuwachsraten. Letztere weichen vor allem in den asiatischen und afrikanischen Ländern kaum von denen der ländlichen Bevölkerung ab. Neben anderem ist hierin auch ein Unterschied zur früheren Entwicklung in europäischen Ländern zu sehen, hatten doch in Europa die Wanderungsgewinne zumindest in den Hauptphasen der Industrialisierung ein noch stärkeres Gewicht – ganz abgesehen davon, daß infolge der damals höheren Sterblichkeit in Europa kaum ähnlich hohe Geburtenüberschüsse erreicht wurden wie heute etwa in Lateinamerika oder Afrika.

Eine besondere Bedeutung für die Zunahme der Stadtbevölkerung hat während der letzten Jahrzehnte vor allem das *Wachstum der großen Städte* gehabt. Es gab 1980 etwa 2290 Städte mit mehr als 100 000 Einwohnern (P. BAIROCH 1985). Allein die Zahl der Millionenstädte betrug 1990 270 mit 628 Mio. Einwohnern, also fast ein Achtel der Weltbevölkerung (1970 noch etwa ein Zehntel). Wie nach Schätzungen und Prognosen der UN sich die Millionenstädte seit 1980 entwickeln, ist Tab. 13 zu entnehmen. Dabei ist zu bemerken, daß sich das Wachstum immer mehr in die Entwicklungsländer verlagert. Gehörten 1950 erst 31 der 78 Millionenstädte zur Dritten Welt, so waren es 1990 mit 166 von 270 weit mehr als die Hälfte, und nach den Prognosen werden im Jahre 2015 drei Viertel dieser Städte in der Dritten Welt liegen. In regionaler Hinsicht ist die Metropolisierungsrate heute in Lateinamerika besonders hoch. Berücksichtigt man nur die Agglomerationen mit mehr als 5 Mio. Einwohnern im Jahr 1990, so liegt der dort lebende Bevölkerungsanteil in Lateinamerika bei 13 % aller Einwohner, in Nordamerika bei 12 %, während in Asien 5 % und in Afrika nur 2,5 % erreicht werden.

Einen Einblick in die Verteilung der Bevölkerung auf Städte unterschiedlicher Größenordnung innerhalb eines Landes vermag neben den nach Gemeindegrößenklassen differenzierenden Statistiken u. a. auch die in der Stadtgeographie zur Charakterisierung von Städtesystemen verwendete *Rang-Größen-Regel* (Rank-Size-Rule) zu vermitteln. Für eine große Anzahl von Industrieländern ist dabei eine sog. „Normalverteilung" typisch, d.h. daß die nach Größe geordneten Städte ihrer Einwohnerzahl nach in einem bestimmten Verhältnis zueinander stehen: Multipliziert man die Einwohnerzahl einer Stadt x mit ihrem Rang, den sie der Größe nach einnimmt, dann ergibt sich die Einwohnerzahl der größten Stadt.

Tab.13   Millionenstädte nach Zahl und Einwohnerzahl 1980-2015. Schätzungen (bis 1990) und Prognosen der UN. (Quelle: United Nations (ed.): Compendium of human settlements statistics 1995)

Jahr	Anzahl der Städte bzw. Agglomerationen		Einwohnerzahl in Mill. in Städten der Größe	
	über 1 Mill. EW	über 5 Mill. EW	über 1 Mill. EW	über 5 Mill. EW
1980	213	26	588,2	232,8
1990	245	33	789,6	315,6
2000	378	42	1093,8	434,9
2015	543	71	1672,4	731,4
Industrieländer				
1980	99	10	267,0	100,2
1990	108	10	297,9	106,9
2000	117	10	330,7	113,0
2015	132	12	367,1	127,4
Entwicklungsländer				
1980	114	16	321,2	132,5
1990	174	23	491,7	208,7
2000	261	32	763,0	321,9
2015	411	59	1305,3	604,0

In zahlreichen Ländern der Dritten Welt, hauptsächlich solchen, die längere Zeit Kolonialgebiete waren und kein älteres voll entwickeltes Städtewesen besaßen, ist eher die Tendenz zur *Primatstruktur* vorhanden. Diese ist durch das Vorhandensein eines sehr großen städtischen Zentrums (meist Hauptstadt, die oft zugleich Hafenstadt ist) und das Fehlen der mittleren Ränge gekennzeichnet. Der größten Stadt des Landes mit einer starken Konzentration tertiärer und sekundärer Aktivitäten stehen in ausgeprägten Fällen nur schwach ausgestattete kleine Städte von lokaler Bedeutung gegenüber. Daß eine Primatstruktur indessen auch unter ganz anderen Voraussetzungen als jenen, die in einer Reihe von Entwicklungsländern gegeben waren, zustande kommen konnte, zeigt die Auflistung einiger Länder mit deutlicher Vorrangstellung ihrer Hauptstadt: Österreich, Dänemark, Griechenland, Spanien oder Frankreich. Hier spielen die Größe des Staatsgebietes, eine starke Verkleinerung desselben, historische politische Strukturen und Herrschaftsformen u. a. eine

wichtige Rolle. Gerade im Falle einer Primatstruktur wird es wenig zweckmäßig sein, die Stadtbevölkerung des gesamten Landes in einer einzigen Gruppe
zusammenzufassen, sind doch wesentliche Merkmale dessen, was als „städtisch" zu bezeichnen ist, oft nur in den großen Agglomerationen (und dort
auch nicht unbedingt bei allen Bevölkerungsgruppen) anzutreffen.
Das Zahlenverhältnis von Stadt- und Landbevölkerung gibt also noch nicht
sehr viel Einblick in damit verbundene Strukturen und Prozesse. Eine Beurteilung des anzutreffenden Zustandes und der zu erwartenden Entwicklungs-
vorgänge wird in aller Regel erst durch nähere Analysen der wirtschaftlichen
und sozialen Bedingungen, unter denen die Menschen in den Städten bzw. auf
dem Lande leben, möglich sein. Es wurde darauf hingewiesen, daß sich die
Bedingungen, unter denen die Zunahme der Stadtbevölkerung in Europa –
hauptsächlich während des 19. Jahrhunderts – erfolgte, wesentlich von denen
in den heutigen Entwicklungsländern unterscheiden. Hierzu gehören vor allem
solche ökonomischer Art, aber auch veränderte Verkehrsverhältnisse, Technik
und Nachrichtenwesen sowie die gesundheitlichen Bedingungen. In der Gegenwart ergeben sich weitreichende Gegensätze bei der Stadtentwicklung und
bei der Verstädterung vor allem auch noch durch Unterschiede der politischen
Strukturen und Gesellschaftsordnungen, so daß man sich keineswegs allein auf
den Gegensatz Industrieländer – Entwicklungsländer bei den angeschnittenen
Fragen beschränken kann.

3.5 Erwerbsstruktur

Art und Umfang der Beteiligung am Erwerbsleben stehen mit anderen Merkmalen der Bevölkerungsstruktur in mehr oder weniger enger Beziehung und
sind namentlich für die wirtschaftlichen Verhältnisse eines Landes oder einer
Region von größter Bedeutung. Eine der wichtigen Fragen ist dabei etwa die
nach dem Verhältnis von möglicher und tatsächlicher Beteiligung einzelner
Personen bzw. Personenkreise am volkswirtschaftlichen Produktionsprozeß,
worauf an dieser Stelle jedoch nicht näher einzugehen ist. Hier sollen vielmehr
zunächst die räumlich und zeitlich vorhandenen Unterschiede in der Erwerbsbeteiligung herausgestellt, dafür bedeutsame Faktoren angeführt, und dann die
Art der Erwerbsbeteiligung behandelt werden. Dazu bedarf es vorab der Klärung einiger Begriffe.

Ganz allgemein wird zwischen erwerbsfähigen und erwerbstätigen Personen unterschieden, wobei als erwerbsfähig in der Regel – da andere Angaben sehr viel schwerer zu beschaffen sind – zunächst einmal die Angehörigen bestimmter Altersgruppen angesehen werden. Durch die Gegenüberstellung von noch nicht und nicht mehr im erwerbsfähigen Alter stehenden Personen auf der einen Seite und Personen mittleren Alters auf der anderen Seite ergibt sich die bereits in Abschnitt 3.2 angeführte Abhängigkeitsrelation. Problematisch ist dabei, daß sich keine generellen Aussagen über die altersmäßigen Grenzen der Erwerbsfähigkeit machen lassen, zumal diese ja keineswegs allein von der körperlichen Leistungsfähigkeit der Menschen abhängen.

Bei der ebensowenig einfachen Erfassung der im Erwerbsleben stehenden Personen ist man heute auf internationaler Basis um ein möglichst einheitliches Konzept bemüht. So leitet sich das vom Statistischen Bundesamt verwendete „Erwerbspersonenkonzept" vom „Labor Force Concept" der OECD-Länder ab. Danach sind Erwerbspersonen diejenigen, „die eine unmittelbar oder mittelbar auf Erwerb gerichtete Tätigkeit ausüben oder suchen" (Stat. Jb. 1998 f. d. BRD, S. 100). Zu ihnen gehören Selbständige, Mithelfende Familienangehörige und Abhängige. Dauer und Regelmäßigkeit spielen bei der Frage, wann eine Erwerbstätigkeit vorliegt, keine Rolle, und es wird bei der statistischen Erfassung der Erwerbstätigkeit auch nicht berücksichtigt, in welchem Umfang die Tätigkeit zum Lebensunterhalt beiträgt.

Zu den Erwerbspersonen gehören sowohl Erwerbstätige als auch Erwerbslose. Letztere sind nach der der letzten Volkszählung zugrundeliegenden Definition vorübergehend aus dem Erwerbsleben ausgeschiedene Personen und solche, die normalerweise keinem Erwerb nachgehen, sich aber zur Zeit der Erhebung um eine Arbeitsstelle bemühen.

Der Anteil der Erwerbspersonen an der Gesamtbevölkerung (Wohnbevölkerung) ist die vor allem im internationalen Vergleich bedeutsame *Erwerbsquote,* neben der noch spezifische Erwerbsquoten, die jeweils nur einen Teil der Gesamtheit erfassen, Verwendung finden. Bei der Benutzung von Erwerbsquoten ist zu berücksichtigen, daß sich nicht alle Länder an das „Labor Force Concept" halten. Einige grenzen den Kreis der Erwerbspersonen in anderer Weise ab. Im übrigen besteht zwischen dem „Erwerbspersonenkonzept" Deutschlands und dem „Labor Force Concept" der Unterschied, daß bei letzterem Mithelfende Familienangehörige nur dann erfaßt werden, wenn sie mehr als 15 Stunden in der Woche erwerbsfähig sind (hierzu s. z.B. P. HECHELTJEN 1974).

Die in Tab. 14 enthaltenen Angaben für einzelne Länder sind vom International Labour Office in Genf auf der Basis nationaler Zählungen und Stichproben zusammengestellt.

Tab.14 Erwerbsquoten ausgewählter Länder, insgesamt und nach Geschlecht (Quelle: Yearbook of Labor Statistics 1995)

Land	Jahr	Erwerbsquote		
		insgesamt	männlich	weiblich
Ägypten	1992	29,2	43,5	14,2
Simbabwe	1992	34,6	42,8	26,7
Argentinien	1995	41,5	53,5	29,9
Peru	1994	43,3	53,7	33,6
USA	1994	51,3	57,0	45,8
Malaysia	1991	35,1	47,3	22,6
Pakistan	1993/4	27,9	45,9	8,6
Thailand	1994	52,6	58,9	46,4
Dänemark	1993	55,8	60,4	51,4
Frankreich	1994	44,8	50,6	39,2
Rußland	1992	49,2	53,9	45,1
Spanien	1994	39,8	50,8	29,3

Aus der Tabelle läßt sich entnehmen, daß für die Erwerbsquote der Gesamtbevölkerung die Beteiligung der Frauen am Erwerbsleben eine bedeutsame Rolle spielt, daß aber auch die Altersstruktur beim Versuch einer Erklärung nicht unberücksichtigt bleiben kann. Auf jeden Fall legen dies die bei der männlichen Bevölkerung unter 50 % liegenden Anteile in Ländern Afrikas und Asiens nahe. Auf einen engen Zusammenhang zwischen Erwerbsquote und dem wirtschaftlichen Entwicklungsstand der jeweiligen Länder bzw. Ländergruppen weisen die hier angeführten Daten nicht hin, weit eher dagegen auf einen solchen zwischen Erwerbstätigkeit der weiblichen Bevölkerung und der jeweiligen Stellung der Frau in der Gesellschaft. Hervorzuheben sind die hohen Erwerbsquoten der weiblichen Bevölkerung in Nordeuropa, den USA und den ehemals sozialistischen Ländern, sowie sehr niedrige Quoten in islamischen Ländern.

Um die offenbar sehr zahlreichen Faktoren näher zu fassen, die für den unterschiedlichen Anteil der Erwerbspersonen an der Gesamtbevölkerung eines Landes eine Rolle spielen, und denen im weltweiten Rahmen nachzugehen nur in sehr grober Weise möglich ist, sollen die Verhältnisse in Deutschland näher beleuchtet werden. Hier sind die Erwerbsquoten in den Verdichtungsräumen im allgemeinen höher als in ländlichen Räumen. Das zeigt sich – bei allerdings nicht allzu starken Abweichungen vom Durchschnitt – vor allem bei den männlichen Erwerbspersonen. Sehr viel differenzierter ist das Verteilungsbild bei den weiblichen Erwerbspersonen. Zwar sind auch dabei relativ hohe Quoten in den Verdichtungsräumen festzustellen, zugleich gibt es aber auch weitere Landesteile mit einem bemerkenswert hohen Anteil von Erwerbspersonen an der weiblichen Bevölkerung.

Läßt man dabei den primären Wirtschaftssektor und damit die Mehrzahl der Mithelfenden Familienangehörigen, die meistens weiblich sind, außer acht, dann tritt auf entsprechenden Übersichtskarten (vgl. „Die Bundesrepublik Deutschland in Karten", S. BENDER u. F. HIRSCHENAUER 1993) ein auffallender Gegensatz zwischen Nord und Süd zutage. Im Süden mit durchschnittlich höheren Erwerbsquoten der weiblichen Bevölkerung sind es neben großen Teilen von Baden-Württemberg der Raum Nürnberg, das nördliche Oberfranken und der Süden Bayerns, die durch eine sehr hohe Erwerbsbeteiligung der Frauen gekennzeichnet sind, und zwar dies im deutlichen Gegensatz zu zahlreichen Landkreisen Niederbayerns, der Oberpfalz und Unterfrankens. Ohne auch nur den Versuch einer näheren Analyse dieser Verhältnisse vorzunehmen, kann doch darauf hingewiesen werden, daß offensichtlich Angebot und Bedarf von Arbeitsplätzen außerhalb der Landwirtschaft in Gebieten ganz unterschiedlicher Wirtschaftsstruktur eine entscheidende Rolle spielen müssen. Daneben sind aber noch eine ganze Reihe von anderen Faktoren bedeutsam, die P. SOMMERFELDT-SIRY (1990) für die 70er Jahre näher analysiert hat. Dabei zeigt sich, daß diese Faktoren wie Branchenstruktur, Konjunkturabhängigkeit von Arbeitsplätzen, Bildungsstand, Familienstand u.a. für verschiedene Altersgruppen der Frauen ein unterschiedliches Gewicht besaßen. Für alle Gruppen ergaben sich allerdings mehr oder weniger ausgeprägte Süd-Nord-Gegensätze der Erwerbsbeteiligung, die im übrigen eine hohe Persistenz aufweisen und seit über 100 Jahren zu beobachten sind.

Auch innerhalb jeder großen Stadt gibt es Stadtteile mit sehr unterschiedlich hohen Erwerbsquoten. Im allgemeinen sind die innerstädtischen kernnahen Wohngebiete – die bevorzugten Wohngebiete von 1- und 2-Personen-Haushalten – durch hohe bis sehr hohe Erwerbsquoten gekennzeichnet, während städtische Randbereiche fast immer zu den Teilräumen der Stadt mit einem geringen Anteil an Erwerbspersonen gehören.

Bei der Suche nach der Erklärung derartiger Unterschiede zwischen einzelnen Regionen eines Landes oder Teilen einer Stadt stößt man auf demographische, wirtschaftliche und soziale Faktoren, die mehr oder weniger miteinander zusammenhängen können, und man kann feststellen, daß auch die Lage und Lagebeziehungen der jeweiligen Gebiete offenbar eine wichtige Rolle spielen. Die Wirksamkeit der eben genannten Faktoren ist zwar wohl überall festzustellen, welches Gewicht dem einzelnen Faktor jedoch jeweils zukommt, kann von Fall zu Fall ganz verschieden sein.

Deutlich geworden ist bereits, daß der *Altersaufbau* einer Bevölkerung und damit der Prozentsatz der im erwerbsfähigen Alter stehenden Personen eine wichtige Rolle spielt. Ein hoher Anteil von Kindern und/oder alten Menschen bedingt unter sonst gleichen Voraussetzungen eine niedrige Erwerbsquote. Nun sind aber auch die im erwerbsfähigen Alter stehenden Teile der Bevölkerung, nach Altersklassen differenziert, durchaus nicht in gleicher Weise am Erwerbsleben beteiligt. Zieht man aus jüngerer Zeit stammende Angaben über die Erwerbsbeteiligung einzelner Altersgruppen heran, dann zeigt sich, daß der Eintritt in das Erwerbsleben bei vielen Menschen heute relativ spät liegt und daß außerdem die altersspezifischen Erwerbsquoten von Männern und Frauen sehr verschieden sind. Dies verdeutlicht Abb. 15. In der Bundesrepublik werden bei den Männern im Alter zwischen 35 und 50 Jahren sehr hohe Erwerbsquoten von 97-98 % erreicht. Bei den 55-60jährigen Männern sinkt der Wert deutlich ab und erreicht in der Altersgruppe zwischen 60 und 65 Jahren nur etwa ein Drittel (1970 noch fast 70 %!).

Die insgesamt und bei allen Altersklassen geringere Erwerbsquote der Frauen zeigte 1989 ein Maximum bei den 20-25jährigen, sank dann jedoch nicht fortlaufend ab, sondern stieg nach einem ersten Tiefstand bei den 30-40jährigen noch einmal leicht an. Daß dies mit den sich ändernden Aufgaben der verheirateten Frauen im Ablauf des Familienzyklus zusammenhängt, wird deutlich, wenn man eine Unterscheidung von Ledigen und Verheirateten vornimmt: Die altersspezifischen Erwerbsquoten der ledigen Frauen sind durchweg bedeutend höher und verlaufen denen der männlichen Bevölkerung etwa parallel (vgl. K. SCHWARZ 1993/94).

Ein weiterer wichtiger Einflußfaktor auf die Erwerbstätigkeit – besonders der Frauen – ist also der Familienstand, und außerdem spielen Zahl und Alter der in einer Familie vorhandenen Kinder eine bedeutsame Rolle bei der Frage, ob und wann eine Erwerbstätigkeit ausgeübt wird.

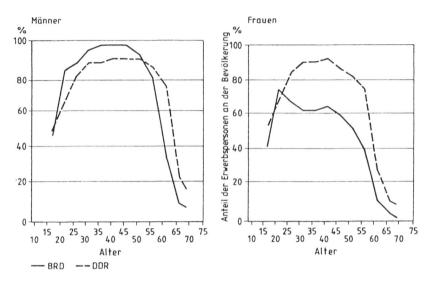

Abb. 15   Erwerbsquoten nach Altersgruppen und Geschlecht in der Bundesrepublik
Deutschland und in der DDR 1989 (Quelle: B. HOF 1990, S. 72)

Abb. 15 enthält weiter die Erwerbsquoten für die DDR im Jahre 1989, und
hier zeigt sich eine im Vergleich mit der Bundesrepublik bedeutend höhere
Erwerbsbeteiligung der Frauen in fast allen Altersgruppen. Die statistischen
Daten der DDR beziehen sich allerdings auf „Berufstätige", bei denen der sog.
X-Bereich aus Geheimhaltungsgründen nicht enthalten war. Dazu zählten etwa 1 Mio. Erwerbstätige aus den Bereichen Parteiapparat und Staatssicherheit,
Armee und Polizei und aus der im Uranabbau tätigen Wissmuth AG (B. HOF
1990). Darauf ist zurückzuführen, daß bei den Männern die Erwerbsquoten in
der DDR bis zum Alter von 50 Jahren deutlich niedriger ausfielen als in der
BRD. Auch bei den Frauen dürften die amtlich ausgewiesenen Quoten, vor
allem bei den jüngeren Altersgruppen, etwas zu niedrig sein. Insgesamt ist die
für die ehemals sozialistischen Ländern typische hohe Erwerbsbeteiligung in
der DDR auch in westlichen Industrieländern nicht völlig ungewöhnlich, denn
die altersspezifischen Quoten in Schweden liegen z. B. meist noch etwas höher
als die in Abb. 15 dargestellten Werte. Im Gegensatz zu Ostdeutschland haben
jedoch in Schweden sehr viele Frauen eine Halbtagsbeschäftigung.

Auch noch Ende der 90er Jahre unterscheiden sich die Erwerbsquoten der
Frauen in Ost- und Westdeutschland erheblich. So zählten 1997 im früheren
Bundesgebiet 40 % der 15-65jährigen Frauen zu den Erwerbspersonen, wäh-

rend es in den neuen Ländern 49 % waren. Bei den Männern im selben Alter sind die Differenzen ganz gering (57 % im Westen gegenüber 58 % im Osten).

Auch aus dem *wirtschaftlichen Bereich* gibt es mehrere Faktoren, die auf die Erwerbsbeteiligung der Frau Einfluß ausüben. Hier handelt es sich etwa um das Angebot an geeigneten Arbeitsplätzen und um die Notwendigkeit oder Möglichkeit, als „Mithelfende" tätig zu sein. Außerdem können aber auch die Einkommensverhältnisse des Mannes und anderes eine wichtige Rolle spielen. Selbstverständlich sind wirtschaftliche Faktoren auch für die Erwerbstätigkeit der männlichen Bevölkerung von wesentlicher Bedeutung.

Aus dem *sozialen Bereich* sind – wiederum in erster Linie für die Frauen – als bedeutsam in diesem Zusammenhang neben der bereits erwähnten Rolle der Frau in der Familie der Bildungsstand, die Auswirkungen der Erziehung oder auch das Angebot an Kindergärten, das Vorhandensein bzw. Fehlen von Ganztagsschulen u.ä. anzusehen.

Daß schließlich für die Aufnahme einer Erwerbstätigkeit die Erreichbarkeit des in Frage kommenden Arbeitsplatzes eine ganz entscheidende Rolle spielt, bedarf wohl kaum einer Betonung. Vielleicht ist hier nur darauf hinzuweisen, daß dies keineswegs allein ein Problem des ländlichen Raumes ist, handelt es sich doch nicht nur um Entfernungen, die sich in Zeit und Kosten ausdrücken lassen, sondern auch um subjektive Distanzen, die u.U. schwer zu überwinden sind. Die Erreichbarkeit von Arbeitsplätzen ist häufig in sehr großen Agglomerationen und Metropolen problematisch, so daß hier eine Verbindung von Beruf und Familie für viele Frauen schwierig wird. Dies hat z.B. FAGNANI (1990) für Paris aufgezeigt, wo bei hoher weiblicher Erwerbsbeteiligung die Fruchtbarkeit wesentlich niedriger liegt als in anderen französischen Großstädten (zu geschlechtsspezifischen Unterschieden der Pendeldistanzen siehe O. BLUMEN 1994).

Die genannten Faktoren bestimmen, wie deutlich geworden ist, in besonders starkem Maße, teilweise sogar fast ausschließlich den Umfang der Erwerbstätigkeit von Frauen und dadurch natürlich auch die Erwerbsquote der Gesamtbevölkerung. Die regionalen Unterschiede bei den Erwerbsquoten von Männern sind in aller Regel geringer als die von Frauen. Ganz anders ist dies bei den Quoten von Erwerbstätigen und Erwerbslosen, die häufig benutzt werden, um vorhandene Strukturschwächen von Wirtschaftsräumen zu kennzeichnen.

Bei allem ist nun noch hervorzuheben, daß sich in der Bundesrepublik wie in vergleichbaren Ländern gerade innerhalb der letzten Jahrzehnte – zumindest was die verschiedenen Altersgruppen betrifft – bedeutende Änderungen in der

Beteiligung am Erwerbsleben vollzogen haben. So ist bei uns zwischen 1961 und 1997 die Erwerbsquote der Männer von 63,9 % auf 57,4 % gesunken, jedoch die der Frauen von 33,4 auf 41,3 % angestiegen. Das ergibt sich zwar – wie auch die weitere Entwicklung – zum Teil aus Verschiebungen in der Alterszusammensetzung der Bevölkerung, sehr viel bedeutsamer sind jedoch andere Faktoren, unter denen besonders hervorzuheben sind:

1. Die Verlängerung der allgemeinen und fachlichen Ausbildung. Sie hat zu einer beträchtlichen Abnahme der Erwerbstätigkeit vor allem unter den 15-20jährigen geführt (Rückgang der Erwerbsquote dieser Gruppe 1961-97 von 79,8 auf 32,3 %), macht sich aber auch bei der nachfolgenden Altersgruppe noch deutlich bemerkbar.

2. Die durch Änderungen in den Rentengesetzen vor allem für die 55-bis unter 65jährigen Personen geschaffenen Möglichkeiten, vorzeitig aus dem Erwerbsleben auszuscheiden. Außerdem spielen Verbesserungen in der Altersversorgung und der starke Rückgang der landwirtschaftlichen Bevölkerung eine Rolle bei der Verringerung der Erwerbsquoten älterer Menschen.

3. Die zunehmende Erwerbsquote der Frauen ist auf deren stark erhöhte Beteiligung an einer längeren allgemeinen und beruflichen Bildung, das höhere Heiratsalter und die geringere Heiratsneigung wie auf den deutlich gestiegenen Stellenwert zurückzuführen, den eine berufliche Tätigkeit auch für verheiratete Frauen gewonnen hat.

Mit den relativ ausführlichen Angaben über räumliche Differenzierung und Entwicklung der Erwerbsbeteiligung von Männern und Frauen in Deutschland mag einerseits die Vielfalt der die Erwerbsquoten beeinflussenden Faktoren deutlich werden; andererseits sei vor Augen geführt, wie allein durch die Veränderung weniger dieser Faktoren weitreichende Verschiebungen im Verhältnis Erwerbspersonen/Nichterwerbspersonen eintreten können, so daß Prognosen auf diesem Gebiet ein besonders schwieriges Problem darstellen.

Bei Untersuchungen in anderen Teilen der Erde und bei der Verwertung dort vorliegender Daten ist nicht allein die bei der Erfassung von Erwerbspersonen angewandte Methode zu berücksichtigen, sondern vor allem auch davon auszugehen, daß die Bedingungen, unter denen bestimmte Erwerbsquoten zustande kommen, wesentlich anders aussehen können als bei uns. Einen Versuch, zu einer umfassenden Typologie der Erwerbstätigkeitsstruktur innerhalb von Ländern zu gelangen, hat M. HARTMANN (1977) unternommen.

Was die Bedeutung kultureller Faktoren angeht, so hat B. PFAU-EFFINGER (1995) hinsichtlich der Verhältnisse in Europa auf Unterschiede in kulturellen

Mustern der Familienmodelle und der „Geschlechterkontrakte" aufmerksam gemacht, die sich auf die Erwerbsbeteiligung der Frauen, aber auch auf die Anteile in Teilzeitarbeit auswirken. Im Rahmen der gender studies sind seit den achtziger Jahren zahlreiche Untersuchungen durchgeführt worden, die sich mit den Einflußfaktoren nationaler und regionaler Differenzen der weiblichen Erwerbsbeteiligung befaßt haben. Aus diesen Studien seien hier das zusammenfassende Buch der amerikanischen Geographinnen S. HANSON und C. PRATT (1995), die empirische Arbeit von A. GREEN (1994) über Großbritannien und der Aufsatz von M. CIECHOCINSKA (1993) zu den Verhältnissen in Polen während der Transformation genannt.

Von Bedeutung für nähere Analysen der Erwerbsstruktur ist nun natürlich nicht allein der Umfang der Erwerbsbeteiligung, sondern auch die Frage, welche Art von Erwerbstätigkeit ausgeführt wird. Soweit es sich um verschiedene wirtschaftliche Tätigkeiten handelt, mag an dieser Stelle die Zuordnung der Erwerbspersonen zu den drei bekannten großen *Wirtschaftssektoren* ausreichen, d.h. zur Land- und Forstwirtschaft, zum produzierenden Gewerbe und zum sog. Dienstleistungssektor.

Hier vorhandene räumliche Unterschiede lassen sich ebenso wie zeitliche Veränderungen wiederum recht gut mit Hilfe von Dreiecksdiagrammen veranschaulichen. Abb. 16 gibt dafür ein Beispiel. In ihr ist die erwerbstätige Bevölkerung ausgewählter Länder aus verschiedenen Teilen der Erde dargestellt. Es lassen sich mehrere Ländergruppen ähnlicher Grundstruktur erkennen: So gibt es eine Gruppe von Ländern mit meist weit über 50 % liegenden Anteilen des primären Sektors. Zu ihnen gehören viele Entwicklungsländer, darunter mit höchsten Anteilen landwirtschaftlicher Bevölkerung Länder des tropischen Afrika sowie Süd- und Südostasiens. Eine ähnlich geschlossene Gruppe bilden die westlichen Industrieländer, in denen der tertiäre Sektor mit Anteilen um 50 % und darüber ein besonders starkes Gewicht hat, während gleichzeitig der primäre Sektor mit Anteilen von 10 % und weniger ganz zurücktritt. Schließlich ist auf eine dritte Gruppe von Ländern hinzuweisen, in denen die Erwerbstätigkeit im sekundären Sektor im Verhältnis zu den beiden anderen Sektoren in den Vordergrund tritt, aber ein noch relativ hoher Besatz des primären Sektors festzustellen ist. Hier finden sich die ehemals sozialistischen Länder Europas.

Eine Beurteilung derartiger Verhältniswerte ist nicht ohne weiteres möglich. Sie setzt auf jeden Fall nähere Kenntnisse der Zusammensetzung der Wirtschaftssektoren bzw. der darin tätigen Menschen voraus. So kann es sich in der Landwirtschaft vorwiegend um Kleinbauern mit einem das Existenzminimum kaum sichernden Einkommen, um Inhaber bäuerlicher Familienbetriebe mit Vollerwerbscharakter oder um Landarbeiter auf verhältnismäßig wenigen Großbetrieben handeln. Der sekundäre Sektor kann sich in einem Falle hauptsächlich aus kleinen Handwerksbetrieben mit zahlreichen Selbständigen und Mithelfenden Familienangehörigen zusammensetzen, im anderen Falle aus großen Industrieunternehmen mit oft mehreren Tausend Arbeitern und Angestellten. Nicht anders kann das im tertiären Sektor aussehen, indem die hier tätigen Menschen einmal zum großen Teil in häuslichen Diensten stehen, kleine Händler sind oder von einfachen Transportdiensten leben, ein andermal mehr oder weniger spezialisierte Fachleute mit einer langen und kostspieligen Ausbildung sind. Verschiedentlich gliedert man solcher Unterschiede wegen einen vierten Sektor aus und zählt zu diesem die besonders qualifizierten Kräfte der Wirtschaft, der Verwaltung, des Bildungsbereiches, der Kultur usw.

Die in Abb. 16 deutlich werdenden Gruppierungen finden sich nun durchaus nicht nur beim Vergleich verschiedener Länder, sondern auch bei der Gliederung von Erwerbspersonen einzelner Regionen oder Gemeinden eines Landes wie der Bundesrepublik. Dabei mag dann die Frage auftauchen, ob es sich um typische Entwicklungsstadien handelt, indem der Rückgang der in der Landwirtschaft Beschäftigten zunächst vornehmlich zugunsten des sekundären, dann stärker zugunsten des tertiären Sektors erfolgt.

In den europäischen Ländern haben sich die Veränderungen tatsächlich im wesentlichen in dieser Weise vollzogen, und eine Untersuchung des Strukturwandels ehemals ländlicher Gemeinden im Einflußbereich von großstädtischen Agglomerationen ergibt i. allg. auch in diesem Maßstab ein ähnliches Bild, das dem von J. FOURASTIE (1949) stammenden Modell der Entwicklung von der Agrar- zur Dienstleistungsgesellschaft entspricht (Abb. 17).

Es dürfte jedoch manchen berechtigten Zweifel geben, ob der Prozeß in den heute noch überwiegend agrarischen Ländern auch nur annähernd in gleicher Richtung verlaufen wird. Schon bei einer vergleichenden Betrachtung der Verhältnisse in den heutigen Industrieländern zeigen sich bemerkenswerte Unterschiede, sowohl was den zeitlichen Ablauf als auch was das Ausmaß der Veränderungen betrifft.

So hat z.B. von den Industrieländern Westeuropas Großbritannien bereits sehr früh einen außerordentlich starken Rückgang der im primären Sektor Beschäftigten zu verzeichnen. Schon seit den 80er Jahren des vergangenen Jahrhunderts haben nicht nur die relativen sondern auch die absoluten Zahlen der Erwerbspersonen dieses Sektors abgenommen. In Deutschland lag der Anteil der Beschäftigten in der Land- und Forstwirtschaft um 1870 noch bei 50 %, um bis zum 1. Weltkrieg auf etwa 1/3 abzusinken. Innerhalb der Bundesrepublik

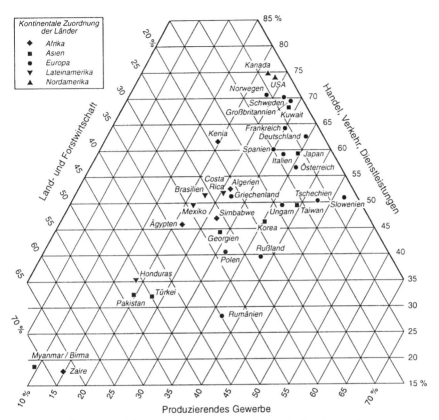

Abb. 16 Erwerbsbevölkerung ausgewählter Länder nach Zugehörigkeit zu den Wirtschaftssektoren um 1992.
Datenquelle: verschiedene Länderberichte des Stat. Bundesamtes

waren es 1950 ¼ und erst seit Mitte der 60er Jahre weniger als 10 %, ein Anteil, der in Großbritannien bereits im zweiten Jahrzehnt dieses Jahrhunderts unterschritten wurde. In den Ländern des östlichen Europa, die ehemals zum RgW (COMECON) gehörten, sind wesentliche Veränderungen auf Kosten des Agrarsektors im Zusammenhang mit der völligen Umgestaltung der Gesellschafts- und Wirtschaftsstruktur erst nach 1950 eingetreten. So lag z.B. in Bulgarien der Anteil der Erwerbstätigen in der Landwirtschaft 1948 noch bei 80 %, er ging bis 1960 auf 55 % und bis 1985 auf 18 % zurück. In der DDR waren 1989 noch 10,8 % der Berufstätigen in der Landwirtschaft tätig und 49,7 % im sekundären Sektor. Beide Sektoren wiesen einen relativen Überbesatz mit produktivitätshemmenden Wirkungen auf (G. WINKLER 1990).

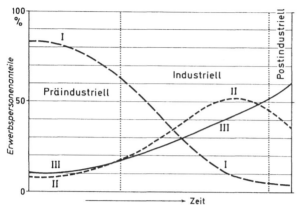

Abb. 17 Schema der Entwicklung des Erwerbspersonenanteils in den drei Wirtschaftssektoren beim Übergang von der Agrar- zur Dienstleistungsgesellschaft

In fast allen Entwicklungsländern nimmt der Agrarsektor nach der Zahl der
Beschäftigten nach wie vor die dominierende Stellung ein. Wenn sich relative
Veränderungen ergeben, dann sind diese gewöhnlich bei weitem nicht so stark,
daß sie gleichzeitig auch eine absolute Abnahme der von der Landwirtschaft
abhängigen Bevölkerung bedeuten. Als Beispiel mag Indien angeführt sein.
Hier hat sich der Anteil der auf den primären Sektor entfallenden männlichen
Arbeitskräfte seit 1901 kaum verändert (1995: 64 %), er hat zeitweilig sogar
zugenommen (1971 72 % – 1950 = 69 %) und dies bei einer Bevölkerungsvermehrung von 236 Mio. im Jahre 1901 auf 548 Mio. im Jahre 1971.

Der *sekundäre Wirtschaftssektor* wies in einigen westeuropäischen Industrieländern schon um die Jahrhundertwende sehr hohe Anteile auf (Großbritannien
über 50 %, Belgien und die Schweiz um 45 %), die dann auch nicht mehr we-
sentlich gesteigert wurden. Ein spürbarer Rückgang zugunsten des tertiären
Sektors ist allerdings erst Jahrzehnte später zu verzeichnen, in der BRD seit
Mitte der 70er Jahre. 1997 verteilen sich in Deutschland die Erwerbstätigen
auf die 3 Wirtschaftssektoren wie folgt: I. Sektor = 2,9 % – II. Sektor = 34,3
% – III. Sektor = 62,8 %. Im Vergleich zu anderen hochindustrialisierten
Ländern ist der Anteil des tertiären Sektors in Deutschland noch relativ gering.
Gründe dafür wie eine traditionelle Integration von Dienstleistungen in großen Industrieunternehmen und den Import von Diensten hat S. ILLERIS
(1991) diskutiert und mit Besonderheiten der Entwicklung in anderen Industrieländern verglichen. Angesichts der heute völlig andersartigen Bedingungen
der industriellen Produktion, des Marktes, des Verkehrs und der politischen

Verhältnisse gegenüber der Situation in Europa vor 100 oder auch nur 50 Jahren ist wohl kaum davon auszugehen, daß diejenigen Länder, in denen der (moderne) sekundäre Sektor heute Anteile von wenigen Prozent einnimmt, jemals eine Beschäftigungsstruktur haben werden, wie sie in der Phase der Hochindustrialisierung bzw. noch heute in europäischen Ländern anzutreffen ist.

Man wird also davon ausgehen müssen, daß vor allem dem tertiären Sektor künftig in allen Ländern eine besonders große Bedeutung zukommen wird, dessen Zusammensetzung gegenwärtig noch außerordentlich heterogen ist. Bei internationalen Vergleichen lassen sich grob zwei Typen unterscheiden: Einer ist vor allem in Entwicklungsländern anzutreffen, wo Handel und private (häusliche) Dienstleistungen im Vordergrund stehen (letzteres ist besonders kennzeichnend für viele lateinamerikanische Länder). Unter den im Handel tätigen Erwerbspersonen überwiegen Kleinst- und Zwischenhändler mit oft minimalen Umsätzen, nicht aber Inhaber größerer Geschäfte oder Angestellte in einem festen Lohnverhältnis. Vielfach ist also ein ausgesprochener Überbesatz gerade im Handel festzustellen, der von der Entwicklung eines modernen Sektors kaum aufgefangen werden kann. Man hat diesen Typ als „primitiven tertiären Sektor" bezeichnet und ihn demjenigen der wirtschaftlich hoch entwickelten Länder gegenübergestellt. Bei diesem spielen eine besondere Rolle die Beschäftigten der differenzierten öffentlichen Verwaltung (einschließlich sozialer Dienste und Bildungswesen), dazu Beschäftigte im Bank- und Versicherungswesen. Der Anteil der im Handel Tätigen braucht nicht wesentlich von dem vieler Entwicklungsländer abzuweichen, Tätigkeitsarten und vor allem Verdienstmöglichkeiten sind aber natürlich völlig anders.

3.6 Zur Gliederung der Bevölkerung nach sozialen Merkmalen

Neben der Erwerbstätigkeit beansprucht schließlich auch im Rahmen bevölkerungsgeographischer Fragestellungen die soziale Differenzierung der Bevölkerung große Aufmerksamkeit, selbst wenn diese zunächst einmal für die Sozialgeographie relevant ist. Die Beschaffung entsprechender Daten für die Bevölkerung eines größeren Raumes bzw. eines ganzen Landes stößt in diesem Falle auf besondere Schwierigkeiten, die noch größer werden, wenn man die Verhältnisse verschiedener Länder mit unterschiedlichen Gesellschaftsstrukturen miteinander vergleichen will. Eine umfassende oder gar für spezielle Fragen verwendbare Sozialstatistik ist i.d.R. nicht vorhanden, d.h. daß man sich im allgemeinen mit wenigen Angaben zufrieden geben muß, um überhaupt gewisse Einblicke in diesen Bereich zu gewinnen. Gewiß ist es in erster Linie eine Frage des Maßstabes, wie weit sich im Rahmen empirischer Untersuchungen etwa Zusammenhänge zwischen sozialer Stellung und generativem Verhalten oder Bereitschaft und Fähigkeit zur Mobilität aufdecken lassen. Im Makrobereich wird man weitgehend auf die verhältnismäßig wenigen Merkmale, die bei statistischen Erhebungen erfaßt werden, zurückgreifen müssen, und hierzu gehören in erster Linie Angaben über die Stellung im Beruf, teilweise auch noch Angaben über Einkommensklassen und Bildung.

An dieser Stelle soll, ohne die ganze Problematik sozialer Gliederung von Bevölkerungsgruppen und ihrer Implikationen auch nur anzudeuten, lediglich auf die Differenzierung der Erwerbspersonen nach ihrer Stellung im Beruf eingegangen werden. Dies geschieht nicht zuletzt deshalb, weil Daten darüber zumindest in Deutschland seit längerer Zeit zur Verfügung stehen. Auf sie wurde häufiger zurückgegriffen, um räumliche Unterschiede in der Sozialstruktur – etwa im Rahmen von Gemeindetypisierungen oder bei Arbeiten über innerstädtische Gliederungen – zu erfassen. Die amtliche Statistik unterscheidet dabei bekanntlich Selbständige, Mithelfende Familienangehörige, Beamte, Angestellte und Arbeiter.

Die am weitesten gefaßte Gruppe ist die der Selbständigen. Als wesentliches Merkmal wird gefordert, daß die betreffende Person einen Betrieb bzw. eine Arbeitsstätte gewerblicher oder landwirtschaftlicher Art wirtschaftlich oder organisatorisch als Eigentümer oder Pächter leitet, wobei die wirtschaftliche Selbständigkeit ausschlaggebend ist. Es empfiehlt sich, hier weiter zu untergliedern nach Selbständigen innerhalb und außerhalb der Landwirtschaft, wobei es sich dann trotzdem noch um sehr heterogen zusammengesetzte Personenkreise handelt, etwa Gutsbesitzer und Kleinbauern bzw. Kleinpächter in der einen Gruppe und Inhaber von kleinen Handwerksbetrieben, Fabrikbesitzer oder Ärzte in der anderen.

Ähnliches läßt sich natürlich auch für andere Gruppen, insbesondere für die der Beamten und Angestellten feststellen, weshalb die Stellung im Beruf eben nur mit großen Einschränkungen Verwendung finden kann, um Einblicke in die Sozialstruktur einer Bevölkerung zu gewinnen.

Auch in diesem Falle sind die zeitlichen Veränderungen beim Anteil der einzelnen Gruppen von Interesse. Dies mag am Beispiel Deutschlands als typisch für die westlichen Industrieländer aufgezeigt werden (Tab. 15).

Tab. 15   Erwerbstätige nach Stellung im Beruf in % in der Bundesrepublik Deutschland (Quelle: Stat. Jb. f.d. BRD 1997 und früher)

Jahr	Selbständige	Mith. Fam.-Ang.	Beamte	Angestellte	Arbeiter
1950	14,8	14,4	4,0	16,0	50,9
1965	11,6	8,4	5,1	26,3	48,6
1978	8,8	4,0	8,7	36,1	42,3
1987	8,5	1,8	9,1	41,0	39,6
1996	9,5	1,1	6,8	46,6	36,1

Es zeigen sich beträchtliche Veränderungen durch den starken Rückgang des Anteils von Selbständigen und Mithelfenden zugunsten von Angestellten und – bis 1987 – Beamten. Der Rückgang der Selbständigen ist zu einem wesentlichen Teil auf die Aufgabe von landwirtschaftlichen Betrieben zurückzuführen, zu einem geringeren Teil auch auf die Aufgabe von kleinen Gewerbebetrieben. In der erheblichen Verminderung des Anteils der Mithelfenden Familienangehörigen spiegelt sich im besonderen Maße der Strukturwandel innerhalb der Landwirtschaft. Die Erhöhung des Anteils von Angestellten und Beamten ist im Zusammenhang mit der starken Ausweitung des tertiären Wirtschaftssektors zu sehen, wobei die jüngere Entwicklung vor allem durch eine starke Zunahme von weiblichen Angestellten gekennzeichnet ist.

In den neunziger Jahren haben sich einige Veränderungen langjähriger Trends vollzogen. Wie man an den Werten von Tab.15 ablesen kann, ist der Anteil der Selbständigen nun wieder angestiegen, während der Anteil der Beamten zurückgegangen ist. Letzteres ist teilweise auf die Eingliederung der neuen Länder zurückzuführen, denn dort ist der Prozentanteil der Beamten nur halb so groß wie in den alten Bundesländern (1997 3,7 % gegenüber 7,6 %). Weiterhin unterscheiden sich Ost- und Westdeutschland vor allem durch ein größeres Gewicht der Arbeiter im Osten (41,8 % gegenüber 33,3 % im Westen).

Ähnliche Veränderungen wie in der Bundesrepublik haben sich auch in anderen westlichen Industrieländern vollzogen. In wirtschaftlich wenig entwickelten Ländern ist namentlich die Zahl der Selbständigen (Landwirtschaft, Kleingewerbe, Kleinhandel) wesentlich größer und – fast überall – auch die Zahl der Mithelfenden, soweit sie von der Statistik überhaupt erfaßt werden.

Die Stellung im Beruf ist sicher nur ein recht grobes Merkmal zur Charakterisierung der Sozialstruktur. Eine detaillierte Gliederung nach dem Berufsprestige, das in soziologischen Schichtmodellen häufig als Indikator des Statusaufbaus herangezogen wird, ist zwar in vielen Fällen inhaltlich adäquater, entsprechende Daten sind aber nicht ohne weiteres für verschiedene Länder vergleichbar und können in der Regel nur Stichproben entnommen werden. Durch Umrechnungen vergleichbar gemacht werden Angaben zum Einkommen, z.b. über das Pro-Kopf-Einkommen oder über Einkommensklassen, die man zur Berechnung von Ungleichheit, etwa mit Hilfe von Lorenzkurven (vgl. Kapitel 2.3), heranziehen kann.

Eine tiefe regionale Gliederung läßt sich dagegen häufig mit Indikatoren des Bildungsstandes vornehmen, die üblicherweise bei Volkszählungen erhoben werden. Zu diesen Indikatoren zählt die Analphabetenrate, meist als Anteil der Analphabeten an der Bevölkerung über 15 Jahren gemessen, wobei sich eine Aufgliederung nach Männern und Frauen empfiehlt. Weitere von der UNESCO für die Länder der Erde zusammengestellte Indikatoren, die im Gegensatz zur Analphabetenrate die aktuelle Nutzung des Schulwesens betreffen, sind die Schulbesuchsraten im Primär- und Sekundärbereich, die die Schülerzahlen einer Stufe auf 100 Personen der entsprechenden Altersklasse beziehen. Der Bildungsstand der Bevölkerung wird von den Vereinten Nationen als eine der bedeutsamsten Dimensionen der „menschlichen Entwicklung" angesehen; daher enthält der von den UN konstruierte Human Development Index neben dem Bruttosozialprodukt pro Kopf und der Lebenserwartung bei der Geburt als dritte Teildimension einen Bildungsindex. Aber nicht nur zur Bestimmung des Entwicklungstandes von Staaten eignen sich Indikatoren der Bildung, sondern auch zur Charakterisierung der Sozialstruktur innerhalb von Ländern bzw. im regionalen Maßstab. So werden bei den Volkszählungen der USA Erwachsene nach der Zahl absolvierter Schulklassen verschiedenen Kategorien zugewiesen, in anderen Ländern ordnet man nach dem höchsten allgemeinbildenden Schulabschluß oder nach der höchsten Berufsausbildung. Ausführlich hat sich mit derartigen Daten die gerade im deutschsprachigen Raum entwikkelte Geographie des Bildungswesens beschäftigt, auf deren Thesen und Ergebnisse hier verwiesen sei (vgl. P. MEUSBURGER 1998).

Sicher läßt sich, auch ohne daß entsprechende statistische Unterlagen zur Verfügung stehen, weltweit in sehr groben Zügen eine Typisierung unterschiedlicher Sozialstrukturen, etwa nach den Abhängigkeitsverhältnissen, nach den Unterschieden im Lebensstandard einzelner Bevölkerungsteile, nach den Besitzstrukturen usw. vornehmen, dies kann jedoch nicht Aufgabe bevölkerungsgeographischer Analysen sein, vielmehr muß man, um entsprechende Informationen zu erhalten, auf die Ergebnisse entsprechender Forschungen aus anderen Teilbereichen der Sozialwissenschaften zurückgreifen.

4 Grundzüge der natürlichen Bevölkerungsbewegung

Die folgenden Kapitel befassen sich mit der Veränderung der Bevölkerungszahl, die in der Regel zu Veränderungen der Bevölkerungszusammensetzung
und der Bevölkerungsverteilung führt. Sie ergeben sich zum einen aus der
Zahl der Geburten und Sterbefälle, zum anderen aus Wanderungen. Geburten
und Sterbefälle sind die Komponenten der natürlichen Bevölkerungsbewegung, deren Bilanz die Gesamtzahl der auf der Erde lebenden Menschen und
ihre Zusammensetzung nach Alter und Geschlecht bestimmt. In jedem begrenzten Teil der Erde können zusätzlich Wanderungen mehr oder weniger
großen Einfluß auf die Bevölkerungsentwicklung haben, und zwar nimmt die
Bedeutung von Wanderungen im allgemeinen zu, je kleiner und differenzierter
der zu betrachtende Raum ist. Das jedenfalls ist die typische Situation in wirtschaftlich weiter entwickelten Ländern. Eine einzelne Stadt hat sehr viel eher
als ein ganzes Land Wanderungsbilanzen zu verzeichnen, die Geburten- oder
Sterbeüberschüsse weit übertreffen; in einem Stadtteil wiederum sind die auf
Wanderungen zurückzuführenden Veränderungen vielfach noch größer als in
der ganzen Stadt.

4.1 Geburtenhäufigkeit
Erfassung, räumliche Differenzierung, Bestimmungsfaktoren

Um nähere Einblicke in die Bevölkerungsvorgänge zu gewinnen, diese in ihren
Ursachen und Auswirkungen beurteilen und vergleichen zu können, werden
verschiedene Maßzahlen und Indices benutzt, von denen einige nachfolgend
angeführt sind. Ein sehr einfacher und häufig beschrittener Weg besteht darin,
die Zahl der Ereignisse je 1000 Einwohner anzugeben. Handelt es sich um
Geburten, dann wird dies als *allgemeine oder rohe Geburtenrate* (oder Geburtenziffer) bezeichnet:

$$\frac{\text{Lebendgeborene innerhalb eines Zeitraumes}}{\text{mittlere Bevölkerung des Berechnungszeitraumes}} \cdot 1000$$

Der Berechnungszeitraum ist im allgemeinen ein Jahr. Will man Angaben für einzelne Monate machen, dann sind wegen der unterschiedlichen Länge der Monate Umrechnungsfaktoren zu verwenden.

Die für die Ermittlung von Geburtenraten erforderlichen Daten sind zumindest in Ländern mit einem ausgebauten Meldewesen leicht auch für weiter zurückliegende Zeiten zu beschaffen. Fehler finden sich dabei relativ selten. Das sieht dort anders aus, wo die Registrierung von Geburten (und Sterbefällen, Eheschließungen etc.) durch Einrichtungen wie Standesämter nicht oder nur unvollständig erfolgt. Viele der z.B. im „Demographic Yearbook" veröffentlichten Zahlen beruhen nicht auf vollständiger Erfassung jedes einzelnen Falles, sondern auf Stichproben oder auch auf Schätzungen und sind deshalb nur mit gewissen Vorbehalten zu verwerten. Insbesondere beim Vergleich von Zahlen verschiedener Länder kann es Schwierigkeiten geben.

Nun reicht die allgemeine Geburtenrate für die Kennzeichnung und Beurteilung der natürlichen Bevölkerungsentwicklung in vieler Hinsicht nicht aus. Eine niedrige Geburtenrate braucht z.B. nicht zu bedeuten, daß die Zahl der tatsächlichen Geburten weit hinter den biologisch möglichen Geburten zurückbleibt, sie kann vielfach auch darauf zurückzuführen sein, daß große Teile der Bevölkerung noch nicht oder nicht mehr im reproduktionsfähigen Alter stehen und/oder die Zahl der Frauen, die überhaupt Kinder bekommen können, im Verhältnis zur Gesamtbevölkerung klein ist.

Eine Möglichkeit, weitere Einblicke in die Geburtenverhältnisse zu erhalten, besteht darin, die Zahl der Geburten zur Zahl der Frauen im gebärfähigen Alter in Beziehung zu setzen. Die Grenzen werden hier meist zwischen 15 und 45 oder auch 49 Jahren gezogen, weil eben die ganz überwiegende Zahl der Geburten überall in der Welt in diese Altersphase der Frauen fällt. Die so ermittelte Verhältniszahl ist die *allgemeine Fruchtbarkeitsrate*:

$$\frac{\text{Lebendgeborene}}{\text{Zahl der Frauen im Alter zwischen 15 und 45 (49) Jahren}} \cdot 1000$$

Eine ähnliche Aussage wie mit der allgemeinen Fruchtbarkeitsrate läßt sich damit gewinnen, daß die Zahl der Kinder bis zu einem gewissen Alter (5 oder 6 Jahre) auf 1000 Frauen im gebärfähigen Alter ermittelt wird. Hierbei werden die Geburten eines entsprechenden Zeitraumes vor einer Volkszählung bei gleichzeitiger Berücksichtigung der Säuglings- und Kindersterblichkeit erfaßt.

Nun verteilen sich die Geburten einer Frau in den meisten Fällen nicht auf die ganze Phase ihrer Fruchtbarkeit, sondern – zumindest in Ländern mit einer geringen Geburtenhäufigkeit – auf eine relativ kurze Zeitspanne. Die erste Geburt findet – hier spielt das Heiratsalter eine wesentliche Rolle – gewöhnlich erst mehrere Jahre nach der biologischen Reife statt. Weitere Geburten folgen meist in recht kurzen Zeitabständen und die letzte Geburt lange bevor die Gebärfähigkeit der Frau biologisch beendet ist.

Aus diesem Grunde ist die Berechnung altersspezifischer Fruchtbarkeitsraten von großem Wert. Sie weisen bei räumlichen und zeitlichen Vergleichen und oft auch bei der Untersuchung der Fruchtbarkeit einzelner sozialer Schichten große Unterschiede auf. Nicht allein das Heiratsalter, sondern auch die Stellung der Frau in der Gesellschaft, ihre Beteiligung am Erwerbsleben und eine Vielzahl von Einflüssen der Umwelt – um nur ein paar Stichworte zu nennen – können hierbei eine wesentliche Rolle spielen. Aus der Addition der altersspezifischen Fruchtbarkeitsraten ergibt sich die häufig verwendete *totale Fruchtbarkeitsrate* (zusammengefaßte Geburtenziffer oder Gesamtfruchtbarkeitsrate). Wenn Angaben für jeweils 5 Altersjahrgänge verwendet werden, ist die Summe mit 5 zu multiplizieren. Dieser Index ist unabhängig vom Altersaufbau der Bevölkerung. Es wird von 1000 Frauen je Altersjahrgang ausgegangen, und eine Rate von 1300 (Deutschland 1990-1995) bedeutet dann, daß 1000 Frauen eines Geburtsjahrganges im Verlauf ihrer Reproduktionsperiode 1300 Kinder haben würden, sofern die Fruchtbarkeitsverhältnisse eines bestimmten Kalenderjahres zugrunde gelegt werden. Dies ist der Ansatz einer *Periodenbetrachtung* im Gegensatz zur Kohortenanalyse, bei der die reale Fruchtbarkeit einzelner Generationen erfaßt wird.

Ein weiterer wichtiger Schritt bei der Analyse der Fruchtbarkeit ist die Unterscheidung von ehelicher und außerehelicher Fruchtbarkeit, kann doch die eheliche Fruchtbarkeit etwa infolge eines sehr hohen Anteils lediger Frauen ganz anders aussehen als die allgemeine Fruchtbarkeit (Bedeutung der Verheiratetenquote!) und die außereheliche Fruchtbarkeit selbst großen Schwankungen unterliegen. Es gibt nun noch andere Fruchtbarkeitsindices, mit deren Hilfe sich spezielle Aussagen machen lassen. Ihre Verwendungsmöglichkeit hängt in erster Linie von der Art und Qualität verfügbarer Daten ab. Als ein Beispiel mag hier noch der von A.J. COALE (1967) entwickelte Index der allgemeinen und ehelichen Fruchtbarkeit angeführt werden, bei dem die Fruchtbarkeit einer Bevölkerung an einem empirisch ermittelten Maximum gemessen wird. Dieses Maximum ist die altersspezifische Fruchtbarkeit verheirateter Frauen der Hutterer, einer in Nordamerika lebenden Religionsgemeinschaft. Für die eheliche Fruchtbarkeit (I_g) ergibt sich:

$$I_g = \frac{B_L}{\sum m_i \cdot F_i}$$

B_L = jährliche Zahl der ehelichen Geburten

m_i = Zahl der verheirateten Frauen der i-ten Altersgruppe

F_i = Fruchtbarkeit der verheirateten Frauen der i-ten Altersgruppe der Hutterer

Durch die Verwendung von altersspezifischen Fruchtbarkeitsraten der Hutterer-Frauen als Maß können bei dem von A.J. COALE benutzten Index die aus dem Altersaufbau der jeweils untersuchten Bevölkerung resultierenden Einflüsse auf die Fruchtbarkeit ausgeschaltet werden. Die errechneten Werte bleiben mehr oder weniger weit unter 1. Im Jahre 1960 wurde z.b. für Schweden ein Index der ehelichen Fruchtbarkeit *(I_g)* von 0,24 (gegenüber 0,64 im Jahre 1900) ermittelt, für die USA ein solcher von 0,36.

Schließlich ist an dieser Stelle die etwas aufwendigere Berechnung von *Reproduktionsraten* zu erwähnen. Sie geben an, wieviel Mädchen geboren werden, die ihre Mütter in der nächsten Generation ersetzen können, vermitteln also einen Einblick in die Bevölkerungsdynamik. Bei den Nettoreproduktionsraten, die dabei von besonderem Interesse sind, finden auch die gegebenen Sterbeverhältnisse Eingang in die Berechnung. Ein Wert von 1 bedeutet in diesem Falle Stagnation, ein höherer Wert zeigt eine entsprechende Vermehrungstendenz an. Da die Nettoreproduktionsrate nur von den geschlechts- und altersspezifischen Fruchtbarkeits- und Sterbeverhältnissen abhängt, kann durchaus ein Geburtenüberschuß registriert werden, auch wenn die Nettoreproduktionsrate unter 1 bleibt. Dies war z.b. in Deutschland nach den beiden Weltkriegen der Fall.

Zu Vergleichszwecken sind in Tab. 16 Geburtenrate, Fruchtbarkeitsindices und Reproduktionsraten verschiedener Länder zusammengestellt. Die Reihenfolge richtet sich nach der Höhe der Geburtenrate, sie ändert sich entsprechend den jeweils spezifischen Aussagen bei den anderen Indices.

Bei großräumigen Übersichten über die Differenzierung der Geburtenhäufigkeit kann man sich nun in vielen Ländern der Erde nicht auf sehr detaillierte statistische Daten stützen, d.h. daß in diesen Fällen hauptsächlich die allgemeinen Geburtenraten oder allenfalls noch allgemeine Fruchtbarkeitsraten Verwendung finden. Dazu vorerst Angaben über anzutreffende Größenordnungen: Auf der ganzen Erde bewegen sich die Geburtenraten zwischen weniger als 10 oder mehr als 50 ‰, die Fruchtbarkeitsraten zwischen weniger als 40 und weit mehr als 200 ‰. Einige Extremwerte sind wahrscheinlich infolge von Ungenauigkeiten bei der Erhebung in Zweifel zu ziehen, sie können aber auch bei sehr kleinen Staaten (Stadtstaaten) auf dort vorhandene Besonderheiten der Alterszusammensetzung und Sexualproportion zurückzuführen sein. Im ganzen gesehen bestehen aber in der Gegenwart sicher Unterschiede in einer Größenordnung von 1 zu 5 bei beiden Ziffern, wenn man Vergleiche auf Länderbasis zieht.

Tab. 16   Geburtenrate, Fruchtbarkeitsindices und Reproduktionsraten ausgewählter Länder 1990-1995 (Quelle: BOS, E. u.a.: World populations projections, 1994-1995, Baltimore 1994; Demographic Yearbook 1995)

Land	Geburtenrate	Verh. Kinder / Frauen [1]	Totale Fruchtbarkeitsrate [2]	Nettoreproduktionsrate
Kenia	37,4	799,6	5350	2,204
Algerien	29,9	539,2	4300	1,894
Indien	28,9	512,5	3700	1,547
Mexiko	28,0	462,2	3160	1,465
Peru	26,8	475,3	3300	1,455
China	19,0	380,1	2000	0,906
USA	16,0	286,7	2095	1,004
Schweden	14,0	295,2	2090	1,002
Ungarn	11,8	233,1	1800	0,850
Japan	10,2	195,1	1500	0,724
Deutschland	10,0	219,2	1300	0,622

[1] Kinder unter 5 Jahren auf 1000 Frauen im Alter von 15-49 Jahren
[2] je 1000 Frauen

Tab. 17 enthält eine Übersicht über die rohen *Geburtenraten in den Großräumen der Erde* in den Jahren 1971 und 1997. Bereits in einer so groben Zusammenfassung werden die tiefgreifenden Gegensätze zwischen Kontinenten und Teilkontinenten deutlich: Die höchsten Geburtenraten wurden – bei relativ geringen zeitlichen Veränderungen – in Afrika registriert, in einigem Abstand folgen zahlreiche Länder Lateinamerikas und Asiens, wo allerdings auch bedeutende Unterschiede zwischen den großen Teilregionen festzustellen sind. In Europa, der ehemaligen Sowjetunion, Nordamerika und Australien lagen – wie schon längere Zeit zuvor – die Geburtenraten weit unter dem Weltdurchschnitt.

Tab. 17   Geburtenraten 1971 und 1997 in Großräumen der Erde (Quelle: World Population Data Sheet Ausgaben 1971 und 1998)

	1971	1997		1971	1997
Welt insgesamt	**34**	**23**	**Nordamerika**	**18**	**14**
Afrika	**47**	**40**	**Lateinamerika**	**38**	**25**
Nordafrika	47	29	Mittelamerika	43	29
Westafrika	49	45	Karibik	34	22
Ostafrika	47	42	trop. Südamerika	39	24
Mittelafrika	46	46	temp. Südamerika	26	19
Südafrika	41	28	**Europa**	**18**	**10**
Asien	**38**	**23**	Nordeuropa	16	12
Westasien	44	28	Westeuropa	16	11
Süd- u. Mittelasien	44	28	Osteuropa	17	10
Südostasien	43	24	Südeuropa	19	10
Ostasien	30	16	**Sowjetunion/Rußland**	**17**	**9**
Australien/Ozeanien	**25**	**18**			

Unter den Ländern mit mehr als 10 Millionen Bewohnern und Geburtenraten über 40 ‰ (1997) finden sich zahlreiche Staaten Afrikas (u.a. Nigeria, Äthiopien, Uganda und Tansania) und einige des Orients (so Afghanistan und Jemen). Daneben gibt es viele weitere Länder der Dritten Welt mit geringerer Einwohnerzahl, in denen die Geburtenraten die gleiche Höhe erreichen oder den Wert von 50 ‰ sogar überschreiten. Auch wenn solche Angaben zu einem großen Teil auf Schätzungen beruhen und genaue Erfassungen der Geburten sicher zu Korrekturen führen würden kann doch kein Zweifel daran bestehen, daß es sich um Geburtenraten handelt, die beträchtlich höher sind als diejenigen europäischer Länder vor der Industrialisierung, also im 18. und frühen 19. Jahrhundert (vgl. J. BÄHR u. P. GANS 1990, J. BONGAARTS u. S. WATKINS 1996).

Zu den der Bevölkerungszahl nach größeren Ländern mit einem besonders weit unter dem Weltdurchschnitt liegenden Geburtenanteil (1997 weniger als 15 ‰) gehören Kanada und die Mehrzahl der europäischen Länder.

Zu einer mittleren Gruppe mit Geburtenziffern zwischen 15 und 25 ‰ gehören u.a. die Volksrepublik China, Thailand und Sri Lanka, Länder, in denen erst in jüngerer Zeit ein deutlicher Rückgang der Geburten zu verzeichnen war. Auch Indien mit 27 ‰ nähert sich dieser Gruppe.

Das Gewicht der jeweiligen Geburtenziffern für die Entwicklung der Weltbevölkerung ergibt sich aus den absoluten Werten in Zähler und Nenner: In Afrika bedeutet z.b. eine Geburtenrate von 40 ‰ eine absolute Zahl von rund 31 Mio. Geburten innerhalb eines Jahres, in Süd- und Mittelasien eine Geburtenrate von 28 ‰ rund 40 Mio. Geburten. Die Länder mit einer über 30 ‰ liegenden Geburtenrate umfassen etwa 19 % der gesamten Erdbevölkerung gegenüber noch 60 % im Jahr 1990.

Ebenso wie zwischen einzelnen Ländern und Ländergruppen gibt es bekanntlich auch innerhalb vieler Länder mehr oder weniger ausgeprägte *regionale Unterschiede* der Geburtenhäufigkeit. Als Beispiele aus Europa können Frankreich und das ehemalige Jugoslawien angeführt werden. In Frankreich sind es die nördlichen, in Jugoslawien die südlichen Landesteile, in denen die Fruchtbarkeitsraten beträchtlich über dem Durchschnitt liegen. Die in Frankreich zu Beginn der 90er Jahre anzutreffende Situation wird in Abb. 18 wiedergegeben. Zwar ist das Gebiet hoher Fruchtbarkeit im Norden nicht ganz geschlossen, doch tritt der grundlegende Gegensatz zum Süden eindrucksvoll hervor. Wie auch in anderen Fällen sind derartige Differenzierungen durch das Zusammenwirken zahlreicher Faktoren begründet und nicht monokausal zu erklären. Im ehemaligen Jugoslawien gibt es die höchsten Geburtenraten in der Region Kosovo mit ihrer überwiegend albanischen Bevölkerung, während große Teile des Nordens und Nordwestens durch bemerkenswert niedrige Raten gekennzeichnet sind. Es liegt nahe, in diesem Falle ethnisch-kulturellen Einflüssen eine besondere Bedeutung beizumessen (s. Tab. 18).

Tab. 18   Geburtenraten im ehemaligen Jugoslawien 1995, 1988, 1975 und 1960 (Quelle: Statistisches Taschenbuch Jugoslawiens u. Folgestaaten, versch. Jahrgänge)

	1995	1988	1975	1960
Jugoslawien	-	15,1	18,0	23,1
Bosnien und Herzegowina	14,0	15,3	19,1	32,6
Montenegro	14,2	15,8	17,7	26,7
Kroatien	11,2	12,8	14,7	18,2
Makedonien	15,0	18,5	22,5	31,9
Slowenien	9,5	14,2	17,7	17,9
Serbien, engeres Gebiet	11,3	12,6	15,8	18,0
Kosovo	21,6	29,1	34,8	41,2
Woiwodina	11,0	11,5	14,0	17,6

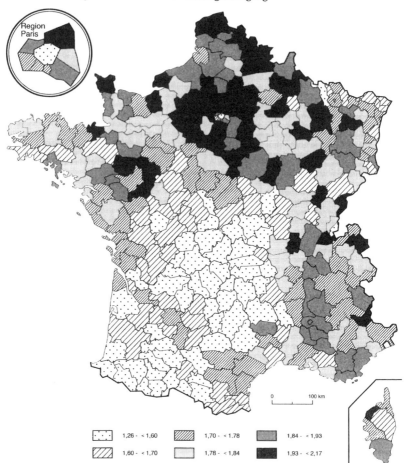

Abb. 18   Totale Fruchtbarkeitsrate (1990) in Frankreich nach Arrondissements
(Quelle: nach Atlas de France, Paris 1995, S. 79)

Auch innerhalb Deutschlands trifft man auf bemerkenswerte Unterschiede der
Fruchtbarkeit. So treten als Gebiete relativ hoher Fruchtbarkeitsraten im
nördlichen Deutschland der Nordwesten Niedersachsens und der Regierungsbezirk Münster hervor, während es sich in Süddeutschland um Teile Frankens,
der Oberpfalz und Niederbayerns handelt. Deutlich unter dem Durchschnitt
liegende Fruchtbarkeitsraten gibt es nicht nur in vielen Verdichtungsräumen,
sondern auch in einigen Landkreisen wie Garmisch-Partenkirchen und
Berchtesgaden.

Das Ausmaß derartiger Unterschiede ist nun keineswegs in allen Ländern annähernd gleich. Vergleicht man Länder mit verschiedenartiger Wirtschafts- und Bevölkerungsstruktur, dann läßt sich der Zusammenhang vermuten, daß ausgeprägte Gegensätze besonders dort anzutreffen sind, wo sich eine Agrargesellschaft bei rasch voranschreitender Verstädterung zur Industriegesellschaft entwickelt. In vielen Entwicklungsländern mit einem noch geringen Industrialisierungsgrad unterscheiden sich die Fruchtbarkeitsraten in zentralen und peripheren Wirtschaftsräumen, in Zu- und Abwanderungsgebieten oder auch in Stadt und Land im allgemeinen nicht allzu stark voneinander. Das kann selbstverständlich bei den Geburtenraten allein infolge der Selektionswirkung von Wanderungen durchaus anders aussehen. In den wirtschaftlich am weitesten entwickelten Ländern, die sich auf dem Wege von der Industrie- zur Dienstleistungsgesellschaft befinden, scheint auf der anderen Seite bei insgesamt sehr niedrigen Geburten- und Fruchtbarkeitsraten die Tendenz zur Konvergenz zu bestehen. Ob es dabei allerdings zum völligen Ausgleich vorhandener räumlicher Unterschiede der Fruchtbarkeit kommt und sich im Laufe der Zeit nicht neue entwickeln, ist bisher kaum eindeutig zu beantworten.

Veränderungen der Geburtenhäufigkeit laufen mit sehr unterschiedlicher Geschwindigkeit und in verschiedener Richtung ab. Die gegenwärtigen Verhältnisse sind weder im weltweiten noch im regionalen Rahmen konstant, vielmehr können sie sich bereits im Laufe von wenigen Jahren tiefgreifend wandeln. Das ist in früheren Zeiten anders gewesen. Überall dort, wo es heute niedrige Geburten- und Fruchtbarkeitsraten gibt, ist dies das Ergebnis eines unterschiedlich lange anhaltenden und oft auch nicht gleichmäßig fortschreitenden Geburtenrückgangs. Aber auch Länder mit besonders hohen Geburtenraten in der Gegenwart haben diese nicht zu allen Zeiten im gleichen Ausmaß zu verzeichnen gehabt, hier sind Geburten-, aber auch Fruchtbarkeitsraten im Laufe der jüngeren Entwicklung oft deutlich angestiegen.

Die besondere Aufmerksamkeit der Bevölkerungswissenschaften hat der in allen wirtschaftlich weiterentwickelten Ländern vollzogene, in anderen Teilen der Erde beginnende oder erwartete *Geburtenrückgang* gefunden. Hierüber gibt es eine Vielzahl von Untersuchungen, in denen v. a. der Frage nach den Ursachen nachgegangen wurde. In den heutigen Industrieländern ist der vielfach bereits im 19. Jh. einsetzende Geburtenrückgang offensichtlich mit der wirtschaftlichen Entwicklung, der Auflösung überkommener Gesellschaftsstrukturen und der zunehmenden Verstädterung der Bevölkerung in Verbindung zu bringen. Daß die Zusammenhänge jedoch nicht so einfach sind, läßt sich einer Übersicht entnehmen, in der für einige Länder angegeben wird, wann die absinkenden Geburtenziffern einen Stand von 30 und von 20 ‰ erreichten (Tab. 19).

Tab. 19   Absinken der Geburtenraten einiger Länder auf einen Stand von 30 und 20 ‰

Land	Geburtenrate um 30 ‰	Geburtenrate um 20 ‰	Abstand in Jahren
Frankreich	1830	1908	78
Schweiz	1880	1922	42
Schweden	1884	1921	37
England	1895	1922	27
Italien	1923	1941	18
Deutschland	1910	1926	16
Ungarn	1922	1936	14
Polen	1945	1955	10
Japan	1952	1962	10

Nach dieser Tabelle ist die Situation in Frankreich besonders bemerkenswert. Der deutliche Rückgang der Geburten hat hier weit früher als in anderen europäischen Ländern eingesetzt. Er ist mit einer nachhaltigen Industrialisierung des Landes nicht in Verbindung zu bringen. Statt dessen scheinen eher kulturelle Faktoren wie die Säkularisierung und die veränderte Rolle der Frau bedeutsam zu sein (D. NOIN 1991). Auch in Deutschland gelingt es kaum, eine eindeutige Beziehung zwischen Veränderungen der Wirtschafts- und Gesellschaftsstruktur und dem Geburtenrückgang herzustellen. Hier sanken die Geburtenraten erst kurz vor dem Ersten Weltkrieg unter 30 ‰, rund 80 Jahre später als in Frankreich, obwohl die Industrialisierung längst zu einem einschneidenden Wandel der wirtschaftlichen und sozialen Verhältnisse innerhalb des Deutschen Reiches geführt hatte. Die höchste Geburtenrate wurde hier übrigens 1875 mit 40,6 ‰ registriert, sie fiel in den beiden folgenden Jahrzehnten nur geringfügig ab, merklich dann erst – weitgehend parallel mit der Fruchtbarkeitsrate – nach der Jahrhundertwende, und erreichte mit weniger als 15 ‰ im Jahre 1932 einen Tiefstand. Dann folgte – ähnlich wie in zahlreichen anderen europäischen Ländern, hier nur verstärkt – ein Anstieg bis auf 20,4 ‰ im Jahre 1939. Nach dem Zweiten Weltkrieg pendelte sich die Geburtenrate in der Bundesrepublik mit leicht ansteigender Tendenz bis Mitte der 60er Jahre um 17-18 ‰ ein. Danach ist ein erneuter starker Abfall zu verzeichnen, der zu einem erheblichen Geburtendefizit geführt hat.

Als Beispiel für die langfristige Entwicklung der Geburtenraten innerhalb eines Teiles von Deutschland mögen die entsprechenden Kurven für die Regierungsbezirke im Land Baden-Württemberg dienen (s. Abb. 19). Diese Kurven weisen eine prinzipiell ähnliche Tendenz auf und weichen auch nicht grundsätzlich von denen der Bundesrepublik insgesamt ab, sie zeigen jedoch auch einige regionale Besonderheiten, wie sie etwa in der unterschiedlichen Höhe der Geburtenraten zum Ausdruck kommen.

Zum allgemeinen Verlauf ist zu vermerken, daß der Rückgang nach 1850 als Folge von Mißernten, Hungersnöten und Auswanderung im Südwesten zu sehen ist, daß besonders hohe Werte nach 1870 z. T. mit den nach dem Kriege geschlossenen Ehen in Verbindung zu bringen sind (wirtschaftlich sind es die Gründerjahre) und daß das nachfolgende Absinken im Zusammenhang mit der schwierigen Wirtschaftslage der Bevölkerung steht. Die Auswirkungen von nachhaltig einsetzenden Geburtenbeschränkungen zeigen sich um 1910. Es folgt der tiefe Einschnitt des 1. Weltkrieges, ein weiterer Rückgang bis 1932, dem Höhepunkt der damaligen Wirtschaftskrise, dann zeigen sich u. a. Auswirkungen der nationalsozialistischen Bevölkerungspolitik in den 30er Jahren, die Folgen des 2. Weltkrieges und seit der Mitte der 60er Jahre ein erneuter sehr starker Geburtenrückgang, der mit den Einkommensverhältnissen der Bevölkerung negativ korreliert und der allgemein als „Pillenknick" bezeichnet wird. Von den Kurven der einzelnen Regierungsbezirke ist diejenige Südbadens besonders bemerkenswert: Bis zum 1. Weltkrieg bleibt sie merklich unter denen der anderen Landesteile, danach ist die Situation jedoch durch relativ hohe Raten gekennzeichnet, d.h. daß der Geburtenrückgang während der mehr als 120 Jahre umfassenden Zeitspanne hier ein deutlich geringeres Ausmaß hatte als etwa in Nordbaden mit einem höheren Industrialisierungsgrad.

Ähnliche Unterschiede im Ausmaß des Geburtenrückgangs lassen sich auch in anderen Teilen Deutschlands beobachten. Verfolgt man hier die Entwicklung in der Zeit von 1870 bis 1933 (s. J.E. KNODEL 1974), dann ergibt sich zwar für die meisten Landesteile keine wesentliche Veränderung in bezug auf den jeweiligen Reichsdurchschnitt, für einige jedoch ein völliger Wandel. So lag 1870 in den Regierungsbezirken Aurich und Osnabrück die eheliche Fruchtbarkeit unter dem Durchschnitt des Deutschen Reiches. Der anschließend relativ schwache Geburtenrückgang führte dazu, daß beide Regierungsbezirke 1933 zu den wenigen Landesteilen gehörten, die eine stark positive Abweichung (mehr als 1,5 Standardabweichungen vom Mittelwert) aufzuweisen hatten. Einen überdurchschnittlich hohen Geburtenrückgang haben im gleichen Zeitraum die stark industrialisierten Regierungsbezirke Düsseldorf, Köln und Arnsberg. Sie gehörten 1870 zu den Bezirken mit beträchtlich über dem Durchschnitt liegenden Fruchtbarkeitsraten, 1933 zeigten die Werte dagegen eine deutliche negative Abweichung.

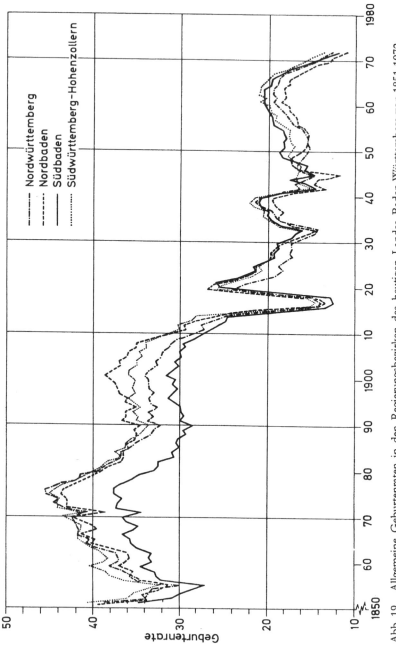

Abb. 19 Allgemeine Geburtenraten in den Regierungsbezirken des heutigen Landes Baden-Württemberg von 1851-1972 (Quelle: G. Gröner 1976, S. 16)

Nach dem 2. Weltkrieg verlief der Ende der 60er Jahre einsetzende Geburtenrückgang („Pillenknick") in beiden deutschen Staaten ungefähr parallel. Während in Westdeutschland seit Mitte der 70er Jahre ein niedriges Niveau der
Fertilität erreicht wurde, stieg in der DDR die Fertilität wieder an, ohne doch
die Bestandserhaltung zu erreichen. Um so dramatischer war dann der erneute
Geburtenrückgang in den neuen Ländern seit der Wiedervereinigung, der 1994
eine extrem niedrige totale Fertilitätsrate von 0,77 erbrachte. Ähnliche Einbrü-
che sind in europäischen Nachfolgestaaten der Sowjetunion und in ostmittel-
europäischen Transformationsstaaten zu verzeichnen. Über die Gewichtung
der Gründe für den ostdeutschen Geburtenrückgang gibt es eine lebhafte Diskussion (vgl. R. MÜNZ u. R. ULRICH 1993-94, C. CONRAD u.a. 1996).

Während die Geburtenraten in den westeuropäischen Ländern schon während
des 19. Jahrhunderts oder spätestens im Jahrzehnt vor dem Ersten Weltkrieg
deutlich abzusinken beginnen, geschieht dies in den meisten Ländern im
Osten, Südosten und Süden Europas erst in der Zeit zwischen beiden Kriegen.
Um 1930 hatten z.b. Polen, Rumänien, Bulgarien und Jugoslawien noch Geburtenraten von mehr als 30 ‰ aufzuweisen, und wenige Jahre nach dem
Kriege wurden noch einmal ähnlich hohe Werte erreicht. Anschließend setzte
sich die bereits vorher vorhandene Tendenz zur Geburtenbeschränkung mit
Ausnahme von Albanien überall durch, so daß Mitte der 60er Jahre Geburtenraten registriert wurden, die etwa dem Stand der westeuropäischen Länder
entsprachen (s. Abb. 20).

Als ein außereuropäisches Beispiel für rasche und nachhaltige Veränderungen
der Geburtenraten, bei denen auch bevölkerungspolitische Maßnahmen eine
Rolle gespielt haben, kann Japan angeführt werden. Hier lag die Geburtenrate
nach dem Ersten Weltkrieg noch um 35 ‰. 1945-1949 ergab sich ein Wert
von 30,2, 1955-1959 dagegen von 18,2 ‰. Ende der 90er Jahre ist die Rate
dann auf 10 ‰ gefallen.

Nachdem die Bevölkerung Japans – zu einem wesentlichen Teil aufgrund rigo-
roser Geburtenbeschränkung – über 200 Jahre lang bis 1868 ungefähr gleich-
bleibend 25-30 Mio. betragen hatte, setzte anschließend als Folge sehr hoher
Geburtenraten und gleichzeitig sinkender Sterberaten eine rasche Zunahme
bis 1900 auf 45 Mio., bis 1930 auf 65 Mio. und bis 1960 auf 95 Mio. ein. Bis
1950 blieb die Geburtenrate über 30 ‰. Eine leichte Abnahme war zwar bereits zwischen 1930 und 1937 festzustellen gewesen, aber die Regierungspolitik
war damals ganz auf eine rasche Bevölkerungsvermehrung eingestellt. Man
verfolgte in der Zeit der wirtschaftlichen und militärischer Expansion Japans
das Ziel, bis 1960 eine Bevölkerung von 100 Millionen zu erreichen. Der Ausgang des Krieges führte – verstärkt durch Rückwanderung von mehr als 6 Mio.

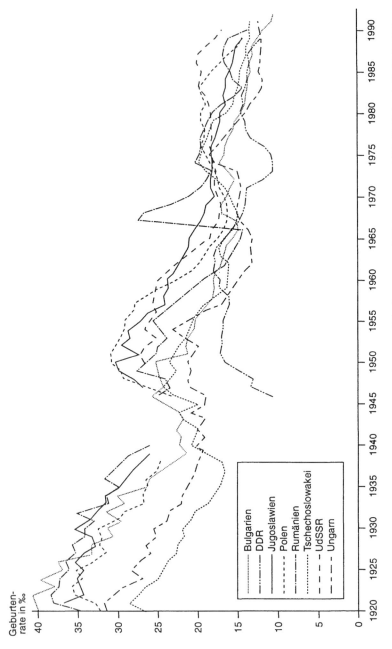

Abb. 20 Entwicklung der Geburtenraten in den Ländern Ost-Mitteleuropas und Südosteuropas 1920-1992 (nach E. SZABADY u.a. 1966, S. 942, u. Demographic Yearbook)

Japanern – zu einem großen Mangel an Arbeitsplätzen, zur Landverknappung im agrarischen Bereich, kurzum zu zahlreichen Problemen einer drohenden Übervölkerung. 1948/49 erlassene Gesetze und eine Propagierung der Geburtenbeschränkung führten innerhalb weniger Jahre zur völligen Veränderung der Situation. Japan gehört seitdem zu den Ländern mit nur noch geringen Geburtenüberschüssen.

Das Beispiel Japans ist hier insofern von Interesse, als es sich um ein Land außerhalb des europäischen Kulturkreises handelt, in dem mit der Entwicklung zum Industriestaat schließlich eine ebenso weitreichende Änderung der Geburtenverhältnisse eingetreten ist wie in europäischen Industrieländern. Ob und wann Entsprechendes auch in jenen Ländern der Erde zu erwarten ist, die gegenwärtig vielfach noch höhere Geburtenraten aufweisen als die Länder Westeuropas in der 2. Hälfte des 19. Jahrhunderts oder die übrigen europäischen Länder zu Anfang dieses Jahrhunderts, läßt sich jedoch kaum voraussagen. Es gibt unter den wirtschaftlich noch weniger entwickelten Ländern aber inzwischen eine ganze Reihe, in denen die Geburtenraten heute auf 30 ‰ und darunter zurückgegangen sind. Zu ihnen gehören nicht nur sog. Schwellenländer, sondern auch die bevölkerungsreichen Länder China, Indien, Bangladesh, Indonesien, Brasilien und Mexiko. In anderen Entwicklungsländern, vor allem in Afrika, ist jedoch ein entsprechender Trend nicht erkennbar, vielmehr lassen sich – wie bereits betont – zahlreiche Beispiele anführen, wo die Geburten- und Fruchtbarkeitsraten heute höher liegen als vor einigen Jahrzehnten. Darin zeigen sich gewisse Parallelen zu der Situation in einigen europäischen Ländern vor dem Einsetzen des Geburtenrückgangs, indem hier mit Änderung des Heiratsalters und dem Rückgang der Ledigenquoten die Geburtenhäufigkeit eine Zeitlang zunahm. Bei der Frage nach Ausmaß und Ablauf des natürlichen Bevölkerungswachstums wird darauf noch einmal einzugehen sein.

Eine Feststellung zum Geburtenrückgang ist an dieser Stelle jedoch noch erforderlich: Auch nach Einsetzen starker Geburtenbeschränkung wie in den europäischen Ländern und dem Absinken der Geburtenraten unter einen Wert von 20 ‰ gibt es weiterhin Veränderungen. Diese verlaufen jedoch nicht mehr einheitlich. Vielmehr treten jetzt mehr oder weniger ausgeprägte Schwankungen auf, bei denen etwa die Nettoproduktionsraten häufig unter 1 bleiben, diesen Wert aber zeitweilig auch wieder leicht überschreiten können.

Als Beispiel läßt sich Schweden anführen, ein Land, in dem die natürliche Bevölkerungsbewegung nicht durch Kriege beeinflußt wurde und in dem es bereits seit der 2. Hälfte des 18. Jahrhunderts recht gute Daten zur Bevölkerungsentwicklung gibt. Die Geburtenrate hatte hier nach einem kontinuierlichen Absinken seit den letzten Jahrzehnten des vergangenen Jahrhunderts zwischen 1933 und 1937 einen Tiefstand von 14,0 ‰ erreicht. In den folgenden 5-Jahresabschnitten bis 1965/69 gab es Schwankungen zwischen 14,0 und 19,8 bei den Geburtenraten und zwischen 0,93 und 1,22 bei den Nettoreproduktionsraten. Zwischen 1965 und 1975 hat dann Schweden – wie andere europäische Länder – einen erneuten Geburtenrückgang erlebt, mit einer Abnahme der totalen Fruchtbarkeitsrate von etwa 2,4 auf 1,6. In den achtziger Jahren ist die Fertilität wieder angestiegen und erreichte 1990 mit 2,1 das Niveau der Bestandserhaltung. Seitdem ist jedoch ein abermaliger Rückgang auf 1,6 im Jahre 1997 bzw. eine Geburtenrate von 10 ‰ zu verzeichnen. Das Beispiel Schweden verdeutlicht, daß nach dem säkularen Geburtenrückgang, der in Europa parallel zur Industrialisierung und Verstädterung verlief, die Fertilität nicht unbeträchtlich fluktuieren kann (vgl. dazu L.H. DAY 1995).

Bei der Frage nach den *Ursachen* unterschiedlicher Geburtenhäufigkeit in Raum und Zeit und nach den Gründen von Veränderungen findet sich, wie H. SCHUBNELL (1973) in einer umfassenden Untersuchung über den Geburtenrückgang in der Bundesrepublik Deutschland betont hat, kein Faktor, der sich etwa als Hauptursache anführen ließe. Bei jeder Untersuchung stellt sich vielmehr heraus, daß man es mit einer ganzen Reihe verschiedenartiger Einflüsse zu tun hat, und es wird deutlich, daß das Gewicht eines einzelnen Faktors von Fall zu Fall außerordentlich variieren kann. Man muß davon ausgehen, daß die Geburtenquote zwar von der Zusammensetzung der jeweiligen Bevölkerungsgruppe abhängig ist, daß aber jeder Geburt letztlich Entscheidungen im Bereich der Familie und des Einzelnen zugrunde liegen, die ihrerseits durch die Zugehörigkeit zu bestimmten Gruppen, aber auch durch zahlreiche Faktoren der räumlichen Umwelt und der Gesellschaft beeinflußt werden. Wenn Änderungen eintreten, dann sind diese zu einem wesentlichen Teil auf Änderungen von Wertmaßstäben und Verhaltensweisen von Menschen zurückzuführen, die zu einem großen Teil als Reaktion auf sich ändernde Bedingungen der materiellen, sozialen und geistigen Umwelt aufzufassen sind.

Selbstverständlich spielt für die Höhe der Geburtenrate die jeweilige Bevölkerungsstruktur eine wichtige Rolle. Neben Altersaufbau und Geschlechterverhältnis ist vor allem die Gliederung der Bevölkerung nach dem Familienstand bedeutsam, die ihrerseits wieder im engen Zusammenhang mit Verheirateten- bzw. Ledigenquote und dem Heiratsalter zu sehen ist. Es handelt sich hier um Bestimmungsgrößen der Geburtenhäufigkeit, die am ehesten einer unmittelbaren Beobachtung und Messung zugänglich sind. Sie lassen sich als „demographische" den „nicht-demographischen" Einflußfaktoren auf die natürliche Bevölkerungsbewegung gegenüberstellen, obwohl eine Trennung keineswegs zwingend ist, da auch die demographischen Faktoren auf politische, wirtschaftliche und soziale Ursachen zurückzuführen sein können.

Einer näheren Erörterung der Bedeutung demographischer Einflußfaktoren bedarf es an dieser Stelle nicht mehr. Aus den Ausführungen über die Zusammensetzung der Bevölkerung nach den Merkmalen Geschlecht und Alter dürfte deutlich geworden sein, welche Rolle etwa eine durch Wanderungen zustande gekommene starke Verschiebung der Sexualproportion spielen kann oder welche Bedeutung die Überalterung für die Geburtenhäufigkeit hat. Da die meisten Kinder innerhalb einer Ehe geboren werden, ist außerdem verständlich, daß auch der Anteil der Verheirateten ebenso wie das Heiratsalter entsprechenden Einfluß ausüben. Bei der Untersuchung des Geburtenrückgangs in Westdeutschland in der 70er Jahren hat sich z.b. herausgestellt, daß dafür weniger die sich ändernde Altersstruktur der Bevölkerung eine Erklärung liefert als die Abnahme der Zahl jüngerer Ehen und die Zunahme der Ledigenquote („Wirtschaft u. Statistik" 3/1979).

Starke und anhaltende Veränderungen der Geburtenraten, insbesondere der nicht reversible Übergang von sehr hohen zu niedrigen Raten, der die Geschichte der europäischen Bevölkerung kennzeichnet, können allerdings nicht – jedenfalls nicht in erster Linie – auf die Wirksamkeit demographischer Einflußfaktoren zurückgeführt werden. Hier muß von der Annahme grundlegender Änderungen von Verhaltensweisen – Änderungen im generativen Verhalten – ausgegangen und nach deren Ursachen gefragt werden. Oft genannt werden in diesem Zusammenhang die städtische oder ländliche Siedlungsweise, die Einkommensverhältnisse, Art und Umfang der Erwerbstätigkeit, religiöse Bindungen und die dabei eintretenden Wandlungen. Es stellt sich jedoch als außerordentlich schwierig heraus, ohne detaillierte Untersuchungen im Mikrobereich der Familie, etwa mit Hilfe statistischer Analysen, hier zu klaren Aussagen über bestehende Zusammenhänge zu gelangen, was am folgenden Beispiel erläutert werden mag: Wenn in einer überwiegend katholischen Gemeinde mehr Geburten registriert werden als in einer evangelischen Gemeinde, dann läßt sich noch keineswegs auf die Konfession als den entscheidenden Einflußfaktor schließen. Man müßte zunächst feststellen, ob die beiden Gemeinden aufgrund ihres Bevölkerungsaufbaus überhaupt vergleichbar sind, und wenn dies zutrifft bzw. eine entsprechende Standardisierung vorgenommen wurde, weiter prüfen, ob und in welcher Weise etwa Unterschiede in der Wirtschafts- und Sozialstruktur oder solche im ländlichen Erbrecht bestehen, schließlich auch die Lage der betreffenden Gemeinden – etwa zu großstädtischen Verdichtungsräumen – u.a.m. berücksichtigen.

Es gibt seit langem eine ganze Zahl von Theorien zur Veränderung von Geburten- und Fruchtbarkeitsziffern, insbesondere zum Rückgang der Fruchtbarkeit. Sie lassen sich beschreiben mit Begriffen wie Verstädterungstheorie, Wohlstandstheorie, Notstandstheorie, Emanzipationstheorie, Präventivmittelteorie oder auch Entkirchlichungstheorie. Allen diesen Theorien liegen empirische Untersuchungen zugrunde und es steht außer Zweifel, daß mit ihnen wichtige Erklärungsansätze geliefert werden. Gleichzeitig ist jedoch, wie schon betont, davon auszugehen, daß monokausale Erklärungen jeweils nur einen Teil der für die natürliche Bevölkerungsbewegung bedeutsamen Vorgänge erfassen können. Über empirische Studien zum generativen Verhalten, die daraus vorliegenden Erklärungsbefunde und deren theoretische Relevanz liegt eine umfassende Arbeit von W. KIEFL u. J. SCHMID (1985) vor, theoretische Ansätze sind bei H. LINDE (1984) und J. SCHMID (1988) zusammengefaßt.

Im einzelnen ist zur Erläuterung der vorstehend genannten Theorien, soweit sie die besondere Aufmerksamkeit im Rahmen bevölkerungsgeographischer Untersuchungen fordern, folgendes auszuführen:

Dem Grad der *Verstädterung* einer Bevölkerung (gewöhnlich gemessen als Anteil der in städtischen Siedlungen lebenden Menschen) wird eine besondere Bedeutung für die Höhe der Geburtenraten beigemessen: Einem hohen Anteil städtischer Bevölkerung entspricht im allgemeinen eine niedrige Geburtenrate und umgekehrt. Anders ausgedrückt: Geburten- und Fruchtbarkeitsraten der in Städten lebenden Menschen liegen gewöhnlich mehr oder weniger deutlich unter denen der Landbevölkerung. Wenn man allerdings für die Staaten der Erde ein Korrelationsdiagramm des Anteils der städtischen Bevölkerung und der totalen Fertilität konstruiert, wie es J. BÄHR u.a. (1992) für Daten Ende der achtziger Jahre getan haben, ergibt sich ein recht schwacher negativer Zusammenhang. So verbanden zwar tropisch-afrikanische Länder hohe Fruchtbarkeit mit geringem Verstädterungsgrad, in lateinamerikanischen und asiatischen Ländern variierte die Fertilität aber bei konstanter Urbanisierung ganz erheblich.

Bei Untersuchungen von anderen Autoren haben sich z.T. engere Beziehungen zwischen Stadtbevölkerung und Geburtenraten aufdecken lassen, was u. a. wohl auch darauf zurückzuführen ist, daß hier die städtische Bevölkerung nicht einfach nur als Anteil der in Siedlungen mit einer bestimmten Mindesteinwohnerzahl lebenden Menschen ermittelt wurde. Im übrigen gibt es aber durchaus Beispiele auch aus jüngerer Zeit (vgl. die entsprechenden Angaben im „Demographic Yearbook"), wo bei der städtischen Bevölkerung merklich höhere Geburtenraten registriert wurden als bei der Landbevölkerung (El Salvador, Guatemala, Jordanien, Sierra Leone, Zypern, Bulgarien, Finnland). Von Interesse mag sein, daß in westdeutschen Industriegroßstädten am Ende des vergangenen Jahrhunderts die eheliche Fruchtbarkeit teilweise weit über dem Landesdurchschnitt lag und dabei erst nach dem Ersten Weltkrieg eine Änderung eingetreten ist.

Natürlich ist mit einem Hinweis auf derartige Zusammenhänge noch nichts über die Ursachen gesagt, die in der Regel zu relativ niedrigen Geburten- und Fruchtbarkeitsraten bei der städtischen Bevölkerung führen, und es bleibt offen, ob Gegensätze zwischen Stadt und Land vielleicht nur das Kennzeichen bestimmter Phasen der Bevölkerungsentwicklung bzw. eines wirtschaftlichen und gesellschaftlichen Strukturwandels sind. Auf jeden Fall muß mit einer Verschiebung der Relationen gerechnet werden. Beim Geburtenrückgang von einem relativ stabilen hohen Ausgangsniveau zu einem wiederum relativ stabilen niedrigen Niveau bei gleichzeitig zunehmender Verstädterung geht man nach der Verstädterungstheorie davon aus, daß sich das Absinken der Geburtenraten zunächst in den größeren Städten bemerkbar macht und von hier aus dann allmählich auch das Land erfaßt wird. G.J. DEMKO u. E. CASETTI (1970) haben diesen Vorgang als Innovation aufgefaßt und ein entsprechendes Diffusionsmodell entwickelt. (s. Abb. 21)

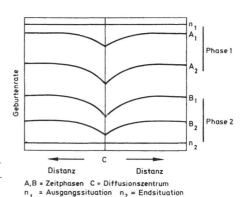

Abb. 21
Diffusionsmodell des Geburtenrückgangs (nach G.J. DEMKO u. E. CASETTI 1970, S. 535)

Zu ähnlichen Ergebnissen war G. CARLSSON (1966) bei der Untersuchung des Geburtenrückgangs in Schweden gelangt. Auch hier zeigte sich – als Maß wurde die eheliche Fruchtbarkeit verwendet – im Verlauf des Geburtenrückgangs zwischen 1880 und 1930 ein anfangs zunehmender, dann jedoch wieder abnehmender Gegensatz zwischen Stockholm sowie anderen Städten und ländlichen Gemeinden. Vor allem Stockholm hatte allerdings schon 1870 und wahrscheinlich bereits längere Zeit zuvor niedrigere Fruchtbarkeitsraten als die zum Vergleich herangezogenen Landgemeinden aufzuweisen. CARLSSON äußerte Zweifel an der Brauchbarkeit eines einfachen Innovationsmodells für das Verständnis von Änderungen im generativen Verhalten und wies darauf hin, daß Angehörige bestimmter sozialer Schichten bereits lange vor dem allgemeinen Geburtenrückgang im ausgehenden 19. Jh. eine Geburtenkontrolle durchführten und die Stadt-Land-Gegensätze aufs engste mit Unterschieden in der sozialen Gliederung der Bevölkerung in Verbindung zu bringen waren. Gegensätze zwischen einzelnen sozialen Schichten bestanden bei der Geburtenbeschränkung nicht so sehr hinsichtlich des Beginns als vielmehr hinsichtlich der Geschwindigkeit, mit der sich die neue Verhaltensweise durchsetzte.

In jedem Falle haben sich in den bei der Industrialisierung heranwachsenden Großstädten europäischer Länder völlig neuartige Lebensbedingungen für die großenteils aus ländlichen Bereichen stammende Bevölkerung ergeben, die ihren Einfluß auch auf das generative Verhalten zeitigten. Mit Hilfe der verfügbaren statistischen Daten allein lassen sich jedoch für die meisten Vorgänge keine wirklichen Erklärungen finden, hier können erst entsprechende Untersuchungen im Mikrobereich weiterführen. Eine Übertragbarkeit der an der europäischen Entwicklung gewonnenen Erkenntnisse über den Zusammenhang von Verstädterung und Geburtenrückgang auf andere Kultur- und Wirtschaftsräume ist sicher nicht ohne weiteres gegeben.

Besondere Aufmerksamkeit ist in zahlreichen Untersuchungen über Geburtenhäufigkeit und Geburtenrückgang dann der Frage nach dem *Einfluß wirtschaftlicher Faktoren* gewidmet worden. Hier scheinen die Zusammenhänge auf den ersten Blick relativ eindeutig zu sein, sind es doch die wirtschaftlich wenig entwickelten Staaten, Länder mit geringem Pro-Kopf-Einkommen einer überwiegend agrarisch tätigen Bevölkerung, die in der Gegenwart besonders hohe Geburtenraten aufweisen, während dort, wo der Lebensstandard weit über dem Durchschnitt liegt, die Zahl der Kinder teilweise nicht ausreicht, um den Bevölkerungsstand zu halten. In den wirtschaftlich weit entwickelten Ländern läßt sich der in der Vergangenheit festzustellende Geburtenrückgang zumindest in groben Zügen mit der Verbesserung der wirtschaftlichen Verhältnisse der Bevölkerung in Verbindung bringen; und aus den Untersuchungen zur Bevölkerungsgeschichte ist zu entnehmen, daß es zu Beginn hauptsächlich die vermögenderen Schichten, die Angehörigen einer gehobenen Bürgerschicht waren, die mit einer Einschränkung ihrer Kinderzahl begannen.

Während des 19. und frühen 20. Jahrhunderts bestand in den meisten europäischen Industrieländern eine deutlich negative Korrelation zwischen Einkommen und Familiengröße. So betrug in Großbritannien bei Ehen, die zwischen 1890 und 1899 geschlossen wurden und in denen die Frau bei der Eheschließung nicht älter als 44 Jahre war, die durchschnittliche Zahl der Lebendgeborenen in der Gruppe der Arbeiter 5,11 – in der Gruppe der Akademiker dagegen nur 2,8. Weit über dem Durchschnitt liegende Geburtenzahlen gab es auch bei den Handwerkern und Landarbeitern, erheblich darunter liegende dagegen noch bei Arbeitgebern, bezahlten Angestellten und Selbständigen (E.A. WRIGLEY 1969, S. 186).

Jede nähere Untersuchung des Einflusses wirtschaftlicher Verhältnisse auf die Kinderzahl macht nun allerdings deutlich, daß es sich in Wirklichkeit meist um sehr komplexe Zusammenhänge handelt, daß etwa eine Verbesserung der wirtschaftlichen Lage der Menschen in den heutigen Entwicklungsländern keineswegs automatisch auch eine Geburtenbeschränkung zur Folge haben muß. Die Reaktion auf sich ändernde ökonomische Bedingungen ist u. a. im starken Maße von gesellschaftlichen, kulturellen und persönlichen Rahmenbedingungen abhängig, und sie sieht in Ländern mit insgesamt stark zurückgegangenen Geburtenraten erheblich anders aus als dort, wo die Familien nach wie vor eine große Zahl von Kindern haben.

Den Fruchtbarkeitsverhältnissen bei einzelnen sozialen Gruppen innerhalb der Bundesrepublik Deutschland ist G.R. RÜCKERT (1979) auf der Grundlage von Daten der amtlichen Statistik nachgegangen. Danach gab es die größte Kinderzahl in Familien mit dem höchsten Einkommen des Mannes, große Familien auch bei Selbständigen, Arbeitern und bei Beamten des höheren Dienstes, besonders geringe Kinderzahlen dagegen bei der Gruppe der Angestellten mit niedrigem und mittlerem Einkommen. Ähnliche Verhältnisse zeigten sich auch in anderen wirtschaftlich weit entwickelten Ländern.

Die Frage, warum derartige Unterschiede bestehen, ist mit ihrer Feststellung natürlich nicht geklärt. Einen umfassenden Erklärungsansatz zur Entwicklung in Deutschland hat H. LINDE (1984) geliefert. Als besonders bedeutsam sieht er einerseits die Veränderung der soziostrukturellen Rahmenbedingungen mit dem Funktionsverlust der Familie, andererseits den Wandel in der Einstellung zur nachfolgenden Generation an.

Die *ökonomischen Fruchtbarkeitstheorien*, über die im deutschen Schrifttum vor einiger Zeit H. WANDER (1979) einen ausführlichen Überblick gegeben hat und deren jüngere Entwicklung W.C. ROBINSON (1997) kritisch bewertet, versuchen, das generative Verhalten mit ökonomischen Argumenten zu erklären. Dabei werden Kosten und Nutzen im weitesten Sinne gegeneinander abgewogen. Trotz mancher Unvollkommenheit haben diese Theorien erheblich dazu beigetragen, die Entscheidungsprozesse im Bereich der Familie verständlicher zu machen. Zu den wichtigsten Ergebnissen der theoretischen Diskussion gehört u.a. die Feststellung, daß positive Beziehungen zwischen Einkommen und gewünschter Kinderzahl bestehen, sofern Preise und Präferenzen sich nicht ändern. Kommt es aber zu einer höheren Wertschätzung von Bildung oder materiellem Konsum als von Kindern, dann bewirkt eine Einkommenssteigerung nicht, daß sich die Familien vergrößern.

Diese Aussage bedeutet u.a., daß der Geburtenrückgang in den wirtschaftlich weit entwickelten Ländern bei steigendem Einkommen im wesentlichen auf eine Änderung von Einstellungen zurückzuführen ist, indem auf eine bessere und damit teurere Ausbildung weniger Kinder Wert gelegt oder der Wunsch nach Kindern durch den Wunsch nach hochwertigen Konsumgütern zurückgedrängt wird. Sie bedeutet auch, daß ein Geburtenrückgang nicht einfach durch finanzielle Maßnahmen für kinderreiche Familien aufgehalten werden kann.

In den Entwicklungsländern mit hohen Fruchtbarkeitsraten kann auf der anderen Seite ein Rückgang der Fruchtbarkeit erst dann erwartet werden, wenn sich neben den wirtschaftlichen Verhältnissen auch die Einstellung zum Kinde verändert. Hier ist die große Kinderzahl gerade der Ärmsten – unabhängig von der Bedeutung, die vielleicht religiöse Einstellungen oder andere überlieferte Verhaltensweisen haben können – sicher zu einem großen Teil damit zu erklären, daß die Geburt eines Kindes für Eltern, deren Existenz am wenigsten gesichert ist, den Zuwachs einer neuen Arbeitskraft bedeutet. Die Chancen, den Unterhalt zu sichern, werden durch Kinder eher verbessert als verschlechtert. Auf ihre Hilfe sind die Eltern eines Tages, wenn sie selbst nicht mehr arbeiten können, angewiesen. Vor allem in der Landwirtschaft werden Kinder schon in sehr jungen Jahren als Arbeitskräfte benötigt, denn allzu oft besteht die Möglichkeit einer Produktionssteigerung nur im vermehrten Einsatz menschlicher Arbeit. Den Kindern fallen dabei zunächst Aufgaben zu, bei denen sie die Erwachsenen ersetzen können (Beaufsichtigung des Viehs, Bewachung von Feldern oder Sammeln von Brennmaterial und Wildfrüchten). Innerhalb der Städte kann das Kind nicht selten sogar mit mehr Erfolg – bei einem geringeren Risiko – eingesetzt werden als ein Erwachsener, etwa bei kleinen Gelegenheitsarbeiten, Zeitungsverkauf, Schuhputzen oder auch Betteln. Je größer also die Kinderzahl, desto größere Chancen zum Überleben werden gesehen. Unabhängig davon kann es selbstverständlich auch eine Rolle spielen, daß durch eine große Kinderzahl das Ansehen erhöht wird.

J.C. CALDWELL (1982) betrachtet als maßgeblich für die unterschiedlichen Fruchtbarkeitsverhältnisse in Industrie- und Entwicklungsländern die jeweiligen Beziehungen zwischen den Generationen. Nach seiner *Wealth-Flow-Theory* besteht in den wirtschaftlich schwachen, wenig entwickelten Ländern ein Transfer von Gütern und Werten von den Kindern zu den Eltern, die auf deren Arbeitskraft und eine Versorgung durch die Kinder im Alter angewiesen sind. Das macht verständlich, daß Eltern unter solchen Bedingungen eine möglichst große Zahl von Kindern anstreben. In den heutigen Industrieländern konnten bei fortschreitender Arbeitsteilung und zunehmender beruflicher Qualifizierung die Aufwendungen für eine kostspielige Ausbildung im allgemeinen nur für wenige Kinder, auf deren Mithilfe die Eltern bei der Existenzsicherung der Familie nicht mehr angewiesen waren, aufgebracht werden. Zumindest die materiellen Beziehungen zwischen den Generationen hatten sich umgekehrt.

Es bleibt natürlich vor allem für Erkenntnisse über die Verhältnisse in den heutigen Entwicklungsländern unerläßlich, der spezifischen Rolle einzelner Einflußfaktoren bzw. Faktorenkomplexe auf die Fruchtbarkeitsverhältnisse nachzugehen. So kann die *Stellung der Frau innerhalb der Gesellschaft* eine wesentliche Rolle spielen; der Übergang von hohen zu niedrigen Geburtenraten ist gewiß in Zusammenhang mit einer sich bessernden Lage der Frauen in Verbindung zu bringen. Ebenso ist ein Zusammenhang zwischen zunehmender und höher qualifizierter Erwerbstätigkeit von Frauen und dem Rückgang von Geburten zu sehen. So hat z.B. die in sozialistischen Ländern außerordentlich hohe Erwerbsbeteiligung der Frauen dazu beigetragen, daß hier nach dem Zweiten Weltkrieg die Fruchtbarkeitsraten besonders rasch sanken (vgl. Abb. 20), und der in zahlreichen anderen Ländern feststellbare Trend zur beruflichen Tätigkeit von Frauen außerhalb von Familie und Wohnung legt nahe, daß auch in diesen Fällen die Geburtenhäufigkeit merklich davon beeinflußt ist. Der genaue Nachweis des Einflusses der Erwerbstätigkeit mit Hilfe statistischer Daten ist allerdings keineswegs einfach (vgl. H. SCHUBNELL 1973), denn dazu bedarf es sehr detaillierter Angaben über Art, Umfang und Dauer der Tätigkeiten, Angaben über Familien- und Einkommensverhältnisse usw., die kaum in dem erforderlichen Umfang zur Verfügung stehen.

Es würde zu weit führen, an dieser Stelle darauf und noch auf eine Anzahl weiterer, oft diskutierter Einflußfaktoren auf die Fruchtbarkeit einzugehen. Lediglich eine Frage, die bei vielen geographischen Untersuchungen eine besondere Rolle gespielt hat, ist noch anzuschneiden, das ist die nach dem *Einfluß religiöser Bindungen* auf die Fruchtbarkeit. Zu wenig konkrete Aussagen liegen bisher über die Unterschiede im generativen Verhalten vor, die mit den großen Weltreligionen in Verbindung zu bringen sind, obwohl sich natürlich etwas über Grundeinstellungen sagen ließe. Hier mag jedoch allein auf den

Zusammenhang Konfession und Kinderzahl im regional begrenzten Rahmen Mitteleuropas hingewiesen werden, dem auch in mehreren Arbeiten zur Bevölkerungs- und Sozialgeographie nachgegangen wurde.

Besonders eingehend hat sich mit Fragen des Zusammenhangs zwischen Konfession, Sozialstruktur und Verhaltensweisen der Bevölkerung H. HAHN befaßt (1950, 1958). In mehreren Arbeiten, u.a. in einer Untersuchung über die Verhältnisse im Hunsrück, einem Gebiet mit ausgeprägten, aus der Territorialzeit stammenden konfessionellen Gegensätzen auf kleinstem Raum, ja innerhalb einzelner Dörfer, hat er auf weitreichende Unterschiede der demographischen Struktur und Entwicklung von Katholiken und Protestanten hinweisen können. Während eines von 1850 bis 1939 reichenden Untersuchungszeitraumes lag hier die Geburtenrate bei der katholischen Bevölkerung stets – und zwar bis zu 8 ‰ im Durchschnitt eines ganzen Jahrzehnts – höher als bei der evangelischen Bevölkerung. Verbunden waren diese Unterschiede mit solchen der wirtschaftlichen Situation und der Sozialstruktur. Es konnten im Hunsrück wie auch in anderen Gebieten jeweils spezifische Einstellungen und Handlungsweisen nachgewiesen werden, und zwar nicht in der Form eines überall gleichartigen Verhaltens von Katholiken auf der einen und Protestanten auf der anderen Seite, sondern eher auf einem jeweils unterschiedlichen Verhalten der Angehörigen beider Konfessionsgruppen, für das u.a. die berufliche Situation, die soziale Stellung oder auch Erbrechtsverhältnisse in der Landwirtschaft bedeutsam waren.

Nicht in allen Teilen Deutschlands und bei allen Schichten war die Kinderzahl katholischer Ehen größer als die in Ehen von Protestanten. Welche Rolle religiöse Überzeugungen und kirchliche Bindungen für die Einstellung zur nachfolgenden Generation, für den Wunsch nach Kindern und damit auch für die statistisch meßbaren Unterschiede der Geburtenhäufigkeit spielen können, hängt eben von einer Vielzahl von Bedingungen ab, unter denen die Menschen leben. Diese ändern sich zeitlich und räumlich, allerdings zeigen bestimmte Grundeinstellungen gerade in ländlichen Räumen oft eine bemerkenswerte Konstanz. Bisweilen ist für das unterschiedliche Verhalten einzelner religiöser Gruppen offenbar auch ein *Diaspora-Effekt* bedeutsam. Wenn kleinere Gruppen mehr oder weniger isoliert in andersartiger Umgebung leben – eine Situation, die in Mitteleuropa als Folge einstiger territorialer Zersplitterung nicht selten ist – wird diesen die ,Andersartigkeit' oft besonders bewußt, und eben das kann sich auch im generativen Verhalten zeigen (s. HAHN 1958)

Sicher hat die zunehmende Lösung von kirchlichen Bindungen in der jüngeren Zeit dazu beigetragen, daß sich heute in Deutschland statistisch keine eindeutigen Unterschiede zwischen Katholiken und Protestanten mehr nachweisen lassen, womit allerdings nicht gesagt sein kann, daß religiöse Überzeugung und kirchliche Bindung für den Wunsch nach Kindern belanglos geworden sind.

Schließlich ist an dieser Stelle noch auf die Frage einzugehen, wie weit ein Geburtenrückgang auf die Kenntnis und Anwendung *empfängnisverhütender Mittel* zurückzuführen ist. Das wird vielfach als selbstverständlich angenommen, obwohl der Gebrauch solcher Mittel niemals die Ursache für eine Geburtenbeschränkung sein kann. Im übrigen ist die Kenntnis verschiedener Methoden, eine Schwangerschaft zu verhüten oder zu unterbrechen, sehr alt und in den verschiedensten Teilen der Erde verbreitet gewesen. Bei zahlreichen Völkern oder auch bei bestimmten Bevölkerungsschichten ist auf diese Weise, längst bevor moderne Mittel der Empfängnisverhütung Ausbreitung fanden, die Familiengröße begrenzt und eine stärkere Bevölkerungszunahme verhindert worden. Dafür, daß die einen eine Geburtenbeschränkung vornahmen, die anderen nicht, ist nicht die Kenntnis dafür geeigneter Methoden entscheidend gewesen, sondern der Wille, davon auch Gebrauch zu machen. Das ist heute nicht anders, auch wenn die modernen Methoden eine Empfängnisverhütung erheblich erleichtert und damit den Rückgang der Geburten beschleunigt haben.

Beispiele für eine Geburtenbeschränkung lassen sich aus den verschiedensten Zeiten und Kulturräumen anführen. So wurde etwa bei manchen Völkern der Abstand zwischen den Geburten einer Frau möglichst groß gehalten, indem die Ernährung der Kleinkinder lange Zeit – bis zu 2 oder 3 Jahren – durch Muttermilch erfolgte und während dieser Zeit kein Geschlechtsverkehr stattfand. Anderswo spielten Heiratsbeschränkungen, etwa im Rahmen von Altersklassensystemen, eine wichtige Rolle. Beispiele für Geburtenbeschränkung als Reaktion auf wirtschaftliche Schwierigkeiten lassen sich vor allem aus der jüngeren Geschichte anführen. So ist in Irland der starke Geburtenrückgang in der Mitte des 19. Jahrhunderts – der Zeit der großen Hungersnöte – nicht durch Änderung der Heiratshäufigkeit und durch Auswanderung allein zu erklären, wichtig war auch noch die bewußte Steuerung der Geburtenzahl innerhalb der Familien. Ähnliches gilt für den Geburtenrückgang in vielen Ländern während der Weltwirtschaftskrise um 1930, wo damals bekannte Mittel zur Empfängnisverhütung angewandt wurden, um die Kinderzahl einzuschränken.

Bei allen Untersuchungen über Geburtenhäufigkeit bzw. andere Bevölkerungsvorgänge und dabei eintretende Veränderungen interessieren den Geographen im besonderen Maße räumliche Verschiedenheiten, die – wie die vorstehenden Ausführungen gezeigt haben – auf sehr vielfältige Weise zustande kommen können. Es wurde zu Beginn dieses Abschnittes von der These ausgegangen, daß derartige Unterschiede innerhalb eines Landes für die Phase des

Übergangs von hohen zu niedrigen Geburtenraten, für Zeiten weitreichender Veränderungen in der Gesellschafts- und Wirtschaftsstruktur besonders charakteristisch sind. Damit soll allerdings nicht gleichzeitig die Aussage verbunden sein, daß es vorher und nachher keine regionalen Unterschiede im generativen Verhalten gibt, sie sind gewöhnlich nur in ihren absoluten Ausmaßen geringer.

Immerhin war – um ein Beispiel zu nennen – innerhalb des Deutschen Reiches um 1870, also noch vor der Hochindustrialisierung, die eheliche Fruchtbarkeit in Schwaben um etwa 50 % größer als in Mecklenburg und im Regierungsbezirk Lüneburg, obwohl es sich in beiden Fällen um damals noch überwiegend agrarische Räume handelte. Im Laufe der weiteren Entwicklung sind dann die regionalen Unterschiede (Bezugsbasis Regierungsbezirke und entsprechende Verwaltungsgebiete) allerdings deutlich vergrößert worden, wobei das Maß der Standardabweichung im Jahre 1910 seinen höchsten Wert erreichte (J.E. KNODEL 1974, S. 83). Seitdem haben sich die absoluten Unterschiede wieder verringert, nicht dagegen die relativen Werte.

Auch der jüngere Geburtenrückgang innerhalb der Bundesrepublik Deutschland hat, obwohl die Geburten- und Fruchtbarkeitsraten absolut gesehen dort besonders stark gesunken sind, wo sie vorher überdurchschnittlich hoch lagen, nicht zu einer allgemeinen Nivellierung regionaler Unterschiede geführt. Nach Berechnungen von K. SCHWARZ (1979, S. 156 ff.) sind die Nettoreproduktionsraten zwischen 1961 und 1974 im Mittel von 1,27 auf 0,75 gesunken, die absoluten Abweichungen (Kreisbasis) betrugen 0,21 bzw. 0,18, die prozentualen dagegen 17 bzw. 24 %. Die entscheidenden Veränderungen liegen also im Niveau der zwischen einzelnen Regionen bestehenden Unterschiede. Die bis heute vorliegenden Beobachtungen lassen eine weitgehende Gleichartigkeit des generativen Verhaltens der Bevölkerung in den einzelnen Teilräumen der Bundesrepublik in naher Zukunft kaum erwarten. Man muß davon ausgehen, daß es innerhalb eines größeren Landes Regionen gibt, in denen sich das Verhalten der dort lebenden Menschen – oder wenigstens eines großen Teiles von ihnen – auch unabhängig von der jeweiligen wirtschaftlichen Situation, der Siedlungsweise oder der Stellung in der sozialen Hierarchie nach gewissen, sicher in sehr unterschiedlicher Weise entstandenen und zeitlich veränderlichen Grundnormen richtet, also auch das Verhalten zur nachfolgenden Generation. Das von W. HARTKE (1959) entwickelte Konzept der „Räume gleichen sozialgeographischen Verhaltens" dürfte sich ebenso wie das Konzept des „Sozialraumes" (P. SCHÖLLER 1968, B. WEBER 1977) auch in diesem Falle als fruchtbar erweisen.

4.2 Sterblichkeit

Für das natürliche Bevölkerungswachstum ist das Verhältnis von Geburten und Sterbefällen, d.h. der sich dabei ergebende Saldo maßgebend. Sowohl die Geburten- als auch die Sterberaten haben im Verlauf der jüngeren Bevölkerungsgeschichte bedeutende Veränderungen erfahren. Die entscheidende Rolle für das starke Anwachsen der Erdbevölkerung seit etwa 1800 hat der Rückgang der Sterblichkeit gespielt, der heute überall, wenn auch nach Ausmaß und Zeitpunkt des Beginns sehr verschieden, zu verzeichnen ist. Bis dahin war die Sterblichkeit hoch und starken Schwankungen unterworfen. Die durchschnittliche Lebenserwartung war dementsprechend gering. Die bis heute in den verschiedenen Teilen der Erde eingetretenen Veränderungen sind zwar sehr ungleich, sie sind jedoch keineswegs auf jene Länder beschränkt, in denen auch ein Rückgang der Fruchtbarkeit zu verzeichnen ist.

Um das Ausmaß der Sterblichkeit zu messen, werden entsprechend wie bei den Geburten Sterbeziffern verwendet, d.h. es wird die Zahl der Gestorbenen innerhalb eines Jahres je 1000 der mittleren Bevölkerung angegeben. Diese Maßzahl ist die *rohe Sterbeziffer.* Sie ist von der Alterszusammensetzung der jeweiligen Bevölkerung beeinflußt, und da es unterschiedliche Sterblichkeitsverhältnisse der Geschlechter gibt, auch von der Sexualproportion. Damit erlaubt sie nur in begrenztem Umfang Einblick in diesen Bevölkerungsvorgang, und Vergleiche von Bevölkerungsgruppen sehr unterschiedlicher Zusammensetzung werden schwierig. Alters- und geschlechtsspezifische Sterbeziffern sind deshalb schon wesentlich aufschlußreicher.

Die Berechnung von Sterbeziffern für einzelne Jahrgänge oder Jahrgangsgruppen zeigt, daß die Sterblichkeit mit dem Alter nicht gleichmäßig zunimmt, sondern daß es einerseits eine erhöhte Sterblichkeit von Säuglingen und Kleinkindern gibt, andererseits ein deutlicher Anstieg bei älteren Menschen häufig erst bei den etwa 60jährigen zu verzeichnen ist. In Deutschland war z.B. 1996 bei der weiblichen Bevölkerung die Sterbeziffer der Säuglinge etwa so hoch wie die der 55- bis 59jährigen. Die niedrigste Mortalitätsrate gab es zur gleichen Zeit bei den 10- bis 14jährigen. Die Kurve der altersspezifischen Sterblichkeit zeigt also einen U-förmigen Verlauf und kann für die Typisierung der Sterblichkeitsverhältnisse verschiedener Länder und Regionen Verwendung finden. In Abb. 22 sind für Deutschland und für die Zentralafrikanische Republik die altersspezifischen Sterberaten beider Geschlechter zu finden. In der Bundesrepublik zeigt sich bei allen Altersgruppen, vor allem aber bei den älteren Menschen, eine erhöhte Sterblichkeit der männlichen Bevölkerung. So ergab sich 1996 bei den 60- bis 64jährigen z.b. eine Relation der Sterbeziffer von 17,2 (m) : 7,8 (w). Weit weniger ausgeprägt waren diese Unterschiede in der Zentralafrikanischen Republik.

Um nun etwa bei der Untersuchung regionaler Unterschiede der Sterblichkeit die aus Altersstruktur und Sexualproportion resultierenden Einflüsse auszuschalten, lassen sich Standardisierungsverfahren durchführen, wobei dann in den meisten Fällen festgestellt werden kann, daß auch innerhalb relativ kleiner Räume durchaus bemerkenswerte Differenzierungen vorhanden sind, die auf unterschiedliche Lebensbedingungen der jeweiligen Bevölkerung zurückzuführen sein müssen. Aus den bestehenden Sterbeverhältnissen ergibt sich die *durchschnittliche Lebenserwartung*, d.i. eine Zahl, die angibt, wieviel Jahre Menschen bestimmten Alters (Neugeborene, Angehörige von Altersjahrgängen oder Jahresgruppen) von der Bevölkerung eines Landes (Raumes) durchschnittlich noch bis zu ihrem Tode vor sich haben. Grundlage dafür sind die sog. Sterbetafeln, die bereits im 17. Jahrhundert für den Abschluß von Lebensversicherungen erstellt wurden. Entsprechend den alters- und geschlechtsspezifischen Sterbeziffern ergeben sich – um wieder ein Beispiel anzuführen – für ausgewählte Altersjahrgänge der Bevölkerung in Deutschland 1993-95 ausgehend von 100 000 Neugeborenen die in Tab. 20 aufgeführten Zahlen.

Tab. 20   Überlebende und Lebenserwartung ausgewählter Altersjahrgänge in Deutschland 1993/95 (Quelle: Stat. Jb.f.d. BRD 1997, Tab. 3.31)

Vollendetes	Überlebende		Lebenserwartung im Alter x	
Altersjahr	männlich	weiblich	männlich	weiblich
0	100 000	100 000	74,99	79,49
1	99 379	99 511	72,44	78,88
10	99 146	99 325	63,60	70,02
25	98 171	98 927	49,14	55,26
45	94 657	97 266	30,51	35,99
65	76 992	88 392	14,59	18,33
75	53 053	73 175	8,71	10,94

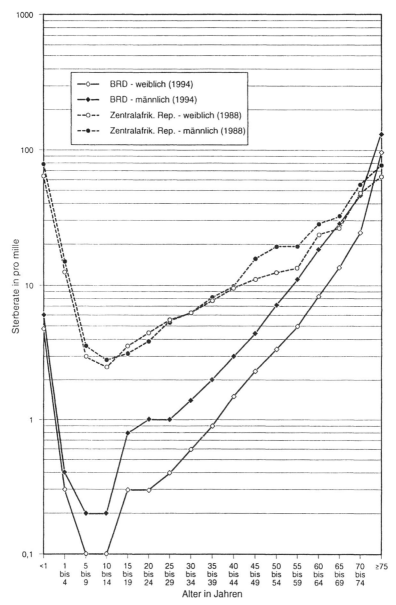

Abb. 22   Alters- und geschlechtsspezifische Sterbeziffern in Deutschland (1994) und in der Zentralafrikanischen Republik (1988) (Datenquelle: Demographic Year-book 1995)

In allen Ländern der Erde sind nun, wie eingangs betont, in jüngerer Zeit große *Veränderungen der Sterblichkeitsverhältnisse* eingetreten, d.h. die Sterbeziffern sind mehr oder weniger stark gesunken. Bei der altersspezifischen Sterblichkeit ist in den meisten Ländern vor allem ein Rückgang der Säuglingssterblichkeit zu verzeichnen, und die durchschnittliche Lebenserwartung hat sich meist beträchtlich erhöht. Dabei begann zeitlich der Rückgang der Sterblichkeit zuerst in Europa bzw. den europäisch besiedelten Ländern, sehr viel später – in vielen Fällen erst im Laufe der letzten Jahrzehnte – in anderen Teilen der Welt. Im allgemeinen lassen sich drei Phasen des Rückgangs unterscheiden, eine erste mit relativ langsamer Abnahme der Sterbeziffer, dann eine zweite, in der dieser Rückgang sich außerordentlich beschleunigt, und eine dritte, in der nur noch geringe Veränderungen festzustellen sind. In Schweden, das heute zu den Ländern mit der höchsten Lebenserwartung gehört und in dem die Sterbeziffer schon früh abzusinken begann, hielt die erste Phase bis etwa 1870 an. Bis dahin war die durchschnittliche Lebenserwartung von Neugeborenen von etwa 36 Jahren um 1800 auf rund 45 Jahre angestiegen. Die zweite Phase hielt ungefähr bis 1950 an, damals hatte sich die durchschnittliche Lebenserwartung bis auf 70 Jahre erhöht.

Vor einem spürbaren Rückgang der Sterblichkeit lagen die Sterbeziffern meist nicht sehr weit von den Geburtenziffern entfernt, und es gab immer wieder Zeiten, in denen mehr Menschen starben als geboren wurden. Die hauptsächlichen *Todesursachen* waren ganz andere als in der Gegenwart. Bis weit ins 19. Jahrhundert hinein und in vielen Teilen der Erde bis in die jüngste Vergangenheit, teilweise sogar bis zur Gegenwart, waren es vor allem Hungersnöte, Seuchen und in einigen Teilen der Erde auch Naturkatastrophen, die zeitweilig zu großen Bevölkerungsverlusten führten und damit starke Schwankungen der Sterbeziffer verursachten. Abb. 23 gibt die Entwicklung der rohen Sterbeziffer in New York seit 1800 wieder und verdeutlicht die völlig andersartige Situation vor und nach dem um 1870 einsetzenden und nach dem Ersten Weltkrieg vollzogenen Rückgang der Sterblichkeit. Die besonders herausragenden Spitzen ergaben sich aus den Folgen von Cholera-Epidemien 1832, 1849 und 1854, andere sind durch Gelbfieber, Pocken und Typhus verursacht worden.

In Europa sind von den durch Seuchen hervorgerufenen Bevölkerungsverlusten aus dem Mittelalter vor allem die Folgen der Pest bekannt. Die Seuche breitete sich mit außerordentlicher Geschwindigkeit in der Mitte des 14. Jahrhunderts über den ganzen Kontinent aus. Nur wenige Gebiete, so ein Teil des östlichen Mitteleuropa, blieben verschont, viele andere wurden fast völlig entvölkert. Es gibt Schätzungen, nach denen damals ¼ der gesamten europäischen Bevölkerung der Pest zum Opfer fiel. Bis weit ins 19. Jahrhundert for-

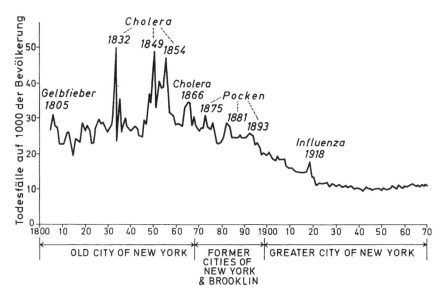

Abb. 23   Die Entwicklung der Mortalität in New York 1800-1970 (nach A.R. OMRAN 1977, S. 12)

derten dann in Europa Pocken, Cholera und Typhus in immer wieder auftretenden Epidemien große Opfer. Noch 1920 kostete in der Sowjetunion eine Typhus-Epidemie mehr als 800 000 Menschen das Leben. Der großen Seuchen und zahlreicher Infektionskrankheiten in tropischen Ländern ist man bis heute nicht gänzlich Herr geworden, sie sind dort nach wie vor häufig anzutreffende Todesursachen. Welche Schwierigkeiten sich einer nachhaltigen Bekämpfung vieler dieser Krankheiten entgegenstellen, zeigt das Beispiel der Malaria, die z.B. in Indien als ausgerottet galt, sich in jüngster Zeit aber erneut auszubreiten begann (zur Problematik der Malariabekämpfung s. M. PROTHERO 1965, H.J. DIESFELD 1997, S. FLESSA 1998).

Hunger und Mangel an wichtigen Nahrungsbestandteilen sind als Ursache von Krankheit und Tod bis heute weit verbreitet, viel weiter als es die eine breitere Öffentlichkeit erreichenden Meldungen über besondere Katastrophen vermuten lassen. Zu einer solchen Katastrophe unvorstellbaren Ausmaßes gehörte 1918/19 die von einer Grippe-Epidemie gefolgte Hungersnot in Indien. Ihr fielen nach vorsichtigen Schätzungen 45 Mio. Menschen zum Opfer. Solange große Teile der Bevölkerung unmittelbar von dem jeweiligen Ausfall der Ernten abhängig sind, kann eine einzige Mißernte bereits zu schweren Verlusten führen. Ausgesprochene Katastrophen gibt es dann, wenn – aus welchen Gründen auch immer – mehrere Jahre hintereinander nicht ausreichend pflanzliche oder tierische Nahrung zur Verfügung steht, wie zu Beginn der 70er Jahre in der Sahel-Zone. Heute sind von Hunger und einseitiger Ernährung mit entsprechenden Mangelkrankheiten hauptsächlich Länder in den Tropen Afrikas und Asiens betroffen, aber es ist gar nicht so lange her, daß auch Teile der europäischen Bevölkerung von schweren Hungersnöten heimgesucht wurden. Im 19. Jahrhundert hatte darunter am meisten die Bevölkerung Irlands zu leiden. Hier starben als Folge der Hungersnot von 1845-1848 750 000 Menschen (I. LEISTER 1956).

Die Verringerung der Sterblichkeit ist auf eine Vielzahl von Ursachen zurückzuführen und in Europa durchaus nicht etwa allein die Folge neuer medizinischer Erkenntnisse und der Verbesserung von sanitären Faktoren gewesen, so bedeutsam beides – vor allem seit der 2. Hälfte des 19. Jahrhunderts – auch war. Maßgeblich dazu beigetragen haben die Verbesserung der wirtschaftlichen Verhältnisse, die Überwindung der Subsistenzwirtschaft, soziale Maßnahmen, ein höheres Bildungsniveau und stabilere politische Verhältnisse. Das alles hat in den europäischen Ländern nicht gleichzeitig, aber doch großenteils schon im 19. Jahrhundert eingesetzt.

In vielen Teilen der Erde, wo die Sterblichkeit erst in den letzten Jahrzehnten herabgesetzt werden konnte, sieht die Situation allerdings durchaus anders aus. Hier hat sich in erster Linie die weitgehend erfolgreiche Bekämpfung von Krankheiten ausgewirkt. Eine wesentliche Veränderung anderer Faktoren, die in Europa für die Senkung der Sterbeziffer eine wichtige Rolle gespielt haben, ist dagegen häufig nicht gelungen.

Dort, wo heute relativ niedrige und ziemlich gleichbleibende Sterbeziffern anzutreffen sind, sieht nun auch der Katalog der Todesursachen erheblich anders aus. Im Vordergrund stehen anstelle von Infektionskrankheiten und anderen äußeren Todesursachen Kreislauferkrankungen und Krebs. In Tab. 21 sind nach Angaben im Demographic Yearbook für drei Länder Daten zusammengestellt, die die auch in der Gegenwart noch bestehenden Unterschiede wohl hinreichend verdeutlichen.

Die grundlegenden Veränderungen der Sterblichkeitsverhältnisse hat A.R. OMRAN (1971) in dem *Modell des epidemiologischen Übergangs* erfaßt. Dabei werden von ihm bei der Entwicklung drei Hauptstadien unterschieden:

1. Stadium der Seuchen und des Hungers, das in den heute wirtschaftlich weit entwickelten Ländern großenteils bis weit ins 19. Jahrhundert herrschte. Es ist gekennzeichnet durch große Schwankungen der Sterberaten, die zeitwei-

Tab. 21   Sterbeziffern nach Hauptgruppen von Todesursachen in Ägypten, Costa Rica und Deutschland (Quelle: Demographic Yearbook 1995)

Todesursachen	Ägypten 1987	Costa Rica 1991	Deutschland 1994
	(jährliche Zahl der Todesfälle auf 100 000 Einwohner)		
Alle Ursachen	950,9	410,8	1086,7
Infektionen, Parasiten	98,8	11,4	7,2
Krebs	20,1	73,0	294,0
Herz- und Kreislauf-erkrankungen	313,4	120,8	528,8
Erkrankungen der Atemwege	82,8	20,8	46,7
Unfälle	18,2	31,4	30,9

lig über den Geburtenraten liegen. Die Lebenserwartung ist mit etwa 30 Jahren äußerst gering.

2. Im Stadium zurückweichender Infektionskrankheiten stabilisieren sich die Sterberaten zunächst auf einem noch hohen Niveau, und sinken dann im weiteren Verlauf beschleunigt ab. Die Lebenserwartung nimmt durch eine Verbesserung der Überlebenschancen namentlich bei der jungen Bevölkerung zu.

3. Erst das dritte Stadium bringt eine weitgehend gleichbleibende niedrige Mortalitätsrate bei erheblich zugenommener Lebenserwartung. Besonders bedeutsam ist der Rückgang der Säuglingssterblichkeit. Die hauptsächlichen Todesursachen haben sich gegenüber dem ersten Stadium völlig verändert, es dominieren nun Krebs und Herz-/Kreislauf-Krankheiten. Der jüngere Anstieg der Lebenserwartung in den westlichen Industrieländern hat zu einigen Veränderungen im Spektrum der Todesursachen in Richtung einer höheren Variabilität geführt, die einige Autoren veranlaßt hat, von einem vierten Stadium des epidemiologischen Übergangs zu sprechen (z.B. N.D. McGLASHAN u.a. 1995). Nach H. PICHERAL (1996) tritt hierbei die Dominanz von Krebs und Herz-/Kreislauf-Krankheiten wieder zurück. Gleichzeitig gewinnen einige Infektionskrankheiten an Bedeutung, an erster Stelle AIDS. Allerdings sind HIV-Infektionen in Entwicklungsländern viel verbreiteter als in Industrieländern (J. BONGAARTS 1996). Ende 1997 entfielen von geschätzten 30,6 Mio. Infektionen allein 21 Mio. auf Afrika südlich der Sahara gegenüber 0,9 Mio. in Nordamerika und 0,5 Mio. im westlichen Europa. Bei der Ausbreitung von AIDS lassen sich sehr deutliche räumliche

Muster von hierarchischer Diffusion über das Städtesystem und von Nach-
barschafts-Diffusion entlang von Verkehrswegen und in zentralörtliche
Verflechtungsgebiete hinein beobachten, die P. GOULD und R. WALLACE
(1994) für die USA nachgewiesen haben.

Bei der Betrachtung der *räumlichen Unterschiede* von Sterblichkeitsverhältnissen
ist es angebracht, die Situation in unterschiedlichen Maßstäben zu beleuchten.

Eine Weltkarte, in der die Verhältnisse aller Länder erfaßt sind, ergibt ein wesentlich anderes Bild als bei den Geburtenziffern, denn jetzt sind es vor allem
die afrikanischen Länder, in denen die Sterbeziffern weit über dem Weltdurchschnitt liegen. In mehreren Ländern des tropischen Afrika erreichen sie immer
noch Werte von 20 ‰ und mehr. Überwiegend kommen dort Raten um 15 ‰
vor, während sie in Lateinamerika mit weniger als 8 ‰ unter den Sterbeziffern
fast aller Industrieländer liegen. Diese Differenzierung ergibt sich zu einem
Teil aus der jeweiligen Alterszusammensetzung der Bevölkerung. Überall dort
aber, wo die Sterbeziffern auch heute noch weit über dem Weltdurchschnitt
liegen, ist das in erster Linie auf die unzureichenden Lebensbedingungen, auf
Mängel in der medizinischen Versorgung, auf schlechte hygienische Verhältnisse, ungenügende Ernährung, Kleidung und Wohnbedingungen, kurz auf ein
ganzes Bündel von Faktoren zurückzuführen, die früher auch in den europäischen Ländern eine hohe Sterblichkeit bewirkt haben. Besonders gravierend
ist dabei i.a. die hohe Säuglingssterblichkeit. Es gibt immer noch zahlreiche
Länder, in denen von 1000 Neugeborenen mehr als 100 im ersten Lebensjahr
sterben und in denen auch die Sterblichkeit der Kleinkinder im Alter von 1-4
Jahren außergewöhnlich hohe Werte (über 40 ‰) erreicht.

Aufgrund der bestehenden Unterschiede bei der altersspezifischen Sterblichkeit und beim Altersaufbau ergibt die kartographische Darstellung der mittleren
Lebenserwartung ein anderes Bild als die der rohen Sterbeziffern. Am günstig-
sten sind die Verhältnisse in den europäischen Ländern, in Nordamerika, Australien und in einer Anzahl lateinamerikanischer Staaten (70 Jahre und mehr),
am ungünstigsten (zwischen 40 und 50 Jahren) in vielen Ländern des tropischen Afrika. In der Mehrzahl der Länder Süd- und Südostasiens liegt die
mittlere Lebenserwartung um etwa 60 Jahre, deutlich höher in zahlreichen islamischen Ländern und in China.

Die angeführten Daten beziehen sich auf die Verhältnisse am Ende der 90er
Jahre. Entsprechend den Stadien der Sterblichkeitsentwicklung sind in einigen
Ländern mit heute noch hohen Sterbeziffern rasche Veränderungen zu erwar-
ten , d.h. bei Fortsetzung der gegenwärtigen Tendenzen dürfte in absehbarer

Tab. 22   Sterbeziffern 1971 und 1997 in den Kontinenten und Teilkontinenten
(Quelle: World Population Data Sheet, Ausgaben 1971 und 1998)

	1971	1997		1971	1997
Welt insgesamt	**14**	**9**			
Afrika	**20**	**15**	**Nordamerika**	**9**	**8**
Nordafrika	16	8	**Lateinamerika**	**9**	**7**
Westafrika	23	16	Mittelamerika	9	5
Ostafrika	21	18	Karibik	10	8
Mittelafrika	23	16	trop. Südamerika	9	7
Südafrika	17	12	temp. Südamerika	9	8
Asien	**15**	**8**	**Europa**	**10**	**11**
Westasien	15	7	Nordeuropa	11	11
Süd- u. Mittelasien	16	9	Westeuropa	11	10
Südostasien	15	8	Osteuropa	10	13
Ostasien	13	7	Südeuropa	9	9
Australien/Ozeanien	**10**	**7**	**Sowjetunion/Rußland**	**8**	**14**

Zeit eine sehr viel stärkere Nivellierung der Sterblichkeitsverhältnisse auf der Erde erreicht sein als sie heute besteht.

Die für ein ganzes Land ermittelten Sterbeziffern stellen einen Durchschnittswert dar, von dem es selbstverständlich Abweichungen gibt, auch wenn diese im allgemeinen nicht das gleiche Ausmaß wie bei Geburtenziffern erreichen. Es ist davon auszugehen, daß die Faktoren, die eine unterschiedliche Mortalität bewirken, in den Entwicklungsländern anders aussehen bzw. ein anderes Gewicht haben als in den wirtschaftlich hoch entwickelten Ländern mit einer im Durchschnitt hohen Lebenserwartung. Während in den erstgenannten die für diese kennzeichnenden Todesursachen, insbesondere Unterernährung und Seuchen, die Sterblichkeit regional ganz entscheidend heraufsetzen und damit gravierende Unterschiede zu den „nicht betroffenen" Räumen auftreten können, sind es in den wirtschaftlich weiter entwickelten Ländern meist sehr komplexe Bedingungen, die eine zwar gewöhnlich nicht sehr starke, aber doch bedeutsame Differenzierung der im Durchschnitt niedrigen Sterbeziffer bzw. der mittleren Lebenserwartung bewirken.

Seit langem bekannt und auch näher untersucht ist die differenzielle Mortalität von Berufsgruppen und sozialen Schichten. Dafür mag hier ein Beispiel aus

England und Wales dienen. Es liegen Angaben über die Sterblichkeit von fünf nach dem beruflichen Status unterschiedenen Gruppen für mehrere Zeiträume vor (Tab. 23), und das Bemerkenswerte ist dabei nicht nur, daß es sehr deutliche Abweichungen vom Durchschnitt gibt, sondern daß sich auch die Unterschiede in der Gegenwart gegenüber der Zeit vor dem Ersten Weltkrieg kaum verändert haben, ja sogar in den 70er Jahren etwas größer waren als 1910-1912. Zu berücksichtigen ist allerdings, daß die standardisierte Sterbeziffer der männlichen Bevölkerung seit 1910 um mehr als 50 % gesunken ist und daß die Gruppe der ungelernten Arbeiter (5) – in den 70er Jahren sehr viel enger als vorher abgrenzt – einen weitaus geringeren Teil der Bevölkerung umfaßte als 1910-1912 und 1930-1932. Auf die Ursachen kann hier nicht näher eingegangen werden; daß sie in den Lebensbedingungen und Lebensgewohnheiten der einzelnen Gruppen zu suchen sind, ist kaum zu bezweifeln

Tab. 23   Standardisierte Sterbeziffer der Männer nach sozio-ökonomischen Gruppen in England und Wales*)
(Quelle: World Health Organisation, Manual of Mortality Analysis 1977, S. 132; D. COLEMAN u. J. SALT 1992, S. 314)
*) alle Gruppen = 100

Zeitraum	Sozio-ökonomische Gruppen					Verhältnis
	1	2	3	4	5	5/1
1910 – 1912	88	94	96	93	142	1,61
1930 – 1932	90	94	97	102	111	1,22
1970 – 1972	77	81	104	113	137	1,78
1976 – 1981	66	77	105/96	109	124	1,88

Gruppen:
1 Professional and Proprietors (höhere Berufe und Eigentümer)
2 Managers and Executives (Manager und leitende Angestellte)
3 Skilled craftsmen, Clerks and Sales workers (Facharbeiter, mittlere Angestellte)
(1976-81 nach nonmanual und manual aufgeteilt)
4 Semi skilled workers (angelernte Arbeiter)
5 Unskilled workers (ungelernte Arbeiter)

Bekannt und eingehender erfaßt sind auch die Unterschiede in der Sterblichkeit von ethnischen Gruppen innerhalb eines Landes. So ist in den USA die Sterbeziffer der nicht-weißen Bevölkerung auch heute noch größer als die der Weißen, wenn sich auch die Gegensätze stark verringert haben. Um die Jahrhundertwende hatten die Weißen eine um 15 Jahre höhere Lebenserwartung im Vergleich zur schwarzen Bevölkerung. Dieser Unterschied betrug im Jahr

1996 noch 7 Jahre (77 Jahre für die Weißen gegenüber 70 bei den Schwarzen).Selbstverständlich spielen auch in diesem Falle soziale Stellung und berufliche Differenzierung neben den Wohnverhältnissen usw. eine wichtige Rolle.

Von regionalen Unterschieden der Sterblichkeit sind diejenigen zwischen Stadt und Land schon früh erfaßt worden. In den frühen Phasen der Industrialisierung gab es in den heute wirtschaftlich entwickelten Ländern recht ausgeprägte Abweichungen, indem die Sterbeziffern der Stadtbevölkerung fast überall höher waren als die der Landbevölkerung. Das läßt sich vor allem mit den unzureichenden Wohnverhältnissen und den schlechten sanitären Arbeitsbedingungen in den Städten bzw. Fabriken erklären. Es dauerte ziemlich lange, bis entscheidende Verbesserungen eintraten. In Schweden haben sich z.b. die Sterbeziffern von Stadt und Land erst um die Jahrhundertwende angeglichen. Ausschlaggebend für die erhöhte Sterblichkeit in den Städten war in erster Linie die Situation in den Wohnvierteln der armen Bevölkerung. A. SAUVY (1969) hat hierüber Daten aus Paris zusammengetragen. Er konnte für 1891 in den Arrondissements der armen Bevölkerung eine rohe Sterbeziffer von 25,3 und eine Säuglingssterblichkeit von 157,2 ermitteln (Gestorbene im ersten Lebensjahr von 1000 Neugeborenen). Die Durchschnittswerte von Paris betrugen damals 22,5 bzw. 136,3 ‰. Bis zum Zweiten Weltkrieg haben sich dann die Unterschiede mehr und mehr verringert, sie existierten 1956 nicht mehr.

Über die räumliche Differenzierung der Sterblichkeit innerhalb einzelner Länder liegen aus jüngerer Zeit mehrere Untersuchungen vor (eingehend z.b. für Japan R. LÜTZELER 1994). Dabei hat sich gezeigt, daß vorhandene Unterschiede durchaus nicht allein auf Gegensätzen zwischen stark verstädterten und ländlichen Gebieten beruhen, sondern auch hier eine Vielzahl von Einflußfaktoren vorliegen kann. In Deutschland waren besonders starke Abweichungen von der durchschnittlichen Sterbeziffer festzustellen, solange diese noch relativ hoch lag. 1875-80 gab es z.B. bei der Säuglingssterblichkeit ein starkes Gefälle von Südosten nach Nordwesten. In Teilen von Bayern und Schwaben lag damals die Säuglingssterblichkeit fast dreimal so hoch wie in Ostfriesland und Oldenburg, und die in jener Zeit schon stärker industrialisierten Gebiete hatten mit Ausnahme von Sachsen durchaus keine besonders hohe Säuglingssterblichkeit aufzuweisen. Die damals bestehende Differenzierung kann somit nicht allein mit der wirtschaftlichen Situation der Bevölkerung in Verbindung gebracht werden, vielmehr haben unterschiedliche Gewohnheiten bei der Säuglingsernährung wahrscheinlich eine große Rolle gespielt (J.E. KNODEL 1974, S. 165).

Mehrere Autoren haben sich auch mit den heute bestehenden regionalen Unterschieden der Sterblichkeit innerhalb Deutschlands befaßt (s.u.a. G. STIENS u. H.P. GATZWEILER 1984). Die dabei aufgedeckten räumlichen Muster differieren grundlegend von denen der Vergangenheit. So bestand 1986 bei der Lebenserwartung von Männern und Frauen ein beträchtlicher Gegensatz zwischen den südlichsten Landesteilen mit hohen Werten und den alten Bergbau- und Schwerindustrierevieren wie auch West-Berlin und Hamburg mit niedrigen Werten. F.-J. KEMPER u. G. THIEME (1991) sind mit Hilfe von Regressionsanalysen der Rolle einzelner Determinanten nachgegangen, wobei u.a. Zusammenhänge mit Arbeitslosigkeit (negativ) sowie Ausbildungsstand, Fremdenverkehrsintensität und räumlicher Mobilität (positiv) deutlich wurden.

4.3 Die natürliche Bevölkerungsbewegung und das Modell des demographischen Übergangs

Die jährliche Zahl der Geburten ist auf der Erde gegenwärtig etwa 83 Mio. größer als die Zahl der Sterbefälle, d.h. die Erdbevölkerung wächst innerhalb eines Jahres um ungefähr 1,4 % Wie aus den in den vorangehenden Kapiteln enthaltenen Angaben über Geburten- und Sterberaten hervorgeht, ist die Zuwachsrate in den einzelnen Regionen der Erde aber außerordentlich ungleich und zudem zeitlich mehr oder weniger starken Veränderungen unterworfen. Es gibt Länder, in denen sich die Bevölkerung allein aufgrund des Geburtenüberschusses innerhalb eines Jahres um mehr als 3 % vermehrt, andere, in denen die Zuwachsrate unter 1 % bleibt, und schließlich auch einige, in denen heute mehr Menschen sterben als geboren werden.

Um die Bevölkerungsdynamik eines Raumes, die sich aus dem Verhältnis von Geburten- und Sterbeziffern und aus der Alterszusammensetzung ergibt, zu kennzeichnen, bedient man sich verschiedener Indices. Schon die rohen Geburten- und Sterbeziffern allein lassen sich – neben der Berechnung von Salden – durch Addition als sog. *demographische Umsatzziffern* verwerten, um eine grobe Charakterisierung unterschiedlicher demographischer Bedingungen vorzunehmen. H. BOBEK (1962 b) hat sie zusammen mit einer Reihe von Indikatoren der wirtschaftlich-technischen Entwicklung verwendet, um die Situation der wirtschaftlich unterentwickelten Länder zu verdeutlichen. In der Mitte der 50er Jahre ergaben sich in vielen Ländern Umsatzziffern von 50 und weit darüber, während sie bei den Industrieländern damals um 30 lagen. Sie sind hier seitdem fast überall noch gesunken und betrugen am Ende der 90er Jahre in Italien und Spanien 18, in Deutschland 20 und in Schweden 21 gegenüber 79 in Sierra Leone, 71 in Mali, 70 in Angola, um nur ein paar extreme Beispiele zu nennen.

Differenziertere Angaben zur Kennzeichnung demographischer Entwicklungskomponenten lassen sich machen, wenn Indices verwendet werden, in die auch die Alterszusammensetzung der Bevölkerung eingeht. Darauf beruht z.B. der von G. VEYRET-VERNER (1958) vorgeschlagene Vitalitätsindex *(Iᵥ)*

$$I_v = \frac{\text{Fruchtbarkeitsrate} \times \% - \text{Satz der } 20 - 40\text{jährigen}}{\text{Sterberate} \times \text{Zahl der über 60jährigen auf 100 unter 20jährige}}$$

Dieser Index ist von der gleichen Autorin in späteren Arbeiten noch modifiziert worden. Die prinzipielle Aussage ist jedoch die gleiche geblieben: Ein höher Vitalitätsindex kennzeichnet eine im Sinne der Bevölkerungsvermehrung günstige biologische Struktur der Bevölkerung.

Selbstverständlich ist an dieser Stelle auch auf die bereits angeführten Reproduktionsziffern zu verweisen, die für die Beurteilung der längerfristigen Bevölkerungsentwicklung unentbehrlich sind. Voraussetzung ist hier allerdings, daß die entsprechenden statistischen Unterlagen zur Verfügung stehen, was eben vielfach nicht zutrifft.

Es ist nun allgemein bekannt, daß die gegenwärtige *Zuwachsrate* der Erdbevölkerung weit höher als zu irgendeinem früheren Zeitpunkt der Menschheitsgeschichte ist. Bis zum Beginn des 19. Jahrhunderts lag sie unter 5 ‰ und es gab bis dahin immer wieder Zeiten, in denen die Bevölkerungszahl weitgehend stagnierte oder infolge eines Überwiegens der Sterblichkeit zurückging. Natürlich beruhen alle Angaben über die Gesamtzahl der in weiter zurückliegenden Zeiten auf der Erde lebenden Menschen und über Veränderungen der Bevölkerungszahl nur auf Schätzungen, so daß Zahlen lediglich als Orientierung über Größenordnungen dienen können. Um die Zeitenwende soll es etwa 250 Mio. Menschen gegeben haben mit einer stärkeren Verdichtung in drei Räumen, in denen sich auch eine eigenständige Stadtentwicklung vollzogen hatte, nämlich im Mittelmeergebiet und den angrenzenden Teilen Südwestasiens, in Südasien und in Ostasien. Die Bevölkerung des Römischen Reiches wird im 1. Jahrhundert unserer Zeitrechnung auf etwa 50-60 Mio. Menschen geschätzt (davon allein 14 Mio. in Italien), und etwa 70 Mio. soll die damalige Bevölkerung Chinas umfaßt haben. Für eine lange Zeit nach dem Ende des Römischen Reiches gibt es dann kaum noch einigermaßen hinreichende Quellen, die nähere Auskunft über die Bevölkerung vieler Länder geben können. Zumindest in Europa sind im frühen Mittelalter große Verluste eingetreten. Italiens Bevölkerung wird um 600 n. Chr. auf nur 4 Mio. geschätzt, diejenige Spaniens auf 3,6 gegenüber 6 Mio. im 1. Jahrhundert. Man weiß auch von den verheerenden Folgen zahlreicher Seuchen besonders im 15. Jahrhundert – die siedlungsgeographischen Auswirkungen sind vor allem im Rahmen der Wüstungsforschung untersucht worden –, doch was in anderen Teilen der Erde vorging, ist weitgehend unbekannt bzw. noch unerforscht. Erst vom 17. Jahrhundert an gibt es allmählich bessere Unterlagen, wenn auch für diesen Zeitraum die Schätzungen der Erdbevölkerung noch weit auseinandergehen. Tab. 24 führt einige aus verschiedenen Quellen (u.a. A.M. CARR-SAUNDERS 1936, W.F. WILLCOX 1931, E. KIRSTEN, E.W. BUCHHOLZ, W. KÖLLMANN 1955, J.D. DURAND 1967, 1977, C. CLARK 1977, J.-N. BIRABEN 1979, World Population Data Sheet) stammende Zahlen an, aus denen das immer stärker werdende Wachstum deutlich wird.

Tab. 24   Bevölkerung der Erde in Millionen 1650-1998
(versch. Quellen) ( ) = niedrigste Annahmen *) = ohne Sowjetunion

	1650	1700	1750	1800	1850	1900	1950	1998
Welt	553 (465)	641	731 (660)	906 (836)	1325 (1098)	1663 (1551)	2501	5926
Europa	100 (90)	106	140 (230)	187 (173)	274 (266)	423 (401)	392 *)	728
SU							180	
Asien	380 (250)	420	500 (406)	602 (522)	900 (671)	980 (859)	1368	3604
Afrika	100 (60)	100	100 (68)	100 (90)	100 (88)	141 (110)	219	763
Amerika	13 (11)	13	16 (12)	25	61(59)	144	330	801

Von etwa 1650 bis 1950 hat sich die Gesamtbevölkerung auf der Erde etwa verfünffacht, und bis heute ist die zehnfache Zahl von 1650 erreicht. Gleichzeitig ist aus der Tabelle zu entnehmen, daß es von 1650 bis zur Mitte des 19. Jahrhunderts fast 200 Jahre dauerte, bis es zu einer Verdoppelung kam. Die nächste Verdoppelung bis etwa 1930 nahm weniger als 100 Jahre in Anspruch, und eine abermalige mit Überschreitung der 4-Milliarden-Grenze erfolgte schließlich in weniger als 50 Jahren. Zwischen 1650 und 1750 wird mit einer Zuwachsrate von etwa 3,4 ‰ gerechnet, in den folgenden 50 Jahren stieg diese bereits auf 5 ‰, zwischen 1850 und 1900 auf 6,8, zwischen 1950 und 1960 aber auf 18,3 ‰ und im folgenden Jahrzehnt noch darüber. Zu Beginn der siebziger Jahre erreichte die Zuwachsrate mit über 20 ‰ einen Höhepunkt und sank dann wieder durch den Geburtenrückgang in bevölkerungsreichen Entwicklungsländern. Für 1997 wird eine Rate von 14 ‰ geschätzt.

Die außerordentliche Zunahme der auf der Erde lebenden Menschen wird vielfach als *Bevölkerungsexplosion* bezeichnet. Das mag in Bezug auf die mit der Steinzeit beginnende Menschheitsgeschichte vertretbar sein, kennzeichnet den Vorgang der vergangenen 150-200 Jahre jedoch nicht gerade treffend, da er in den einzelnen Teilräumen der Erde weder gleichzeitig noch mit gleicher Intensität eingesetzt hat und gegenwärtig die Zuwachsraten in vielen Ländern noch steigen, während sie in anderen seit längerer Zeit rückläufig sind.

Eine Zusammenstellung mehrerer Länder mit ganz unterschiedlichen Zuwachsraten in der Gegenwart findet sich in Tab. 25. Es werden 5 Ländergruppen unterschieden und für diese neben Geburten- und Sterberaten auch die mittlere Lebenserwartung angeführt. Höchste Zuwachsraten (Gruppe I) gibt es dort, wo die Geburtenrate weit über dem Durchschnitt liegt und die Sterberate bereits deutlich verringert ist. In Gruppe II finden sich Länder mit sehr hohen Geburten- und Sterberaten, aber auch solche, in denen die Geburtenhäufigkeit schon merklich geringer, jedoch die Sterberate gleichzeitig besonders niedrig ist. Die Gruppen III und IV unterscheiden sich einerseits durch die Höhe der Geburtenrate, andererseits aber auch durch die Sterblichkeitsverhältnisse, die v. a. mit den Verschiedenheiten im Altersaufbau in Verbindung zu bringen sind.

Sowohl für einen Vergleich von Ländern als auch für die Darstellung der zeitlichen Entwicklung des Bevölkerungswachstums bieten sich die von K. WITTHAUER (u.a. 1969) und anderen Autoren verwendeten demographischen Vergleichs- und Ablaufdiagramme an, in denen neben Geburten-, Sterbe- und Zuwachsraten durch entsprechende Mengensymbole auch die Bevölkerungszahlen dargestellt werden können. Abb. 24 zeigt die Situation in einer größeren Zahl von Ländern aus allen Teilen der Erde um 1997. Die Länder sind innerhalb des Diagramms in einem Bogen angeordnet, der links oben mit hohen Zuwachsraten bei hohen Geburten- und Sterberaten beginnt und rechts unten bei Wiederannäherung an die Ordinate mit geringen Zuwachsraten bei niedrigen Geburten- und Sterberaten aufhört. Im rechten unteren Teil finden sich die europäischen Länder, in der Mitte der Kurve zahlreiche Länder Lateinamerikas und des Orients und am oberen linken Rand schließlich vornehmlich afrikanische Länder. Die ausgeprägtesten negativen Zuwachsraten besitzen osteuropäische Länder mit geringer Fruchtbarkeit und einer Sterberate, die in den neunziger Jahren angestiegen ist.

Tab. 25   Zuwachsraten, Lebenserwartung und Verdoppelungszeiten der Bevölkerung ausgewählter Länder um 1997.(Quelle: World Population Data Sheet 1998)

Land	Zuwachsrate %	Geburtenrate %	Sterberate %	Mittl. Lebens-erwartung	Verdoppe-lungszeit Jahre
I. Zuwachsraten über 3 %					
Libyen	3,7	45	8	65	19
Togo	3,6	46	11	58	19
Tschad	3,3	50	17	44	21
Jemen	3,3	44	11	58	21
Nicaragua	3,2	38	6	66	22
II. Zuwachsraten von mehr als 2,5 bis 3 %					
Burkina Faso	2,9	47	18	47	24
Pakistan	2,8	39	11	41	25
Syrien	2,8	33	6	67	25
Senegal	2,7	43	16	45	26
Uganda	2,7	48	21	40	26
III. Zuwachsraten von mehr als 1,5 bis 2,5 %					
Philippinen	2,3	30	7	66	30
Mexiko	2,2	27	5	72	32
Ägypten	2,2	28	6	67	32
Indien	1,9	27	9	59	37
Türkei	1,6	22	7	68	45
IV. Zuwachsraten von mehr als 0,5 bis 1,5 %					
Chile	1,4	19	6	75	50
Sri Lanka	1,3	19	6	72	53
China	1,0	17	7	71	69
Australien	0,7	14	7	78	101
USA	0,6	15	9	76	116
V. Zuwachsraten von 0,5 % und weniger					
Frankreich	0,3	12	9	78	210
Japan	0,2	10	7	80	330
Italien	0,0	9	9	78	-
Ungarn	-0,4	10	14	70	-
Ukraine	-0,6	9	15	68	-

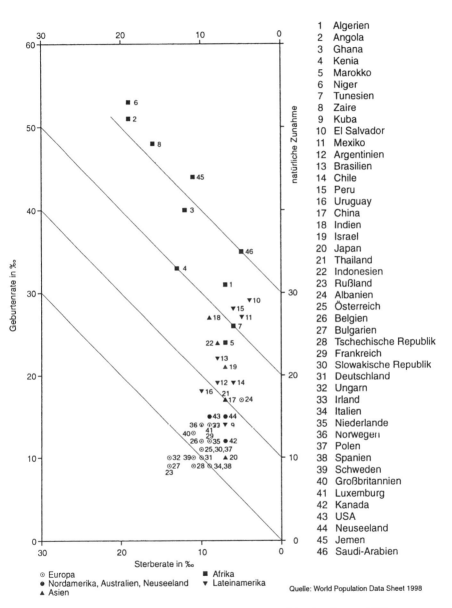

1 Algerien
2 Angola
3 Ghana
4 Kenia
5 Marokko
6 Niger
7 Tunesien
8 Zaire
9 Kuba
10 El Salvador
11 Mexiko
12 Argentinien
13 Brasilien
14 Chile
15 Peru
16 Uruguay
17 China
18 Indien
19 Israel
20 Japan
21 Thailand
22 Indonesien
23 Rußland
24 Albanien
25 Österreich
26 Belgien
27 Bulgarien
28 Tschechische Republik
29 Frankreich
30 Slowakische Republik
31 Deutschland
32 Ungarn
33 Irland
34 Italien
35 Niederlande
36 Norwegen
37 Polen
38 Spanien
39 Schweden
40 Großbritannien
41 Luxemburg
42 Kanada
43 USA
44 Neuseeland
45 Jemen
46 Saudi-Arabien

⊙ Europa   ■ Afrika
● Nordamerika, Australien, Neuseeland   ▼ Lateinamerika
▲ Asien

Quelle: World Population Data Sheet 1998

Abb. 24   Demographisches Vergleichsdiagramm ausgewählter Länder um 1997
(Datenquelle: World Population Data Sheet 1998)

Ein durchaus ähnliches Bild ergibt sich nun, wenn man auf gleiche Weise die natürliche Bevölkerungsentwicklung eines einzelnen Landes während eines längeren Zeitraumes darstellt. Mit der Gegenüberstellung der Entwicklung in Schweden seit dem Ende des 18. Jahrhunderts und in Mauritius seit dem Beginn dieses Jahrhunderts (Abb. 25) wird ein charakteristischer Unterschied in der Bevölkerungsentwicklung der heutigen Industrie- und Entwicklungsländer deutlich: Kaum eines der Industrieländer hat jemals eine so hohe Zuwachsrate erreicht wie sie in der Gegenwart für viele Entwicklungsländer charakteristisch ist. Außerdem ist die Geschwindigkeit, mit der sich Veränderungen vollzogen haben, grundverschieden.

Ganz allgemein geht man davon aus, daß das gegenwärtig sehr rasche Wachstum der Erdbevölkerung sich nicht auf unabsehbare Zeit fortsetzen wird, sondern daß auch in den Ländern, die heute besonders hohe Zuwachsraten zu verzeichnen haben, eine ähnliche Veränderung in der Bevölkerungsentwicklung zu erwarten ist, wie sie in den heute wirtschaftlich weit entwickelten Ländern stattgefunden hat: Von zunächst geringen und schwankenden Zuwachsraten über eine mehr oder weniger lang anhaltende Phase starken Bevölkerungswachstums zu niedrigen Zuwachsraten bzw. zu einer stationären Bevölkerung bei einem tiefen Stand der Geburten- und Sterbeziffern.

Es gibt zahlreiche Argumente, die ein beliebig langes Bevölkerungswachstum in der jetzigen Größenordnung unmöglich erscheinen lassen, wie etwa das der zunehmenden Verknappung verfügbarer Nahrungsreserven, das der immer gravierender werdenden Umweltschäden, der zunehmenden Erschöpfung von Energievorräten und industriellen Rohstoffen oder auch jenes, daß schließlich ein immer spürbarer werdender Mangel an Wohn- und Bewegungsraum eintreten muß. Wann zunehmende Zwänge dieser Art ihre deutlichen Auswirkungen auf die natürliche Zuwachsrate zeigen, läßt sich jedoch in der Gegenwart nicht mit Sicherheit sagen und dürfte auch in Zukunft schwer prognostizierbar sein, da schließlich menschliche Reaktionen auf äußere Zwänge allenfalls in einem sehr begrenzten Raum voraussehbar sind und auf jeden Fall davon ausgegangen werden muß, daß nicht alle Menschen in gleicher Weise reagieren.

Die Annahme, daß die heutigen Entwicklungsländer mit gegenwärtig sehr hohen Zuwachsraten eines Tages ein deutlich geringeres Bevölkerungswachstum aufweisen werden und daß die jetzige Situation eine Übergangsphase in der Bevölkerungsentwicklung darstellt, stützt sich im wesentlichen auf die Analyse der Bevölkerungsentwicklung in den heutigen Industrieländern, in denen das in den Bevölkerungswissenschaften viel diskutierte *Modell des demographischen Übergangs* entwickelt wurde (vgl. zur Übersicht D. KIRK 1996). Als ein ty-

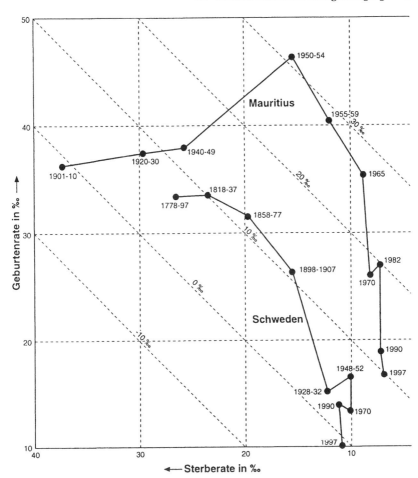

Abb. 25 Demographisches Ablaufdiagramm Schweden (1790-1997) und Mauritius (1901–1997) (Angaben nach UN World Population Conference 1974. Item 7 of Provisional Agenda, Demographic Yearbook, World Population Data Sheet 1998)

pisches Beispiel für diesen Übergang von hohen zu niedrigen demographischen Umsatzziffern wird gewöhnlich England mit Wales angeführt. Hier haben sich die Veränderungen in der natürlichen Bevölkerungsentwicklung besonders früh bemerkbar gemacht, sie haben einen langen Zeitraum in Anspruch genommen, und es ist dabei zeitweilig zu einem ziemlich weiten Auseinanderklaffen von Geburten- und Sterberaten mit entsprechend starker Bevölkerungszunahme gekommen.

Es werden mehrere Phasen des „Übergangs" unterschieden, die sich im Falle von England und Wales wie folgt beschreiben lassen:

Die *erste Phase* (Vorphase des demographischen Übergangs) dauert in England und Wales bis in die zweite Hälfte des 18. Jahrhunderts. Sie ist gekennzeichnet durch hohe, nur wenig voneinander entfernt liegende Geburten- und Sterbeziffern, wobei vor allem die Sterbeziffern größere Schwankungen aufweisen und zeitweilig über die Geburtenraten hinausgehen.

Eine *zweite Phase* dauert von etwa 1750 bis 1880, erstreckt sich also über weit mehr als 100 Jahre. In dieser Phase erfolgt ein langsames, wenn auch nicht gleichmäßiges Absinken der Sterbeziffer bei etwa gleichbleibender, zunächst sogar etwas ansteigender Geburtenziffer. Das bedeutet einen ständig steigenden Geburtenüberschuß, durch den die Bevölkerung um mehr als das Dreifache zugenommen hat.

Die *dritte Phase* zwischen 1880 und etwa 1920 bringt ein weiteres Absinken der Sterbeziffer, gleichzeitig setzt jetzt jedoch ein spürbarer Rückgang der Geburtenziffer ein. Die vorher weit geöffnete „Bevölkerungsschere" schließt sich allmählich wieder. Die Zuwachsraten sinken deutlich ab.

Seit den 20er Jahren dieses Jahrhunderts läßt sich von einer *vierten Phase* sprechen, in der die Geburtenziffern nur noch wenig über den jetzt niedrigen Sterbeziffern liegen. Der demographische Übergang kommt zu einem Abschluß.

Für ein allgemeines Modell des demographischen Übergangs empfiehlt es sich, die vorstehend beschriebene Phase 3 noch weiter aufzugliedern in einen ersten Abschnitt, in dem Geburten- und Sterbeziffern mit etwa gleicher Intensität abfallen, und einen zweiten Abschnitt, in dem sich die Sterbeziffern nicht mehr wesentlich verändern. Ein entsprechendes Schema zeigt Abb. 26.

Die tatsächliche Bevölkerungsentwicklung ist nun auch in den Industrieländern nicht einheitlich nach diesem Schema abgelaufen, vielmehr lassen sich – unabhängig von dem sehr bedeutsamen Zeitfaktor – *mehrere Typen des „Übergangs"* ermitteln. So ist neben den beschriebenen „englischen Typ" ein „französischer Typ" zu stellen. In Frankreich sind seit dem Ausgang des 18. Jahrhunderts nicht nur die Sterbe- sondern auch die Geburtenraten zurückgegangen. Beide sanken im großen und ganzen parallel zueinander ab, d.h. in Frankreich ist es zu keiner Zeit zu einer Öffnung der Bevölkerungsschere gekommen. Die Gesamtbevölkerung des Landes hat sich zwischen 1789 und 1901 von 26 auf 39 Mio. erhöht, also nur um 50 % zugenommen. Als Beispiel für einen weiteren Typ des demographischen Übergangs in einem Industrieland kann Japan angeführt werden. Hier ist mit dem beginnenden Rückgang der Sterbeziffer zunächst eine merkliche Zunahme der Geburtenziffer zu ver-

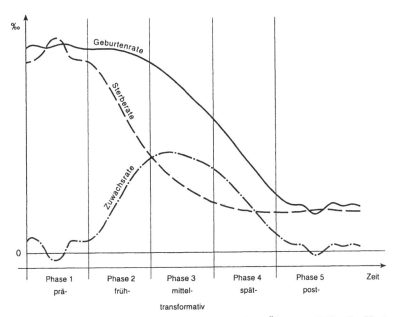

Abb. 26 Idealtypischer Verlauf des „demographischen Übergangs" (Quelle: Verändert nach D. BÖRSCH (Hrsg.) 1994, S. 30)

zeichnen, also eine besonders starke Öffnung der Bevölkerungsschere, die auf die Aufgabe vorher praktizierter Geburtenbeschränkung zurückzuführen ist.

Eine solche Zunahme der Geburtenhäufigkeit bei gleichzeitig sinkender Sterberate ist in jüngerer Zeit in einer ganzen Reihe von wirtschaftlich wenig entwickelten Ländern festzustellen gewesen.

Die heute in den einzelnen Ländern vorhandene Relation von Geburten- und Sterbeziffern und die dabei festzustellenden Entwicklungstendenzen werden nun häufig nach dem Modell des demographischen Übergangs interpretiert, indem man etwa von Ländern mit hohen Geburten-, aber bereits deutlich erniedrigten Sterberaten annimmt, daß sie sich in Phase 2 oder 3 des Übergangs (Abb. 26) befinden usw. Globale Übersichten mit einer Zuordnung der einzelnen Länder in verschiedenen Zeiten zu einzelnen Phasen des „Übergangs" hat R. CHUNG (1970) zusammengestellt. Danach gab es zu Beginn dieses Jahrhunderts nur wenige Länder (Nordeuropa, Westeuropa, Nordamerika und Australien), in denen neben dem Rückgang der Sterblichkeit auch bereits eine spürbare Verringerung der Geburtenhäufigkeit zu verzeichnen war, aber auch kaum ein Land, das sich in der durch sehr niedrige Sterbe-, aber noch hohe

Geburtenraten gekennzeichneten stärksten Wachstumsphase des „Übergangs" befand. Dazu gehörten dann 1960 vor allem die lateinamerikanischen Länder, aber auch zahlreiche Länder Afrikas, Ost- und Südostasiens. Der Zustand 1995 wurde von J. BÄHR (1997) nach den gleichen Kriterien erfaßt. Bis dahin hatte die Zahl der Länder mit hohen Geburten-, aber stark zurückgegangenen Sterberaten zugenommen (v.a. Länder Nordafrikas und Vorderasiens); zugleich aber hatte sich auch die Zahl derer vermehrt, in denen die Geburtenrate auf weniger als 30 ‰ abgesunken war. Von besonderer Bedeutung für die Entwicklung der Weltbevölkerung war der markante Geburtenrückgang in China.

Der demographische Übergang von hohen zu niedrigen Geburten- und Sterberaten hat sich in den europäischen Ländern und den von Europäern besiedelten Räumen in Übersee innerhalb eines relativ langen Zeitraumes vollzogen. Trotz wichtiger Unterschiede zwischen den Ländern und auch zwischen verschiedenen Regionen des gleichen Landes (Typen des Übergangs) ist es eher ein sich über Generationen hinziehender Prozeß als ein rascher Wandel der „Bevölkerungsweise" gewesen, ein Prozeß, in dessen Verlauf – wenn auch nicht unbedingt synchron – entscheidende Veränderungen der Gesellschaft und Wirtschaft eingetreten sind. Im großen und ganzen fallen die bedeutsamsten Phasen des demographischen Übergangs mit zunächst stark ansteigenden, dann aber allmählich wieder sinkenden Zuwachsraten zusammen mit der fortschreitenden Industrialisierung und Verstädterung. Der demographische Übergang hat sich mit dem Wandel von der Agrar- zur Industriegesellschaft vollzogen. In seinem Verlauf ist es – wie früher dargelegt – zu tiefgreifenden Veränderungen in der Bevölkerungsverteilung durch das Wachstum der Großstädte und der industriellen Agglomerationen gekommen, zu Umschichtungen in der beruflichen und sozialen Struktur, zu Änderungen des Bildungsverhaltens, zu einem weitgehenden Bruch mit der Vergangenheit.

Vergleicht man damit die Situation in den heutigen Entwicklungsländern, dann sieht vieles wesentlich anders aus als in Europa während des 19. und frühen 20. Jahrhunderts. Zunächst ist noch einmal festzustellen, daß die Geburten- (und auch die Sterbe-)raten in den meisten außereuropäischen Ländern höher liegen bzw. höher lagen als im präindustriellen Europa. Ein Rückgang der Sterblichkeit ist dann in den Entwicklungsländern sehr rasch erfolgt, und die Zuwachsraten haben bei gleichbleibender oder noch ansteigender Fruchtbarkeit Werte erreicht, wie es sie wenigstens im westlichen Teil Europas kaum irgendwo auch nur kurzfristig gegeben hat (Abb. 27). Dort, wo inzwischen nicht nur die Sterbe- sondern auch die Geburtenraten zurückgegangen sind, ist

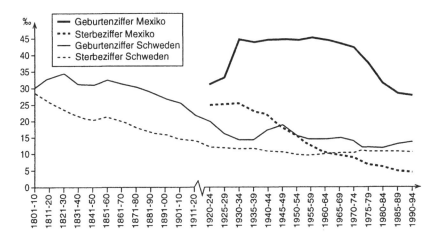

Abb. 27 Entwicklungen der Geburten- und Sterbeziffern in Schweden und Mexiko
(Datenbasis: Historic Statistic för Sverige, Befolkning: 1720-1950, Statistika
Centralbyrän Stockholm 1955 und versch. Ausgaben Demographic
Yearbook)

eine mehr oder weniger ausgeprägte Stabilisierung auf anderem Niveau als in
Europa eingetreten.

Von Faktoren, die seinerzeit in Europa zu einer Geburtenbeschränkung geführt haben, sind die meisten in Entwicklungsländern heute nicht oder in ganz
anderer Weise gegeben. So verbindet sich etwa die Verstädterung häufig nicht
mit einem entsprechenden Anwachsen von Arbeitsplätzen im sekundären und
tertiären Wirtschaftssektor und damit auch nicht mit einer merklichen Verbesserung der wirtschaftlichen Lage eines großen Teiles der Bevölkerung. Oft
kommt es nicht zu einer Lösung der in die Städte gewanderten Menschen von
ihren Bindungen an die tradierte agrarische Gesellschafts- und Werteordnung.
Sowohl die Einkommensverhältnisse als auch die Ernährungs- und Woh-
nungsbedingungen erfahren für den größten Teil der Bevölkerung vieler Entwicklungsländer keine merkliche Verbesserung – eher ist es umgekehrt. Darüber hinaus sind es die ganz anderen zivilisatorischen und technologischen
Bedingungen der Gegenwart, die einen Vergleich der heutigen Situation in den
Entwicklungsländern mit der vor 100 oder mehr Jahren in Europa, wenn
überhaupt, dann doch nur sehr bedingt erlauben.

Es ist aber sicher nicht überflüssig, sich mit dem Ablauf des demographischen Übergangs in Europa und anderen Industrieländern zu befassen und die Steuerung dieses Ablaufs, insbesondere die das generative Verhalten der Menschen beeinflussenden Faktoren, zu erforschen. Das oben dargelegte Modell bietet dafür wie auch für den Ansatz von Untersuchungen in Ländern, die erst am Beginn des „Übergangs" stehen, eine wichtige Grundlage, nur bedarf es des Ausbaus auf der Basis einer bisher noch nicht befriedigenden allgemeinen Theorie der Bevölkerungsentwicklung.

In dieser Hinsicht sind in jüngerer Zeit manche Fortschritte gemacht worden (vgl. J.A. HAUSER 1989, D. KIRK 1996). Es kann zwar davon ausgegangen werden, daß ein starkes Bevölkerungswachstum ein zeitlich begrenzter Vorgang ist; der Rückgang dieses Wachstums unterliegt jedoch Einflußfaktoren aus sehr unterschiedlichen Bereichen, deren Gewicht zeitlich und räumlich stark variieren kann. Damit können Ablauf und Ergebnis des „Übergangs" gar nicht überall gleichartig sein. Es ist u.a. zu fragen, ob ein kontinuierlicher Rückgang der Sterblichkeit gerade dort, wo sie heute noch hoch ist, ermöglicht werden kann, und es ist natürlich auch zu fragen, was nach dem Abschluß des „Übergangs" geschieht. Ist eine mehr oder weniger stationäre oder schrumpfende Bevölkerung zu erwarten, oder ist dann vielleicht besonders charakteristisch ein rascher Wandel von Phasen relativ geringer und relativ hoher Geburtenhäufigkeit bei mehr oder weniger gleichbleibenden, im wesentlichen vom Altersaufbau abhängigen Sterberaten? Hierbei wird man beachten müssen, daß die Entwicklung der Fertilität in engem Zusammenhang mit dem Wandel von Familienformen und Haushaltskonstellationen steht. Der jüngere Geburtenrückgang in den westlichen Industrieländern, der zu einem längerfristigen Unterschreiten des Bestanderhaltungsniveaus geführt hat, ist mit Pluralisierung von Lebensstilen und Individualisierung verknüpft. Diese Verbindungen haben zu einer Modellvorstellung von einem *zweiten demographischen Übergang* in den Industrieländern geführt (R. LESTHAEGHE 1992).

4.4 Bevölkerungswachstum und Unterhaltsquellen
Das Problem der Tragfähigkeit

Bevölkerungswissenschaftler haben sich mit Fragen, die sich aus einer starken Zunahme der Bevölkerung für deren Unterhaltsquellen ergeben, seit langem befaßt – namentlich seit dem Erscheinen der berühmten Schrift von THOMAS

ROBERT MALTHUS „An Essay on the Principle of Population as it Affects the Future Improvement of Society, with Remarks on the Speculations of Mr. Godwin, M. Condorcet, and Other Writers" aus dem Jahre 1798.

MALTHUS war anglikanischer Geistlicher, der 1804 eine Professur für Geschichte und politische Ökonomie erhielt und sich eingehend mit den sozialen Mißständen innerhalb seines Landes beschäftigte. Er sah in der großen Kinderzahl der ärmeren, abhängigen Bevölkerungsschichten die Hauptursache für deren Verelendung. Da sich seiner Auffassung nach die Bevölkerung ohne Geburtenbeschränkung tendenziell in geometrischer Progression, die Unterhaltsmittel dagegen nur in arithmetischer Progression vermehrten bzw. vermehren ließen, müsse nach einem Ausgleich durch Verringerung der Geburten gestrebt werden. Die Frage nach einer maximal möglichen Bevölkerungszahl im Sinne der nachfolgend zu erörternden Tragfähigkeitsberechnungen spielte für MALTHUS keine Rolle. Vielmehr ging es ihm mit den vorstehend genannten Verhältniszahlen, die später oft überbewertet wurden, um eine Verdeutlichung der angenommenen Diskrepanzen. Seine Grundgedanken bildeten die entscheidende Basis der weiteren Diskussion um das Bevölkerungsproblem.

Ohne auf den Zusammenhang zwischen Bevölkerungs- und Wirtschaftswachstum näher einzugehen, mag an dieser Stelle lediglich darauf hingewiesen werden, daß eine gegenseitige Beeinflussung in sehr differenzierter, ja z.t. völlig gegensätzlicher Weise möglich ist, daß z.B. ein starkes Ansteigen der Bevölkerung (Arbeitskräfte) Voraussetzung für das Ingangkommen wirtschaftlicher Entwicklungen sein kann (so wird etwa das „Wirtschaftswunder" in Westdeutschland nach dem Zweiten Weltkrieg zu einem wesentlichen Teil mit dem Zustrom der Flüchtlinge in Verbindung gebracht), daß aber ein sehr rasches Bevölkerungswachstum auch wirtschaftliche Schwierigkeiten vergrößern kann, so wie es gegenwärtig auch in einer großen Zahl von Entwicklungsländern der Fall ist, in denen allein die Erweiterung der Ernährungsbasis nicht Schritt halten kann mit dem steigenden Bedarf der sich rasch vermehrenden Bevölkerung.

Im Sinne der MALTHUSschen Lehre ist von einer notwendigen Anpassung der Bevölkerungszahl an die verfügbaren Unterhaltsquellen auszugehen. Nach MALTHUS erfolgt diese Anpassung durch „preventive checks" und „positive checks" (von C.M. BARTH – 1977, S. 37 – übersetzt als „vorbeugende" und „nachwirkende Hemmnisse"), wobei ein „preventive check" vor allem als Geburtenbeschränkung zu verstehen ist, während „positive checks" z.B. durch erhöhte Sterblichkeit infolge Unterernährung zustande kommen. Denkbare Auswirkungen begrenzter und konstanter Unterhaltsquellen auf die Bevölkerungsentwicklung hat P. HAGGETT (1979) in einfachen Diagrammen (s. Abb. 28) veranschaulicht: Während eine sofortige Anpassung der Bevölkerungszahl an die verfügbaren Unterhaltsquellen beim Erreichen der Kapazitätsgrenze (a) unwahrscheinlich ist, kann eine allmähliche Anpassung durch „preventive checks" (b) erfolgen. Der dritte Fall (c) bedeutet zeitweilige Übervölkerung mit erhöhter Sterblichkeit und erst allmählich fortschreitende Anpassung der Bevölkerungszahl durch „positive checks".

Geht man davon aus – und es besteht keine Berechtigung zu einer andersartigen Annahme –, daß es für die Zahl der Menschen auf der Erde eine Grenze gibt, die zwar in gewissem Rahmen positiv oder negativ verschoben werden kann (z.b. durch neue technische Möglichkeiten einerseits und durch Ressourcenzerstörung andererseits), und daß die gegenwärtige Entwicklung zu einer raschen Annäherung an diese Grenze führt, dann muß eine Verminderung bzw. Begrenzung des Bevölkerungswachstums als unabdingbar angesehen werden.

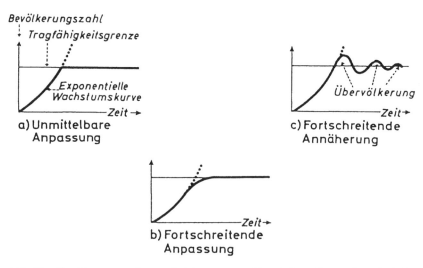

Abb. 28   Bevölkerungswachstum bei begrenzten Unterhaltsquellen - hypothetische Abläufe (nach P. HAGGETT 1979, S. 149)

Den Versuch nun, wenigstens eine Vorstellung von der Größenordnung jener Menschenzahl zu gewinnen, die auf der gesamten bewohnbaren Erdoberfläche oder innerhalb eines wie auch immer begrenzten Raumes ausreichende Lebensgrundlagen finden können, stellen Berechnungen der *Tragfähigkeit* dar.

Hieran haben sich Geographen im besonderen Maße beteiligt, handelt es sich doch um eine elementare Frage der Beziehung Mensch – Raum. Ihre Beantwortung ist allerdings, wenn sie in so allgemeiner Form nach einer Maximalbevölkerung bei ausreichenden Lebensgrundlagen gestellt wird, schlechthin unmöglich, schon allein deshalb, weil sich der Begriff „ausreichend" weder für alle Menschen noch für alle Zeiten gültig definieren läßt. Es bedarf also zumindest einer Präzisierung dessen, was erforscht werden soll.

Dies kann etwa in der Weise geschehen, daß man sich auf den Versuch beschränkt, den unter bestimmten Annahmen maximal möglichen Umfang der Nahrungsmittelproduktion zu ermitteln, d.h. also fragt, wie viele Menschen ihren Bedürfnissen entsprechend ernährt werden können. Auch wenn man die Verteilungsprobleme unberücksichtigt läßt, ergeben sich hierbei noch genügend Schwierigkeiten bzw. Unsicherheiten, sei es bei der Festlegung des Nahrungsbedarfs und der erforderlichen Nahrungszusammensetzung oder bei der Beurteilung der Produktionsmöglichkeiten in verschiedenartigen Naturräumen. Eine andere Möglichkeit besteht in der Untersuchung der „agraren Tragfähigkeit" (s.u.) oder auch darin, daß man den Versuch unternimmt, die maximale/optimale Zahl der Menschen zu bestimmen, die innerhalb eines begrenzten Wirtschaftsraumes oder eines Staates unter bestimmten, sehr genau zu definierenden Voraussetzungen gesicherte Existenzmöglichkeiten finden.

Heute gewinnen bei derartigen Überlegungen neben dem Ernährungsproblem in zunehmendem Maße auch Probleme der Energieversorgung und der Umwelterhaltung an Bedeutung und stellen die Forschung vor Aufgaben, für die bisher gewiß noch keine befriedigenden Lösungen gefunden wurden.

Das Tragfähigkeitsproblem ist nicht neu, sondern seit langem von unterschiedlichen Ansätzen aus diskutiert worden. Einen umfassenden und kritischen Überblick über die ältere Forschung hat 1953 K. SCHARLAU in seinem Buch „Bevölkerungswachstum und Nahrungsspielraum" gegeben, und eine eingehende Auseinandersetzung mit den Wegen bisheriger Forschung, die Klärung wichtiger Begriffe, vor allem aber auch eine Verdeutlichung der dem Geographen bei Tragfähigkeitsuntersuchungen zufallenden Aufgaben findet sich im deutschen Schrifttum u.a. bei C. BORCHERDT und H.-P. MAHNKE (1973), E. EHLERS (1986) und H. GEIST (1989).

Nachdem man sich schon im 18. Jahrhundert mit dem Verhältnis zwischen Bevölkerungszahl und verfügbarem Boden befaßt und sehr eingehend die Zusammenhänge zwischen Bevölkerungsvermehrung und wirtschaftlicher Entwicklung erörtert hatte, wurde eben durch R. MALTHUS der entscheidende Anstoß für weitere Diskussionen gegeben. Es kam in der Folgezeit zu heftigen

Auseinandersetzungen zwischen Anhängern und Gegnern der MALTHUSschen Lehre, die im Grunde – wenn auch mit veränderten Argumenten und Wissensgrundlagen – bis heute anhalten und eine Vielzahl von speziellen Untersuchungen ausgelöst haben.

Zunächst ging es hauptsächlich um die Erörterung von Problemen, die sich aus dem angenommenen sehr ungleichen Wachstum von Bevölkerung und Nahrungsproduktion bzw. Unterhaltsquellen ganz allgemein ergaben. MALTHUS selbst wollte in erster Linie auf die aus einer relativen Übervölkerung resultierenden Folgen hinweisen und auf die Gefahren eines zu raschen Bevölkerungswachstum aufmerksam machen. Um das Problem der maximalen bzw. optimalen Bevölkerung eines Landes oder gar der ganzen Erde zu erörtern, fehlte es lange Zeit einfach an hinreichenden Informationen über Ausstattung, Bevölkerungszahl und Wirtschaft der verschiedenen Erdräume.

Erst gegen Ende des 19. Jahrhunderts wurden Versuche unternommen, in dieser Hinsicht zu konkreten Vorstellungen zu gelangen (u.a. von E.G. RAVENSTEIN 1891 und K. BALLOD 1912). Bei den nun einsetzenden Forschungen lassen sich zwei Gruppen unterscheiden: Einmal bemühte man sich um Aussagen über die Bevölkerungskapazität der gesamten Erdoberfläche, zum anderen um solche über die Tragfähigkeit (ohne diesen Begriff bereits zu verwenden) von einzelnen Ländern und Wirtschaftsräumen, wobei auch Berechnungen nur für bestimmte Bevölkerungsgruppen, d.h. hauptsächlich die Agrarbevölkerung durchgeführt wurden.

Nach dem Ersten Weltkrieg haben fast gleichzeitig A. PENCK (1924) und A. FISCHER (1925) zwei viel diskutierte Beiträge vorgelegt, in denen versucht wurde, einen nachvollziehbaren Weg aufzuzeigen, um diejenige Menschenzahl zu ermitteln, für die auf der Erde eine ausreichende Nahrungsmenge produziert werden könne. Das Anliegen bestand also in der Feststellung der Ernährungskapazität der Erde. An diesen Arbeiten interessiert heute wohl weniger das konkrete Ergebnis als das methodische Vorgehen.

A. PENCK bezeichnete die Beziehungen zwischen Erdoberfläche und Mensch, welche durch dessen Nahrungsbedürfnis hergestellt werden, als das Hauptproblem einer physischen Anthropogeographie. In dem Bestreben, sich von der „historischen" Arbeitsweise FRIEDRICH RATZELs abzusetzen, sah er es als eine wesentliche Aufgabe geographischer Forschung an, die „vitalen Fragen des Menschen", d.h. seine Ernährungsbedürfnisse zu ihrem Recht kommen zu lassen. Er ging dabei von der Voraussetzung aus, daß das menschliche Nahrungsbedürfnis zwar von Ort zu Ort wechselt, aber im ganzen doch innerhalb nur enger Grenzen schwankt. Da es an einer umfassenden Bonitierung der

Erde fehlte, benutzte er die Klimagebiete nach der KÖPPENschen Klassifikation, um auf deren Basis seine Berechnungen durchzuführen. Er übersah zwar nicht den Einfluß vorhandener Boden- und Reliefunterschiede, hielt aber doch großräumig das Klima für den entscheidenden Faktor der landwirtschaftlichen Produktion. PENCK ermittelte nun jenen Teilraum eines Klimagebietes, in dem eine besonders hohe Produktionsleistung erzielt wurde, um diese – mit einigen Korrekturen – als mögliche Produktionsleistung mit einer entsprechend hohen Bevölkerungszahl für das gesamte Klimagebiet festzulegen. Bekanntlich kam er dabei zu einer Fehlbeurteilung vor allem der Tropen, deren ökologische Problematik damals noch kaum erforscht war. Aus seinen Berechnungen ergab sich für die feuchten Tropen mit einer Fläche von insgesamt 14 Mio. qkm (9 % der Landoberfläche) eine höchste denkbare Einwohnerzahl von 5,6 Mrd. und eine „wahrscheinlich größtmögliche Einwohnerzahl" von 2,8 Mrd. – das wären etwa 35 % der von ihm für die gesamte Erde errechneten Bevölkerungszahl. Diese gab PENCK mit 15,9 bzw. 7,7 Mrd. an.

A. FISCHER, der den Begriff „Tragfähigkeit" in das wissenschaftliche Schrifttum einführte, sah in den Klimagebieten wenig geeignete geographische Bezugsflächen für die Schätzung der Tragfähigkeit. Statt dessen ging er in den hinreichend erschlossenen Gebieten von politischen Einheiten/Staaten aus und bezog sich im übrigen auf Landschaftsräume. Wirtschaftsgeographische Aspekte standen bei ihm im Vordergrund. Als entscheidende Bestimmungsfaktoren für die Ermittlung der Tragfähigkeit sah er die Ausdehnungsfähigkeit der Anbauflächen, die mögliche Produktionssteigerung je Flächeneinheit und die Art des Bodenanbaus an. Das methodische Vorgehen ist dann allerdings im einzelnen nicht leicht nachzuvollziehen, weshalb auch die Beurteilung seiner Ergebnisse kaum möglich ist. Für die ganze Erde gab FISCHER eine Tragfähigkeit „bei Anwendung vollkommenster gegenwärtiger technischer Mittel" von 6,2 Mrd. an – davon entfielen nach ihm auf Amerika 2, auf Asien 1,7 und auf Afrika 1,65 Mrd. Menschen.

Den Versuch einer die ganze Erde umfassenden „Bonitierung" hat dann im Jahre 1937 W. HOLLSTEIN vorgelegt. Sein Hauptanliegen bestand in einer möglichst „exakten" Ermittlung von Erzeugungsmöglichkeiten für pflanzliche Nahrungsmittel. Bei seinen Berechnungen versuchte er die bei intensiver Bewirtschaftung erzielbaren Erträge von Körnerfrüchten auf den anbaufähigen Flächen festzustellen. Sein insgesamt sehr differenziertes Verfahren braucht hier nicht näher wiedergegeben zu werden. Als Ergebnis der Berechnungen wird eine Zahl von 13,3 Mrd. Menschen angegeben, für die ausreichende Nahrungsmengen auf der Erde erzeugt werden könnten. Sie liegt also weit über der von FISCHER und in einer ähnlichen Größenordnung wie die „höchste denkbare Einwohnerzahl" bei PENCK.

Ganz offensichtlich weisen alle die hier genannten Tragfähigkeitsberechungen erhebliche Unzulänglichkeiten auf, und ihre Ergebnisse können sicher nicht mehr als einige Grundvorstellungen über die unter bestimmten Annahmen denkbare Nahrungsmittelproduktion vermitteln. Andere Autoren sind teilweise zu weit höheren Zahlen gekommen, und sicher kann heute die technische Möglichkeit der Nahrungsmittelerzeugung allein nicht als das entscheidende Problem der künftigen Bevölkerungsentwicklung angesehen werden. So hat E. EHLERS (1986) nachdrücklich herausgestellt, daß es vor allem zwei Bedingungskomplexe sind, die sich auf die Nahrungsproduktion auswirken: Der ökologische Komplex auf der einen und der soziale Komplex auf der anderen Seite. Die hierbei bestehenden Zusammenhänge und Entwicklungstendenzen bzw. -möglichkeiten zu erforschen, kann nicht Aufgabe einer einzelnen wissenschaftlichen Disziplin sein, sie erfordert vielmehr eine breite fachübergreifende Zusammenarbeit. Hier gibt es bis heute, von Ausnahmen abgesehen, erst relativ wenige Ansätze. Ein neuerer, relativ differenzierter Versuch, eine Schätzung der Ernährungskapazität aufgrund verschiedener Bedingungskomplexe vorzunehmen, stammt von V. SMIL (1994).

Die bislang vorliegenden Untersuchungen machen deutlich, wie notwendig es ist, eindeutige Begriffe zu verwenden, wenn man sich über Anliegen und Aussage verständigen will. Begriffe wie „effektiv – potentiell", „innenbedingt – außenbedingt" oder „agrare – naturbedingte – gesamtwirtschaftliche Tragfähigkeit" spielen dabei eine wichtige Rolle. Darauf haben C. BORCHERDT und H.-P. MAHNKE (1973) in ihrem kritischen Überblick über vorliegende Tragfähigkeitsuntersuchungen besonders hingewiesen.

Neben den globalen Tragfähigkeitsstudien wurden seit den 20er Jahren dieses Jahrhunderts auch Arbeiten im enger umgrenzten Rahmen von Wirtschaftsgebieten, politischen Einheiten usw. in Angriff genommen, wobei die Frage keineswegs allein auf die Ernährungskapazität beschränkt blieb, sondern der gesamtwirtschaftlichen Tragfähigkeit besondere Aufmerksamkeit zugewandt wurde. Hervorzuheben sind aus dem deutschen Schrifttum namentlich die Forschungen von G. ISENBERG (1948), bei denen in die Tragfähigkeit alle Kapazitäten einbezogen wurden, welche die Bevölkerung eines Gebietes in die Lage versetzen, sich die für die Lebenshaltung erforderlichen Güter und Dienste zu beschaffen. Das ist sicher in erster Linie eine Aufgabe volkswirtschaftlicher Untersuchungen, zu denen die Geographie aus ihrem Forschungsansatz allenfalls den einen oder anderen Beitrag liefern kann. Es zeigt sich aber auch bei dem gesamten Problem der Tragfähigkeitsuntersuchungen, daß diese ohne eine interdisziplinäre Zusammenarbeit kaum erfolgreich weitergeführt werden können.

Der erwähnte umfassende Beitrag von K. SCHARLAU aus dem Jahre 1953 kann als Bilanz des bis dahin Geleisteten und als Ausgangspunkt für neuere Ansätze von geographischer Seite aus gelten. Hierbei mögen die in einem von W. ZELINSKY u.a. (1970) herausgegebenen Sammelband veröffentlichten Beiträge besonders genannt sein. Hierbei geht es nicht um die Ermittlung einer höchstmöglichen (maximalen) oder optimalen Bevölkerungszahl, sondern in erster Linie um die Frage, welche Bedingungen zu einem Bevölkerungsdruck, zur Übervölkerung führen bzw. wann eine Grenze erreicht wird, bei der die Bevölkerungszunahme sowohl für die Menschen selbst als auch für den betreffenden Raum – etwa durch umfangreiche Bodenzerstörung – negative Auswirkungen zeitigt.

In der genannten Untersuchung von C. BORCHERDT und H.-P. MAHNKE umreißen die Autoren an Beispielen aus verschiedenen Teilen Venezuelas das Aufgabenfeld, das ihrer Auffassung nach heute im Rahmen von Tragfähigkeitsuntersuchungen am ehesten dem Geographen zufällt. Sie beschränken sich auf den eingeengten Begriff der „agraren Tragfähigkeit" und suchen in ihren Arbeitsgebieten die Vielzahl der großenteils miteinander in Wechselbeziehung stehenden Einflußfaktoren zu bestimmen. Dazu gehören, um nur einige zu nennen, neben den natürlichen Produktionsgrundlagen die Art der Bodenbewirtschaftung, Betriebsverhältnisse, infrastrukturelle Ausstattung der jeweiligen Gebiete, Lebensstandard und Bildungsstand der Bevölkerung, Einflüsse des Staates und der Gesellschaft usw. Es ist leicht einzusehen, daß konkrete und für die Beurteilung von Entwicklungsmöglichkeiten bedeutsame Ergebnisse bei dem Versuch, diejenige Menschenmenge zu ermitteln, die in einem bestimmten Raum „unter Berücksichtigung eines dort in naher Zukunft erreichbaren Kultur- und Zivilisationsstandes auf überwiegend agrarischer Grundlage auf die Dauer unterhalten werden kann, ohne daß der Naturhaushalt nachteilig beeinflußt wird" (1973, S. 23), am ehesten bei kleinräumigen Untersuchungen zu erwarten sind. Zusammensetzung und Gewicht der verschiedenen Wirkungskräfte können bereits auf kurze Distanzen beträchtlichen Veränderungen unterliegen.

Damit wird auch deutlich, daß globale Ansätze etwa allein zur Ermittlung der Ernährungskapazität der Erde allenfalls eine Vorstellung von denkbaren Größenordnungen verschaffen können, was allerdings schon seine Berechtigung haben kann. Umfassende Modellrechnungen, die nicht nur das Ernährungsproblem, sondern auch Probleme der Rohstoffversorgung, der Energiebeschaffung und der Umwelterhaltung berücksichtigen, erfordern einen außerordentlich großen Aufwand und können mit Sicherheit nur von einem größeren Team von Wissenschaftlern erstellt werden. Welche Schwierigkeiten damit verbunden sind und welche Kontroversen durch eine unterschiedliche Bewertung von Voraussetzungen und Entwicklungsmöglichkeiten ausgelöst werden, ist bei den Auseinandersetzungen mit den Berichten an den „Club of Rome" (M. MESAROVIC und E. PESTEL 1974) mehr als deutlich geworden. Dagegen kann eine Untersuchung etwa über die agrarische Tragfähigkeit begrenzter Räume, wie z.b. von Gebieten mit bestimmten Formen der heute noch in tropischen Ländern weit verbreiteten Landwechselwirtschaft (Shifting Cultivation) oder von Reisanbaugebieten als ökologische Forschung im weiteren Sinne wohl eher auch bei geringerem Aufwand durchgeführt werden. Sie kann hier bestehende und in absehbarer Zukunft bei weiter ansteigender Bevölkerungszahl zu erwartende Probleme in ihren ursächlichen Zusammenhängen aufdecken und zur Erkenntnis von wichtigen Grundvoraussetzungen angestrebter Veränderungen führen. Mit welchen methodischen Schwierigkeiten und bislang ungeklärten Fragen jedoch auch hierbei gerechnet werden muß, haben u.a. Beiträge von J. HUNTER (1966) und J.M. STREET (1969) deutlich werden lassen.

Daß das Vorgehen im einzelnen, d.h. auch die Frage, was im Rahmen von Tragfähigkeitsuntersuchungen jeweils konkret erforscht werden kann, zu einem wesentlichen Teil von dem gewählten Maßstab abhängig ist, verdeutlichen Vergleiche verschiedener Studien über agrare/agrarische Tragfähigkeit, die ganz im Vordergrund des geographischen Interesses stehen. Als Beispiele für unterschiedliche Ansätze und Methoden mögen hier Untersuchungen von A. KOLB und D. JASCHKE (1977) über Nordaustralien, von E. EHLERS (1977) über Ägypten, M. WININGER (1986) über Kenia und von H. GEIST (1989) über Senegal neben der bereits angeführten Studie von C. BORCHERDT und H.-P. MAHNKE (1973) genannt sein.

5 Wanderungen

5.1 Wanderungen als Teil von Mobilitätsvorgängen
Definitionen

Wanderungen bilden neben der natürlichen Bevölkerungsbewegung den zweiten Bestimmungsfaktor für Veränderungen von Zahl und Zusammensetzung der Bevölkerung innerhalb begrenzter Räume, und zwar wirken sie sich heute in aller Regel um so stärker aus, je kleiner die räumlichen Einheiten sind. Sie können hier die Bevölkerungsentwicklung weit nachhaltiger beeinflussen als ein Geburtenüberschuß oder -dezifit und vor allem auch eine nachhaltige, oft einseitige Veränderung der Bevölkerungsstruktur zur Folge haben, wie es Beispiele von „Kolonien", von „Neuen Städten", innerstädtischen Zu- und Abwanderungsgebieten oder auch von Siedlungen zeigen, die als Altersruhesitze aufgesucht werden.

Bevor man sich näher mit Erscheinungsformen, Ursachen und Auswirkungen von Wanderungen befassen kann, sind die Zusammenhänge mit anderen Formen der Mobilität zu betonen, und eine nähere Definition dessen, was unter Wanderung verstanden werden soll, ist erforderlich. Als *Mobilität* ganz allgemein ist – soweit sich dieser Begriff auf die Bevölkerung bezieht – der Wechsel eines Individuums zwischen bestimmten Einheiten eines Systems zu bezeichnen. Handelt es sich um Einheiten eines sozialen Systems, zwischen denen ein solcher Wechsel vollzogen wird, dann spricht man von sozialer Mobilität, und je nachdem, ob der Wechsel zwischen Positionen verschiedenartigen oder gleichartigen Status', vorgenommen wird, läßt sich in diesem Sinne vertikale bzw. horizontale Mobilität unterscheiden (M. VANBERG 1971). Es ist nicht zweckmäßig – wie es bisweilen geschieht –, den Begriff der horizontalen Mobilität mit Wanderung gleichzusetzen, da wir als Wanderung ja allein bestimmte Bewegungen zwischen räumlichen Positionen bzw. Einheiten kennzeichnen wollen. Wohl läßt sich von regionaler, räumlicher oder – etwa mit G. ALBRECHT (1972) – von geographischer Mobilität sprechen, doch wird man auf den Begriff Wanderung nicht verzichten können, weil räumliche Mobilität zweifellos mehr umfaßt – letztlich jede Verkehrsteilnahme –, Wanderung dagegen eine Ortsveränderung kennzeichnet, die an bestimmte Kriterien namentlich der Dauer und der Distanz gebunden ist.

Selbstverständlich bestehen zwischen sozialer Mobilität und Wanderung oder
räumlicher Mobilität enge Verknüpfungen. Ein Wechsel des Arbeitsplatzes,
des Berufs oder der Ausbildungsstätte kann häufig nur dann erfolgen, wenn
im Zusammenhang damit auch die Wohnung verlegt wird, und die Veränderung einer Gesellschaft, etwa im Zuge der Entwicklung von der Agrar- zur
Industriegesellschaft, ist gar nicht denkbar, wenn damit nicht auch weitreichende Veränderungen der Bevölkerungsverteilung – eben durch Wanderungen – einhergehen. Auf derartige Zusammenhänge wird deshalb nachfolgend
einzugehen sein, wenn der Versuch unternommen wird, bestimmte Formen
des Wanderungsgeschehens zu beschreiben und zu erklären.

Zunächst ist es also erforderlich, *Wanderungen* näher zu kennzeichnen. Es kann
sich nicht darum handeln, jede Form der räumlichen Bewegung des Menschen
(z.B. bei Einkäufen, bei Urlaubsfahrten oder beim Aufsuchen des außerhalb
der Wohnung gelegenen Arbeitsplatzes) unter dem Begriff Wanderung zu subsumieren. Bewegungen, die von einem festen Ort bzw. von der Wohnung ausgehen, aber wieder dorthin zurückführen und täglich, wöchentlich oder auch
in etwas größeren Zeitabständen mehr oder weniger regelmäßig wiederholt
werden, sollten unberücksichtigt bleiben, weil für sie durchaus andere Bestimmungsfaktoren und Auswirkungen charakteristisch sind als für den Wohnungswechsel.

Schwieriger wird es schon, saisonale Bewegungen, wie sie etwa von Hirten
oder auch Handwerkern und Händlern mit zeitweiliger Verlegung des Wohnsitzes durchgeführt werden, oder aber – um ein anderes Beispiel zu nennen –
die sich manchmal über Monate oder vielleicht gar Jahre hinziehende „Wanderung" eines westafrikanischen Pilgers nach Mekka einzuordnen. Es gibt wohl
kaum eine Möglichkeit, aus den Tatbeständen selbst eine eindeutige Bestimmung dessen, was als Wanderung zu bezeichnen ist, abzuleiten, da sich in der
Realität die verschiedensten Formen räumlicher Bewegung miteinander verzahnen und ineinander übergehen und weder die Bedingungen, unter denen
sie zustande kommen und ablaufen, noch die Auswirkungen auf einen gemeinsamen Nenner zu bringen sind. Im Rahmen der hier vorliegenden Einführung in Fragen der Bevölkerungsgeographie, in der hauptsächlich jene
Wanderungen Berücksichtigung finden sollen, die in der Gegenwart und in der
jüngeren Geschichte der heutigen Industrieländer Bedeutung erlangt haben,
erscheint es jedoch zweckmäßig, den *Wohnungswechsel* als entscheidendes Kriterium zu verwenden, um damit einer weithin gebräuchlichen Definition der
Wanderung zu folgen. Es werden damit nicht berücksichtigt: Bewegungen von
Sammlern, Jägern, Nomaden oder auch Wanderfeldbauern, die tägliche oder

wöchentliche Pendelwanderung, Geschäftsreisen und alle jene räumlichen Bewegungen, die mit Freizeit und Urlaub verbunden sind.

Gleichzeitig mit dem Wohnungswechsel kann ein Wechsel des Arbeitsplatzes, der Ausbildungsstätte und auch der zur Versorgung und zur Erholung aufgesuchten Orte erfolgen, doch sollten solche Veränderungen nicht als notwendige Merkmale einer Wanderung betrachtet werden, wenn man sich nicht lediglich auf Teilaspekte des vor allem für unsere heutige Gesellschaft charakteristischen Wanderungsgeschehens beschränken will.

Eine weitere Frage bei der Definition von Wanderung ist die, wie weit die bei dem Ortswechsel zurückgelegte *Distanz* Berücksichtigung finden muß. Es mag naheliegen, von einer Wanderung nur dann zu sprechen, wenn der Wohnungswechsel in eine andersartige Wohnumgebung führt und nicht etwa auch einen Umzug innerhalb des gleichen Hauses zu berücksichtigen. Abgesehen von Schwierigkeiten der statistischen Erfassung erscheint es jedoch kaum sinnvoll, Mindestentfernungen zwischen alter und neuer Wohnung für den Wanderungsfall festzulegen oder etwa davon auszugehen, daß nur ein Wechsel der Wohngemeinde als Wanderung registriert werden sollte. Die geringe Brauchbarkeit eines derartigen Kriterium ergibt sich allein aus der völlig unterschiedlichen Größe von Gemeinden sowohl innerhalb eines Landes als auch beim Vergleich verschiedener Länder untereinander.

Schließlich muß noch die Frage Berücksichtigung finden, ob und wieweit auch ein zeitlich befristeter Wechsel der Wohnung als Wanderung zu bezeichnen ist. Hier können sich einige Schwierigkeiten ergeben, wenn man nicht allein an die vielfältigen Formen der räumlichen Mobilität in den wirtschaftlich sehr weit entwickelten Ländern denkt, sondern auch an die Bedingungen, unter denen viele Menschen in den Entwicklungsländern leben. Bei der Untersuchung des Mobilitätsverhaltens einzelner Bevölkerungsgruppen kann es durchaus von erheblicher Bedeutung sein, der Frage nach der zeitlichen Limitierung eines Wohnungs- bzw. Wohnplatzwechsels gesondert nachzugehen. Grundsätzlich sollte – nicht zuletzt wegen der Schwierigkeit der Erfassung derartiger Sonderfälle – daran festgehalten werden, jeden, auch den von vornherein nur für einen sehr begrenzten Zeitraum geplanten Wohnungswechsel, als Wanderung zu betrachten. In vielen Fällen stellt sich ja nachträglich heraus, daß das tatsächliche Verhalten eines Migranten ganz anders aussieht als das geplante.

Für eine Unterscheidung verschiedener Formen der Wanderung (s. Kap. 5.5) sind neben den bisher genannten Merkmalen selbstverständlich noch weitere zu berücksichtigen. So ist es wichtig festzustellen, wie viele Menschen sich an einer Wanderung beteiligen, bei Wanderungen zwischen verschiedenen Räumen nach dem Wanderungsvolumen zu fragen, und zwar sowohl durch Ermittlung absoluter wie relativer Zahlen. Gerade an dem Verhältnis von Wandernden und Nicht-Wandernden ist ja in der Regel erst die Bedeutung von Wanderungsvorgängen für die davon betroffenen Räume zu ermessen. Neben der Frage nach der Zusammensetzung der Migranten (und ggf. auch der Nicht-Migranten) kann weiter wichtig sein, auch die Organisationsform zu berücksichtigen, in der eine Wanderung erfolgt, d.h. festzustellen, ob es sich um Einzelwanderung oder um Wanderung in kleinen bzw. größeren Gruppen handelt, und zu ermitteln, wie weit die Wanderung gelenkt, erzwungen oder ungelenkt erfolgt. Schließlich kommen Ansätze zu einer Typisierung von Wanderungen nicht daran vorbei, auch den Ursachen und Auswirkungen nachzugehen, sofern daraus nicht gar ein primäres Einteilungsprinzip abzuleiten ist.

5.2 Erfassung von Wanderungen und Maßzahlen

Obwohl die Bedeutung der Wanderungen für die regionale Bevölkerungsentwicklung, insbesondere auch für Veränderungen der Bevölkerungsstruktur mit ihren Auswirkungen in wirtschaftlichen und sozialen Bereichen, schon lange erkannt ist, existiert eine ausführliche *Wanderungsstatistik* – wenn überhaupt – in den meisten Ländern erst seit relativ kurzer Zeit. Europäische Staaten interessieren sich seit der zweiten Hälfte des vergangenen Jahrhunderts zunächst vornehmlich für die Auswanderung, die z.T. in sehr differenzierter Weise erfaßt wurde. Eine umfassende Statistik der Binnenwanderung ist dagegen kaum vor 1900 zu finden, es sei denn für einzelne Städte oder kleinere Territorien und Verwaltungseinheiten. In Deutschland erfolgte eine zentrale Registrierung von Binnenwanderungen erstmals im Jahre 1938 aufgrund der damals eingeführten neuen Reichsmeldeordnung (s. P. FLASKÄMPER 1962, S. 413 f.) Es gibt aber heute keineswegs in allen Industrieländern ein in ähnlicher Weise ausgebautes Meldewesen, so daß es oft schwer ist, allein einen Überblick über das Ausmaß von Wanderungen zu gewinnen. Es ist bezeichnend, daß in den Vereinigten Staaten, wo es keine Meldepflicht gibt, die Frage, wie überhaupt der einzelne Wanderungsfall festgestellt werden kann, einen wichtigen Teil der Wanderungsforschung ausmacht. Günstiger noch als in der Bundesrepublik liegen die Verhältnisse in Schweden, wo die Wanderungsgeschichte jedes einzelnen Bewohners an Hand von Personalkarten verfolgt und mit anderen persönlichen Daten in Verbindung gebracht werden kann.

Wenn die Möglichkeit, Wanderungen aufgrund einer gesetzlichen Meldepflicht oder sonstiger offizieller Unterlagen genauer zu erfassen, nicht besteht, kann man sich bis zu einem gewissen Grade mit „nachträglicher Erfassung" helfen (vgl. hierzu und zum Folgenden u.a. K SCHWARZ 1969, R. WOODS 1979).

Man stellt Bevölkerungsbilanzen auf, indem man von der Bevölkerungszahl zu zwei verschiedenen Zeitpunkten (Volkszählungen) ausgeht und die in der Zwischenzeit registrierten Geburten und Sterbefälle berücksichtigt. Die verbleibende Differenz ergibt den Wanderungssaldo. Damit ist allerdings weder eine Aussage über den tatsächlichen Umfang der Wanderung möglich noch über Wanderungsverflechtungen. Es läßt sich z.b. nicht feststellen, auf Kosten welcher Regionen ein hoher Wanderungsgewinn in der Region X zurückzuführen ist usw. Sofern bei Zählungen auch der frühere Wohnsitz, etwa vor 5 Jahren, und/oder der Geburtsort erfragt wurden, sind weitere Einblicke möglich, doch sind einer „nachträglichen Erfassung" allein durch den notwendigen zeitlichen Abstand großer Zählungen und den erforderlichen Aufwand sehr bald Grenzen gesetzt.

Selbstverständlich sind auch bei „unmittelbarer Erfassung" von Wanderungen durch „Meldebögen" und dergleichen nicht alle für wissenschaftliche Fragestellungen und praktische Erfordernisse wünschenswerte Angaben zu gewinnen. Das auf diese Weise zusammenkommende Material hat jedoch erhebliche Vorzüge gegenüber jenen Statistiken, die auf „nachträglicher" Erfassung beruhen.

Die vom Statistischen Bundesamt veröffentlichten Daten weisen Wanderungen innerhalb verschiedener Verwaltungsgebiete und über deren Grenzen hin aus nach, enthalten Angaben über Wanderungsgewinne und Wanderungsverluste, über bestimmte Wanderungsströme und über einige, jedoch nicht alle auf den Meldebögen enthaltene persönliche Merkmale der Wandernden. Besondere Probleme ergeben sich einmal aus der Auswahl von Gemeinden als Erhebungseinheiten (hier vermag allerdings die Städtestatistik wichtige Lücken zu schließen), zum anderen eben aus der im Rahmen einer amtlichen Statistik notwendigerweise beschränkten Auswahl von Merkmalen der Wandernden. Insbesondere hervorzuheben ist wohl eine nicht ausreichende Berücksichtigung des sozialen Status' der Wandernden und deren Stellung im Lebenszyklus (s. M. VANBERG 1971, S. 23 ff.). Informationen über Wanderungsgründe sind aus der amtlichen Statistik nicht zu entnehmen.

Es gibt nun eine ganze Reihe von Möglichkeiten, sich zusätzliche Informationen über Wanderungen zu verschaffen. Aufschlüsse über Motive, soziale Positionen von Migranten, über die mit einer Wanderung verbundenen Änderungen anderer Formen der räumlichen Bewegung, sind jedoch in aller Regel nur durch Befragungen zu gewinnen.

Bevor auf die Frage eingegangen werden kann, wodurch Wanderungen ausgelöst werden, sind zunächst noch einige Begriffe bzw. Maßzahlen zu erläutern, die bei der Untersuchung des Wanderungsgeschehens häufig Verwendung finden.

1. Unter dem Gesichtspunkt der Reichweite wird im allgemeinen zwischen *Binnenwanderung* und *Außenwanderung* unterschieden, je nachdem, ob die Wanderung innerhalb eines Gebietes (Gemeinde, Kreis, Land) oder über die Grenzen dieses Gebietes hinweg erfolgt. In der amtlichen Statistik werden Wanderungen innerhalb einer Gemeinde als Umzüge bezeichnet, bei der Außenwanderung heißt es dagegen Zuzug oder Fortzug. Handelt es sich um Wanderungen über Staatsgrenzen, dann spricht man von internationalen Wanderungen bzw. von Einwanderung oder Auswanderung.

2. Das *Wanderungsvolumen* bezeichnet die Summe der Wanderungen innerhalb eines Gebietes, faßt also Binnenwanderung und Außenwanderung zusammen. Es läßt sich aber auch nach Binnen- und Außenwanderungsvolumen unterscheiden, wobei die Ermittlung des Binnenwanderungsvolumens durch Auswertung der Anmeldescheine erfolgt, während bei der Außenwanderung An- und Abmeldescheine Berücksichtigung finden.

3. Die *Mobilitätsziffer* gibt das Wanderungsvolumen auf 1000 Einwohner bezogen an.

4. *Wanderungssaldo* ist die Differenz aus Zu- und Abwanderung. Es ergibt sich ein Wanderungsgewinn oder Wanderungsverlust, der in absoluten Zahlen oder je 1000 Einwohner angegeben wird. Selbstverständlich läßt sich dieser Wert, ebenso wie die Mobilitätsziffer und andere Kennziffern auch allein für bestimmte Teile der Bevölkerung (männliche oder weibliche Personen, Altersgruppen, Berufsgruppen etc.) berechnen.

5. Die *Effektivitätsziffer* drückt das Verhältnis von Wanderungssaldo (S) und Wanderungsvolumen (V) aus: $S/V \cdot 100$. Bei gleichem Saldo ergibt sich also eine um so größere Effektivitätsziffer, je geringer die Zahl der Wanderungsfälle ist. In Tab. 26 sind Wanderungsvolumen, Saldo und Effektivitätsziffer bei Außen- und Binnenwanderung in der Bundesrepublik für einige Jahre zusammengestellt, um damit die Aussagekraft der verschiedenen Maßzahlen zu verdeutlichen.

Während für den Außenwanderungssaldo starke Schwankungen festzustellen sind, die in erster Linie von der Konjunktur abhängen, zeigt das Binnenwanderungsvolumen einen deutlichen Rückgang. Dabei ist zu berücksichtigen, daß in der ersten Hälfte der 70er Jahre im Zuge von Verwaltungsreformen zahlreiche Gemeinden zusammengelegt und dadurch Gemeindegrenzen überschreitende Binnenwanderungen zu Umzügen wurden. Es gibt aber eine Reihe von weiteren Faktoren für den Mobilitätsrückgang, der auch in anderen Industrieländern zu beobachten ist (für die USA: P.A. ROGERSON 1987). Solche Faktoren aus den Bereichen der Arbeitsmarktsituation, des Wohnungsangebots, demographischer Merkmale wie der Zunahme relativ immobiler älterer Personen, der weiblichen Erwerbstätigkeit u.a. wurden im Sammelband von W. WEIDLICH und G. HAAG (1988) vergleichend analysiert. Die wieder höhere Mobilitätsziffer im Jahr 1995 ist vor allem auf Umverteilungen von Aussiedlern und Asylbewerbern zurückzuführen.

Tab. 26 Außen- und Binnenwanderung in der Bundesrepublik Deutschland 1972-1995 (Quelle: Statist. Jahrbücher f. d. BRD)

Jahr	Außenwanderung					Binnenwanderung (ohne Umzüge)	
	Zuzüge	Fortzüge	Vol.	Saldo	Eff.ziffer	Vol.	Mob.ziffer
	(Angaben in 1000)					1000	
1972	903	572	1475	+331	+22,4	3697	60,0
1976	498	570	1069	- 72	- 6,8	2989	48,6
1980	753	442	1195	+312	+26,1	3024	49,1
1984	457	608	1065	- 151	- 14,2	2528	41,3
1988	904	422	1326	+482	+36,3	2552	41,5
1995	1096	698	1794	+398	+22,2	3951	48,4

5.3 Wanderungsgründe

Geht man nun der Frage nach, wodurch Wanderungen ausgelöst werden, dann ist es wohl kaum erforderlich darauf hinzuweisen, daß sich eine ungemein große Zahl verschiedener Ursachen anführen läßt, daß die Motive, die zu einem Wanderungsentschluß führen und ihn auch zur Ausführung kommen lassen, äußerst vielfältig sind und viele Wanderungen durch äußere Zwänge zustande kommen. Es gibt ganze Kataloge von Wanderungsgründen, auf deren Wiedergabe hier verzichtet werden kann. Immerhin erscheint es notwendig, einige der immer wieder genannten „Hauptgründe" anzuführen und deren Bedeutung wenigstens kurz zu erörtern.

Zu den Fragen, mit denen sich Geographen schon seit langem befaßt haben, gehört die nach dem Einfluß der *natürlichen Umwelt* auf das Zustandekommen von Wanderungen oder auch auf die Ausbildung von Wanderungsgrenzen. Es lassen sich leicht zahlreiche Beispiele anführen, wo besondere Naturereignisse wie Überschwemmungen, Vulkanausbrüche, zeitweilige oder dauerhafte Klimaverschlechterungen oder auch durch den Menschen selbst ausgelöste Zerstörungen der natürlichen Umwelt und die Erschöpfung natürlicher Ressourcen Bevölkerungsgruppen dazu gezwungen haben, ihre Siedlungen aufzugeben, aus den bisherigen Lebensräumen abzuwandern und sich anderswo unter „günstigeren" Bedingungen niederzulassen. In derartigen Fällen sind Ursache und Wirkung in der Regel eindeutig auszumachen, jedenfalls dann, wenn für den Menschen keine Möglichkeit besteht, in irgendeiner anderen Form zu reagieren.

Nicht jedes Naturereignis, durch das die Lebensbedingungen entscheidend verschlechtert werden, löst jedoch zwangsläufig eine Wanderung aus, wird es doch nicht von allen Menschen in gleicher Weise wahrgenommen und in gleicher Weise bewertet. Vielmehr erfolgen dementsprechend in aller Regel unterschiedliche Reaktionen, und es ist deshalb in vielen Fällen nicht möglich, einen einfachen Zusammenhang zwischen sich ändernden Bedingungen des natürlichen Lebensraumes und in Gang kommenden räumlichen Bewegungen herzustellen.

Ähnliches gilt für die Rolle „natürlicher Barrieren" bzw. „natürlicher Leitlinien", die Wanderungsströme begrenzen oder begünstigen können. Damit ist selbstverständlich nicht gesagt, daß Faktoren der natürlichen Umwelt aus Erklärungsansätzen von Wanderungen einfach fortgelassen werden können, wie es teilweise als Reaktion auf offensichtlich falsche Ansätze von Vertretern eines geographischen Determinismus' geschehen ist. Im ganzen wird man davon ausgehen können, daß den Naturfaktoren eine um so größere Bedeutung beizumessen ist, je stärker die betreffende Bevölkerungsgruppe noch unmittelbar auf die Nahrungsproduktion in einer weitgehend auf die Selbstversorgung gerichteten Wirtschaft angewiesen ist und je geringer die technischen Möglichkeiten sind, räumliche Hindernisse zu überwinden.

Eine besonders wichtige Rolle ist bei vielen Wanderungen ganz sicher *ökonomischen Gründen* beizumessen. Man denke an Stichworte wie Landflucht, Abwanderung aus wirtschaftlich rückständigen Gebieten, an Auswanderung oder weiträumige Arbeiterwanderungen usw. Allerdings ist auch in solchen Fällen gewöhnlich nur ein Teil der Phänomene ökonomisch erklärbar. Wie anders sollte es denn zu verstehen sein, wenn eine schwierige wirtschaftliche Situation, die sich etwa mit den Einkommensverhältnissen oder dem Ernährungszustand messen läßt, nicht bei allen betroffenen Menschen zu gleichen Reaktionen führt. Das typische Ergebnis von Untersuchungen über Abwanderungsgebiete mit schlechten wirtschaftlichen Bedingungen ist ja das, daß jeweils nur ein Teil der dort lebenden Bevölkerung aufgrund einer als unzureichend oder untragbar empfundenen Situation abwandert, womit in einigen Fällen vielleicht eine Verbesserung der Lebensbedingungen innerhalb des Abwanderungsgebietes ermöglicht wird, in anderen Fällen aber auch – etwa infolge einer Verschlechterung der Versorgungsbedingungen – das Gegenteil eintreten kann.

Wohnungsprobleme und der Wunsch nach einer Veränderung der Wohnumgebung sind gerade in unserer Gesellschaft ein weiterer wichtiger Wanderungsgrund. Daß sich dadurch ausgelöste Wanderungen in ihren Merkmalen (Alterszusammensetzung, Lebenszyklusstadium und sozialer Status der Migranten, Reichweite und Richtung der Wanderung) meist deutlich von ökonomisch motivierten Wanderungen unterscheiden, wird später an Beispielen ausführlicher dargelegt. Es bedarf hier kaum einer nochmaligen Betonung, daß auch die durch die Suche nach einer neuen Wohnung ausgelöste Wanderung in aller Regel durch eine Reihe weiterer Bestimmungsfaktoren beeinflußt ist.

Die vorstehende sehr unvollständige Aufzählung von einigen häufig anzutreffenden Wanderungsgründen muß mindestens noch ergänzt werden durch die Erwähnung von Zwangswanderungen und von Wanderungen, die aus religiösen oder ideologischen Gründen vorgenommen werden, wofür ebenfalls Beispiele zu nennen sein werden.

5.4 Zu den Auswirkungen von Wanderungen

Auch in diesem Abschnitt sollen lediglich einige im Rahmen bevölkerungsgeographischer Untersuchungen besonders interessierende Aspekte herausgestellt werden, ohne daß in irgendeiner Weise Vollständigkeit angestrebt wird. Nähere Angaben bleiben späteren Ausführungen vorbehalten, in denen ausgewählte Wanderungsvorgänge mit ihren spezifischen Merkmalen behandelt werden.

Ganz sicher gehört zu den wichtigsten Auswirkungen von Wanderungen auf die davon betroffenen Räume der mit sehr vielen Wanderungen verbundene *Selektionsvorgang.* Abgesehen von Zwangswanderungen, denen die gesamte Bevölkerung eines Gebietes unterworfen sein kann (Aussiedlung, Umsiedlung, Vertreibung) und die gerade in der jüngeren Vergangenheit in allen Teilen der Erde zu verzeichnen sind, beteiligen sich, wie bereits betont, in aller Regel nur bestimmte Teile der Bevölkerung an einer Wanderung und zwar ganz unabhängig von den zur Wanderung führenden Gründen. Sowohl in den Abwanderungs- wie in den Zuwanderungsgebieten wird auf diese Weise die Bevölkerungszusammensetzung mehr oder weniger stark verändert, etwa in bezug auf die Altersgliederung, die Sexualproportion oder auch den Beruf und den Ausbildungsstand.

Abwanderungsgebiete verlieren meist einen mehr oder weniger großen Anteil bestimmter Altersgruppen. Sofern es sich um Wanderungen aus wirtschaftlichen Gründen handelt, sind es gewöhnlich die jüngeren Erwachsenen und unter ihnen diejenigen, die keinen ihren Kenntnissen und Fähigkeiten entsprechenden Arbeitsplatz finden können. Die Zuwanderungsgebiete erfahren eine entsprechende Verstärkung an Erwerbspersonen dieses Alters. Daß sich daraus weiterreichende Konsequenzen nicht nur für die natürliche Bevölkerungsentwicklung (Geburtenhäufigkeit, Sterblichkeit), sondern auch für die Zusammensetzung von Familien und Haushalten sowie vor allem auch in wirtschaftlicher und sozialer Hinsicht ergeben können, braucht nicht besonders betont zu werden.

Vielfach handelt es sich auch um eine Selektion von Persönlichkeitstypen, die dann sowohl in Abwanderungs- als auch in Zuwanderungsgebieten zu Problemen führen kann bzw. neuartige Verhaltensweisen aufkommen läßt. Was hier geschieht, hängt nicht zuletzt von den die Wanderung auslösenden Faktoren ab, und es ist sicher nicht so, daß unter den Migranten immer nur die besonders aktiven, leistungsmotivierten Teile der Bevölkerung zu finden sind, die eine „positive" Auslese aus der Gesamtbevölkerung bilden. Das schließt nicht aus, daß zu Stagnation oder sozialem und wirtschaftlichem Rückschritt mancher klassischer Abwanderungsgebiete – wie es in Mitteleuropa seit dem Beginn der Industrialisierung viele Gebirgsräume waren – Selektionswirkungen im negativen Sinne, eben durch die Abwanderung potentieller Träger von Innovationen, beigetragen haben können. In vielen Fällen, in denen so argumentiert wird, um wirtschaftlichen und sozialen Rückstand zu erklären, liegen allerdings durchaus nicht hinreichende Belege dafür vor.

Denkt man an Zusammenhänge zwischen regionalen Disparitäten in der Wirtschaftsstruktur und Wanderungen, dann wird auf der einen Seite herauszustellen sein, daß es ja gerade derartige Disparitäten sind, die zu Wanderungen führen. Zugleich ist aber auch zu fragen, ob ein hohes Maß an räumlicher Mobilität, der keine entscheidenden Barrieren entgegenstehen, nicht schließlich dazu führt, daß regionale Unterschiede – etwa im Einkommen – wieder ausgeglichen werden. Gerade dies ist die These der neoklassischen ökonomischen Theorie. Offenbar sind für einen derartigen Effekt in wirtschaftlich sehr weit entwickelten Ländern durchaus Voraussetzungen gegeben (s. die Ausführungen über Änderungen der Bevölkerungsverteilung in den USA, Abschnitt 2.2). Die Mehrzahl der empirischen Befunde hat allerdings bisher zu anderen Ergebnissen geführt, indem eben durch Wanderungen eine Verstärkung regionaler Gegensätze hervorgerufen wurde.

Als unmittelbare Auswirkungen von Wanderungen sind besonders häufig festzustellen: Überangebot oder Mangel an (qualifizierten) Arbeitskräften, Verschiebungen in der Abhängigkeitsrelation, Überalterung oder überstarker Besatz der jüngeren Altersgruppen, Veränderungen der Sozialstruktur und – in Zuwanderungsgebieten – u.U. das Auftreten von Integrationsproblemen.

5.5   Zur Typisierung von Wanderungen

Ansätze zu einer Klassifizierung bzw. Typisierung von Wanderungen gibt es schon seit langem, ohne daß es zu einem allseits befriedigenden Konsens gekommen wäre. Das kann aber auch kaum erwartet werden, sofern man sich nicht lediglich auf sehr wenige Kriterien beschränkt, die einen groben Rahmen für die Unterscheidung einiger wichtiger Grundtypen darstellen. Ansonsten ergeben sich aus den mit einer Typisierung verfolgten Anliegen zahlreiche Möglichkeiten zu einer weitergehenden Differenzierung, etwa unter dem Gesichtspunkt der Reichweite, der die Wanderung auslösenden Faktoren oder auch der Auswirkungen von Migrationsvorgängen.

Neben anderen Wissenschaften hat sich auch die Geographie bereits früh mit klassifikatorischen Möglichkeiten der Wanderungsvorgänge befaßt. Vor allem F. RATZEL hat in seiner „Anthropogeographie" (1891), die MORITZ WAGNER, dem Begründer einer geographischen Migrationstheorie gewidmet ist, wichtige Anregungen gegeben. Ein umfassendes Klassifikationsschema hat dann 1948 M. SORRE in „Les Fondements de la Géographie Humaine" vorgelegt. Es wird hier u.a. zwischen Wanderungen organisierter Gruppen (Völkerwanderung, Nomadismus, Kolonisation) und Einzelwanderung (hauptsächlich ausgelöst

durch die Suche nach Arbeitsmöglichkeiten) unterschieden, zeitliche und
räumliche Aspekte der Wanderungen finden ebenso Beachtung wie Wanderungsvorgänge, die für bestimmte Stadien der Gesellschafts- und Wirtschafts-
entwicklung charakteristisch sind.

Demjenigen, der den Blick vornehmlich auf das Wanderungsgeschehen in
wirtschaftlich hoch entwickelten Ländern gerichtet hat, wird die Klassifikation
von M. SORRE kaum ausreichend erscheinen, weil typische Formen der Wanderung innerhalb einer Industriegesellschaft, wie etwa die wohnungs- oder
freizeitorientierte Wanderung, keine Berücksichtigung finden. Gleichzeitig
mag auf der anderen Seite eine zu starke Differenzierung bei jenen Wanderungen gesehen werden, die entweder weitgehend der Vergangenheit angehören
oder doch heute nur noch für kleine Bevölkerungsgruppen bzw. eng umgrenzte Räume Bedeutung haben. Kritischer ist aber wohl einzuwenden, daß
der Klassifikation kein einheitliches Prinzip zugrunde liegt, daß es sich mehr
oder weniger um einen Katalog verschiedener Arten der räumlichen Bewegung handelt, der aus den damaligen Anliegen geographischer Forschung zu
verstehen ist, aber auch heute noch wichtige Hinweise zu geben vermag. Insbesondere gilt dies für die Verdeutlichung der Vielfalt von Erscheinungsformen räumlicher Mobilität.

Nun läßt sich dem Klassifikationsschema von M. SORRE nicht ein anderes als
besonders für die geographische Betrachtung von Wanderungen ideal erschei-
nendes Einteilungsprinzip gegenüberstellen. Immerhin gibt es eine Anzahl von
interessanten und weiterführenden Ansätzen, unter ihnen ein solcher von E.
KANT (1953), der sich in erster Linie auf die Wanderungen innerhalb von Industriegesellschaften bezieht und das chorologische Kriterium in den Vordergrund stellt. KANT unterscheidet u.a. zwischen ortsinneren (intralokalen), ge-
bietsinneren (intraregionalen), zwischenörtlichen (interlokalen) und zwischen-
gebietlichen (interregionalen) Wanderungen und berücksichtigt weiter etwa
umweltständige und umweltwechselnde Wanderungen, womit er der geographischen Migrationsforschung wichtige Anstöße vermittelt hat.

Zu den umfassenden Typologien von soziologischer Seite (s. hierzu H.-J.
HOFFMANN-NOWOTNY 1970, S. 55ff., P. FRANZ 1984, S. 50ff.) gehört die
von W. PETERSEN, die 1958 veröffentlicht wurde und hier wiedergegeben sei
(Übersetzung aus dem Englischen von G. HEILIGENSTÜHLER in G. SZELL
1972, S. 109).

Beziehung	Ursache der Wanderung	Art (Klasse) der Wanderung	Wanderungstypus konservativ	innovierend
Natur und Mensch	ökologischer Druck	ursprünglich	Wanderung - Ranging -	Landflucht
Mensch und Staat (oder Äquivalent)	Wanderungs- politik	gewaltsam zwangsweise	Verschleppung Flucht	Sklavenhandel Kuli-Handel
Mensch und seine Normen	Streben nach Besserem	freiwillig	Gruppenwanderung	Pioniere
Kollektives Verhalten	Soziale Verhältnisse	massenhaft	Besiedlung	Verstädterung

Von Interesse ist bei dieser nicht ins Detail gehenden Typologie einmal die gerade für die Untersuchung räumlicher Konsequenzen von Wanderungen wichtige Unterscheidung von konservativen und innovativen Wanderungstypen. Als konservativ ist dabei jene Wanderung zu verstehen, die – wenn nicht erzwungen – von Menschen als Reaktion auf Veränderungen ihrer Lebensbedingungen im bisherigen Siedlungsraum durchgeführt wird. Sie wandern, um das zu bewahren, was sie hatten, sie ziehen in ein anderes Land, in ein anderes Gebiet, um ihre bisherige Lebensweise beibehalten bzw. verbessern zu können, nicht aber, um sich mit den Wanderungen neuen Lebensformen, neuen Verhaltensweisen zuzuwenden. Ein großer Teil der Auswanderung europäischer Landbevölkerung nach Übersee während des 19. Jahrhunderts ist unter diesem Gesichtspunkt zu sehen. Innovativ bedeutet dagegen eine weitgehende Umstellung, einen Neubeginn im Zielgebiet, mit dem man die eigene Situation verändern und verbessern will.

Auch die Differenzierung nach Interaktionstypen und Wanderungsursachen erscheint als ein fruchtbarer Ansatz, der Zusammenhänge besser verdeutlicht als eine alleinige Aufzählung verschiedenartiger Wanderungsgründe. PETERSEN will hier vor allem herausstellen, daß nicht allein wirtschaftliche Notwendigkeiten bzw. Not zu Wanderungen führen, sondern daß neben staatlichen Eingriffen insbesondere auch Veränderungen von Ansprüchen, Änderungen in der Bewertung der eigenen Situation und von sozialen Normen bedeutsam sind.

Die Verwendung des Begriffs „ursprünglich" (engl. primitive) in der Bezeichnung der Wanderungsklasse soll schließlich zum Ausdruck bringen, daß hier die Drucksituation das entscheidende Moment ist und die betroffenen Menschen von sich aus nicht in der Lage sind, dieser entscheidend zu begegnen. Im allgemeinen wird in solchen Fällen versucht, durch die Wanderung die bisherigen Lebensbedingungen zu erhalten bzw. wieder möglich zu machen (konservativ). Die Auswanderung aus Irland im Gefolge der großen Hungersnot um die Mitte des vergangenen Jahrhunderts, bei der viele Iren die in den USA bestehenden Möglichkeiten zur Ansiedlung auf dem Lande nicht genutzt haben, sondern in die Städte gingen, ist ein Beispiel anderer Art (innovativ). Kritik an der Typologie von PETERSEN wurde u.a. von G. ALBRECHT (1972) vorgebracht, der darauf hinwies, daß die verwendeten Kriterien nicht ausreichten, um die verschiedenen Vorgänge in der Realität einwandfrei einer der Kategorien zuordnen zu können. Besonders wurden von ihm aber Bedenken dagegen angemeldet, daß in dieser Zusammenstellung reine Klassifikation mit Erklärung vermengt wird, wogegen sich wissenschaftstheoretische Einwände vorbringen lassen.

Zur Unterscheidung von Wanderungsvorgängen vor allem in wirtschaftlich weit entwickelten und stark verstädterten Räumen hat sich als wertvoll und wichtig erwiesen, unabhängig von Distanz und anderen Merkmalen auch die Frage zu berücksichtigen, wie weit mit einer Verlegung des Wohnsitzes eine vollständige oder teilweise Änderung von Aktionsräumen (Aktivitätsräumen) vorgenommen wird. Dies geht von einem verhaltenstheoretischen Ansatz aus, bei dem der Haushalt als die Entscheidungseinheit angesehen wird. Neben älteren Arbeiten, in denen man um eine verbesserte Klassifikation von Wanderungen – etwa über die Unterscheidung von Binnen- und Außenwanderung hinausgehend – bemüht war, liegt hierzu von C.C. ROSEMAN (1971) ein wichtiger Beitrag vor.

ROSEMAN geht davon aus, daß ein Wohnungswechsel einmal verbunden sein kann mit einem Wechsel des Arbeitsplatzes (oft ist dies der Grund für den Bezug einer neuen Wohnung), der Ausbildungsstätte, des benutzten Versorgungszentrums und Naherholungsraumes, daß mit der Wanderung also eine vollständige Verlagerung des Aktionsraumes erfolgt, für den die Wohnung der Ausgangspunkt/Knotenpunkt ist. Es hat sich als zweckmäßig erwiesen, in diesem Falle von *interregionalen Wanderungen* zu sprechen (s. u.a. H.P. GATZWEILER 1975, S. 30ff.). Zu ihnen gehören zum Beispiel solche, die aus einer Stadtregion in eine andere führen oder aus ländlichen Räumen in Verdichtungsräume. Wird auf der anderen Seite eine neue Wohnung bezogen, ohne daß gleichzeitig alle oder doch die meisten zum täglichen wöchentlichen Aktionsraum gehörigen Standorte gewechselt werden, dann ist demgegenüber von *intra- oder innerregionalen Wanderungen* zu sprechen. Typisches Beispiel dafür wäre die „Randwanderung" in großstädtischen Verdichtungsräumen, die zumindest in sehr vielen Fällen durch den Wunsch nach einer „Wohnung im Grünen" oder auch dadurch ausgelöst wird, daß innerstädtischer Wohnraum durch Ausdehnung tertiärer Einrichtungen, durch Sanierungsmaßnahmen etc. verloren geht. Abb. 29 stellt verschiedene Möglichkeiten der Wanderung unter dem Gesichtspunkt der Beibehaltung oder Verlagerung von Aktionsräumen dar, wobei zu bemerken ist, daß die Erfassung derartiger Vorgänge natürlich ungleich größere Schwierigkeiten bereitet als die alleinige Erfassung des Merkmals Distanz. In der Regel liegen zwar für die Pendelwege zwischen Wohn- und Arbeitsorten massenstatistische Daten vor, nicht aber für die übrigen Wege im Aktionsraum. Da aber die Pendelbeziehungen vielfach einen bestimmenden Einfluß auf die räumliche Konfiguration von Aktionsräumen haben, wird häufig „Region" im Sinne von C. ROSEMAN durch Pendlereinzugsbereiche von Arbeitsplatzzentren operationalisiert. Eine Wohnungsverlagerung innerhalb dieses Raumes wird oft ohne Veränderung des Arbeitsplatzes erfolgen, so daß die alten Knotenpunkte teilweise erhalten bleiben.

a) Beibehaltung der alten Knotenpunkte
nach Wanderung

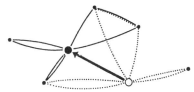

b) Teiländerung der alten Knotenpunkte
nach Wanderung

Abb. 29   Wanderungen und Aktionsraum (nach J. NIPPER 1975, S. 89)

c) Vollständige Änderung der
Knotenpunkte nach Wanderung

Ohne auf die aus dem vorstehenden Ansatz von C.C. ROSEMAN abgeleiteten Aussagen zur Theorie der Wanderung einzugehen, sei hier lediglich auf die Bedeutung hingewiesen, die sich aus einer Unterscheidung inter- und innerregionaler Wanderungen für die Siedlungsentwicklung, die Raumgliederung oder auch für ein Verständnis von Eingliederungsprozessen bei Migranten ergibt. Schließlich sei noch auf das Konzept zur Erfassung von Wanderungen hingewiesen, das T. HÄGERSTRAND (1975) im Rahmen seines zeitgeographischen Ansatzes entwickelt hat. Innerhalb eines dreidimensionalen Raum-Zeit-Kontinuums mit der Grundebene des Raumes und der 3. Achse als Zeitachse wird für ein Individuum oder einen Haushalt eine „Lebenslinie" erstellt, an der sich verfolgen läßt, wo und wann eine neue Wohnung bezogen wurde. Durch Projektion der „Lebenslinie" auf die Grundfläche ergibt sich das räumliche Muster der Wohnstandorte. An derartigen Mustern lassen sich nicht nur Wanderungsdistanzen bestimmen, sondern es kann z.b. ermittelt werden, ob Rückwanderungen in die Nähe des Heimatortes oder periodische Wanderungen vorliegen. Die Projektion der „Lebenslinie" auf die Zeitachse ergibt eine Folge von Zeitpunkten, an denen ein Wohnungswechsel stattgefunden hat. Daran läßt sich u.a. ablesen, welche Phasen im Lebenslauf durch relativ hohe und welche durch niedrige Mobilität gekennzeichnet sind. Dieses Konzept von T. HÄGERSTRAND ist zur Untersuchung von sog. Wanderungsgeschichten und zur Abgrenzung von Wanderungstypen, die die räumliche mit der zeitlichen Dimension verbinden, von besonderer Bedeutung, jedoch ist leicht einzusehen, daß die methodische Behandlung einer Vielzahl von individuellen „Lebenslinien" nicht einfach ist.

5.6   Theorie der Wanderung und Wanderungsmodelle

Die heutigen Theorien der Wanderung gehen im wesentlichen auf Arbeiten von E.G. RAVENSTEIN aus den 80er Jahren des vergangenen Jahrhunderts zurück. In seinen „Laws of Migration" (1885, 1889) hat RAVENSTEIN Aussagen über den Einfluß der Distanz auf die Wanderung, über Wanderungsablauf, Wanderungsströme, unterschiedliche Mobilitätsbereitschaft von Stadt- und Landbevölkerung, Auftreten von Selektionsvorgängen, Auswirkungen der Technologie und die Bedeutung ökonomischer Bestimmungsgründe für die Wanderung gemacht. Seine Ausführungen stützen sich vornehmlich auf die Auswertung statistischer Angaben und sind überwiegend deskriptiv (s. G.

SZELL 1972, S. 25). Erst sehr viel später ist sein Ansatz, der sich als überaus fruchtbar erweisen sollte, von E.S. LEE (1966) einen merklichen Schritt weitergeführt worden.

LEE unterscheidet vier Faktorenkomplexe, die für die Entscheidung zu wandern und für den Ablauf der Wanderung wesentlich sind:

1. Faktoren in Verbindung mit dem Herkunftsgebiet
2. Faktoren in Verbindung mit dem Zielgebiet
3. Intervenierende Hindernisse (Intervening Obstacles)
4. Persönliche Faktoren.

Die ersten drei dieser Faktorenkomplexe sind in Abb. 30 dargestellt: Es gibt in jedem Gebiet zahlreiche Faktoren, die sich dahingehend auswirken, den Menschen entweder festzuhalten oder anzuziehen. Sie sind in der Abb. mit einem + gekennzeichnet. Häufig werden sie als Pull-Faktoren bezeichnet. Auf der anderen Seite gibt es Faktoren, die den Menschen von diesem Gebiet abstoßen bzw. ihn fernhalten (Push-Faktoren) – in der Abb. mit – gekennzeichnet. Schließlich sind Faktoren vorhanden, denen gegenüber die Menschen sich weitgehend indifferent verhalten (o). Die + und - Faktoren haben nun durchaus nicht für alle Menschen die gleiche Bedeutung. LEE führt als Beispiel eine Familie mit schulpflichtigen Kindern an, für die Art und Qualität der Schule bei der Entscheidung, den Wohnstandort zu wechseln oder beizubehalten, wesentlich sein können. Einen kinderlosen Haushalt wird die Schulsituation dagegen kaum interessieren.

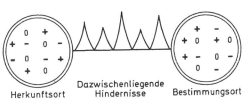

Abb. 30   Schema der die Wanderung beeinflussenden Faktoren (nach E.S. LEE 1966)

Herkunftsort   Dazwischenliegende Hindernisse   Bestimmungsort

Die Wanderung wird aber nun nicht allein durch Abwägen von positiven und negativen Faktoren im Wohngebiet und im möglichen Zielgebiet ausgelöst (wobei zu bemerken ist, daß für die Beurteilung Art und Umfang der Information eine wesentliche Rolle spielen); vielmehr gibt es zwischen jeweils zwei Punkten, dem gegenwärtigen und dem in Betracht gezogenen Wohnstandort, eine Reihe von Hindernissen, deren Überwindung mehr oder weniger große Schwierigkeiten bereitet. Dazu gehört u.a. die Distanz. Sie hat ebenso wie andere Hindernisse für verschiedene Menschen eine durchaus unterschiedliche Bedeutung, wobei persönliche Faktoren eine wesentliche Rolle spielen können.

LEE leitet nun aus diesen Grundaussagen über die für das Zustandekommen von Wanderungen wesentlichen Faktorenkomplexe eine Reihe von Hypothesen über Wanderungsvolumen, Wanderungsströme und über Merkmale der Wandernden ab. Die Thesen zur Ausbildung von Wanderungsströmen gehen z.b. von der Voraussetzung aus, daß Wanderungen zum größten Teil innerhalb wohldefinierbarer Wanderungsströme stattfinden. In Fortführung von RAVENSTEIN wird dann postuliert, daß jeder größere Wanderungsstrom einen Gegenstrom auslöst. Die Asymmetrie dieser beiden Ströme wird um so stärker sein, je mehr Minusfaktoren in einem Herkunftsgebiet wirken, und um so geringer, je ähnlicher sich beide Gebiete sind. Auf eine nähere Behandlung dieser und der weiteren Thesen muß hier verzichtet werden. Ganz zweifellos finden darin zahlreiche wichtige Aspekte von Wanderungsvorgängen ihre Berücksichtigung. Zu fragen ist allerdings, wie weit es sich nicht letztlich um eine mehr oder weniger willkürliche Zusammenstellung empirischer Befunde handelt. Im übrigen muß darauf hingewiesen werden, daß der ursprüngliche Ansatz von LEE, bei dem neben den Faktoren im Herkunfts- und Zielgebiet und den intervenierenden Hindernissen persönliche Faktoren eine entscheidende Rolle spielen, keine hinreichende Berücksichtigung findet. Mit der Anerkennung, daß positive, negative und neutrale Faktoren nicht als reale Eigenschaften der Gebiete meßbar sind, sondern als Ergebnis eines Bewertungsvorgangs durch den Entscheidungsträger angesehen werden müssen, wird die Verwertbarkeit der Thesen zumindest in Frage gestellt.

Beschränkt man die zu untersuchenden Wanderungsprozesse auf Binnenwanderungen in Industrieländern, so wird man davon ausgehen müssen, daß sich die Bestimmungsfaktoren von inter- und intraregionalen Wanderungen unterscheiden. Für die interregionalen Wanderungen spielen arbeitsplatzbezogene Faktoren meist eine entscheidende Rolle, so daß hierfür ökonomische Wanderungstheorien von besonderer Bedeutung sind. Hier dominieren heute Ansätze, die Nutzenmodelle mit dem Konzept des Humankapitals verbinden (vgl. W.A.V. CLARK 1982). Humankapital ist nach H. BIRG (1986, S. 98) „der durch Erziehung und Ausbildung erreichte Stand der menschlichen Fähigkeiten", und eine Wanderung dient dazu, diese Fähigkeiten besser einzusetzen. Da der Nutzen einer Migration, etwa hinsichtlich des Einkommens, erst längerfristig realisiert werden kann, ist die Wanderung eine Investition in die Zukunft. Im Humankapital-Ansatz wird nun davon ausgegangen, daß ein potentieller Migrant ökonomische wie nicht-ökonomische Kosten und Nutzen in einer längerfristigen Perspektive abwägt und sich dann zu einer Wohnsitzverlagerung entschließt, wenn die Bilanz positiv ausfällt. Eine solche Entscheidung wird vom erreichten Qualifikationsniveau, von Alter und Familienstand, sozialen

Netzwerken u.a. abhängen, woraus sich spezifische Hypothesen über selektive Wanderungsgruppen ergeben.

Da die intraregionalen Wanderungen sehr viel mehr von wohnungsbezogenen Gründen bestimmt werden, zieht man zu ihrer Analyse häufig Theorien des Wohnungsmarktes bzw. der Wohnungsmärkte für verschiedene Personengruppen heran. Andere theoretische Ansätze sind mehr sozialpsychologisch orientiert und sehen einen Umzug als Maßnahme, um Unzufriedenheit oder Stress abzubauen, wobei die Suche nach einer neuen Wohnung durch Aktivitäts- und Wahrnehmungsräume bestimmt wird (vgl. die Diskussion über „Nahwanderungen" im Abschnitt 5.7.4). Auf all diese Theorieansätze wie auf eine ausführliche Erörterung der allgemeinen Wanderungstheorien kann in dieser „Einführung" nicht näher eingegangen werden. Weiterführende Behandlung findet man bei G. ALBRECHT (1972), M. CADWALLADER (1992), W.A.V. CLARK (1986), H.-J. HOFFMANN-NOWOTNY (1970), P. WEBER (1982) und R. WOODS (1982). Speziell für internationale Migrationen haben D.S. MASSEY u.a. (1993) einen sehr guten Überblick über die heute verwendeten theoretischen Ansätze verfaßt. An dieser Stelle sollen lediglich noch Hinweise auf die Verwendung von Modellen in der Wanderungsforschung gegeben werden.

Modelle sind idealisierte Abbilder der Wirklichkeit. Sie dienen dazu, reale Strukturen so darzustellen, daß bedeutsame Abhängigkeiten und Beziehungen klar herausgehoben werden und Prognosen möglich sind. Infolge der komplexen Realität ist eine Generalisierung unumgänglich, d.h. Modelle können und sollen nicht die ganze Wirklichkeit abbilden, sondern einen faßbaren und im Hinblick auf die Erforschung eines bestimmten Phänomens wichtigen Teil davon. Welche Variablen im einzelnen in ein Modell eingehen und in welche Beziehung sie zueinander gesetzt werden, hängt wesentlich von der Fragestellung und den theoretischen Annahmen ab, die den Ausgangspunkt des Modells bilden (s. hierzu E. WIRTH 1979, Abschnitt 4.2).

Man kann (vgl. M. TERMOTE 1972) die Wanderungsmodelle entweder nach den Eigenschaften des jeweils untersuchten Wanderungsphänomens oder nach den Eigenschaften des Modells selbst klassifizieren. Letzteres führt zu der Unterscheidung der in der Wanderungsforschung besonders häufig verwendeten deterministischen und probabilistischen Modelle.

Die *deterministischen Modelle* drücken genaue Relationen zwischen dem Vorgang und bestimmten Variablen aus. Es handelt sich dabei hauptsächlich um Gravitationsmodelle, die in ihrem Ursprung auf die von E.G. RAVENSTEIN (1885, 1889) formulierten „Wanderungsgesetze" zurückgehen. Die Grundaussage ist die, daß der Umfang der Wanderung zwischen einem Herkunfts- und einem Zielgebiet von der Einwohnerzahl abhängig ist und mit der Entfernung zwischen Herkunfts- und Zielgebiet abnimmt. In einer Formel ausgedrückt heißt dies:

$$M_{ij} = k \cdot P_i \cdot P_j \cdot D_{ij}^{-1}$$

M_{ij} = Zahl der Migranten vom Herkunftsort i zum Zielort j
P_i = Bevölkerung im Herkunftsort
P_j = Bevölkerung am Zielort
D_{ij} = Distanz zwischen Herkunfts- und Zielort
k = Proportionalitätsfaktor

Die heute verwendeten Formulierungen gehen auf G.K. ZIPF (1946) zurück. Man lehnt sich an naturwissenschaftliche Gesetze an und verwendet die Einwohnerzahl (in einer als Sozialphysik bezeichneten Forschungsrichtung als Masse betrachtet) als Indikator für die Attraktivität (Anziehungskraft), indem sie in Zusammenhang gebracht wird mit vorhandenen Arbeitsplätzen, Wohnmöglichkeiten, Versorgungsbedingungen usw.

Da sich in vielen Fällen jedoch tatsächlich stattgefundene Wanderungen mit der o.a. Formel nicht ausreichend beschreiben ließen, sind verschiedene Modifikationen bzw. Ergänzungen vorgenommen worden. Einmal wurde nach einem besseren Maß für die Attraktivität gesucht, etwa durch eine Gewichtung der Bevölkerung von Herkunfts- und Zielgebiet durch Konstanten. In jüngerer Zeit haben dann z.B. W. SCHWEITZER und G. MÜLLER (1979) neben der Wohnbevölkerung Merkmale der Attraktivität aus dem sozio-ökonomischen und infrastrukturellen Bereich in das Modell integriert. Zahlreiche weitere Ansätze dieser Art liegen vor (z.B. H. BIRG u.a. 1993, D.A. PLANE u. P.A. ROGERSON 1994).

Eine wohl noch größere Rolle hat in der Diskussion um das Gravitationsmodell die Frage nach der Gewichtung der Distanz gespielt (die in Zusammenhang gebracht wird mit Informationsbarrieren, Kosten der Wanderung etc.). Von G.K. ZIPF selbst ist ein Distanzexponent von 1 verwendet worden, andere haben diesen Exponenten modifiziert, aber es zeigt sich bei empirischen Untersuchungen, daß die Bedeutung der Distanz bei verschiedenartigen Wanderungsströmen ganz unterschiedlich sein kann und sich auch in der Zeit verändert, so daß ein einheitliches Maß kaum verwendbar ist. Für interregionale Migrationsströme in Frankreich hat D. PUMAIN (1986) einen Rückgang des Distanzexponenten in der Nachkriegszeit und damit eine weniger restriktive Wirkung der Distanz nachgewiesen. Für den Zeitraum 1954 -1962 wurde ein Exponent von 0,77 geschätzt, dagegen für 1975-1982 0,34. Weiterhin hat D.

PUMAIN die durch das Modell nicht erklärten Abweichungen (Residuen) der empirischen von den erwarteten Strömen untersucht und hiermit besonders bevorzugte Wanderungsströme (z.b. von der Region Paris nach Südfrankreich) und Migrationsbarrieren (z.b. zwischen der Ile de France und den Regionen Elsaß und Lothringen) aufgedeckt.

Einen bedeutsamen Schritt zur Verbesserung hat S.A. STOUFFER schon 1940 durch die Einführung des Begriffs der „Intervening Opportunities" getan. Es bleibt nicht mehr bei der isolierten Betrachtung von Herkunfts- und Zielgebieten unter alleiniger Berücksichtigung der zwischen beiden liegenden Entfernung, sondern es erfolgt auch eine Einbeziehung der „übrigen Welt", der sich außerhalb der beiden Gebiete für den Migranten bietenden „Gelegenheiten". Natürlich ergeben sich Schwierigkeiten, diese Gelegenheiten zu messen, aber darauf soll hier nicht eingegangen werden. Es zeigte sich, daß die „Gelegenheiten" für verschiedene Gruppen unterschiedlich definiert werden müssen und daß vor allem zwischen objektiv bestehenden und wahrgenommenen Gelegenheiten getrennt werden muß. Da auch die Information eine wesentliche Rolle spielt, haben andere Autoren, unter ihnen vor allem T. HÄGERSTRAND (1975), versucht, sie in ihren Modellen spezifischer zu berücksichtigen als lediglich mit der Annahme der Informationsabnahme mit zunehmender Distanz.

In diesen Zusammenhang gehört auch die Einführung des Begriffs der „sozialen Distanz", die sich etwa aus Verschiedenheiten der Sprache, der Rasse oder bestimmter kultureller Eigenheiten ergibt. Die Rolle, die die Sprache spielen kann, hat sich z.b. bei einer Untersuchung über die Zuwanderung nach Budapest vor dem Ersten Weltkrieg gezeigt: Hier ergab sich ein den klassischen Gravitationsmodellen entsprechendes Wanderungsfeld um Budapest, außerdem aber noch eine Insel mit hohen Zuwanderungszahlen weit davon entfernt im Osten – das ungarische Siedlungsgebiet in Siebenbürgen (K.R. COX 1972, S. 64 f.). Bei der Untersuchung von Wanderungen in den Niederlanden erwiesen sich konfessionelle Unterschiede als bedeutsam im Sinne einer sozialen Distanz, in den Vereinigten Staaten spielen vor allem rassische Gegensätze seit langer Zeit eine wichtige Rolle.

Schließlich muß hier noch auf den Begriff der „funktionalen" Distanz hingewiesen werden (H.P. GATZWEILER 1975, J. NIPPER 1975), der von NIPPER (S. 42) wie folgt definiert wird:

„Funktionale Distanz zwischen zwei Orten i und j beschreibt das Verhältnis und den Zusammenhang zwischen diesen Orten, hervorgerufen durch wirtschaftliche, verkehrsmäßige, soziale und kommunikative Bindungen und Beziehungen, die direkt oder indirekt das Wanderungsgeschehen zwischen diesen Orten beeinflussen."

Im ganzen läßt sich zu den Gravitationsmodellen bzw. zu den deterministischen Modellen sagen, daß sie relativ einfach anzuwenden sind und auch für kurzfristige Prognosen von Wanderungen oft recht brauchbare Ergebnisse liefern. Problematisch ist die Bestimmung einzelner Parameter (auf die Wiedergabe mathematischer Ausdrücke wurde hier verzichtet), sie wurden im wesentlichen empirisch gewonnen, eine theoretische Begründung fehlt jedoch weitgehend. Überhaupt beschreiben die Gravitationsmodelle die Wanderung mehr als sie diese erklären.

Die Gruppe der *probabilistischen Modelle* benutzt die Wahrscheinlichkeitsrechnung, um Wanderungen zu beschreiben und auch Prognosen zu erstellen. Es wird versucht, nicht das Verhalten eines Durchschnitts der Bevölkerung zu beschreiben, sondern den grundlegenden Unbestimmtheiten im Verhalten der Individuen Rechnung zu tragen. Dabei gibt es statische und dynamische Modelle, je nachdem, ob die zeitliche Komponente mitberücksichtigt wird oder nicht. Ein dynamisches probabilistisches Modell, das auch Einflüsse von externen Determinanten (z.b. Konjunktur, Wohnungsmarkt, Wohlstand, demographische Prozesse) überprüfen kann, ist von W. WEIDLICH und G. HAAG (1988) ausgearbeitet worden. Es würde jedoch im Rahmen dieses Überblicks zu weit führen, derartige Modelle, zu denen auch Simulationsmodelle gehören, näher vorzustellen und zu erörtern. Verwiesen sei u.a. G. ALBRECHT (1972), H.P. GATZWEILER (1975) und M. TERMOTE (1972).

5.7 Ausgewählte Beispiele von Wanderungstypen

5.7.1 Auswahlkriterien. Das Konzept des „Mobilitäts-Übergangs" von W. ZELINSKY

Aus der Vielfalt der Wanderungsvorgänge, die zu weitreichenden Veränderungen der Bevölkerungsverteilung und -zusammensetzung mit ganz verschiedenartigen Implikationen wirtschaftlicher und gesellschaftlicher Art führten, sind nachfolgend einige ausgewählt und nach Ursachen, Umfang, Ablauf und Auswirkungen ausführlicher dargestellt. Auf diese Weise sollen Einblicke in Zusammenhänge und spezifische Probleme vermittelt werden, die sich in einer allgemeinen Übersicht über räumliche Mobilität und Wanderungen nur andeuten lassen. Für die Auswahl spielte zum einen der Gesichtspunkt eine Rolle, daß sich Erscheinungsformen der räumlichen Mobilität im Zuge einer Modernisierung, im Verlauf des damit verbundenen Strukturwandels von Wirtschaft und Gesellschaft sowie aufgrund von Änderungen des Verkehrswesens wandeln. Die heute in den wirtschaftlich weit entwickelten Ländern anzutreffenden Verhältnisse sind kaum mit denen in den frühen Stadien der Industrialisierung und Verstädterung zu vergleichen, weder was den Umfang noch die Art und die Auswirkungen räumlicher Bewegungen betrifft. Ein weiterer Gesichtspunkt war der, daß Wanderungen unterschiedlicher Reichweite mit ihrem Verhältnis zu anderen Formen der Mobilität sowie Wanderungen bestimmter Bevölkerungsgruppen mit den dabei auftretenden besonderen Selektions- und Segregationsvorgängen Berücksichtigung finden sollten. Im wesentlichen wird auf jene Wanderungsvorgänge eingegangen, die für die Bevölkerung europäischer Länder besondere Bedeutung hatten oder gegenwärtig haben. Weitgehend unberücksichtigt müssen jene Besonderheiten des Mobilitätsgeschehens bleiben, die sich aus kulturellen Unterschieden und solchen der Gesellschaftsordnung ergeben, obwohl dieser Aspekt gerade in der geographischen Mobilitätsforschung Beachtung verdient.

Die Untersuchung von Wanderungen und anderen Formen der räumlichen Mobilität in den heutigen Industrieländern während der vergangenen Jahrhunderte hat W. ZELINSKY (1971) dazu geführt, in Analogie zum Modell des demographischen Übergangs eine Hypothese des *„Mobilitäts-Übergangs"* (Mobility Transition) zu entwickeln, die trotz mancher Einwände besonders hinsichtlich eines allgemeineren Gültigkeitsanspruches als ein gedankenreicher und fruchtbarer Ansatz betrachtet wird, um einen zeitlichen Wandel von Erscheinungsformen der räumlichen Mobilität verständlich zu machen.

Der Grundgedanke ist etwa folgender: Im Zuge der Modernisierung einer Gesellschaft treten aufeinanderfolgend bei insgesamt zunehmender Mobilität sowohl im sozialen wie auch im räumlichen Sinne jeweils charakteristische Formen der Migration und der räumlichen Bewegung überhaupt auf, wobei nach ZELINSKY ein gewisser Zusammenhang mit den Stadien des demographischen Übergangs besteht. Die Entwicklung geht insgesamt von einer weitgehend immobilen Gesellschaft zu einer hochmobilen, wie sie heute in allen Industrieländern anzutreffen ist. In der traditionellen präindustriellen Gesellschaft, in der entsprechend dem Modell des demographischen Übergangs hohe Geburten- und Sterberaten und damit ein geringer Bevölkerungszuwachs kennzeichnend waren, gab es verhältnismäßig wenig Wanderungen. Natürlich wechselten auch damals die Menschen ihre Wohnung und ihren Wohnort, etwa bei der Heirat oder bei der Suche nach Arbeits- und Verdienstmöglichkeiten (besonders Handwerker und Händler). Ein großer Teil dieser Wanderungen ging jedoch nicht über die Grenzen von Sozial- oder Wirtschaftsräumen hinweg, d.h. es handelte sich überwiegend um Nahwanderungen. Sehr viel eher wurden zum Besuch von Märkten, Messen oder auch Pilgerstätten weite, zeitraubende Wege in Kauf genommen, aber das waren eben Bewegungen, die wieder an den Ursprungsort zurückführten und die hier nicht als Wanderungen i.e.S. verstanden werden. Das Vorhandensein einer weitgehend seßhaften Bevölkerung läßt sich u.a. durch Erhebungen belegen, bei denen Geburtsort und Wohnort festgestellt wurden: Bei der Mehrzahl der Menschen waren beide gleich oder lagen doch nahe beieinander im gleichen Amt, im gleichen Herrschaftsgebiet oder im gleichen Kulturraum (Konfessionsgebiet).

Wesentliche Veränderungen setzen nun in einer zweiten Phase ein, die ZELINSKY – mit einer gewissen zeitlichen Verschiebung – in Zusammenhang mit der zweiten Phase des demographischen Übergangs (Absinken der Sterberaten) bringt. Infolge der jetzt einsetzenden starken Bevölkerungsvermehrung kommt es zu einem Bevölkerungsdruck, und zwar vor allem auf dem Lande. Dieser findet sein Ventil – wenigstens in den europäischen Ländern, womit sich die damalige Situation in Europa wesentlich von der in den heutigen Entwicklungsländern mit Merkmalen der Übervölkerung unterscheidet – zunächst vor allem in der Auswanderung nach Übersee.

Gleichzeitig, vielfach aber auch mit einer deutlichen zeitlichen Verzögerung, setzt auch die Abwanderung vom Land in die Städte und neu entstandenen Industriebezirke ein. Es bilden sich in der Regel außerordentlich dicht bebaute Wohnbereiche um die alten städtischen Siedlungskerne. Sie liegen infolge der zunächst fehlenden und dann nur schienengebundenen innerstädtischen Verkehrsmittel in enger Nachbarschaft zu den Arbeitsstätten. In einigen Ländern (z.B. Rußland) bestand auch die Möglichkeit zur Abwanderung in binnenländische Kolonisationsgebiete, in Mittel- und Westeuropa hat das in dieser Zeit jedoch kaum eine Rolle gespielt.

Eine dritte Phase ist durch anhaltend starke Zuwanderung vom Land in die Stadt bei deutlich nachlassender Auswanderung gekennzeichnet. Die Städte erfahren eine zunehmende Differenzierung und die Wanderungsmobilität ist begleitet von einer erheblichen Verstärkung zyklischer Bewegungen von der Wohnung zur Arbeitsstätte, zum Einkaufszentrum, zur Bildungsstätte usw. In bezug auf die demographische Entwicklung befinden wir uns in der Phase der absinkenden Geburtenraten bei noch erheblichen, aber doch allmählich geringer werdenden Zuwachsraten.

Phase 4 zeigt eine anhaltend hohe räumliche Mobilität. Die Land-Stadt-Wanderung setzt sich zwar fort, ist aber deutlich vermindert. Dafür spielen jetzt einerseits die innerstädtischen Wanderungen eine große Rolle und andererseits die Wanderungen zwischen Städten und Verdichtungsräumen. Gleichzeitig ist bei wirtschaftlichem Wachstum eine Einwanderung von großenteils ungelernten Arbeitskräften aus wirtschaftlich schwach entwickelten Ländern bedeutsam geworden. Wir befinden uns in der Phase des demographischen Übergangs, in der Geburten- und Sterberaten ein niedriges Niveau erreicht haben, der natürliche Bevölkerungszuwachs also nur noch gering ist.

ZELINSKY hat dann noch eine weitere, künftig zu erwartende, z.T. bereits eingeleitete Phase beschrieben, die bei den menschlichen Bewegungen im Raum eine merkliche Verminderung von Wanderungen, dafür eine erhebliche Zunahme anderer Formen räumlicher Mobilität im Zuge täglicher, wöchentlicher oder sonstiger Bewegungszyklen (Zirkulation) bringt. Arbeitsstätten, Schulen, Versorgungszentren und Erholungsgebiete werden jetzt aufgesucht, die früher nicht oder nur unter großem zeitlichen und finanziellen Aufwand erreichbar waren.

Eine schematische Darstellung verschiedener Formen der Wanderung und anderer Arten räumlicher Bewegung in den einzelnen Phasen des Mobilitäts-Übergangs gibt Abb. 31.

Abb. 31   Schematische Darstellung verschiedener Formen räumlicher Bewegung in den Phasen des „Mobilitäts-Übergangs" nach W. ZELINSKY (verändert nach W. ZELINSKY 1971, S. 233). A = Auswanderung, L = Land-Stadt-Wanderung, St = Stadt-Stadt-Wanderung und innerstädtische Wanderung, V = sonstige räumliche Bewegungen

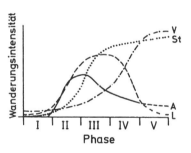

Am Anfang dieses Abschnitts wurde darauf hingewiesen, daß der von W. ZELINSKY entwickelten Hypothese des „Mobilitäts-Übergangs" mancher kritische Einwand entgegenzuhalten ist. Sie beschreibt eher den historischen Wandel von Mobilitätstypen als daß sie ihn erklärt. Dennoch ist ihr heuristischer Wert für Untersuchungen von Wanderungen, an denen die europäische Bevölkerung beteiligt war, kaum zu bestreiten. Daß sich schon bei einem näheren Studium der Wanderungsvorgänge in den ehemals sozialistischen Ländern des östlichen Teiles Europas Schwierigkeiten mit dem Ansatz von ZELINSKY ergeben, haben R.J. FUCHS und G.J. DEMKO (1978) zeigen können. Sie betonen u.a. besonders das hier gegenüber westlichen Industrieländern ganz andersartige Verhältnis zwischen Wanderung und Pendelwanderung und die große Bedeutung staatlicher Maßnahmen für die zeitliche Veränderung des Mobilitätsgeschehens.

5.7.2 Die europäische Auswanderung nach Übersee

Zu den bedeutsamen Vorgängen in der jüngeren europäischen Geschichte gehört die Auswanderung in überseeische Länder. Sie setzt bereits im 16.Jahrhundert ein, beschränkt sich aber zunächst weitgehend auf die spanischen und portugiesischen Besitzungen. Erst etwa 100 Jahre später beginnt auch die Auswanderung nach Nordamerika. Verglichen mit der Massenauswanderung des 19. Jahrhunderts bleibt sie jedoch in einem insgesamt bescheidenen Rahmen. So sollen zwischen 1600 und 1770 etwa 750 000 Europäer, vor allem aus Großbritannien, nach Amerika gegangen sein (umfangreiche Zahlenangaben finden sich vor allem bei W. KÖLLMANN 1955). Die Hauptwellen der europäischen Auswanderung beginnen in der ersten Hälfte des 19. Jahrhunderts. Zwischen 1820 und 1940 haben etwa 55 bis 60 Mio. Menschen Europa verlassen. Sie zogen hauptsächlich in die Neue Welt, wo die Vereinigten Staaten das Land mit der größten absoluten Zahl von Immigranten wurden (etwa 38 Mio. zwischen 1820 und 1940). Nach Kanada kamen zwischen 1851 und 1941 6,7 Mio. Menschen, davon allein 4,6 Mio. zwischen 1901 und 1931. Dieses Land hat zeitweilig weit höhere Einwandererquoten (Immigranten bezogen auf die Wohnbevölkerung) aufzuweisen als die Vereinigten Staaten, und zwar ähnlich hohe wie etwa Argentinien zu Beginn dieses Jahrhunderts. Hier kamen z.B. im Jahrzehnt 1901 bis 1910 auf 100 000 Einwohner 3000 Einwanderer – in den USA waren es zu dieser Zeit nur noch etwa 1000 (F. THISTLETHWAITE 1972). Zwischen 1856 und 1940 sind nach Argentinien rund 7 Mio. Menschen eingewandert, nach Brasilien zwischen 1821 und 1940 etwa 4,6 Mio. Dazu kamen bedeutende Ströme europäischer Auswanderer in die damals britischen Besitzungen in Australien, Neuseeland und Afrika.

Generell gesehen besteht zwischen der Massenauswanderung aus Europa und der hier infolge des Absinkens der Sterberaten einsetzenden starken Bevölkerungsvermehrung ein mehr oder weniger enger Zusammenhang. Wichtige Voraussetzungen dafür, daß seit dem 19. Jahrhundert so viele Menschen ihre Heimat verließen bzw. verlassen konnten, waren einmal dadurch geschaffen, daß es jetzt Auswanderungsfreiheit gab und daß zum anderen die Verkehrsbedingungen wesentlich verbessert wurden. Eine weitere Voraussetzung, der Wunsch auszuwandern, umfaßt den „Komplex der geistig-seelischen und wirtschaftlich-sozialen bzw. religiösen und politischen Bereitschaft und Notwendigkeit..." (P. MARSCHALCK 1973, S. 14).

Der Gesamtvorgang ist nun keineswegs einheitlich verlaufen, vielmehr läßt er sich in verschiedene *Phasen* untergliedern. Dafür maßgeblich sind nicht in erster Linie die wechselnden Auswanderungsquoten, sondern vielmehr die Unterschiede in der Zusammensetzung der Migranten nach demographischen, sozialen und ethnischen Merkmalen und die mit der Wanderung verbundenen Ziele und Möglichkeiten. Betrachtet man die Entwicklung zunächst nur unter quantitativem Aspekt, dann läßt sich eine erste große Auswanderungswelle in die Neue Welt um 1850 feststellen. Eine zweite folgte um 1870, die dritte um 1885 und 1890, die vierte und zahlenmäßig bedeutendste zwischen 1905 und 1913. Allein im Jahre 1913 haben etwa 1,5 Mio. Menschen, unter ihnen 1/3 Italiener, Europa verlassen, allerdings viele von ihnen nur für begrenzte Zeit. Es gibt dann noch einmal nach den beiden Weltkriegen einen starken Anstieg der Auswanderung aus Europa, in beiden Fällen zu einem wesentlichen Teil als unmittelbare Folge der Kriege. Diese Phasen der Auswanderung werden hier weitgehend unberücksichtigt bleiben (vgl. dazu T.J. HATTON u. J.G. WILLIAMSON 1994, G. HOERDER 1992).

In der *Zusammensetzung der Auswanderer* nach Herkunftsländern gab es im Laufe der Zeit erhebliche Veränderungen. Die ersten großen Auswanderungswellen waren fast ausschließlich von Bewohnern nordwesteuropäischer Länder getragen, die auch den absolut größten Anteil an der gesamten europäischen Auswanderung nach Übersee haben: Etwa 25 Mio. Menschen kamen von den britischen Inseln, aus Skandinavien, Belgien und den Niederlanden. Ihr Hauptziel war Nordamerika. Frankreich hat dagegen bei der Auswanderung des 19. und Jahrhunderts kaum eine Rolle gespielt. Im weiteren Verlauf des 19. Jahrhunderts traten dann als Hauptauswanderungsländer hervor:
1. Deutschland – zunächst schon einmal in den 50er Jahren, dann zwischen 1865 und 1873 und schließlich vor allem in den 80er Jahren des vergangenen Jahrhunderts (s.u.).
2. Italien – hier wanderten rund 10 Mio. Menschen aus, und zwar hauptsächlich nach 1885. Etwa die Hälfte ging in die USA, jeweils ungefähr 1/5 nach Brasilien und Argentinien. Ein besonderes Kennzeichen der italienischen Auswanderung ist, daß ein beträchtlicher Teil der Emigranten nach mehr oder weniger langem Aufenthalt im Ausland wieder zurückkehrte, ja viele mehrfach an saisonalen Wanderungen nach Übersee teilnahmen (s.u.). Das

hat eine ganze Reihe von spezifischen Auswirkungen auf die Struktur der von der Auswanderung betroffenen Landesteile gezeitigt.

3. Seit dem Beginn des 20. Jahrhunderts haben schließlich vor allem die ost- und südosteuropäischen Länder hohe Auswandererquoten gestellt, dazu auch Griechenland und Spanien, wenn auch diese beiden südeuropäischen Länder bei der Auswanderung insgesamt weit hinter Italien zurückstehen.

Die Zeit zwischen den beiden Kriegen ist durch eine relativ starke Auswanderung aus den südeuropäischen Ländern sowie aus Großbritannien und Irland gekennzeichnet, und von 7-8 Mio. Menschen, die Europa nach dem Zweiten Weltkrieg verlassen haben, kamen besonders viele aus Großbritannien und der Bundesrepublik Deutschland. In Großbritannien steht der damaligen Auswanderung eine beträchtliche Einwanderung aus den unabhängig werdenden Kolonialgebieten gegenüber, und in der Bundesrepublik wird der Wanderungsverlust um ein Vielfaches übertroffen von der Zahl der aus dem Osten hereinströmenden Flüchtlinge und Vertriebenen. Im übrigen ist bei der Auswanderung aus der Bundesrepublik in den Jahren unmittelbar nach dem Kriege zu berücksichtigen, daß daran zahlreiche Nicht-Deutsche beteiligt waren: Ehemalige Kriegsgefangene, Verschleppte und Flüchtlinge aus osteuropäischen Ländern.

Richtet man den Blick nur auf die Auswanderung vor dem Ersten Weltkrieg – Ursachen und Bedingungen der Wanderung nach den beiden Kriegen waren so völlig andersartig, daß sie mit denen vor 1914 nicht verglichen werden können – dann zeigt sich, was später noch am Beispiel der deutschen Auswanderung verdeutlicht wird, auch eine starke Veränderung in der Zusammensetzung der Migranten nach demographischen und sozialen Kriterien.

Ein Großteil der *frühen Wanderungen* muß nach der Typologie von W. PETERSEN (s. Kapitel 5.5) als konservativ bezeichnet werden. Es wanderten hauptsächlich bäuerliche Familien mit dem Ziel aus, in den „Neuen Ländern" zu siedeln, in denen aufgrund der natürlichen Ausstattung keine grundlegende Umstellung bei der Bodenbewirtschaftung erforderlich war. Kleinbäuerliche Gruppen und Angehörige bäuerlicher Unterschichten bekamen in ihren Heimatgebieten den durch das starke Bevölkerungswachstum entstehenden „Druck" in erster Linie zu spüren. Agrarkrisen infolge von Mißernten, aber auch verursacht durch billige Getreideproduktion in den neu erschlossenen „Grasländern" in Übersee, wirkten sich auf die Klein- und Kleinstbetriebe besonders aus, so daß viele ihrer Besitzer in der Auswanderung die einzige Möglichkeit sahen, weiterexistieren zu können. Ihr Streben ging dahin, auf eigenem Land als Bauern zu wirtschaften, an vertrauten Lebensformen festzuhalten und nicht in die Abhängigkeit eines Arbeiters, sei es in der Industrie oder in irgendwelchen Dienstleistungsbereichen, zu geraten. Gemeinschafts-siedlungen auf religiöser Grundlage mit weitgehender Abschirmung nach außen verloren dabei im 19. Jahrhundert mehr und mehr an Bedeutung.

Als bedeutsamer Pull-Faktor erwies sich in den frühen Stadien der Auswanderung sicher das reichlich vorhandene (oder aufgrund vorliegender Informationen von bereits ausgewanderten Verwandten und Bekannten, aus Zeitungen und anderen Nachrichtenquellen erhoffte) Landangebot in den Kolonisationsgebieten, eben vor allem für jene, die daheim eine – wenn auch unzureichende bzw. durch Realteilung, Landabgaben oder Verlust der Allmendnutzungsrechte unzureichend gewordene – bäuerliche Existenz hatten.

Natürlich gab es unter den frühen Auswanderern nicht nur Bauern, sondern auch Handwerker, Kaufleute und solche, die auf ihr Glück in Übersee spekulierten – vielleicht durch eine Beteiligung an der Goldsuche. Die Gesamtzahl dieser Auswanderer blieb jedoch zunächst hinter den „Siedlern" weit zurück. Das änderte sich gegen des 19. Jahrhunderts, als von der Auswanderung auch andere Bevölkerungsgruppen hauptsächlich im Süden und Osten Europas erfaßt wurden und der Zugang zum Siedlungsland immer schwieriger wurde. In den Vereinigten Staaten war 1890 die Aufsiedlung als beendet erklärt worden; wer noch nach einer Siedlerstelle suchte, mußte sich in anderen Teilen der Welt umsehen.

Die Europäer, die um die Jahrhundertwende in die Vereinigten Staaten kamen – die „Neuen Einwanderer" aus Italien, aus Österreich-Ungarn oder aus Rußland –, wanderten in die Städte, um dort eine Existenz für sich und ihre Familien aufzubauen. Sie kamen zwar großenteils vom Lande, entstammten aber meist nicht dem bäuerlichen Milieu, vielmehr waren es Arbeiter/Landarbeiter, Handwerker und kleine Geschäftsleute ohne ein eigenes nennenswertes Kapital. Für sie gab es im allgemeinen sehr viel größere Anpassungsprobleme als für die „Alten Einwanderer", nicht zuletzt auch der Sprache wegen. Innerhalb der Städte lebten sie oft für längere Zeit oder gar ständig in mehr oder weniger abgeschlossenen ethnischen Vierteln, die vielfach bis heute existieren, auch wenn sie nicht mehr durch neue Immigranten aufgefüllt werden. Die Mehrzahl dieser Menschen hatte weit geringere Chancen für einen sozialen Aufstieg als die Einwanderer aus dem Nordwesten Europas und auch aus Deutschland.

Gerade die italienische Auswanderung ist ein Beispiel dafür, daß man in der Überseewanderung des 19. und 20. Jahrhunderts nicht einen isolierten und von anderen Wanderungen grundlegend verschiedenen Vorgang sehen kann, wie es allein aufgrund der großen räumlichen Distanz zwischen Europa und Nordamerika oder anderen Auswanderungszielen zu vermuten wäre. Gleichzeitig mit der Wanderung ihrer Landsleute nach Nord- und Südamerika haben andere Italiener an Wanderungen in verschiedene europäische Länder und nach Nordafrika teilgenommen. Diese Wanderungen glichen in vielen Merkmalen der Überseewanderung, und in allen Fällen gab es neben endgültiger Auswanderung auch zeitlich begrenzte bzw. saisonale Wanderungen. Die Querung des Atlantischen Ozeans hat durchaus nicht kurzfristige und wiederholte Wanderungen zwischen Europa und Amerika verhindert. Im Jahre 1910 waren z.b. mehr als 10 % der Italiener, die in die Vereinigten Staaten kamen, schon einmal dagewesen. Aus Venetien zogen Bauarbeiter jedes Jahr im Frühjahr in die USA, um im Herbst wieder zurückzukehren. Außerdem gab es italienische Bauern, die im November nach der Ernte ihr Land verließen, dann zunächst auf den Weizen- und Flachsfeldern von Nordcordoba und Santa Fé arbeiteten, anschließend zur Maisernte nach Südcordoba und Buenos Aires zogen, um im Mai wieder nach Piemont zurückzukehren und dort die Frühjahrsbestellung durchzuführen (F. THISTLETHWAITE 1972, S. 331).

Hohe *Rückwandererquoten* kennzeichnen vor allem die späte Auswanderung nach Übersee, wobei sich allerdings bedeutende Unterschiede nicht nur zwischen verschiedenen Auswanderergruppen, sondern auch bei den Zielgebieten der Wanderung zeigen. Stärker als in Nordamerika war die Rückwanderung aus den südamerikanischen Staaten, und unter den einzelnen ethnischen Gruppen gab es z.b. eine besonders starke Rückwanderung bei den Völkern der nach dem Ersten Weltkrieg unabhängig gewordenen Staaten Südosteuropas (F. THISTLETHWAITE ebd.).

Als ein Beispiel für die gegenüber der Auswanderung von Siedlern aus West- und Mitteleuropa ganz andersartige Struktur der Überseewanderung in Ländern der *„späten Auswanderung"* mag eine Untersuchung von D. LOWENTHAL und L. COMITAS (1962) über die westgriechische Insel Ithaka angeführt werden. Seit dem Ende des vergangenen Jahrhunderts hat hier ein starker Bevölkerungsrückgang eingesetzt. Während 1896 11 500 Menschen auf der Insel lebten, waren es 1951 nur noch 5800. Zu Beginn der Auswanderung bildete bei fast allen Familien der Insel die Landwirtschaft die tragende Lebensgrundlage. Sie beruhte auf einem äußerst arbeitsaufwendigen Anbau und einer bescheidenen Viehhaltung. Das Leben der Bevölkerung war durch eine patriarchalische Familienstruktur bestimmt, bei der dem einzelnen Handlungen, die nicht die Billigung der Gruppe fanden, kaum möglich waren. Mit steigender Bevölkerungszahl und zunehmender Verknappung der landwirtschaftlichen Existenzgrundlagen begannen viele Bewohner einen Zuerwerb im Handel zu suchen. Sie taten das für zwei oder auch drei Jahrzehnte meist als Seefahrer, kamen von ihren Fahrten nur jeweils kurz auf die Insel zurück, trennten sich aber nicht von ihren Familien. Das verdiente Geld wurde an die Familien geschickt und – soweit nicht unmittelbar für den Lebensunterhalt benötigt – für Mitgiften oder den Landerwerb verwendet, der auf Ithaka als einzig lohnende Investition angesehen wurde. Nach 1910 begann dann eine starke Auswanderung nach Amerika, Afrika und Australien. Oft wurden die Familien nachgeholt, aber auch dann blieb die Verbindung mit der Verwandtschaftsgruppe bestehen und äußerte sich in namhaften Geldüberweisungen. Dies ist offenbar besonders charakteristisch für Migranten aus wenig entwickelten Gebieten, in denen sich keine entscheidenden Veränderungen der wirtschaftlichen Situation und der Gesellschaftsstruktur vollzogen haben.

Eines der Ergebnisse der Auswanderung aus Ithaka zeigte sich in einer starken Veränderung der Bevölkerungszusammensetzung nach Alter und Geschlecht. Außerdem kam es zu Einbrüchen in die patriarchalische Familienstruktur, u.a. durch die Verlagerung wichtiger wirtschaftlicher und sozialer Funktionen auf die Frau und deren Familie. Die Folgen für die Landwirtschaft zeigten sich in der Aufgabe größerer Teile der landwirtschaftlichen Nutzfläche und in einer Extensivierung der Bodennutzung. Um nun aber den Zustrom der Geldüberweisungen von den Ausgewanderten weiterhin zu sichern, wurde nach außen hin die alte Ordnung aufrecht erhalten, obwohl die Voraussetzungen für deren Weiterbestehen keineswegs mehr gegeben waren. Die Rückwanderung im Alter ist vor diesem Hintergrund zu sehen und zugleich wohl auch damit zu erklären, daß die in Übersee lebenden Griechen nicht an Landbesitz gebunden waren, sondern überwiegend in den Städten lebten und sich dort hauptsächlich im Handel betätigten.

Es ist sicher außerordentlich schwierig, eine generellere Aussage über die *Auswirkungen* der Überseewanderung auf die davon betroffenen Herkunftsgebiete zu machen. Bei einer Betrachtung, die sich allein auf die Länder Europas stützt, sind die Auswirkungen wohl oft überschätzt worden. Die angeführten Zahlen sind zwar außerordentlich eindrucksvoll, wenn man aber an mögliche Konsequenzen für die natürliche Bevölkerungsentwicklung, für die Zahl der zum Aufbau der Industrie verfügbaren Arbeitskräfte, für die Zusammensetzung der Bevölkerung nach sozialen und wirtschaftlichen Merkmalen denkt, dann ist zu berücksichtigen, daß durch die Auswanderung nach Übersee in keiner Dekade mehr als 40 % des Geburtenüberschusses aufgezehrt wurden (F. THISTLETHWAITE 1972, S. 342). Zumindest die Entwicklung der europäischen Bevölkerung insgesamt ist nicht entscheidend beeinflußt worden. Wesentlich anders sieht es aus, wenn man den Betrachtungsmaßstab vergrößert und den Blick auf die von der Auswanderung besonders betroffenen Regionen richtet. Diejenigen, die ihr Heimatland verließen, kamen ja großenteils aus eng umgrenzten Gebieten, in denen sich dann oft gravierende Folgen in demographischer, sozialer und wirtschaftlicher Hinsicht zeigten. Unter den europäischen Ländern ist Irland ganz sicher ein Sonderfall. Hier lebten 1841 6,5 Mio. Menschen – heute sind es etwa 3,7 Mio., und bei solchen Relationen ergibt sich natürlich eine völlig andere Situation als in den bevölkerungsreichen Ländern, die trotz der hohen Auswandererzahlen jeweils nur einen Bruchteil ihrer Bevölkerung abgegeben haben. Wesentliche Auswirkungen der Entvölkerung Irlands hat I. LEISTER (1956) aufgezeigt.

Speziell zur *Auswanderung aus Deutschland*, über die umfangreiche Literatur und umfassendes Zahlenmaterial vorliegen (s. u.a. F. BURGDÖRFER 1930, P. MARSCHALCK 1973, K.J. BADE 1984, C. CORNELISSEN 1995), läßt sich noch Folgendes ausführen: Insgesamt sind nach Ermittlungen von F. BURGDÖRFER von 1820 bis 1928 5,9 Mio. Menschen aus Deutschland nach Übersee gewandert. 1832 wurde erstmals die Zahl von 10 000 Auswanderern im Jahr überschritten, und 1846 waren es bereits mehr als 60 000. Allein im Jahrzehnt 1851-1860 verließen dann mehr als eine Million ihr Land und im Jahrzehnt 1881-1890 – also zu einem Zeitpunkt, als die Industrialisierung bereits große Fortschritte gemacht hatte – gab es über 1,3 Mio. Deutsche, die ins Ausland wanderten. Die Auswanderungsquote erreichte 1854 mit 14,1 ‰ ihren höchsten Wert, in den 80er Jahren stieg sie nicht mehr über 5 ‰ an. Als Einwanderungsland standen die Vereinigten Staaten ganz im Vordergrund (rund 90 % aller Überseewanderer).

Die gesamte Bewegung verlief in ausgeprägten Phasen mit Höhepunkten in den 50er Jahren, in der zweiten Hälfte der 60er Jahre und in der ersten Hälfte der 80er Jahre. Diese Phasen lassen sich in einer zeitlichen Verschiebung mit den Phasen der Vor-, Früh- und Hochindustrialisierung in Verbindung bringen. Im übrigen kann man für die beträchtlichen Schwankungen bei den Auswandererzahlen eine ganze Reihe von Faktoren sowohl im Herkunftsgebiet als auch im Zielgebiet anführen. In Amerika wirkte sich z.B. der Bürgerkrieg auf die Einwanderung aus, später haben sich Schwankungen der wirtschaftlichen Konjunktur bemerkbar gemacht, und in Deutschland lassen sich u.a. Auswirkungen von Agrarkrisen, inneren Unruhen und Kriegen nachweisen. Wenn die Auswanderung kurz vor der Jahrhundertwende rasch zurückging, dann ist dies z.T. auf das Ende der „Frontier" in den Vereinigten Staaten zurückzuführen, vor allem aber darauf, daß ein Arbeitsplatz in der Industrie des eigenen Landes mit der Verbesserung der Arbeitsbedingungen, der städtischen Lebensverhältnisse und der allgemeinen wirtschaftlichen Situation mehr und mehr eine wirkliche Alternative zur Auswanderung wurde.

Besonderes Interesse kann die räumliche Verteilung und Verlagerung der Gebiete mit starker Auswanderung beanspruchen. Es sind dies keineswegs immer nur die Gebiete gewesen, in denen die wirtschaftliche Lage der Bevölkerung besonders drückend war, und es gibt beträchtliche Teile von Deutschland, in denen die Auswanderung niemals eine größere Rolle gespielt hat. Anfangs kam die Mehrzahl der Auswanderer aus dem Südwesten, aus Württemberg, der Pfalz und Baden, wo bereits im 18.Jahrhundert eine große Zahl von Menschen – z.T. religiös motiviert, z.T. als Folge von Mißernten und Hungersnöten – ihr Land verlassen hatte. Es handelte sich in erster Linie um Realteilungsgebiete mit zahlreichen Merkmalen einer agrarischen Übervölkerung. Zu einem besonders starken Ansteigen der Auswandererzahlen im 19. Jahrhundert führte hier die Agrarkrise der 40er Jahre (mehrere schlechte Getreideernten, Kartoffelfäule – die Kartoffel war inzwischen eines der wichtigsten Nahrungsmittel breiter Bevölkerungsschichten geworden – allgemeine Teuerung).

Auch in der Folgezeit blieb Südwestdeutschland ein Gebiet mit hohen Auswandererquoten, es kamen aber dann weitere Gebiete im Norden und Osten des Reiches hinzu. Von den 60er Jahren bis etwa 1885 gab es zahlreiche Auswanderer aus Westfalen, der Provinz Hannover, Schleswig-Holstein und dem Großherzogtum Oldenburg. Schließlich erfaßte die Auswanderung mehr und mehr die Gebiete östlich der Elbe, insbesondere Mecklenburg, Pommern und Westpreußen. Pommern und Mecklenburg allein stellten in den Jahren 1881-1883 amerikanischen Quellen zufolge mehr als 100 000 Einwanderer in die Vereinigten Staaten. Verhältnismäßig niedrige Auswandererquoten hatten in den 80er Jahren Ostpreußen und Schlesien.

Die Gründe für eine Auswanderung und deren unmittelbarer Anlaß waren durchaus verschieden; es kann aber keinen Zweifel daran geben, daß die wirtschaftlichen Verhältnisse für die meisten Menschen eine entscheidende Rolle spielten. Die Auswanderung aus religiösen Gründen, die noch im 18. Jahrhundert eine große Bedeutung hatte, trat mehr und mehr zurück, und auch eine politisch motivierte Auswanderung hat während des 19. Jahrhunderts nicht das Ausmaß gehabt, das man ihr bisweilen glaubte zuschreiben zu können. Eine ungemein große Zahl von Menschen befand sich in einer wirtschaftlich schwierigen, wenn nicht aussichtslosen Lage, die einerseits durch die starke Bevölkerungsvermehrung hervorgerufen war, andererseits aber auch auf eine ganze Reihe von Strukturveränderungen besonders in den ländlichen Bereichen (Ablösungsgesetzgebung, Separationen, Verfall ländlicher Gewerbe durch die Konkurrenz von Industrieerzeugnissen usw.) zurückgeführt werden muß. Infolge der außerordentlich verschiedenen Ausgangsstruktur mußten sich diese Veränderungen regional auch ganz unterschiedlich auswirken. Man kann dies etwa bei einem Vergleich der nordwestdeutschen und der bayerischen Anerbengebiete deutlich machen (F. BURGDÖRFER 1930).

So sehr wirtschaftliche Gründe für die Auswanderung zu betonen sind, so nachhaltig ist aber auch darauf hinzuweisen, daß die Reaktion der Bevölkerung auf wirtschaftlichen Druck durchaus nicht überall gleichartig war. Das erklärt, daß es Landesteile gibt, in denen große Not herrschte und wo dennoch kaum jemand den Entschluß zur Auswanderung faßte.

Bei der Zusammensetzung der Auswanderer lassen sich im Laufe der Zeit beträchtliche Veränderungen feststellen (s. hierzu bes. P. MARSCHALCK 1973). Bis etwa 1865 herrschte die Auswanderung von Bauern und selbständigen Handwerkern mit ihren Familien vor. Der Zweck der Auswanderung war wie bei den Auswanderern aus Nordwest- und Nordeuropa die „Siedlung". In der Folgezeit bis etwa 1895 traten Angehörige unterbäuerlicher Schichten zahlenmäßig in den Vordergrund. Viele von ihnen wollten ebenfalls siedeln, andere aber suchten Arbeit in den Städten und beabsichtigten die Rückkehr. Neben der Auswanderung von Familien gewann jetzt auch die Einzelwanderung an Bedeutung. Von 1895 bis zum Beginn des Ersten Weltkrieges waren es in erster Linie Einzelwanderer aus der Industriearbeiterschaft, die nach Übersee gingen. Es war der Zeitraum, in dem die Auswanderung aus Deutschland insgesamt stark an Bedeutung verlor.

Diesen Verschiebungen entsprechend gab es gewisse Veränderungen in der Alterszusammensetzung der Emigranten. Da der Anteil der Kinder abnahm, stieg das Durchschnittsalter leicht an, es blieb aber im ganzen eine Wanderung hauptsächlich jüngerer Menschen. In der Sexualproportion gab es eine bemerkenswerte Konstanz mit einem leichten Übergewicht der Männer. In der Anfangszeit ergab sich dies aus der Familienwanderung, später bei zunehmender Einzelwanderung, an der zunächst hauptsächlich die Männer beteiligt waren, wuchs der Anteil der Frauen beträchtlich, von denen viele eine Beschäftigung in häuslichen Diensten suchten.

Über die wirtschaftliche und soziale Stellung der Auswanderer gibt es nur wenige Unterlagen. Waren es anfänglich noch zahlreiche Selbständige, so dominierten später Arbeiter aus Landwirtschaft und Industrie, Gehilfen und Angestellte aus dem tertiären Wirtschaftssektor. Angehörige von Mittel- und Oberschichten haben bei der Auswanderung praktisch keine Rolle gespielt.

Von den zahlreichen *Auswirkungen* der europäischen Überseewanderung ist im globalen Rahmen – sofern man sich auf Bevölkerungsfragen im engeren Sinne beschränkt – wohl in erster Linie die weitreichende Veränderung der Bevölkerungsverteilung herauszustellen. In Nordamerika entstand ein neues Dichtezentrum der Menschheit; aber auch in anderen Teilen der Erde hat die Einwanderung von Europäern – oft genug auf Kosten dort ansässiger Bevölkerungsgruppen – zur Verdichtung geführt oder zu einer geschlossenen Besiedlung von Räumen, die vorher dünn bevölkert und extensiv genutzt, allerdings in den wenigsten Fällen unbewohnt waren.

Ein gewisses Gegenstück zur transozeanischen Ausbreitung von Europäern bildet im kontinentalen Bereich der Alten Welt die *russisch-sibirische Wanderung,* die bekanntlich bis über die Aleuten hinaus auch auf den nordamerikanischen Kontinent übergriff. Formal handelte es sich um eine Binnenwanderung, nachdem die Gebiete, in die russische Siedler eindrangen, vorher unter russische Herrschaft gebracht und dem Reich einverleibt worden waren. Vergleichbar sind die beiden Bewegungen vor allem aufgrund der räumlichen Dimensionen und der Geschwindigkeit, mit der die Ausbreitung von Siedlern erfolgte. Zahlenmäßig bleibt die russisch-sibirische Wanderung jedoch weit hinter der Einwanderung nach Nordamerika zurück. Nachdem Kosaken bereits im 16. Jahrhundert bis zum Irtysch vorgestoßen waren und 1697 Kamtschatka erobert hatten, setzt die eigentliche Besiedlung Sibiriens in einem nur sehr schmalen Streifen kaum vor der Mitte des 19. Jahrhunderts ein. Zunächst kamen nach Sibirien hauptsächlich Deportierte und Flüchtlinge. Zwischen 1801 und 1850 sollen es 250 000 gegenüber nur etwa halb so viel Siedlern gewesen sein (W. KÖLLMANN 1955).

Ein bedeutender Zustrom von Siedlern erfolgte vor allem nach 1880, als von staatlicher Seite Förderungsmaßnahmen für die Ansiedlung ergriffen wurden. Im Jahrzehnt von 1891-1900 sind über 1 Mio. bäuerlicher Siedler registriert worden, im folgenden Jahrzehnt sogar weit über 2 Millionen. Diese verteilten sich so über den weiten Raum, daß es nicht zur Entstehung eines bedeutsamen Dichtezentrums innerhalb von Sibirien kam. Erst die Industrialisierung – hauptsächlich nach dem Zweiten Weltkrieg – hat zu weitreichenden Veränderungen der Bevölkerungsverteilung geführt. Bis zum Ersten Weltkrieg war die Einwanderung nach Sibirien weitgehend gleichzusetzen mit Agrarkolonisation, bei der die Siedler jene Naturräume aufsuchten, die ihnen aus dem westlichen Rußland als agrarische Produktionsräume vertraut waren. Die Siedlung begann zunächst in der Waldzone und griff erst später auch auf die Steppengebiete über.

Ähnlich weiträumige Wanderungsbewegungen, wie sie von Europa ausgegangen sind, hat es in der jüngeren Geschichte auch in anderen Teilen der Erde gegeben. Hervorzuheben sind dabei vor allem die Wanderungen von Chinesen in den südostasiatischen Raum und die Wanderungen von Bewohnern des indischen Subkontinents ebenfalls nach Südostasien und in andere Randberei-

che des Indischen Ozeans. Bei diesen Wanderungen hat die agrarische Kolonisation keine wesentliche Rolle gespielt. Größtenteils handelte es sich um
Händler, Handwerker und Arbeiter (Kulihandel), die in bereits mehr oder weniger dicht besiedelte Räume kamen, dort ihre ethnische Sonderstellung be-
hielten und so zahlreiche bis heute nicht gelöste Probleme entstehen ließen.
Näher kann jedoch auf diese Wanderungen hier nicht eingegangen werden
(dazu: K. HORSTMANN 1980, G. EVANS 1993).

5.7.3 Binnenwanderung in der Industrialisierungsphase

Mit dem Ausbau der Industrie – in Deutschland weit später als in anderen
westeuropäischen Ländern – weitete sich die bis dahin im ganzen bescheidene
Binnenwanderung mehr und mehr aus, erfaßte immer größere Teile der Bevölkerung und des Raumes und ließ schließlich gegen Ende des 19. Jahrhunderts die Auswanderung ganz in den Hintergrund treten. Im Zuge dieser Binnenwanderung kam es zu den bereits im Abschnitt über die Bevölkerungsverteilung herausgestellten weitreichenden Konzentrationsvorgängen, die bis in
die Nachkriegszeit angehalten haben. Die Industrie hat sich ihren Raumanfor-
derungen entsprechend nicht weit gestreut, sondern nur an verhältnismäßig
wenigen, für sie vorteilhaften Standorten niedergelassen und die von ihr benötigten Arbeitskräfte vielfach aus großen Entfernungen an sich gezogen. Mehr
oder weniger eng begrenzte Zuwanderungsgebiete standen damit ausgedehnten Abwanderungsgebieten gegenüber.

Neben einer größeren Zahl von Städten, die zu bedeutenden industriellen
Standorten wurden, bildeten sich industrielle Verdichtungsräume aus – teilweise in Fortsetzung alter gewerblicher Strukturen –, die, wenn auch ergänzt und
erweitert, bis heute vorhanden sind und das Grundgerüst der Bevölkerungsverteilung in Mitteleuropa bilden. Es handelt sich vor allem um das Rheinisch-
Westfälische Industriegebiet, speziell das Ruhrgebiet mit seinen verschiedenen
Entwicklungs- und Strukturzonen, um das Rhein-Main-Gebiet, das Saargebiet,
den Stuttgarter Raum, Berlin, das mitteldeutsche Industriegebiet im sächsi-
schen Raum und das schlesische Industriegebiet mit Oberschlesien und Teilen
von Niederschlesien. Soweit nicht bereits vorhanden, haben sich auch hier
größere städtische Siedlungen entwickelt, sei es aus ehemaligen Dörfern oder
in Anlehnung an Zechen und Fabriken, die an bestimmte Rohstoffe oder
Energiequellen gebunden waren.

In den meisten Fällen war der Bedarf an Arbeitskräften sowohl für die Industrie selbst als auch für andere an die Städte gebundene Funktionen nicht am

Ort oder in der unmittelbaren Umgebung zu decken. So setzte der Zuzug vom Lande, aus der Landwirtschaft, aus nicht mehr lebensfähigen ländlichen Gewerben ein, der in aller Regel eine Lösung aus den bisherigen sozialen Bindungen bedeutete und die Menschen vor eine Vielzahl völlig neuartiger und für sie oft kaum lösbarer Probleme stellte. Es gab freilich auch einen bedeutenden Anteil an Zuwanderern, die die Verbindung mit ihrem Herkunftsgebiet nicht verloren, die sich nur für begrenzte Zeit, oft nur für Monate in den Städten aufhielten und häufig die Wanderung mehrfach wiederholten, um sich dann endgültig doch in der alten Heimat niederzulassen.

Für die immer stärker zunehmende Mobilität im umfassenden Sinne dieses Begriffes waren nun neben der Anziehungskraft der Städte und der industriellen Arbeitsstätten mit ihren Verdienstmöglichkeiten zahlreiche weitere Faktoren bedeutsam, wie der durch Auswanderung in den meisten Fällen durchaus nicht beseitigte Bevölkerungsdruck auf dem Lande (nach wie vor gab es einen hohen, z.T. sogar eine Zeitlang noch steigenden Geburtenüberschuß), die Verbesserung der Verkehrsverhältnisse und der Informationsmöglichkeiten oder auch die sich ändernden sozialen Beziehungen auf dem Lande.

Das Ausmaß des *Großstadtwachstums* mag hier an einigen, von W. KÖLLMANN (1967) untersuchten Beispielen aufgezeigt werden. Es handelt sich um den Zeitraum von 1880-1900 und um die Städte Dortmund (eine damals stark aufstrebende Stadt der Schwerindustrie), Krefeld (eine bereits ältere Industriestadt, die in der Phase der Frühindustrialisierung besondere Bedeutung erlangt hatte), Stuttgart (Zentrum einer gewerblich überformten Agrarregion) und Königsberg (Hauptstadt einer agrarischen Provinz). In dem genannten Zeitraum betrugen die Zuwachsraten bei einem Reichsdurchschnitt von 24,6 % in Dortmund 114,5 %, Krefeld 44,7 %, Stuttgart 50,6 %, Königsberg 34,5 %.

In allen Fällen liegt ein positiver Wanderungssaldo vor, der dort, wo der industrielle Ausbau besonders rasche Fortschritte machte, außergewöhnliche Werte erreichte. Was für Dortmund in dieser Zeit charakteristisch war, galt ebenso für andere Städte des Ruhrgebiets in ihren Hauptwachstumsphasen, die sich bekanntlich mit der Entwicklung des Reviers zeitlich von Süden nach Norden verschoben. Krefeld repräsentierte damals den Typ einer Stadt mit nur noch verhältnismäßig schwach wachsender Industrie, obwohl es auch hier die Industrie war, die den überdurchschnittlichen Bevölkerungszuwachs erklärt. Im Falle von Stuttgart als Landeshauptstadt in einer gewerblich bereits stark entwickelten Region ist der Zuwachs zwar nicht mit dem der Ruhrgebietsstädte vergleichbar, jedoch auch hier hat der industrielle Ausbau maßgeblich dazu beigetragen. Nur in Königsberg war dessen Einfluß merklich geringer.

Wenn innerhalb des Deutschen Reiches die Zahl der Großstädte zwischen 1850 und 1910 von 4 auf 48 anstieg, dann spricht dies vielleicht am deutlichsten dafür, wie eng Industrialisierung und Großstadtentwicklung zusammenhingen, die ihrerseits Umfang und Formen der Mobilität entscheidend bestimmten. Zwar war das städtische Bevölkerungswachstum in beträchtlichem Umfang durch einen Geburtenüberschuß bestimmt. Dieser wurde jedoch meistens durch Wanderungsgewinne übertroffen. Wie H.D. LAUX (1984) nachgewiesen hat, muß der Beitrag dieser Komponente zur Bevölkerungsentwicklung allerdings nach Städtetypen differenziert werden.

Die für das Wachstum der Großstädte und der industriellen Ballungsräume entscheidende Binnenwanderung stellt die größte Bevölkerungsbewegung der deutschen Geschichte dar. Sie ist zahlenmäßig auch nicht von der durch den Zweiten Weltkrieg ausgelösten Flüchtlingsbewegung übertroffen worden, mit dieser allerdings schon deshalb kaum vergleichbar, weil es sich um völlig andere zeitliche Dimensionen handelt. Natürlich sind über den Umfang nur Schätzungen möglich. Diese bewegen sich aber allein bei einer Berücksichtigung nur jener Wanderungen, die über Landes- und Provinzgrenzen hinausgingen, um 22-24 Millionen im Zeitraum von 1860 bis 1925. Die höchsten Wanderungsquoten sind im Jahrzehnt vor dem Ersten Weltkrieg zu verzeichnen. In vielen Teilen des Deutschen Reiches wurde lange Zeit hindurch der gesamte Geburtenüberschuß durch die Abwanderung aufgezehrt und darüber hinaus noch ein Bevölkerungsrückgang bewirkt. In den Hauptzuwanderungsgebieten wich die Bevölkerungszusammensetzung nach Alter, Geschlecht, Familienstand und Berufen ganz wesentlich vom Durchschnitt ab.

Innerhalb des Gesamtablaufes der Wanderungen lassen sich nun verschiedene Einzelbewegungen und *Wanderungsströme* unterschiedlicher Zusammensetzung unterscheiden. Stark vergröbert kann zunächst festgestellt werden, daß in der Frühzeit der Industrialisierung vor allem die Landbewohner der engeren Umgebung von Städten, der gleichen Provinz bzw. des gleichen Landes zu deren Wachstum beigetragen haben. Fernwanderungen großen Umfangs über mehrere Provinz- bzw. Ländergrenzen hinweg, die ja in den meisten Fällen eine vollständige Trennung von dem bisherigen Sozialraum bedeuteten, sind hauptsächlich für die letzten Jahrzehnte des vergangenen Jahrhunderts und die Zeit bis zum Beginn des Ersten Weltkrieges kennzeichnend. Die bedeutsamste Bewegung ist dabei die *Ost-West-Wanderung*.

Ebenso wie andere Teile des Deutschen Reiches hatten auch die Ostprovinzen seit der Mitte des vergangenen Jahrhunderts hohe und wachsende Geburtenüberschüsse aufzuweisen, die sich in einem zunehmenden Bevölkerungsdruck bemerkbar machten. Abgesehen von Schlesien gab es keine bedeutenden Ansätze industrieller Entwicklung, und auch in Schlesien waren die Voraussetzungen für einen wirtschaftlichen Aufschwung durch den Ausbau der Industrie und die Weiterentwicklung traditioneller Gewerbe (vor allem in den Bergländern Niederschlesiens) wenig günstig. Ein gewisses Ventil bot in den 70er und 80er Jahren die Aus- und die Abwanderung nach Berlin. Dorthin zogen auch in den folgenden Jahrzehnten zahlreiche Menschen vor allem aus Schlesien, mehr und mehr trat jedoch das Ruhrgebiet als Wanderungsziel von Ost- und Westpreußen, von Pommern und Schlesiern in den Vordergrund. Es war die Zeit, in der der Ausbau der Emscherzone erfolgte und Städte wie Gelsenkirchen, Wanne-Eickel oder Bottrop ihren hohen Bedarf an Arbeitskräften nicht mehr aus der Umgebung decken konnten.

Handelte es sich zunächst um Einzelwanderung, so gab es später eine planmäßige Werbung seitens der Unternehmer, die ihre Arbeiter z.T. in Sonderzügen aus dem Osten holten. Werber wurden vorwiegend nach Ost- und Westpreußen, aber auch in die Steiermark und nach Krain im heutigen Slowenien geschickt, und sie beschränkten sich hier bei ihrer Tätigkeit oft auf eng umgrenzte Gebiete. So bevorzugten z.b. evangelische Unternehmer die protestantischen Teile Ostpreußens, hauptsächlich Masuren. Thyssen und Klöckner ließen für ihre Werke in Oberhausen, Hamborn und Wanne besonders katholische Westpreußen und Polen anwerben.

Im Jahre 1893 stammte ein Viertel der Arbeiterschaft des *Ruhrgebiets* aus den Ostprovinzen. Dieser Anteil stieg in den folgenden Jahren noch an, wobei gleichzeitig auch die Zahl der Ausländer, hauptsächlich Polen, zunahm. Tab. 27 gibt die Herkunftsgebiete der Zuwanderer im Rheinland und in Westfalen in den Jahren 1880 und 1907 an. In beiden Provinzen ist 1907 der Anteil der Zuwanderer aus den westlichen Teilen des Reiches, besonders aus den Nachbarprovinzen, stark zurückgegangen. Vor allem Westfalen wurde das bevorzugte Ziel der Menschen aus dem Osten.

Tab. 27 Herkunftsgebiete der Zuwanderer in den Provinzen Rheinland und Westfalen (Angaben in %) 1880 und 1907 (Quelle: W. KÖLLMANN 1971, S. 368 f)

Herkunftsgebiet	Zuwanderungsgebiet			
	Rheinland		Westfalen	
	1880	1907	1880	1907
Ostdeutschland	12,4	27,3	15,1	44,9
Nordwestdeutschland	7,0	8,8	15,6	12,8
Hessen	19,5	12,4	21,2	8,7
Nachbarprovinz	37,9	27,1	35,7	21,2

Hauptverteilungsstelle für die Zuwanderer war Gelsenkirchen. Zwischen 1885 und 1914 wurden hier allein aus Ostpreußen 160 000 Zuwanderer registriert, von denen ein großer Teil, insbesondere die evangelischen Masuren, auch in Gelsenkirchen wohnen blieb. Nach den Ostpreußen stellten die Polen den größten Zuwandereranteil im Ruhrgebiet. 1893 waren es erst 50 000, zu Beginn des Ersten Weltkrieges jedoch 250 000.

Ähnlich wie die aus den westlichen Landesteilen stammenden Zuwanderer vorangegangener Zeiten waren auch die Menschen aus dem Osten vorwiegend Landarbeiter, nichterbende Bauernsöhne, Häuslinge oder Kätner, in weit geringerer Zahl dagegen Handwerker und Angehörige städtischer Berufsgruppen. Als ungelernte Arbeiter fanden sie vornehmlich im Bergbau eine neue Beschäftigungsmöglichkeit, erst später ging ein Teil von ihnen auch in die Hütten- und Eisenwerke (H.G. STEINBERG 1965).

Daß es sich hauptsächlich um junge Menschen handelte, kann kaum überraschen. Bemerkenswerter und zugleich auch besonders charakteristisch für diese Wanderung in der Phase der Hochindustrialisierung sind die Unterschiede in der Sexualproportion nach Herkunftsgebieten. Während bei den Zuwanderern aus der gleichen Provinz das Verhältnis von Männern und Frauen nahezu ausgeglichen, ja sogar leicht zugunsten der Frauen verschoben war (z.T. erklärbar durch die oft nur kurzfristige Zuwanderung von weiblichen Hausangestellten), ist auch noch kurz vor dem Ersten Weltkrieg ein starkes Übergewicht der Männer bei den aus dem Osten, aber auch aus Nordwestdeutschland und Hessen kommenden Wanderungsströmen zu verzeichnen (Tab. 28). Ein direkter Zusammenhang zwischen Distanz und dem Anteil der Männer ist allerdings nicht festzustellen, denn es gab zahlreiche weitere Faktoren, die sich auf das Geschlechterverhältnis der Migranten auswirkten. So wurden etwa bei jenen Gruppen, deren Integration im Revier nur zögernd erfolgte, noch Heiratsbeziehungen zum Herkunftsgebiet aufrecht erhalten, was dann zu einer Erhöhung des Anteils weiblicher Zuwanderer führte.

Im Ruhrgebiet entstanden für die Zuwanderer – im Unterschied zu den Verhältnissen in anderen, damals stark wachsenden Großstädten – besondere Wohnformen, die sog. „Kolonien" (Zechensiedlungen), die auch heute noch für die Struktur der ehemaligen Bergbaustädte bedeutsam sind. In diesen Kolonien, die seit 1860, meist aber nach 1880 errichtet wurden, um die außerordentlich starke Fluktuation unter der Belegschaft der Zechen und Hüttenwerke zu mindern, war den aus ländlichen Räumen zugezogenen Menschen die Möglichkeit zur Kleinviehhaltung und zu einem bescheidenen, für die Selbstversorgung jedoch durchaus bedeutsamen Gartenbau geboten. Sie lebten hier weitgehend isoliert, zumal in vielen Fällen ein städtisches Zentrum fehlte.

Tab. 28   Frauen je 100 Männer unter den Zuwanderern 1880 und 1907
(Quelle: W. KÖLLMANN 1971, S. 372)

| Herkunftsgebiet | Zuwanderungsgebiet | | | |
| | Rheinland | | Westfalen | |
	1880	1907	1880	1907
Nordostdeutschland	60,0	66,9	56,2	68,7
Übriges Deutschland	39,1	56,9	48,0	61,1
Nordwestdeutschland	83,4	74,1	102,5	80,6
Hessen	79,8	80,7	60,1	52,0
Provinz	101,3	102,7	100,0	102,2

Die besonderen Probleme der Integration und der Entwicklung einer „städtischen Gesellschaft" in den Neuen Städten des Ruhrgebietes sind häufig herausgestellt worden. Dennoch erfolgte im Laufe der Zeit eine Verschmelzung der verschiedenen Bevölkerungselemente Bei den hauptsächlich nach 1900 hinzugekommenen Polen gelang die Integration allerdings in den meisten Fällen nicht. Die Polen brachten nicht nur ihre eigene Sprache, sondern auch ein ausgeprägtes Nationalbewußtsein mit, und das führte zu einer weitgehenden Segregation und Sonderstellung. Die hier vorhandenen Probleme lösten sich erst nach dem Ersten Weltkrieg, als ein Teil der polnischen Volksgruppe in den wiedererstandenen polnischen Staat zurückkehrte, ein anderer im Gefolge der französischen Ruhrbesetzung in das belgisch-nordfranzösische Revier weiterwanderte. Während im Ruhrgebiet im Laufe der Jahre zahlreiche Großstädte entstanden, haben sich die Binnenwanderungen im Saarrevier mehr auf kleine und mittlere Städte gerichtet, worüber S. LEINER (1994) in einer material- und ertragreichen Untersuchung berichtet.

Zu den Verhältnissen in den ostdeutschen Abwanderungsgebieten sei hier nur folgendes bemerkt: Im Jahre 1907 lebten von 100 in Ostpreußen Geborenen dort noch 76. Knapp ein Viertel der Geburtsbevölkerung war also damals abgewandert. In Westpreußen und Posen lag die Zahl der Abgewanderten ähnlich hoch und sogar in Schlesien noch bei 13 %. Bei der Zusammensetzung der Migranten zeigten sich Unterschiede nach Herkunftsgebieten. So ergab eine Untersuchung der ostpreußischen Zuwanderung in das Ruhrgebiet, daß hier nicht die Landarbeiterschaft der Güter das Hauptkontingent stellte, sondern die klein- und unterbäuerlichen Schichten der Dörfer, vor allem die sog. Kätner, deren wirtschaftliche Stellung oft noch bedeutend schwächer als die der Gutsarbeiter war. Bei der Gutswirtschaft machte sich allerdings die Abwanderung besonders bemerkbar, denn die Güter waren ja nicht nur auf die ständig bei den Betrieben beschäftigten „Instleute" angewiesen, sondern darüber hinaus noch im hohen und zunehmenden Maße auf Saisonarbeiter, die durch den Fortfall der Hilfskräfte aus den Dörfern mehr und mehr durch polnische Wanderarbeiter zur Erntezeit ersetzt wurden. Die deutsche Binnenwanderung löste so eine Saisonwanderung über die Staatsgrenzen aus, ein Vorgang, der auch in vielen anderen Fällen, wo ein starkes Wirtschaftsgefälle zwischen Industrie- und noch weitgehend agrarischen Nachbarländern besteht, zu verfolgen ist.

Neben der so sehr ins Gewicht fallenden Ost-West-Wanderung darf nicht übersehen werden, daß – großenteils bereits früher einsetzend – auch innerhalb von West- und Mitteldeutschland Land-Stadt-Wanderungen zu erheblichen Veränderungen in der Bevölkerungsverteilung und -zusammensetzung geführt haben. Als Auswanderungs- und – zum Teil gleichzeitig, zum Teil später – Abwanderungsgebiete im Rahmen der Binnenwanderung treten vor allem die deutschen *Mittelgebirge* hervor, in denen neben der Landwirtschaft zahlreiche alte Gewerbezweige vertreten waren. Der weit verbreitete Bergbau hatte eine Vielzahl von Verarbeitungsbetrieben vor allem an Standorten hervorgerufen, an denen die Wasserkraft nutzbar war. Daneben gab es ländliche Gewerbe in Form der Woll- und Leinenweberei, der Töpferei, der Holzverarbeitung u.v.a.m. Diesen verschiedenen Erwerbsarten war durch die Industrialisierung weitgehend der Boden entzogen, ohne daß ein ausreichender Ersatz durch die Ansiedlung von Industriebetrieben geschaffen werden konnte. Für diese fehlte es in den Mittelgebirgen an neuen Energiequellen, an ausreichenden Rohstoffvorkommen, vor allem aber hatte sich die Verkehrssituation durch den Ausbau des Eisenbahnnetzes, das die Gebirgsräume weitgehend aussparte oder sie erst spät mit Nebenstrecken bediente, erheblich verschlechtert. Vielfach blieb für die Bewohner der Mittelgebirge die Landwirtschaft als einzige Lebensgrundlage übrig, es kam in einer ganzen Reihe von Gebieten zu einer Reagrarisierung, von der nicht nur die Dörfer, sondern auch zahlreiche Kleinstädte betroffen wurden. Insgesamt trat eine deutliche Verminderung der Tragfähigkeit ein, wodurch ein beträchtlicher Teil der Bevölkerung gezwungen war, sich außerhalb des Heimatgebietes nach neuen Erwerbsmöglichkeiten umzusehen: Aus- und Abwanderung in die großen Städte und Industriegebiete, Saisonarbeit und Wochenendpendler waren die typischen Erscheinungen.

Es gibt über die langfristige Bevölkerungsentwicklung in verschiedenen Mittelgebirgsräumen eine ganze Anzahl von Spezialuntersuchungen, bei denen allerdings vielfach die quantitativen Aspekte stark im Vordergrund stehen, was

sich zum großen Teil aus den Schwierigkeiten der Datenbeschaffung erklärt.
In vielen deutschen Mittelgebirgen wurde um 1840 ein Bevölkerungshöchst-
stand erreicht, der selbst durch die Einweisung von Flüchtlingen nach dem
Zweiten Weltkrieg nicht oder nur für kurze Zeit übertroffen wurde. Nach
1840 trat dann zunächst, wie geschildert, die Auswanderung aus einigen Gebieten, hauptsächlich Südwestdeutschlands, in den Vordergrund, dann gewann
jedoch die Binnenwanderung die Oberhand. In der Eifel, einem der typischen
Abwanderungsgebiete nicht nur im 19. sondern auch im 20. Jahrhundert, betrugen z.b. nach Untersuchungen von R. GRAAFEN (1961) die durchschnittlichen jährlichen Wanderungsverluste zwischen 1871 und 1905 7,3 ‰. In einzelnen Ämtern lagen die Verluste sogar weit über 10 ‰. Häufig waren es Mißernten, die den unmittelbaren Anstoß zum Verlassen der Heimat gaben.

Bei der Abwanderung aus ländlichen Räumen im westlichen und mittleren Teil
Deutschlands wurden zumeist die nächstgelegenen Großstädte und Industrie-
zentren aufgesucht, d.h. es handelte sich zu einem großen Teil um Nahwanderung, besonders ausgeprägt bei den Frauen. Für die Ausbildung von Wande-
rungsscheiden zwischen verschiedenen Großstädten hatten historische Bindungen wirtschaftlicher Art, zentralörtliche Verflechtungen, aus der Zeit der
Territorialherrschaft stammende Konfessionsgrenzen, aber auch die im Eisen-
bahnzeitalter neu geschaffenen Verkehrsbeziehungen eine große Bedeutung.
Die Pendelwanderung erfaßte um die Jahrhundertwende im allgemeinen nur
einen engen Nahbereich um die Städte; der überwiegende Teil der Einpendler
kam aus Entfernungen von 4 -8 Kilometern, und schon die Grenze von 15 km
wurde nur noch selten überschritten (H. BÖHM 1979).

Jenseits dieser Pendlerzone, die eine wesentliche Ausdehnung erst mit dem
Aufkommen des Kraftfahrzeugverkehrs erfuhr, setzte die Abwanderung ein.
So wird verständlich, daß damals, abgesehen von den Zentren der Schwerindustrie mit einer starken Zuwanderung aus den östlichen Teilen Deutschlands,
die meisten der wachsenden Städte unter ihren „Neubürgern", die außerhalb
der Stadt geboren waren, hauptsächlich Menschen aus nahe gelegenen ländlichen Ortschaften und aus stagnierenden oder schrumpfenden Kleinstädten
hatten.

Fragt man nach dem Umfang der *räumlichen Mobilität,* dann stellt sich heraus,
daß die Zahl der Wanderungsfälle damals erheblich größer war als in der Zwischenkriegszeit und in der Gegenwart. Das ist angesichts der immer wieder
herausgestellten hochgradigen Mobilität unserer heutigen Gesellschaft und der
Vielfalt der Wanderungsformen erstaunlich. R. HEBERLE und F. MEYER
(1937) sowie D. LANGEWIESCHE (1977) haben bei ihren Untersuchungen über
die Binnenwanderung in der Industrialisierungsphase Mobilitätsziffern von

Städten verschiedener Größenklassen für die Zeit von 1881 bis 1912 zusammengestellt. Diese erreichten um 1900 Durchschnittswerte von weit über 300 je 1000 Einwohner, in zahlreichen Einzelfällen sogar von mehr als 400. Nach dem Ersten Weltkrieg waren die Mobilitätsziffern nur etwa halb so groß. Auch die innerstädtischen/innergemeindlichen Umzüge, nicht in erster Linie durch Veränderungen im Lebenszyklusstadium, sondern viel mehr durch die Suche nach möglichst billigen Wohnungen ausgelöst, hatten einen außerordentlichen Umfang und lagen über der Zahl derer, die in der Gegenwart registriert werden.

Die Erklärung für die hohe Wanderungsmobilität ergibt sich daraus, daß der immer wieder besonders betonten Land-Stadt-Wanderung ein beträchtlicher Gegenstrom von den Städten aufs Land gegenüberstand, daß viele, die in die Stadt zogen, sich dort nur kurze Zeit aufhielten und häufig mehrfach an Wanderungen, oft in einem saisonalen Rhythmus, teilnahmen. Sie bildeten eine hochmobile Gruppe gegenüber dem weit größeren Teil der Bevölkerung, der gar nicht an Wanderungen beteiligt war. Nach Untersuchungen von D. LANGEWIESCHE (1977) betrug die gesamte Abwanderung aus den Groß- und Mittelstädten zwischen 1881 und 1912 jedes Jahr im Durchschnitt 80 % der Zuwanderung. Das Wachstum der Städte ist zwar zum wesentlichen Teil auf Wanderungsgewinne zurückzuführen, doch betrug das Wanderungsvolumen jeweils ein Vielfaches des Wanderungsgewinns. So kam z.B. in Essen und Dortmund zwischen 1880 und 1890 auf einen Bevölkerungsanstieg von 1000 Personen ein Wanderungsvolumen von mehr als 10 000. Abb. 32 zeigt die Zu- und Abwanderungen in Städten mit mehr als 50 000 Einwohnern während des Zeitraumes 1881-1912. Der generelle Anstieg der Wanderungsmobilität ist in erheblichem Maße von Konjunkturschwankungen beeinflußt, die Wanderungsgewinne werden im Laufe der Zeit eher kleiner als größer, zumindest ist dies für die Jahre vor dem Kriege festzustellen.

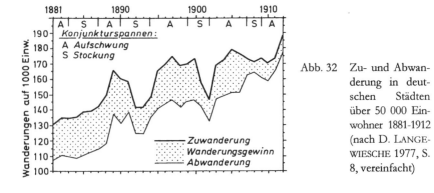

Abb. 32 Zu- und Abwanderung in deutschen Städten über 50 000 Einwohner 1881-1912 (nach D. LANGEWIESCHE 1977, S. 8, vereinfacht)

Im Jahresverlauf zeigte sich damals ein ausgeprägter saisonaler Rhythmus mit besonders zahlreichen Zu- und Fortzügen in den Monaten April und Oktober. Vor allem aus der näheren Umgebung der Städte kamen viele Menschen, die nur ein paar Monate lang in der Stadt blieben, sei es als Bauhandwerker oder auch als Arbeiter/Hilfsarbeiter in der Industrie und im Dienstleistungsbereich. Ein Teil, wie die Bauarbeiter, bezog „Winterquartiere" auf dem Lande, ein anderer ging gerade während des Sommers wegen der zu dieser Jahreszeit günstigen Beschäftigungsmöglichkeiten aufs Land.

Die Wanderung zwischen den Städten spielte für die hohen Mobilitätsziffern der damaligen Zeit keine große Rolle. Besonders an Fernwanderungen waren vorwiegend Personen mit höher qualifizierten Berufen beteiligt, die Masse der Arbeiterschaft war, vom Ruhrgebiet und einigen wenigen Großstädten abgesehen, ganz überwiegend an der Nahwanderung in der eben geschilderten Weise beteiligt.

Mit dem Ersten Weltkrieg endet in Deutschland ein wichtiger, mit der Industrialisierung in Gang gekommener Abschnitt der Binnenwanderung, der in seinen besonderen Merkmalen durch die wirtschaftlichen Umwälzungen, durch die Ausbreitung neuer Technologien, die Entwicklung der Eisenbahn zum wichtigsten Verkehrsträger und einen tiefgreifenden Wandel der Gesellschaftsstruktur gekennzeichnet ist. Zusammenfassend läßt sich dabei herausstellen:

1. Der Binnenwanderung ist in vielen Teilen des Landes eine mehr oder weniger starke Auswanderung vorausgegangen. Oft sind es die gleichen Gebiete erhöhter Mobilitätsbereitschaft, die zunächst einen Teil ihrer Bevölkerung an das Ausland abgaben, später dann im großen Umfang an der Binnenwanderung beteiligt waren.

2. Bis zum Beginn des Ersten Weltkriegs spielt die Wanderung vom Land in die Großstädte, teils als Etappenwanderung, teils als Direktwanderung eine herausragende Rolle. Es gibt aber zugleich eine beträchtliche Rückwanderung aus den Städten, während die Wanderung zwischen den Städten von geringerer Bedeutung ist.

3. Als Fernwanderung tritt die Ost-West-Wanderung – vor allem ins Ruhrgebiet – hervor. Sonst überwiegen Nahwanderungen jenseits eines damals noch eng begrenzten Pendlerbereichs.

4. Der Wanderungsentschluß wird in den meisten Fällen durch die Suche nach einem Arbeitsplatz ausgelöst. Dabei bieten sich für die Männer in erster Linie Beschäftigungsmöglichkeiten in Bergbau, Industrie und Bauwirtschaft, während Frauen im großen Umfang in häuslichen Diensten Anstellungen suchen.

5. Die Einzelwanderung hauptsächlich junger Menschen im Alter < 30 Jahren überwiegt stark und nimmt im Laufe der Zeit noch an Bedeutung zu.

6. Die Mobilitätziffern erreichen außerordentlich hohe Werte. Sie liegen über denen späterer Zeiten und beruhen zu einem großen Teil auf befristeten Zuzügen in die Städte und wiederholten Wanderungen des gleichen Personenkreises, insbesondere von Handwerkern und Bediensteten.

Die vorstehend herausgestellten Merkmale der Binnenwanderung während der Industrialisierungsphase sind nicht nur für die Verhältnisse in Deutschland charakteristisch, sondern lassen sich in weitgehend ähnlicher Form auch in anderen Industrieländern feststellen. Besonderheiten haben sich u.a. dadurch ergeben, daß die Industrialisierung zu unterschiedlichen Zeitpunkten in Gang gekommen ist und der Prozeß sich auch über verschieden lange Zeiträume erstreckt hat. In den Ländern mit einer zentral gelenkten Planwirtschaft hat es einen weitgehend andersartigen Entwicklungsablauf gegeben, und es kann aufgrund völlig anderer Rahmenbedingungen in der zweiten Hälfte des 20. Jahrhunderts nicht erwartet werden, daß die Entwicklung der räumlichen Mobilität dort, wo heute erst Ansätze einer Industrialisierung zu verzeichnen sind, die Verstädterung aber vielfach weit fortgeschritten ist, in ähnlicher Weise ablaufen wird wie in den europäischen Ländern teilweise schon im 18., vornehmlich jedoch im 19. und frühen 20. Jahrhundert.

5.7.4 Jüngere Erscheinungsformen der Binnenwanderung in wirtschaftlich hoch entwickelten Ländern unter besonderer Berücksichtigung der Verhältnisse in der Bundesrepublik Deutschland

Umfang und Struktur der jüngeren Binnenwanderung haben sich gegenüber der Industrialisierungsphase im Zuge der weiteren wirtschaftlichen Entwicklung der Industrieländer und der Modernisierung aller Lebensbereiche in starkem Maße gewandelt. Es ist eine hochmobile Gesellschaft entstanden, in der sich die Aktionsreichweiten des einzelnen erheblich ausgedehnt haben; dabei wurden in den täglichen oder wöchentlichen Bewegungszyklus Standorte einbezogen, die früher von der Wohnung aus nicht oder nur unter großem Aufwand an Zeit und Geld erreichbar waren. Auf diese Weise sind auch für den Wohnungswechsel Bestimmungsfaktoren wirksam geworden, die in der Vergangenheit keine oder höchstens eine untergeordnete Rolle spielten, andere dafür weitgehend entfallen. Der Hypothese ZELINSKYs vom „Mobilitäts-Übergang" folgend, ist die vierte Phase erreicht, deren charakteristische Merkmale im Folgenden an Hand einer Reihe von Beispielen vor allem aus der Bundesrepublik Deutschland näher zu beleuchten sind. Dabei wird es mög-

lich, in stärkerem Umfang als bisher auf Ursachen, Ablauf und Auswirkungen
bestimmter Wanderungsvorgänge bzw. auf Richtung und Zusammensetzung
einzelner Wanderungsströme einzugehen, da die Migrationsforschung Vorgänge in der Gegenwart und jungen Vergangenheit ungleich besser hat analy-
siere können als solche, die sich vor mehreren Menschenaltern abgespielt haben. Zwar hat die jüngere Forschung auch über Wanderungen im 19. und frühen 20. Jahrhundert zahlreiche neue Erkenntnisse vorzuweisen, die Rekon-
struktion damaliger Vorgänge ist jedoch allein auf die Auswertung der nicht
gerade sehr erschöpfenden statistischen Daten und sonstiger schriftlicher
Quellen angewiesen. Heute besteht die Möglichkeit zu direkter Beobachtung
und zu Befragungen über Aufbruchsentschlüsse, Wohnstandortwahl u.v.a.m.
Grundlage dafür bilden bedeutsam Fortschritte auf theoretischem Gebiet.

Eine Analyse des jüngeren Mobilitätsgeschehens in der Bundesrepublik kann
kaum an der durch den Zweiten Weltkrieg geschaffenen *Ausgangssituation* vor-
beigehen, zumal es eine ganze Anzahl weiterer Länder gibt, in denen als unmittelbare oder mittelbare Folge des Krieges zunächst Zwangswanderungen
sowie Wanderungen aus politischen und weltanschaulichen Gründen wesentliche Auswirkungen auf die Bevölkerungsverteilung und -zusammensetzung
gezeitigt haben. In der Folge sind spezifische Vorgänge der Binnenwanderung
ausgelöst worden, die eine Zeitlang andere weitgehend in den Hintergrund
treten ließen. Betroffen war davon außer dem mitteleuropäischen Raum, hier
insbesondere Deutschland und Polen, eine mehr oder weniger breite Zone, die
sich von Europa über den Vorderen Orient, Südasien bis nach Südostasien
erstreckt. Im übrigen ist es in vielen Teil der Welt ja keineswegs nur im Gefolge des Zweiten Weltkrieges zu Zwangswanderungen und großen Flüchtlingsströmen gekommen, deren Gewicht das der Binnenwanderung ganz über-
schattet hat.

Das Ausmaß dieser Bewegungen, auf die hier nicht näher eingegangen wird,
läßt sich nur vage abschätzen, das Wort von der „größten Völkerwanderung"
der Geschichte" ist aber sicher nicht unzutreffend. Unzählig viele Menschen
mußten als Flüchtlinge zunächst provisorisch, gewöhnlich ohne Rücksicht auf
vorhandene und zu erwartende Erwerbsmöglichkeiten untergebracht und
durch Hilfsaktionen versorgt werden, so daß mit der allmählichen Festigung
der politischen und wirtschaftlichen Verhältnisse weitere Wanderungen, mit
denen die in vielen Gebieten entstandene Überbevölkerung ausgeglichen werden konnte, unausweichbar blieben. Auf der anderen Seite ging es um eine in
aller Regel nicht problemlose Wiederbesiedlung von Gebieten, aus denen die
bis dahin ansässige Bevölkerung vertrieben war.

Lenkt man den Blick allein auf Westdeutschland, dann zeigt sich hier die durch den Krieg hervorgerufene außergewöhnliche Bevölkerungssituation besonders kraß. In Schleswig-Holstein hatten z.b. 1950 45 % der dort lebenden Menschen vor dem Kriege ihren Wohnsitz außerhalb der Bundesrepublik oder in einem anderen Bundesland, in Niedersachsen waren es 38 %, in Bayern und Hessen jeweils 26 %. Da an die Schaffung einer ausreichenden Zahl von Arbeitsplätzen für die ja zu einem großen Teil in kleine Landgemeinden eingewiesenen Menschen besonders in den nördlichen, bis dahin wenig industrialisierten Teilen der Bundesrepublik nicht zu denken war, blieb eine Abwanderung unvermeidlich, die durch mehrere Umsiedlungsaktionen unterstützt wurde. Zwischen den Volkszählungen von 1950 und 1961 haben dann auch Niedersachsen fast 900 000, Schleswig-Holstein und Bayern jeweils mehr als 400 000 Menschen an andere Bundesländer abgegeben. Zuwanderungsüberschüsse hatten im gleichen Zeitraum v.a. Nordrhein-Westfalen (über 900 000) und Baden-Württemberg (etwa 440 000). Abb. 33 gibt einen Überblick über die Wanderungssalden der größeren Bundesländer, aus ihr läßt sich entnehmen, daß das für die 50er Jahre kennzeichnende starke regionale Wanderungsgefälle nach 1960 deutlich zurückgeht und zum Teil eine Umkehr erfährt.

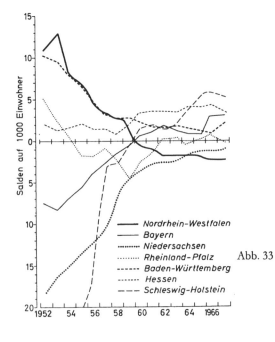

Nordrhein-Westfalen
Bayern
Niedersachsen
Rheinland-Pfalz
Baden-Württemberg
Hessen
Schleswig-Holstein

Abb. 33 Binnenwanderungssalden der größeren Bundesländer 1952 bis 1967 auf 1000 Einwohner (nach K. SCHWARZ 1969, S. 138 f.)

Aus den besonderen Bedingungen, unter denen diese Wanderungen zustande
kamen, ist verständlich, daß es sich zu einem großen Teil um Land-Stadt-
Wanderungen handelte, die dadurch noch eine Verstärkung erfuhren, daß mit
dem wirtschaftlichen Aufschwung in den 50er Jahren eine bedeutende Abwanderung von Arbeitskräften aus der Landwirtschaft einsetzte. Einige
Grundtendenzen der Wanderung in den 50er Jahren und die um 1960 beginnenden Veränderungen bei den Salden verschiedener Gemeindegrößenklassen
können aus Tab. 29 abgelesen werden. Die anfangs noch sehr hohen positiven
Salden der Großstädte gehen nach 1961 in negative Salden über, die Bevölkerungsverluste der kleinsten Gemeindegrößenklasse verringern sich merklich,
und vor allem bei den Gemeinden zwischen 2000 und 20 000 Einwohnern
gibt es zunehmend positive Wanderungsbilanzen. Dabei hat sich das Wanderungsvolumen während des in der Tabelle angeführten Zeitraumes nur wenig
verändert. Die Mobilitätsziffer lag seit der Mitte der 50er Jahre bis etwa 1970
um 60 und blieb damit erheblich hinter den vor dem Ersten Weltkrieg und in
der Zwischenkriegszeit registrierten Werten.

Tab. 29   Salden aus den Wanderungen innerhalb des Bundesgebietes nach Gemeindegrößenklassen auf 1000 Einwohner 1955-1965
(Quelle: K. SCHWARZ 1969, S. 143)

	Gemeinden mit Einwohnern					
Jahr	< 1000	1000 bis 2000	2000 bis 5000	5000 bis 20 000	20 000 bis 100 000	100 000 und mehr
1955	- 30,9	- 13,6	- 2,4	+ 3,4	+ 6,6	+ 16,0
1957	- 22,0	- 9,0	- 0,5	+ 4,3	+ 5,7	+ 8,7
1959	- 16,0	- 4,2	+ 2,3	+ 4,3	+ 1,5	+ 4,4
1961	- 9,4	- 0,7	+ 6,6	+ 2,3	+ 0,8	- 0,0
1963	- 5,5	+ 2,3	+ 6,9	+ 7,0	- 1,0	- 4,9
1965	- 3,3	+ 4,7	+ 8,3	+ 7,3	- 1,0	- 6,2

In der zweiten Hälfte der 50er Jahre klingen die Auswirkungen des Krieges auf
die Binnenwanderung (Umverteilung der Flüchtlingsbevölkerung, Rückwanderung der aus den Städten Evakuierten) mehr und mehr aus, so daß um 1960
ein Zeitpunkt erreicht ist, von dem an die Binnenwanderung im wesentlichen
auf die in der Bundesrepublik Deutschland herrschenden wirtschaftlichen und
gesellschaftlichen Bedingungen in ihrer regionalen Differenzierung zurückgeführt werden kann. Die Aufmerksamkeit soll deshalb im folgenden hauptsäch-

lich den Vorgängen nach 1960 gelten, wobei hier und da Vergleiche zu anderen Ländern gezogen werden.

Dabei ist zwischen inter- und innerregionalen Wanderungen zu unterscheiden, wenn auch eine eindeutige Trennung der Vorgänge nach den vorliegenden statistischen Unterlagen nicht durchführbar ist und ein Zusammenhang der beiden Formen regionaler Mobilität natürlich nicht übersehen werden darf. Trotzdem ist es von großer Bedeutung, die nach ihren Bedingungen und Auswirkungen sehr verschiedenartigen Vorgänge voneinander zu trennen, und vor allem die jeweils spezifische Raumwirksamkeit deutlich zu machen. Als räumliche Bezugseinheiten eignen sich dabei Verwaltungsgebiete im allgemeinen wenig, vielmehr ist eine Abgrenzung von Regionen aufgrund von Struktur- und Verflechtungsmerkmalen wünschenswert. Als solche sind in jüngerer Zeit vor allem verwendet worden die älteren Gebietseinheiten des Bundesraumordnungsprogramms (38), die von der ehemaligen Bundesforschungsanstalt für Landeskunde und Raumordnung abgegrenzten Bezirke (58) oder auch zentralörtliche Bereiche unterschiedlichen Ranges, vor allem aber die 75 Raumordnungsregionen in den alten Bundesländern, die durch 22 entsprechende Regionen in Ostdeutschland (ohne Berlin) ergänzt wurden. Wanderungen über die Grenzen derartiger Raumeinheiten können zumindest in ihrer Mehrzahl als interregionale Wanderungen betrachtet werden, Wanderungen innerhalb der Raumeinheiten dagegen als innerregionale.

Bei der *interregionalen Wanderung* stehen nach wie vor Gebiete mit z.t. beträchtlichen Wanderungsgewinnen solchen mit anhaltenden wenn auch unterschiedlich hohen Bevölkerungsverlusten gegenüber. Es handelt sich aber nicht mehr lediglich um den Gegensatz zwischen Verdichtungs- und ländlichen Räumen, um den Zug vom Land in die Stadt. Zu den Regionen, die bei der Binnenwanderung negative Salden aufweisen, gehören jetzt neben traditionellen Abwanderungsgebieten wie der Eifel und den östlichen Landesteilen von Bayern auch industrielle Verdichtungsräume, insbesondere das Ruhrgebiet und das Saargebiet, die in der Phase der Hochindustrialisierung eine besonders starke Anziehungskraft besaßen. Von den anderen Verdichtungsräumen haben zu Beginn der 70er Jahre namentlich Hamburg, Düsseldorf, Köln-Bonn, das Rhein-Main- und Rhein-Neckar-Gebiet sowie Stuttgart und München Wanderungsgewinne vorzuweisen, Räume, die aufgrund besserer Verdienstmöglichkeiten, höherer Arbeitsplatzsicherheit, besserer Aufstiegschancen, aber auch wegen der vorhandenen vielfältigen Bildungsmöglichkeiten, der Qualität der sozialen Infrastruktur und des Freizeit- und Naherholungsangebots als mögliche Wanderungsziele hoch bewertet werden. Regionale Disparitäten in den eben genannten Bereichen sind es vor allem, die die Hauptströme interregionaler

Wanderungen bestimmen, wobei innerhalb Deutschlands – ähnlich wie in Frankreich und Großbritannien – ein genereller Trend zur Bevorzugung der südlichen Landesteile festzustellen ist, der in den achtziger Jahren anhält.

Ab Ende der siebziger Jahre setzt sich dann auch in der Bundesrepublik Deutschland bei den Binnenwanderungen ein Trend durch, der in anderen westlichen Industrieländern wie Großbritannien, Schweden und den USA die gesamten siebziger Jahre bestimmt hat und der mit dem Begriff Counterurbanization bezeichnet wird (vgl. 2.2). Dieser Dekonzentrationsprozeß ist charakterisiert durch einen Binnenwanderungsverlust vieler Verdichtungsräume, nicht nur der Kernstädte, und gleichzeitig durch einen positiven Saldo einer ganzen Reihe von ländlichen Räumen. Zu letzteren zählen viele süddeutsche Regionen, aber auch große Teile von Schleswig-Holstein, das Wendland und das südöstliche Westfalen. T. KONTULY und R. VOGELSANG (1988) haben untersucht, wie sich eine solche Trendumkehr im Laufe der Zeit auf unterschiedliche Altersgruppen ausgedehnt hat. Während die älteren Menschen ab 50 Jahren schon seit langem aus den Verdichtungsräumen fortziehen, bestimmt die Dekonzentration im Laufe der siebziger Jahre die Wanderungen der 30-49jährigen, zu Beginn der achtziger Jahre diejenigen der 25-29jährigen und hat nur die 18-24jährigen nicht erfaßt. Weitere Belege für die Trendumkehr finden sich bei T. KONTULY (1991), der außerdem diskutiert, ob der neue Trend nur ein Übergangsstadium im Rahmen einer regionalen Restrukturierung der Wirtschaft ist oder längerfristige Tendenzen der Präferenz von Unternehmen und Arbeitskräften widerspiegelt. Die letztere These entspricht nach KONTULY eher der Situation in der Bundesrepublik in der ersten Hälfte der achtziger Jahre. Die theoretische Deutung und die damit zusammenhängende Frage nach der Andauer der Dekonzentrationstendenzen sind jedoch noch keineswegs endgültig geklärt. In einigen Industrieländern, die in den siebziger Jahren von einer Counterurbanization geprägt waren, haben die achtziger Jahre eine abermalige Trendumkehr zum erneuten Wachstum von Verdichtungsräumen gezeigt, so in den USA und Schweden. In Westdeutschland sind seit Mitte der achtziger Jahre die Binnenwanderungssalden der ländlichen Räume wieder rückläufig, während die Agglomerationen, vor allem die Kernstädte, an Bedeutung gewonnen haben. Verstärkt wurde der Bevölkerungsanstieg in den Kernstädten um 1990 durch die starken Zuströme von Aus- und Übersiedlern sowie Ausländern. So hat Hamburg zwischen 1987 und 1990 etwa 3,5 % an Einwohnern gewonnen, Frankfurt über 2 %. Hier deuten sich Veränderungen der Bevölkerungsentwicklung und der Wanderungsmuster aufgrund der politischen Umbrüche an, die sich im vereinigten Deutschland nicht zuletzt in bedeutsamen Ost-West-Wanderungen niederschlagen. Diese

Ost-West-Wanderungen haben um 1990 die Nord-Süd-Wanderungen im alten Bundesgebiet stark überlagert, sind dann im Verlauf der neunziger Jahre deutlich zurückgegangen. Zählt man nur die Wanderungen, die Kreisgrenzen überschreiten, so nahmen die Migrationen von Ost- nach Westdeutschland von 260 000 im Jahr 1991 auf 164 000 in 1994 ab, während in umgekehrter Richtung ein Anstieg von 98 000 auf 130 000 festzustellen war. Allerdings ist die Altersselektivität der beiden Wanderungsströme unterschiedlich, insofern der Anteil der jüngeren Erwachsenen bei den Ost-West-Wanderern besonders hoch ist (F. BÖLTKEN, H. BUCHER, H. JANICH 1997).

Bei der Frage nach den Auswirkungen der Wanderungen ist nicht allein auf Veränderungen der Bevölkerungsverteilung und -dichte mit ihren vielseitigen Folgen zu verweisen, sondern besonders auch auf die damit verbundenen Selektions- und Segregationsprozesse in demographischer und sozialer Hinsicht. Das setzt eine nähere Analyse der Zusammensetzung von Wanderungsströmen voraus, auf die man in der früheren Wanderungsforschung im allgemeinen weniger Wert gelegt hat als auf Wanderungsvolumen und -salden. Relativ gut faßbar sind dabei mit Hilfe der statistischen Daten vor allem die *Auswirkungen auf die Alterszusammensetzung,* die auch dann eine große Rolle spielen können, wenn die Wanderungsbilanz insgesamt weitgehend ausgeglichen ist. Die meisten Verdichtungsräume haben seit langem einen Wanderungsgewinn vor allem an jungen Menschen vorzuweisen. Diesem steht aber in zunehmendem Maße ein Verlust an älteren Menschen gegenüber. An den Wanderungen zwischen den großen Städten und Verdichtungsräumen nehmen in erster Linie Personen jüngeren und mittleren Alters teil, während bei Wanderungen zwischen ländlichen Regionen eher ältere Menschen überwiegen.

Die Anteile der 18-24jährigen, unter denen sich zu einem großen Teil „Bildungswanderer" befinden, sind ebenso wie die Anteile der 25-29jährigen bei den auf die zentralen Räume gerichteten Wanderungsströmen jeweils bedeutend höher als bei den Strömen in entgegengesetzter Richtung. Gerade umgekehrt sieht es bei den höheren Altersgruppen, vor allem bei den über 49jährigen aus, von denen ein großer Teil noch im Berufsleben steht, ein anderer aber inzwischen durch Pensionierung ausgeschieden ist.

Sicher stellt die Situation, soweit es die jüngere Bevölkerung betrifft, nichts grundsätzlich Neues dar, zumal der Hauptanteil der an den Wanderungen Beteiligten in einem Alter zwischen 18 und 24 Jahren steht und die Altersgruppen über 35 Jahre, gemessen an ihrem Anteil an der Wohnbevölkerung, wie auch früher relativ immobil sind. Erst bei Personen, die das Ruhestandsalter erreicht haben, ist wieder ein leichter Anstieg der Wanderungsmobilität zu verzeichnen. Veränderungen gegenüber früheren Zeiten haben sich insofern ergeben, als neben den arbeitsplatzorientierten heute die bildungsorientierten Wanderungen bei jungen Menschen sehr stark in den Vordergrund getreten und damit auch Probleme besonderer Art für den Rückwanderungsstrom entstanden sind.

Bei den bisherigen Beispielen interregionaler Wanderung handelt es sich um solche über verhältnismäßig kurze Distanzen.

Jede Analyse von Wanderungsverflechtungen großstädtischer Zentren zeigt auch, daß es einen relativ eng begrenzten Bereich gibt, aus dem hauptsächlich zugewandert wird und in dem sich diejenigen, die die Großstadt verlassen, eine neue Wohnung suchen. Natürlich haben sich die Durchmesser der Migrationsfelder gegenüber der Zeit um die Jahrhundertwende beträchtlich vergrößert, aber ihre Abgrenzung ist in aller Regel auch heute gar kein Problem. Jenseits davon spielt allerdings die Wanderung zwischen den großstädtischen Verdichtungsräumen eine größere Rolle als in der Vergangenheit. Hier handelt es sich um *Fernwanderungen*, an denen zu einem großen Teil Personen mit gehobenem sozialen Status im jüngeren und mittleren Alter neben Ausbildungswanderern beteiligt sind. Die Motive derjenigen, die ihre Berufsausbildung abgeschlossen haben, sind nicht allein im ökonomischen Bereich zu suchen (Verbesserung der beruflichen Stellung, des Einkommens usw.), sondern in zunehmendem Maße auch in dem Wunsch nach einer attraktiven städtischen Umwelt und einer für die Freizeitgestaltung vielseitig ausgestatteten Umgebung. Dafür sind nicht unbedingt objektive Kriterien entscheidend, sondern die Bewertungsmaßstäbe desjenigen, der sich zur Wanderung entschließt. Die Bedeutung des Image von Städten für deren Attraktivität als Wanderungsziel haben an deutschen Beispielen G. RUHL (1971) und H. MONHEIM (1972) untersucht. Gerade München hat einen wesentlichen Teil seines Zuzugs der hohen Einschätzung der Lebensqualität in dieser Stadt zu verdanken, während Städte des Ruhrgebiets nicht zuletzt aufgrund ihres relativ schlechten Image lange Zeit Bevölkerungsverluste hinnehmen mußten.

Sowohl als Fern- wie als Nahwanderung hat im Laufe der letzten Jahrzehnte die Wanderung älterer Menschen an Bedeutung gewonnen. Zwar haben derartige *Altenwanderungen* bei uns bisher erst in verhältnismäßig wenigen Fällen ein Ausmaß erreicht wie etwa in den USA oder auch in Teilen Frankreichs und Großbritanniens, doch sind sie für bestimmte Regionen von großer Bedeutung. Namentlich in jenen Fällen, wo es sich um Fernwanderungen handelt, sind diese in starkem Maße durch die Suche nach landschaftlich und klimatisch attraktiven Räumen motiviert, d.h. es werden nur ganz bestimmte Teile des ländlichen Raumes dafür bevorzugt, die zusätzlich zu ihrer „natürlichen Eignung" auch über eine ausreichende infrastrukturelle Ausstattung verfügen und im allgemeinen auch relativ gut von Verdichtungsräumen aus erreichbar sind. Zu den wenigen bisher vorliegenden Untersuchungen über die Wanderung älterer Menschen in der Bundesrepublik gehört eine Arbeit von R. KOCH (1976), der auf der Grundlage statistischer Unterlagen und mit Hilfe von Befragungen einige großräumige Determinanten der Zuwanderung älterer Menschen in einen Fremdenverkehrsort im Alpenvorland hat aufdecken können und einen Gesamtüberblick über Umfang und Richtung von Wanderungsströmen dieses Personenkreises gibt. Soweit es sich um Fernwanderungen handelt, bei denen eine deutliche Bevorzugung der südlichen Bundesrepublik zu erkennen ist, sind daran vor allem höhere Einkommensgruppen beteiligt, während von den anderen, soweit sie sich zu einer Wanderung im Zusammenhang mit dem Eintritt in das Ruhestandsalter entschließen, eher periphere Regionen von Verdichtungsräumen oder die Herkunfts-/Geburtsorte aufgesucht werden. Gebiete mit Zuwanderungen älterer Personen, die nicht zu den einkommensstarken Schichten zählen, finden sich z.b. im Westerwald, der Wanderungsziel von Angestellten- und Arbeiterhaushalten aus dem Rhein-Ruhr-Verdichtungsraum ist (F.J. KEMPER u. W. KULS 1986). Einen Vergleich der Verhältnisse in Westdeutschland mit den anderen Kontextbedingungen für Altenwanderungen in den USA hat K. FRIEDRICH (1995) durchgeführt.

Umfassendere Untersuchungen über die Wanderung älterer Menschen in anderen Ländern sind besonders in den Vereinigten Staaten und in Frankreich vorgenommen worden. In *Frankreich* hat F. CRIBIER (1982), mit A. KYCH 1992 in einem groß angelegten Forschungsprogramm u.a. die Abwanderung von Pensionären aus Paris untersucht. Diese ist für die Bevölkerungszusammensetzung der Hauptstadt deshalb von Bedeutung, weil damit die Tendenz zur Überalterung merklich verringert wird. Eine Karte der Zielgebiete älterer Menschen, die Paris verlassen haben, zeigt einerseits eine Häufung in der weiteren Umgebung der Pariser Agglomeration, andererseits treten aber – ebenso wie in Deutschland und anderen Ländern, in denen die Altenwanderung einen größeren Umfang angenommen hat – auch weit entfernte Regionen, vor allem der mediterrane Süden Frankreichs mit hohen Anteilen an „Ruhesitzwanderern" hervor. Von erheblicher Bedeutung für die Wahl des Zielgebietes haben sich in diesem Falle die Einkommensverhältnisse erwiesen: Von den pensionierten Beamten mit niedrigem Einkommen ist ein wesentlicher Teil in die Herkunftsgebiete zurückgekehrt (Geburtsorte, Wohnorte vor dem Zuzug nach Paris). Dabei zeigt sich eine relativ starke Streuung der Zielgebiete mit einer gewissen Häufung in der Umgebung von Paris. Bezieher höherer Einkommen finden sich dagegen in deutlicher Konzentration in gut ausgestatteten Fremdenverkehrsgebieten, hauptsächlich eben im Süden des Landes.

In den Vereinigten Staaten ist es inzwischen in einigen Landesteilen zur Entwicklung von ausgeprägten „Rentnerstädten" gekommen. In erster Linie handelt es sich um Orte in Florida, dazu um einige weitere in Kalifornien und Arizona (J. KOCH 1975, P. GOBER 1985). Der Prozeß hat in den 50er Jahren eingesetzt, wobei es sich nicht nur um den Zuzug älterer Menschen in bereits vorhandene, aufgrund ihrer Lage und Ausstattung als Ruhesitz bevorzugte Siedlungen handelte. Es wurden außerdem neue, ausschließlich für alte Menschen vorgesehene Siedlungen errichtet, in denen sogar das Zuzugsalter festgelegt und zahlreiche, den spezifischen Bedürfnissen älterer Menschen entsprechende Einrichtungen geschaffen wurden. Eine besondere Art von Altensiedlungen bilden jene, in denen gar keine festen Häuser, sondern Stellplätze für Wohnwagen mit installierten Versorgungsanschlüssen und dazu Gemeinschaftseinrichtungen verschiedener Art (Verwaltungsräume, Sportanlagen usw.) für eine hochmobile Bevölkerungsgruppe errichtet worden sind.

Die Wanderung älterer Menschen zu Altersruhesitzen gewinnt heute in zahlreichen Ländern mehr und mehr an Bedeutung. Sie ist weitgehend als eine Reaktion der wirtschaftlich Starken auf die schlechten bzw. als schlecht empfundenen Umweltbedingungen in den Verdichtungsräumen zu sehen und mit einer ganzen Reihe von Problemen sozial- und regionalpolitischer Art, aber auch solchen psychologischer Art verbunden (s. R. KOCH 1976). Dabei handelt es sich nicht um ein völlig neuartiges Phänomen der räumlichen Mobilität. Orte, die von Pensionären bevorzugt wurden, hat es mindestens seit dem 19. Jahrhundert gegeben. Früher handelte es sich jedoch um eine dünne, sehr vermögende Oberschicht, während heute sehr viel größere Teile der Bevölkerung, hauptsächlich allerdings aus Schichten höheren und mittleren Einkommens, daran beteiligt sind. Diese sind in weit stärkerem Maße als die vermögenden Schichten in der Vergangenheit auf Versorgungseinrichtungen in den Zuwanderungsgebieten angewiesen. Für einkommensschwache Teile der Bevölkerung sind derartige Wanderungen schwerer möglich, sie sind zu einem nicht unbeträchtlichen Teil gezwungen, ihren Lebensabend am Ort des Berufslebens zu verbringen, auch wenn dieser alles andere als günstige Umweltbedingungen für ältere Menschen aufweist.

Auch die Wanderungen dieser Gruppe, die sich nicht allein aufgrund verbesserter Einkommensverhältnisse und veränderter Ansprüche weiter Bevölkerungskreise, sondern etwa auch infolge einer immer weiter voranschreitenden Auflösung der Drei-Generationen-Familie verstärkt haben, können also zu einer Verschärfung regionaler Disparitäten führen und damit eine Zunahme von Segregationseffekten bewirken. In letzter Zeit hat man sich verstärkt auch den Wanderungen der alten Personen ab etwa 75 Jahren gewidmet, die oftmals durch Krankheiten, Hilfe- und Pflegebedürftigkeit veranlaßt werden und deren Ziele entsprechende Alteneinrichtungen sind oder in unmittelbarer Nähe von Verwandten liegen. Nicht selten kommt es zur Rückwanderung aus kleinen Gemeinden des ländlichen Raums, wo man einen Ruhesitz gefunden hatte, in Städte oder in Verdichtungsräume.

Allein unter dem Gesichtspunkt der Alterszusammensetzung mit den daraus resultierenden Auswirkungen auf die natürliche Bevölkerungsbewegung, die Erwerbsstruktur, das Abhängigkeitsverhältnis und zahlreiche Bereiche der Infrastruktur lassen sich bei den interregionalen Wanderungen etwa mit Hilfe von *Migrationsbäumen* verschiedene Typen räumlicher Mobilität unterscheiden. Hierbei werden die altersspezifischen Salden einander gegenübergestellt, wobei sich als Extremfälle Regionen mit hohen Wanderungsgewinnen bei allen Altersgruppen solchen mit entsprechenden -verlusten gegenüberstellen lassen. Eine Gliederung nach nur wenigen Altersgruppen kann dabei unter Berücksichtigung der vorherrschenden Wanderungsleitmotive etwa in folgender Weise vorgenommen werden:

Altersgruppe	*Leitmotiv*
16-20 Jahre	Bildungsorientiert
21-34 Jahre	Arbeitsplatzorientiert
35-49 Jahre	Wohnumfeldorientiert
über 49 Jahre	Ruhesitzorientiert

Mit diesen Altersgruppen hat die frühere Bundesforschungsanstalt für Landeskunde und Raumordnung, heute Teil des Bundesamts für Bauwesen und Raumordnung, in den siebziger Jahren zahlreiche Analysen zur interregionalen Mobilität durchgeführt, die z.B. in Kartenform im „Atlas zur Raumentwicklung. Teil Bevölkerung" (1976) dokumentiert sind. Aufgrund der bei empirischen Untersuchungen beobachteten regionalen Mobilitätsmuster hat man sich Ende der siebziger Jahre zu einer Umgruppierung der Altersgruppen entschlossen und die Wanderungen der 18-24jährigen, der 25-29jährigen, der 30-49jährigen und der über 49jährigen unterschieden. Mit den wohnumfeldbezogenen 30-49jährigen werden die unter 18jährigen verbunden, die meistens im Familienverband die Wohnung wechseln. In Abb. 34 sind für diese Migrationsgruppen die Wanderungssalden im Jahr 1995 nach siedlungsstrukturellen Regionstypen und alten bzw. neuen Ländern dargestellt. Die Bildungs- und Arbeitsplatzwanderer in den Gruppen 18-24 Jahre und 25-29 Jahre wandern in die Agglomerationsräume, während die übrigen Regionskategorien in Ostdeutschland hohe Verluste besonders bei den 18-24jährigen hinnehmen müssen. In den verstädterten Räumen verdeckt der fast ausgeglichene Wanderungssaldo der Bildungswanderer in Westdeutschland eine Zweiteilung in Regionen mit größeren Universitätsstädten, die recht hohe Gewinne aufweisen, und die übrigen Regionen, in denen meist Abwanderungen vorherrschen. Nicht zuletzt die Rückwanderungen von Universitätsabsolventen bedingen bei den verstädterten Regionen den negativen Saldo der 25-29jährigen. Diametral gegenüber stehen sich die ländlichen Räume in alten und neuen Ländern. Sie sind in Ostdeutschland durchgehend durch Abwanderungen geprägt. In Westdeutschland haben sie dagegen unter allen Regionstypen die höchsten Wanderungsgewinne an Wohnumfeldwanderern (30-49 Jahre) und an Ruhesitzwanderern ab 50 Jahren.

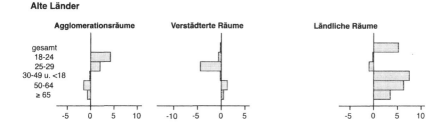

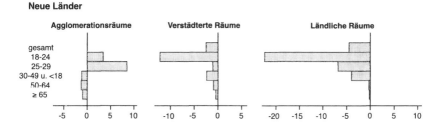

Abb. 34   Binnenwanderungssalden 1995 je 1000 Einwohner einer Altersgruppe nach siedlungsstrukturellen Regionstypen (Datenquelle: Berichte des Bundesamtes für Bauwesen und Raumordnung 1, 1998)

Aussagen über die bei interregionalen Wanderungen in sozialer Hinsicht auftretenden Selektionsvorgänge lassen sich den vorliegenden statistischen Unterlagen nur in begrenztem Umfang entnehmen. Es gibt eine Anzahl empirischer Untersuchungen zu dieser Thematik, ein umfassender Überblick, in dem vor allem auch die regionsspezifischen Auswirkungen deutlich werden, ist jedoch bisher kaum zu gewinnen. Soviel ist jedoch zu sagen, daß gerade die über größere Entfernungen führenden interregionalen Wanderungen (Stadt-Stadt-

Wanderungen) von einem besonders mobilen, beruflich meist hochqualifizierten und einkommensstarken Personenkreis getragen werden, sofern es sich
nicht um Bildungswanderer handelt.

Binnenwanderungen in *Ostdeutschland* sind in den siebziger und achtziger Jahren aufgrund staatlicher Reglementierungen bedeutend geringer als in Westdeutschland gewesen. Auch hat in sehr viel höherem Ausmaß als im Westen
die Verfügbarkeit einer Wohnung viele interregionale Wanderungen behindert,
während arbeitsplatzbezogene Migrationen eine relativ geringe Bedeutung besaßen. Da der Wohnungsneubau in der DDR besonders auf die Mittel- und
Großstädte konzentriert war, stiegen die Wanderungssalden tendenziell noch
in den achtziger Jahren mit der Gemeindegröße an (Tab. 30). Die höchsten
Zuwanderungen hatte Ost-Berlin, das von fast allen Bezirken der DDR Wanderungsgewinne verbuchen konnte. Nicht zuletzt wegen solcher Migrationen
haben die kleinen Gemeinden unter 1000 Einwohnern zwischen 1960 und
1989 22 % an Bevölkerung verloren, aber auch die Kleinstädte zwischen 5000
und 10 000 Einwohnern einen Bevölkerungsverlust von 26 % zu verzeichnen.
Nach der Wende kam es zu deutlichen Veränderungen der Migrationsmuster.
Während nun die großen Städte – wie viele ländliche Räume – an Bevölkerung
verlieren, verzeichnet deren Umland sehr hohe Wanderungsgewinne (G.
HERFERT 1996).

Tab. 30   Binnenwanderungssalden in der DDR nach Gemeindegrößenklassen 1980
und 1989 (Quelle: nach Stat.Jb. DDR 1990)

Bevölkerung der	Wanderungssaldo auf 1000 Einwohner	
Gemeinde in 1000	1980	1989
unter 2	- 8,3	- 5,0
2 bis unter 5	- 4,8	- 4,0
5 bis unter 10	- 0,5	0,1
10 bis unter 20	2,4	1,6
20 bis unter 50	2,0	- 1,0
50 bis unter 100	2,7	- 0,9
100 und mehr	7,2	6,1

Vergleicht man die Situation in Deutschland mit der in anderen westeuropäischen Ländern, dann zeigen sich in Frankreich, Großbritannien, Belgien und
den Niederlanden in vieler Hinsicht ähnliche Vorgänge, indem die Abwande-

rung vom Land stark zurückgegangen ist, dagegen interregionale Wanderungen, die ihre Begründung in dem Vorhandensein räumlicher Disparitäten finden, zunehmend an Bedeutung gewonnen haben. Auch in Ländern wie Spanien, Portugal und Griechenland haben inzwischen die lange Zeit dominierenden Land-Stadt-Wanderungen deutlich abgenommen (vgl. die Länderstudien in P. H. REES u.a. 1996).

Die Wanderungsvorgänge in den Ländern des östlichen Europas wiesen bislang eine Reihe spezifischer Merkmale auf und ließen sich bis zum Zusammenbruch der kommunistischen Planwirtschaften aufgrund weitreichend andersartiger Grundbedingungen für alle Formen der Mobilität nur sehr begrenzt mit denen der westeuropäischen Länder vergleichen. Blickt man hier auf die bisherige Entwicklung, dann ist zunächst einmal festzustellen, daß in fast allen Ländern des östlichen Mitteleuropas die Mobilitätsziffern gegenüber dem ersten Nachkriegsjahrzehnt stark gefallen sind. Die interregionalen Wanderungen waren auch weiterhin hauptsächlich Wanderungen vom Land in die Stadt, wobei sich besonders starke Wanderungsströme zu den jeweils vornehmlich geförderten Entwicklungsregionen ergaben. Insgesamt blieb die interregionale Wanderung gering. Dafür waren verschiedene Faktoren bedeutsam, wie der relativ hohe Arbeitskräftebedarf in allen Regionen und allen Wirtschaftszweigen (auch in der großbetrieblichen Landwirtschaft), der Ausbau neuer Industriestandorte und – nicht zuletzt – die auf dem Wohnungssektor bestehenden Schwierigkeiten. Durch den zentral gelenkten Wohnungsbau sind im übrigen gerade in den 50er und 60er Jahren die Wanderungsströme maßgeblich gesteuert worden. Besondere Verhältnisse zeigen sich in Polen noch durch das Weiterexistieren der privaten Landwirtschaft, in der überaus zahlreiche Betriebe als Nebenerwerbsbetriebe geführt werden. Dies wirkte sich natürlich auf die Bereitschaft zu wandern aus und zeigte sich in einer sehr weiten Ausdehnung der Pendlereinzugsbereiche größerer Städte und Industriestandorte (hierzu L.A. KOSIŃSKI 1975). In den neunziger Jahren hat sich das Blatt gewendet, weil die großen Städte Wanderungsverluste aufweisen. Gewinner sind eine Reihe von kleineren Städten, allerdings nicht solche in peripheren Regionen, und Gemeinden im Umland großer Zentren (M. KUPISZEWSKI u.a. 1998).

Von der Gesamtzahl der Wanderungsfälle, die gegenwärtig in Deutschland registriert werden, entfällt, ebenso wie in zahlreichen anderen Industrieländern, der wesentliche Teil in die Kategorie der inner- oder intraregionalen Wanderungen, statistisch wenigstens teilweise erfaßbar als Wanderungen, die nicht über Kreisgrenzen oder über speziell abgegrenzte Regionen hinausführen oder Umzüge innerhalb der Gemeinden sind. Sie sind in erster Linie für die Großstädte und ihr Umland bedeutsam und in ihrer Grundtendenz seit längerer Zeit von den städtischen Kernen nach außen hin gerichtet. Das ist verbunden mit einer früher unbekannten und unvorstellbaren Ausweitung des städtischen Siedlungsraumes und mit der immer weiter ausgreifenden Inanspruchnahme und Umformung ehemals ländlicher Siedlungen zu Wohnzwekken bei gewöhnlich zunehmenden Entfernungen zwischen Wohnung und Arbeitsplatz und auch zwischen Wohnung und anderen Knotenpunkten im täglichen und wöchentlichen Bewegungszyklus.

Dieser als *Randwanderung* und allgemeiner als *Suburbanisierung* bezeichnete Prozeß hat zu einer Vielzahl von Problemen geführt, für die als Stichworte genannt werden können: Zunehmende Segregation in den Kern- und Randbereichen der Städte, unzureichende Auslastung von sozialen Folgeeinrichtungen in den von selektiven Bevölkerungsverlusten betroffenen Kernbereichen und entsprechender Mangel in den Randbereichen, verstärkte Verkehrsbelastung und Flächennutzungskonflikte vielfältigster Art. Freilich ist die Randwanderung nicht der einzige bedeutsame Vorgang bei der die Gegenwart kennzeichnenden interregionalen Wanderungsmobilität. Es gibt gerade im Bereich einer großen Stadt selbst eine Vielzahl weiterer typischer Wanderungen und es lassen sich Teilgebiete der Stadt umgrenzen, die nach Merkmalen wie Wanderungsquote, Zusammensetzung der Zu- und Abwandernden oder Wanderungsgrund völlig verschieden sind. Derartige Teilgebiete haben gewöhnlich eine charakteristische Lage zum Zentrum und sie weisen bedeutende Unterschiede in der Zusammensetzung ihrer Bewohner wie auch in ihrer Bausubstanz auf.

Der *Kern der Großstadt*, d.h. die City mit den unmittelbar angrenzenden Wohngebieten ist einer der städtischen Bereiche mit überdurchschnittlich hohen Wanderungsraten. An den Wanderungen sind hier in erster Linie junge, alleinstehende Menschen beteiligt, die diesen Wohnstandort suchen wegen seiner Nähe zu Arbeitsplätzen im Citygewerbe, zu Bildungseinrichtungen, kulturellen Veranstaltungen und einem vielfältigen Konsumangebot. Auch Prestigedenken und Kontaktbedürfnis ziehen viele in die Kernbereiche der Großstadt, in denen die Nachfrage nach Wohnungen – auch nach Zweitwohnungen – groß ist und wo das Luxusappartement im Dachgeschoß eines Hochhauses ebenso zu finden ist wie die Behelfsunterkunft für zahlreiche Menschen, die im Kernbereich nur vorübergehend bleiben, um dann entweder wieder ganz aus der Stadt fortzuziehen oder sich in einem zweiten Wanderungsschritt eine Wohnung in einem anderen, vom Zentrum entfernt liegenden Teil der Stadt zu suchen.

Wie stark die Bevölkerungszusammensetzung der Kernbereiche durch die Wanderungsvorgänge bestimmt ist, zeigt sich besonders deutlich im Altersaufbau. Es gibt in aller Regel ein starkes Übergewicht der etwa 20-30jährigen, dagegen fehlen Kinder, und auch der Prozentsatz an älteren Erwachsenen, namentlich an Männern ist gewöhnlich gering (Abb. 35). Stärker besetzt sind dann im allgemeinen wieder die älteren Jahrgänge, Menschen, die am Ende ihres Berufslebens stehen oder aus diesem bereits ausgeschieden sind, Angehörige von Resthaushalten. Hier handelt es sich um die altansässige, nicht mobile Bevölkerung, von der ein großer Teil nicht in der Lage ist, den Wohnstandort zu wechseln, obwohl weder Wohnung noch Wohnumgebung den Bedürfnissen älterer Menschen entsprechen. Seit den siebziger Jahren sind die Anteile älterer Menschen in vielen innerstädtischen Altbauquartieren jedoch zurückgegangen. Dies ist im wesentlichen darauf zurückzuführen, daß nach dem Tod alter Bewohner deren Wohnungen durch jüngere Erwachsene übernommen wurden.

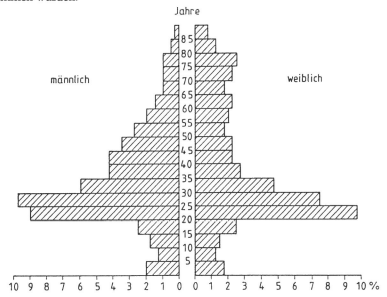

Abb. 35 Altersaufbau der Bevölkerung des innerstädtischen Bezirks „Nordstadt" in Bonn 1984 (Quelle: F.J. KEMPER, K. KOSACK 1988)

Der Wanderungsaustausch mit anderen Großstädten ist in diesem Teilbereich der Stadt gewöhnlich weit stärker als mit dem Land. Von dort her überwiegt – großenteils als interregionale Wanderung – der Zuzug, während ein Gegenstrom aufs Land nur schwach ausgebildet ist. Außerdem spielen die Wanderungsverflechtungen mit dem Ausland hier und in angrenzenden, oft sanierungsbedürftigen Altbaugebieten eine große Rolle (Wohngebiete von „Gastarbeitern").

Die kernnahen, dicht bebauten Wohngebiete außerhalb der City mit einer vielfach noch aus der Zeit vor dem Ersten Weltkrieg stammenden Bausubstanz weisen meist nur niedrige bis mittlere Mobilitätsraten auf. Durch Sanierungsmaßnahmen, Umwandlung von Wohnraum zu gewerblichen Zwecken und Spekulationen sind zahlreiche Fortzüge ausgelöst worden, jedoch gibt es auch viele Zuzüge von kleinen Haushalten. Im einzelnen sind allerdings die Wanderungen und ihre Auswirkungen von einer Reihe weiterer Faktoren abhängig. Dazu gehören insbesondere Qualität der Bausubstanz und der Wohnungen, Eigentumsverhältnisse sowie Lage und Lagebewertung des jeweiligen Stadtviertels durch die Bewohner und Wohnungssuchenden. In Verbindung mit einer neuen positiven Bewertung gründerzeitlicher Altbauten wurden zahlreiche Wohnungen, die nach Größe, Zuschnitt und Bauqualität gewissen Anforderungen entsprachen, mehr oder weniger aufwendig renoviert und sind im Wert deutlich angestiegen. Dieser Prozeß ist in vielen westlichen Industrieländern zu beobachten und wird als *Gentrification* bezeichnet. Einen Überblick über Entwicklungen in westdeutschen Städten bietet der von J. BLASIUS und J.S. DANGSCHAT (1990) herausgegebene Sammelband. Wie auch in weiter auswärts gelegenen Teilen der Stadt bilden sich in aller Regel nicht geschlossene Ringe mehr oder weniger einheitlichen Wanderungsverhaltens aus, sondern eher in Ringen angeordnete Zellen, die sich besonders ausgeprägt am jeweiligen Stadtrand zeigen.

Die jüngere Entwicklung in der weit nach außen verlagerten Stadtrandzone ist in meisten Fällen durch das Nebeneinander von kompakten Großwohnsiedlungen, von Gebieten mit mehr oder weniger weitläufiger Einzelhaus- und Villenbebauung und von alten Ortskernen gekennzeichnet. In diesen Zellen, von denen die Großwohnsiedlungen die höchsten Mobilitätsraten aufweisen, sind jeweils typische Wanderungsvorgänge festzustellen, die in einer größeren Zahl von Untersuchungen näher erfaßt werden konnten.

Zu diesen gehört als eine der ersten, die sich speziell mit Großwohnsiedlungen befaßt, eine Arbeit von F. SCHAFFER (1968). Er verfolgte die Entwicklung einer derartigen Siedlung am Stadtrand von Ulm über einen Zeitraum von 15 Jahren (1951-1966): Die Erstbewohner setzten sich hauptsächlich aus jüngeren Familien (wachsenden Haushalten und Haushalten in der Konsolidierungsphase) zusammen, die ebenso wie in einer Vielzahl vergleichbarer Fälle zum großen Teil aus älteren, zentrumsnäher gelegenen Wohngebieten der Stadt stammten. Dazu kamen – meist ebenfalls junge Familien – zahlreiche Zuzügler aus anderen Regionen bzw. dem weiteren Stadtumland. Im übrigen spielten für die Zusammensetzung der Erstbewohner Auswahlkriterien seitens der Bauträger eine wichtige Rolle. Sehr bald setzten nun Wanderungen in einem starkem Umfang ein. Bis zum Jahre 1965 war die Zahl der Fortgezogenen größer als die gesamte Einwohnerzahl der Siedlung in diesem Jahre, die Häufigkeit des Wohnungswechsels lag weit über der in den alten Vorstadtzonen von Ulm. Dabei hat die Abwanderung erhebliche Selektionswirkunken gezeitigt, auf die in der Studie das besondere Augenmerk gerichtet wird. An der Abwanderung waren hauptsächlich jüngere Personen, junge Familien beteiligt, von den verschiedenen Sozialgruppen in erster Linie Arbeiter und leitende Angestellte. Demgegenüber waren unterproportional vertreten Rentner, alleinstehende Frauen und Angestellte unterer und mittlerer Einkommensgruppen. Die jüngere Entwicklung zahlreicher Großwohnsiedlungen ist durch soziale Degradationserscheinungen gekennzeichnet, die nicht zuletzt mit innerstädtischen Wanderungen verbunden sind (vgl. U. HERLYN 1989). Auf der einen Seite haben in Verbindung mit einer sinkenden Wertschätzung der funktionalen Architektur und moderner Großbauten viele deutsche Haushalte die Siedlungen verlassen, auf der anderen Seite sind durch Wohnungs- und Sozialämter oftmals sozial schwache Familien aus innerstädtischen Sanierungsgebieten und anderen Teilen der Stadt hier konzentriert angesiedelt worden. Dazu kommen in den letzten Jahren Aussiedler aus Osteuropa und Asylbewerber. Die Großwohn- und Plattenbausiedlungen in Ostdeutschland, die einen sehr großen Anteil der Neubauten in den Städten ausmachen (M. FUHRICH u. H. MANNERT 1994), haben heute mit ähnlichen Problemen der Abwertung zu kämpfen, auch wenn man westdeutsche Entwicklungen nicht ohne weiteres auf die andersartige Situation ostdeutscher Siedlungen übertragen sollte.

Alle Untersuchungen über Wanderungen innerhalb des Stadtbereiches bzw. zwischen Stadt und ihrem näheren Umland haben gezeigt, daß die Suche nach einer neuen Wohnung und einem neuen Wohnstandort, die den Bedürfnissen angepaßt sind, ganz im Vordergrund steht. Dabei spielt in der Mehrzahl der Fälle für den Wunsch oder auch die Notwendigkeit einer neuen Wohnung die altersabhängige Veränderung im Lebenszyklus eine entscheidende Rolle. Ein junges Ehepaar hat andere Ansprüche an Wohnung und Wohnumgebung als ein Ehepaar mit kleinen Kindern, und wieder davon verschieden sind die Anforderungen an die Wohnverhältnisse bei älteren Menschen. Die daraus resultierenden Wanderungsbewegungen lassen in allen Großstadtbereichen der Bundesrepublik ebenso wie in Ländern mit vergleichbaren Grundstrukturen recht einheitliche Grundtendenzen erkennen, die in Abb. 36 schematisch angedeutet werden.

Der Zuzug von außen (meist als interregionale Wanderung), getragen überwiegend von jüngeren Menschen, jungen Familien, richtet sich einerseits auf den Kernbereich der Stadt (Einzelwanderung), andererseits auf den Stadtrand (Familienwanderung), wo für Neuankömmlinge in der Region der Wohnungsmarkt am ehesten ein entsprechendes Angebot zur Verfügung stellt. Wachsende Haushalte sind in erster Linie an den Wanderungen aus den inneren Stadtbezirken in die Randbereiche oder auch in die Vorortzone beteiligt. Auch der Anteil der konsolidierten Haushalte ist hierbei im allgemeinen noch recht groß, namentlich bei Wanderungen in die Vorortzone, die mit dem Erwerb von Wohnungseigentum in Verbindung stehen. Eine Rückwanderung älterer Menschen aus weit außen liegenden Stadtrandsiedlungen und der Vorortzone kann eine gewisse Bedeutung erlangen, sie ist jedoch meist allein deshalb schwach, weil ein entsprechendes Wohnungsangebot nicht vorhanden oder zu teuer ist. In weiten Teilen des Stadtgebietes ist die Wanderungsmobilität nur gering; die Bevölkerung entschließt sich auch bei Veränderungen im Lebenszyklusstadium dort zu einem großen Teil nicht zu einem Wohnungswechsel, sei es, daß die Wohnung in weitem Umfang „angepaßt" werden kann, daß es sich um Eigentum handelt oder daß die Möglichkeit, eine den Bedürfnissen entsprechende Wohnung zu beziehen, aus finanziellen, gesundheitlichen und anderen Gründen nicht besteht.

Nun sind Gründe für den Wohnungswechsel nicht allein im Lebenszyklus zu sehen. Zunächst einmal gibt es einen ganz erheblichen Teil an Wanderungen, die erzwungen werden (Verdrängung der Bevölkerung durch gewerbliche Nutzung, Verkehrsanlagen, Sanierung, Kündigung des Mietverhältnisses usw.). Außerdem kann der Anlaß, nach einer neuen Wohnung zu suchen, in Umweltbeeinträchtigungen durch Lärm und Schmutz, im Wunsch nach einer Wohnung und Wohnumgebung mit höherem Freizeitwert u.a. zu finden sein.

Ein großer Teil der *Umzüge innerhalb der Großstadt* ist einmal dadurch gekennzeichnet, daß die Entfernung zwischen alter und neuer Wohnung gering ist, zum anderen, daß bei ihnen in der Regel ein bestimmter Sektor des Stadtgebietes bevorzugt wird. Es handelt sich also um gerichtete „Nahwanderungen", deren Erklärung im Verhalten der Entscheidungsträger bei Umzügen zu suchen ist. Einen wegweisenden theoretischen Ansatz haben dazu J. WOLPERT (1965) sowie L.A. BROWN und E.G. MOORE (1970) geliefert. Es wird davon ausgegangen, daß ein Stadtbewohner die verschiedenen Wohngebiete nach seinen subjektiven Maßstäben bewertet. Da er jedoch nicht alle Wohngebiete kennt, beschränkt sich seine „Standortbewertung" in einer „geistigen Landkarte" (mental map) auf diejenigen Teile, über die er hinreichend informiert ist, auf einen „Wahrnehmungsraum". Die Information kann auf verschiedene

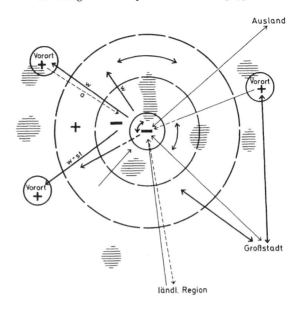

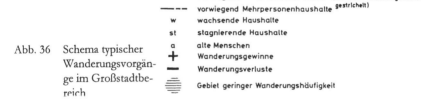

Abb. 36 Schema typischer Wanderungsvorgänge im Großstadtbereich

Weise zustande kommen, etwa durch eigene Kontakte auf dem Wege zur Arbeit, zum Einkaufen, Bekanntenbesuch usw. (täglicher und wöchentlicher Bewegungszyklus) oder durch andere Personen und Kommunikationsmittel. Demnach lassen sich ein „Aktivitätsraum" und ein „Indirekter Kontaktraum" unterscheiden.

Bei der Suche nach einer Wohnung wird nun die vorhandene Information verwendet, um zu prüfen, welche Räume aufgrund der Standortbewertung den Wünschen und Möglichkeiten am besten entsprechen. Es wird ein „Suchraum" als Teil des Wahrnehmungsraumes abgegrenzt, über den weitere Informationen eingeholt werden. Nun zeigt sich, daß diejenigen Teile des Suchraumes, die innerhalb des Aktivitätsraumes liegen, für die Wohnungssuche besondere Bedeutung haben. Soweit der Aktivitätsraum durch Kontakte mit Bekannten, täglichen Einkauf, Kirchgang etc. bestimmt wird, ist er gewöhnlich eng umgrenzt, wenn sich auch zwischen verschiedenen Bevölkerungs- bzw. Sozialgruppen deutliche Unterschiede zeigen. Jedenfalls ist mit dem verhaltenstheoretischen Ansatz verständlich zu machen, daß ein beträchtlicher Teil innerstädtischer Umzüge in die Kategorie der Nahwanderung fällt, für die natürlich Voraussetzung ist, daß ein entsprechendes Angebot an Wohnungen überhaupt existiert.

Die Bevorzugung ganz bestimmter, gewöhnlich sektorenförmig angeordneter Teilräume der Stadt bei Umzügen zeigt sich besonders ausgeprägt bei Angehörigen der oberen Schichten. Man sucht in einem als „angemessen" empfundenen, „gehobenen" Wohnviertel zu bleiben, wobei neben der sozialen die physische Umwelt (Hanglage, Nähe zum Wasser, zu Parkanlagen usw.), für die man entsprechend zu zahlen bereit und in der Lage ist, eine wichtige Rolle spielt (zur Frage der Wohnstandortpräferenzen sei im deutschen Schrifttum besonders auf die Untersuchungen von D. HÖLLHUBER (1982) verwiesen. Die Restriktionen durch das verfügbare wie bezahlbare Wohnungsangebot hat dagegen vor allem V. KREIBICH (1979) hervorgehoben).

Wird bei den innerstädtischen Umzügen in der Mehrzahl der Fälle der Kontakt mit dem früheren Wohngebiet nicht oder nur teilweise aufgegeben, so sieht das bei Umzügen an den Stadtrand und besonders in die Vorortzone schon anders aus. Hier bleibt mit der Verlegung der Wohnung meist allein der Arbeitsplatz unverändert, während die Kinder andere Schulen besuchen, die Einkaufsstätten, Freizeiteinrichtungen und Naherholungsräume gewechselt werden. Der in einen „Wohnvorort" gezogene Städter, der dort sein Eigenheim erworben hat, ist mit dem Umzug zum „allochthonen Pendler" geworden. Er gehört in aller Regel einer anderen Sozialgruppe an als der „autochthone Pendler" seines neuen Wohnortes, in dem er mit anderen Zuzüglern aus der Stadt weitgehend segregiert von der einheimischen Bevölkerung lebt.

Intraregionale Wanderungen im Bereich einer Großstadtregion setzen sich also aus einer Vielzahl von Einzelbewegungen zusammen. Diese lassen sich voneinander unterscheiden nach den Merkmalen der Beteiligten und, damit im Zusammenhang stehend, den jeweils vorherrschenden Wanderungsmotiven, weiter nach Distanz, Richtung und Veränderung von Aktivitäts(Aktions-)räumen. Der neu in die Stadtregion Zugezogene nimmt gewöhnlich an mehreren Wanderungsschritten teil. Im typischen Fall beginnt seine Wanderungsgeschichte mit dem Zuzug als junger Alleinstehender in den Kernbereich und führt schließlich mit der Familie in den Randbereich oder die Vorortzone. Der letztgenannte Schritt ist ein sehr viel weitreichenderer Standortwechsel als der Umzug innerhalb des mehr oder weniger geschlossenen Stadtgebietes. Er bleibt jedoch eine innerregionale Wanderung, indem der Arbeitsplatz großenteils nicht gewechselt wird und vor allem die Orientierung auf den zentralen Bereich, die City, aufrecht erhalten wird. Trotz der notwendigen Unterscheidung der innerstädtischen Umzüge i.e.S. als typische „Nah-" und „Randwanderungen", erscheint es erforderlich, den Komplex der innerregionalen Wanderungen, von denen hier nur die Wanderungen in Stadtregionen Berücksichtigung fanden, als typische Form gegenwärtiger räumlicher Mobilität in einem Gesamtrahmen zu sehen.

5.7.5 Internationale Wanderungen in der Gegenwart im europäischen Bereich

Seit vier Jahrzehnten haben in einer großen Zahl europäischer Länder internationale Wanderungen, hauptsächlich von Arbeitskräften, zunehmend Bedeutung erlangt, und zwar nicht nur im wirtschaftlichen, sondern ebenso im sozialen und demographischen Bereich. Hauptbeteiligt waren dabei als Aufnahmegebiete die Länder Westeuropas und als Abgabegebiete lange Zeit die Mittelmeerländer und Jugoslawien. Als besondere Merkmale dieser Wanderungen werden häufig herausgestellt: Der zeitlich begrenzte (oder wenigstens so geplante) Aufenthalt des Migranten im Ausland, die überwiegende Beteiligung von nur wenig spezialisierten jüngeren Arbeitskräften und die (anfangs) vorherrschende Wanderung als einzelner ohne Familie. Solch Merkmale treffen auch auf Wanderungen in anderen Teile der Erde zu, insofern ist der hier angesprochene Typ der internationalen Wanderung nicht ein speziell europäisches Phänomen. Allerdings haben die Wanderungen hier quantitativ ein außerordentliches Ausmaß erreicht, und es gibt eine Reihe von qualitativen Merkmalen, durch die sie sich von denen in außereuropäischen Bereichen unterscheiden, Merkmale, die u.a. aus den zwischen den beteiligten Staaten getroffenen Vereinbarungen resultieren.

Auslösend für diese moderne Form der Arbeiterwanderung – in Deutschland meist als *Gastarbeiterwanderung* bezeichnet – ist der nach dem Zweiten Weltkrieg eine Zeitlang ungemein rasch anwachsende Arbeitskräftebedarf der Industrie, der Bauwirtschaft und des sich stark ausweitenden tertiären Sektors gewesen, der durch die Freisetzung von Arbeitskräften aus der Landwirtschaft nicht mehr gedeckt werden konnte. Diesem Bedarf stand ein Überangebot von Arbeitskräften in wirtschaftlich noch weniger entwickelten Nachbarländern bzw. in Teilregionen dieser Länder gegenüber. Es wurde erwartet, daß mit der zeitweiligen Abwanderung einerseits eine Entlastung des Arbeitsmarktes der Abgabeländer spürbar würde und daß dann andererseits nach einiger Zeit die

Rückkehrer als besonders qualifizierte Kräfte wesentlich zu einem raschen wirtschaftlichen Aufbau und einer Modernisierung ihres Landes beitragen könnten.

In der Wanderungsforschung hat der ökonomische Aspekt des internationalen Arbeitskräfteaustausches zunächst auch besondere Beachtung gefunden. Es zeigte sich aber dann bald, daß sowohl in den Aufnahme- als auch in den Abgabeländern eine ganze Reihe von Problemen entstand, die nicht erwartet waren und eine Erklärung forderten, um ihnen begegnen zu können. So trat etwa der wirtschaftliche Wechseleffekt nicht in der gewünschten Weise ein und die Migranten verhielten sich anders als man angenommen hatte, indem etwa die Aufenthaltsdauer beträchtlich verlängert, die Familien großenteils nachgeholt wurden und vielfach diejenigen, die man in den Herkunftsländern am ehesten benötigt hätte, am wenigsten zu einer Rückkehr bereit waren. Es traten Probleme der Integration in Zuwanderungsgebieten auf und es kam zu Schwierigkeiten bei der Wiedereingliederung der Zurückkehrenden. Viele der damit verbundenen Fragen sind inzwischen von den verschiedensten Seiten untersucht worden, es gibt eine umfangreiche Literatur über „Gastarbeiterwanderungen" und eine Vielzahl von neuen Einsichten. Trotzdem sind noch zahlreiche Vorgänge mit ihren Wechselwirkungen nicht genügend erkannt, geschweige denn hinreichend erforscht.

Aus der Vielzahl der diese Wanderungen betreffenden Aspekte können hier natürlich nur wenige herausgegriffen werden. Es handelt sich um die räumliche Verteilung von Ziel- und Herkunftsgebieten, die Frage des Ingangkommens von Wanderungen ins Ausland innerhalb einzelner Regionen und um einige Auswirkungen internationaler Wanderungen auf die davon betroffenen Räume.

Es ist schwer, sich einen genauen Überblick über die Zahl ausländischer Arbeitskräfte und über die Zahl der Ausländer insgesamt in den Industrieländern des westlichen Europas zu verschaffen. Das liegt zum Teil an Unterschieden bei den Erhebungsverfahren und -zeitpunkten, zum Teil aber auch daran, daß ein gewisser Prozentsatz an Ausländern das Land, in dem die Registrierung erfolgt, nur als Durchgangsstation benutzt und ein anderer Teil gar nicht erfaßt wird. Um 1996 lebten in den Staaten der EU, der Schweiz und den nordischen Ländern etwa 19,6 Mio. Ausländer, davon 7,3 Mio. in Deutschland, 3,6 Mio. in Frankreich (1990) und 2,0 Mio. in Großbritannien. Die höchsten Anteile der Ausländer an der Bevölkerung gibt es in Luxemburg (34 %) und in der Schweiz (19 %). In Deutschland sind es 9 % und in ähnlicher Größenordnung liegen die Werte in Österreich und Belgien. Dagegen betragen die Anteile in Frankreich und Schweden jeweils 6 %, in Großbritannien nur 3 %, in

Italien, Spanien und Portugal 1-2 %, wobei jedoch illegale Immigranten unberücksichtigt sind. Inzwischen haben auch einige Transformationsstaaten nicht vernachlässigbare Ausländeranteile, so die Tschechische Republik 2 %.

Sowohl in der *Zusammensetzung der Ausländer* insgesamt wie in der räumlichen Verteilung der einzelnen Gruppen innerhalb der Aufnahmeländer gibt es beträchtliche Unterschiede. In Frankreich kommt ein großer Teil der Ausländer z.B. aus den Maghreb-Ländern, namentlich aus Algerien, dann haben hier Portugiesen, Spanier und Italiener einen hohen Anteil. Von den in Österreich lebenden Ausländern stammt der größte Teil aus Jugoslawien, und in der Schweiz handelt es sich vor allem um Italiener. Die Zusammensetzung der Ausländer in der Bundesrepublik nach Staatsangehörigkeit in den Jahren 1973, 1989 und 1997 gibt Tab. 31 an. Die Türken, die schon 1973 die größte Ausländergruppe bildeten, sind bis Ende 1997 absolut angewachsen und bilden heute ein knappes Drittel aller Ausländer. Im Gegensatz dazu haben die Migranten aus den „Gastarbeiterländern" Italien, Griechenland, Spanien, Portugal seit dem Anwerbestop von 1973 an Gewicht verloren, weil viele von ihnen wieder in ihre Heimatländer zurückgekehrt sind. Die im Begriff „Gastarbeiter" enthaltene Vorstellung von einem vorübergehenden Aufenthalt hat sich daher für die meisten Herkunftsländer, insbesondere für Spanier, Portugiesen und Griechen, durchaus in gewissen Grenzen bestätigt, trifft jedoch nicht für die Türken zu, die in den siebziger Jahren ihre Familien nachgeholt haben und bei denen die Aufenthaltsdauer inzwischen stark angestiegen ist. Bis 1989 war auch die Zahl der Migranten aus Jugoslawien zurückgegangen, ist dann jedoch mit dem Zustrom von Flüchtlingen wieder angestiegen. In Tab. 31 ist weiter zu erkennen, daß neben den Nachbarstaaten Niederlande und Österreich mit etwa gleichbleibenden Ausländerzahlen Migranten aus Industrieländern wie Frankreich und Großbritannien einen deutlichen Anstieg zwischen 1973 und 1997 zu verzeichnen hatten. Dies trifft in ähnlicher Weise auf die US-Amerikaner zu. Im Gegensatz zu den Wanderungen aus den Gastarbeiterländern handelt es sich hier oft um gut ausgebildete Personen, Geschäftsleute und Studierende, die aufgrund von wachsenden Verflechtungen in der Wirtschaft und im Bildungsbereich für eine begrenzte Zeit in ein anderes Land ziehen (am Beispiel der Japaner in Düsseldorf ist E. ZIELKE 1982 solchen Formen der Manager-Mobilität nachgegangen, vgl. dazu G. GLEBE 1997). Schließlich zeigt Tab. 31 die deutliche Zunahme von Migranten aus Polen und Ländern Asiens, besonders aus Iran und dem Libanon. Wenngleich die Zahlen der polnischen Zuwanderer insofern überhöht sind, als in ihnen auch Aussiedler enthalten sind, die erst nach dem Zuzug in die Bundesrepublik die deutsche Staatsangehörigkeit beantragten, spiegeln die Werte die neuere Ent-

wicklung der achtziger Jahre mit einem Wanderungsdruck aus Staaten der
Dritten Welt und aus Osteuropa, dem sich die westlichen Industrieländer auch
in Zukunft zu stellen haben werden.

Nachdem die Migrationen der Gastarbeiter mit einer Periode des Familien-
nachzugs zu Beginn der achtziger Jahre im wesentlichen zum Abschluß gekommen sind, hat sich in vielen europäischen Ländern nach einer kurzen Phase rückläufiger Zuwanderungen seit den späten achtziger Jahren ein erneuter
Anstieg von Zuströmen aus anderen Ländern vollzogen. Diese *neuen Migrationen* sind einerseits mit der Globalisierung von Wirtschaft und Kultur, andererseits mit den politischen Umbrüchen nach dem Zusammenbruch der Sowjetunion und den daraus entstandenen ethnischen Auseinandersetzungen verknüpft. Dies neue „Zeitalter der Migration" (S. CASTLES u. M. MILLER 1993)
ist gekennzeichnet durch Zuwanderung von Arbeitsmigranten, die in gering
bezahlten persönlichen Dienstleistungen, in der Gastronomie u.a. beschäftigt
werden, aber auch von hochqualifizierten Personen, durch Flüchtlinge und
Asylbewerber. Von dieser Migration sind auch die südeuropäischen Länder
betroffen, die somit einen Wandel von Auswanderungs- zu Einwanderungsländern erfahren haben (A. MONTANARI u. A. CORTESE 1993). Zu den Süd-
Nord-Wanderungen sind in Europa in der ersten Hälfte der neunziger Jahre
starke Wanderungsströme von Ost nach West getreten, die sich besonders in
Deutschland ausgewirkt haben. Räumlich sind die ökonomisch motivierten
Migranten vor allem in Großstädten und „global cities" konzentriert, wohin-
gegen Flüchtlinge und Asylbewerber vielfach aufgrund administrativ geregelter
Zuteilung relativ dispers verteilt sind.

Nach Überschlagsrechnungen der Vereinten Nationen betrug 1990 der Anteil
des weltweit auf etwa 120 Mio. Menschen geschätzten Bestandes an Migranten, der auf die westlichen Industrieländer in Europa, Nordamerika und Australien entfiel, fast 43 %, während der Bevölkerungsanteil dieser Länder nur
13 % ausmachte. Im Jahr 1965 war der Migrantenanteil nur 36 % (H.
ZLOTNIK 1998). In der Ersten Welt sind nicht nur die klassischen Einwanderungsländer, sondern auch viele europäische Staaten zu Zielgebieten internationaler Zuwanderung geworden. Zusammenfassende Darstellungen der neu-
en Wanderungen in Europa finden sich u.a. bei R. KING (1993), H. FASS-
MANN u. R. MÜNZ (1994) und M. MOROKVASIC u. H. RUDOLPH (1994),
während S. SASSEN (1996) die Migration in einen weiteren historischen Kontext stellt. Zu den Auswirkungen auf Metropolen und andere Großstädte sei
auf das Beispiel Wien verwiesen, das E. LICHTENBERGER (1995) vorgestellt
hat.

Tab. 31   Ausländer nach Staatsangehörigkeit in der Bundesrepublik Deutschland am
30.9.1973, 31.12.1989 und 31.12.1997 (Quelle: K.H. MEIER-BRAUN 1991,
Statistisches Bundesamt: Fachserie 1, Reihe 2, 1997)

Staatsangehörigkeit	1973		1989		1997	
	in 1000	%	in 1000	%	in 1000	%
Ausländer gesamt	3966	100	4846	100	7366	100
Türkei	911	23,0	1613	33,3	2107	28,6
Jugoslawien	702	17,8	611	12,5	1270	17,2
Italien	631	16,0	520	10,7	608	8,3
Griechenland	408	10,1	294	6,1	363	4,9
Spanien	287	7,3	127	2,6	132	1,8
Österreich	173	4,4	171	3,5	185	2,5
Portugal	112	2,8	75	1,5	132	1,8
Niederlande	106	2,7	101	2,1	113	1,5
Frankreich	56	1,4	78	1,6	104	1,4
Großbritannien	48	1,2	86	1,8	115	1,6
Polen	42	1,1	220	4,5	283	3,8
Länder Asiens	103	2,6	386	8,0	781	10,6

Wie in anderen Ländern, in denen Ausländer aus verschiedenen Herkunftsgebieten leben, zeigt sich auch in der Bundesrepublik ein sehr unterschiedliches
Verteilungsmuster der einzelnen Gruppen, was zum Teil mit dem Prinzip der
Selbstverstärkung einmal ausgebildeter Wanderungsströme zu erklären ist bzw.
seinen sehr konkreten Grund darin hat, daß viele große Firmen bestrebt waren, ausländische Arbeitnehmer möglichst nur aus einem Land zu beschäftigen. Im Ruhrgebiet haben z.b. die Türken einen besonders hohen Anteil (in
Gelsenkirchen und Duisburg über 55 % aller Ausländer im Jahr 1993), in
Stuttgart, Frankfurt und München ist der Anteil der Jugoslawen besonders
hoch, und in Wolfsburg sind über die Hälfte aller Ausländer Italiener.

Lenkt man den Blick nun zunächst näher auf die Herkunftsländer, indem man
der Frage nachgeht, aus welchen Landesteilen die Menschen, die ins Ausland
gehen, hauptsächlich stammen, dann zeigt sich ein sehr differenziertes Vertei-

lungsmuster, das offenbar nicht überall in gleicher Weise erklärt werden kann. Es sind jedenfalls nicht allein die Regionen, in denen ein besonders starker Bevölkerungsdruck zu vermuten ist und wo außerlandwirtschaftliche Arbeitsplätze nur in sehr geringer Zahl vorhanden sind.

In Portugal hatten die nördlichen, an Spanien angrenzenden Provinzen die höchsten Emigrationsraten, von den Landesteilen im Süden gehörte dazu allein Algarve. In Spanien gab Galizien als traditionelles Ab- und Auswanderungsgebiet lange einen großen Strom an Arbeitskräften nach West- und Mitteleuropa ab. Auch in Andalusien und in der Provinz León (hoher Anteil agrarischer Bevölkerung, ungünstige Betriebsverhältnisse in der Landwirtschaft) verließen weit mehr Menschen das Land, um im Ausland zu arbeiten, als im Durchschnitt von ganz Spanien (vgl. G. MERTINS und J. LEIB 1981). In Italien war es vornehmlich der Süden (Mezzogiorno), und in Griechenland handelte es sich bei insgesamt stärkerer Streuung der Abwanderungsgebiete vor allem um die Inseln mit einer durch die Seefahrt seit je her sehr mobilen Bevölkerung sowie um Gebirgsregionen von Makedonien, Thrakien und Epirus.

In allen diesen Fällen ist der vorhandene Bevölkerungsdruck in wirtschaftlich unterentwickelten Regionen gewiß ein wichtiger Grund für den Entschluß dort lebender Menschen gewesen, ihr Land zu verlassen, um wenigstens für eine Zeit im Ausland Geld zu verdienen. Freilich gibt es in den bislang angeführten Ländern auch Regionen, in denen die Bevölkerung sich in einer durchaus vergleichbaren Situation befindet, wo dennoch die Wanderung ins Ausland und u.U. auch die binnenländische Abwanderung nur eine geringe Rolle spielt.

Im allgemeinen waren es allerdings auf der Iberischen Halbinsel, in Italien und Griechenland in erster Linie die wirtschaftlich rückständigen Regionen, aus denen abgewandert wurde. Dies trifft nicht im gleichen Maße für Jugoslawien und die Türkei zu. Vor allem die frühen Migranten stammten hier großenteils aus den wirtschaftlich weiter entwickelten Landesteilen. Es waren Arbeitskräfte mit einer besseren Ausbildung; mit größeren Erfahrungen in der städtischen, industriellen Arbeitswelt. In Jugoslawien stellten zu Anfang der 60er Jahre Kroatien und Slowenien besonders hohe Anteile an Auslandswanderern, beide Landesteile mit einer relativ weit fortgeschrittenen Verstädterung und stärkerer Industrialisierung, in denen die natürlichen Zuwachsraten der Bevölkerung unter dem Durchschnitt lagen. In der Türkei hatten in den 60er Jahren hauptsächlich die nordwestlichen Provinzen überdurchschnittlich hohe Emigrationsraten, also ebenfalls Gebiete, in denen sich Neuerungen, Veränderungen der traditionellen Lebens- und Wirtschaftsweise stärker durchgesetzt hatten als in den übrigen Landesteilen (vgl. R. KING 1976). Später sind – zum

Teil als Folge der staatlichen Lenkungsmaßnahmen – Veränderungen eingetreten, indem auch andere Regionen (in Jugoslawien namentlich Bosnien-
Herzegowina und Makedonien, in der Türkei der Osten und Süden des Landes) höhere Quoten an Auslandswanderern stellen. Die in den 60er Jahren
anzutreffenden Verhältnisse stellen ein Initialstadium dar, in dem zunächst die
besser Informierten, die besser Ausgebildeten, die sich bereits in stärkerem
Maße von tradierten Verhaltensweisen gelöst hatten, an der Wanderung ins
Ausland teilnahmen. In Jugoslawien, namentlich in Teilen Kroatiens, fand die
Wanderung ins europäische Ausland als Fortsetzung einer Überseewanderung
statt. Die ländliche Bevölkerung stellt anfangs weder in der Türkei noch in
Jugoslawien das Hauptkontingent der Emigranten, vielmehr waren es die größeren Städte, in denen die Bevölkerung im Zuge der Binnenwanderung stark
angewachsen war. Bewohner von Dörfern und kleineren Städten hatte hier
ihren ersten großen Wanderungsschritt hinter sich, sie lebten und leben vielfach in „wilden Siedlungen" am Stadtrand (Gecekondus in der Türkei), die für
sie eine Zwischenstation zwischen dem traditionellen ländlichen Bereich und
dem modern-westeuropäischen städtischen Bereich darstellen.

Die räumliche Ausbreitung der Beteiligung an Gastarbeiterwanderungen als
Innovationsvorgang hat D. BARTELS (1968) am Beispiel der Region Iz-
mir/Türkei deutlich gemacht: Das Gebiet um Izmir ist erst nach 1960 von
Wanderungen ins europäische Ausland erfaßt worden. Die kartographische
Fixierung der Bewerber um einen Arbeitsplatz in Deutschland zeigte eine sehr
klare Distanzabhängigkeit von der Regionshauptstadt Izmir. BARTELS ist den
Bestimmungsfaktoren für den Entschluß zur Aufnahme einer Arbeit im Ausland nachgegangen, indem er eine Reihe von darüber aus dem theoretischen
Schrifttum vorliegenden Annahmen prüfte. Dazu gehören u.a. die lebenszykli-
sche Struktur der Bevölkerung, die wirtschaftlichen Verhältnisse, insbesondere
die Arbeitsmarktsituation, die Bindungen an soziale Normen, Transportkosten
und Informationen über das Zielgebiet.

Überblickt man die Quellgebiete der Gastarbeiter-Wanderungen im europäischen Bereich, dann stellt sich heraus, daß sich diese aus ganz unterschiedlichen Strukturregionen zusammensetzen bzw. zusammengesetzt haben. Teils
sind es Gebiete, in denen eine Auswanderung großen Stils erstmals in Gang
gekommen ist, teils solche, die eine alte Auswanderungstradition haben, es
finden sich darunter agrarische Rückstandsgebiete und verstädterte, mehr oder
weniger modernisierte Regionen. Beteiligung der Bevölkerung an der Binnenwanderung und Ausmaß des natürlichen Bevölkerungswachstums können in
den Herkunftsländern der Gastarbeiter gleichfalls große Unterschiede aufweisen.

Aus allem ergibt sich, daß die *Auswirkungen* auf die Abwanderungsgebiete keineswegs überall gleichartig sind und daß kaum einseitig negative oder positive Veränderungen eintreten. Hier taucht eine Fülle von Fragen auf, die einer differenzierten Antwort bedürfen. Was bedeutet z.b. die Abwesenheit eines Teiles der jüngeren erwerbsfähigen Bevölkerung für die wirtschaftliche Entwicklung nicht nur in dem betreffenden Land insgesamt, sondern auch in einer bestimmten Teilregion mit ihren besonderen Strukturen etwa im Bereich der Land- oder der gewerblichen Wirtschaft? Welche Folgen ergeben sich für die Familien, die natürliche Bevölkerungsentwicklung und die Zusammensetzung der Haushalte? Welche Rolle spielen die Bindungen zwischen den im Ausland Lebenden und ihren Angehörigen etwa durch Geldüberweisungen und dadurch mögliche Investitionen? Wie verhalten sich Rückwanderer nach mehr oder weniger langer Abwesenheit im Ausland, wo sie unter ihnen fremdartigen ökonomischen und sozialen Bedingungen gelebt haben? Wie weit werden sie zu Trägern von Innovationen? Für die Beantwortung dieser und zahlreicher anderer Fragen gibt es eine Reihe von Detailstudien, insbesondere zur Rolle der Remigranten in ländlichen Gebieten der Herkunftsländer, zusammenfassend geschildert bei R. KING (1986) und J. LEIB (1986), anhand von Beispielen aus Portugal (R. BLACK 1993), Griechenland (H. HERMANNS und C. LIENAU 1979), der Türkei (H. TOEPFER 1983) und Marokko (A. KAGERMEIER und H. POPP 1995). Über die Beziehungen der Gastarbeiter zu ihren Herkunftsgemeinden hat E. LICHTENBERGER (1984) am Beispiel der Jugoslawen in Wien eine umfangreiche Studie erstellt und geschildert, wie viele Migranten ein „Leben in zwei Gesellschaften", im Herkunfts- und im Zielgebiet, führen und dazu in beiden Gesellschaften Teilhaushalte aufrecht erhalten („duale Haushalte").

Was die Auswirkungen der Arbeiterwanderungen auf die Abwanderungsregionen angeht, so hat sich sehr bald gezeigt, daß zahlreiche Investitionen beim Hausbau getätigt wurden, Investitionen in produktive Unternehmen zur Erhaltung oder Schaffung von Arbeitsplätzen aber eher selten waren.

Die Verwendung des im Ausland verdienten Geldes für den Hausbau, eine Verbesserung der Wohnung, die Beschaffung von dauerhaften Konsumgütern ist für zahlreiche Regionen, aus denen Arbeitskräfte in die westeuropäischen Industrieländer gewandert sind, durchaus typisch, und zwar hauptsächlich dann, wenn es sich um abgelegene, karg ausgestattete Gebiete handelt, in denen weder in der Landwirtschaft bei gewöhnlich sehr kleinen Betrieben, noch in anderen Wirtschaftsbereichen Investitionen lohnend sind oder erscheinen, um damit eine dauerhafte Existenzgrundlage zu schaffen. Im übrigen ist meist das Streben nach einer selbständigen Existenz als Geschäftsmann, Handwerker, Taxi- oder LKW-Besitzer charakteristisch und die Bereitschaft gering, die im Ausland erworbenen Kenntnisse und Fähigkeiten durch Arbeit in abhängiger Stellung zu verwerten.

Ein weiterer Komplex sind die sozialen Auswirkungen der Wanderungen etwa innerhalb der Familien, wo viele Kinder ohne Eltern oder wenigstens ohne den Vater aufwachsen, oder Auswirkungen innerhalb der Dorfgemeinschaft, wo es nicht selten zu Spannungen zwischen mobilen und nicht-mobilen Bevölkerungsgruppen kommt, letztere vielfach aus Eigentümern größerer Ländereien, Inhabern von Geschäften sowie Beamten und Angestellten bestehend.

Alle derartigen Fragen können hier lediglich angedeutet werden. Was deutlich werden sollte, ist in erster Linie, daß sich die internationalen Wanderungen, die gegenwärtig in Europa eine so große Bedeutung haben, durch viele neue und andersartige Probleme von internationalen Wanderungen früherer Zeiten und auch von solchen in anderen Teilen der Erde unterscheiden und daß ihre Auswirkungen weit über den rein wirtschaftlichen Bereich hinausgreifen.

Das gilt auch für die *Zielgebiete der Wanderung.* Die Länder mit einem hohen Anteil an ausländischen Arbeitskräften und ihren Familienangehörigen sind zu Beginn dieses Abschnittes genannt worden. Zu ergänzen ist hier, daß die räumliche Verteilung der Ausländer beträchtlich von der der einheimischen Bevölkerung abweicht. Die ganz überwiegende Mehrzahl der Ausländer lebt in industriellen Verdichtungsräumen, und zwar in Deutschland mit einem deutlichen Schwerpunkt im Südwesten. Zum Zeitpunkt der Volkszählung von 1987 waren über 9 % der Einwohner Baden-Württembergs Ausländer – der höchste Anteil eines Flächenstaates – in Stuttgart waren es 18 % und in einigen Stadtteilen gab es noch weit höhere Anteile. Außerhalb des Südwestens ist eine hohe Konzentration von Ausländern vor allem im Rhein-Main-Gebiet, im Rhein-Ruhr-Gebiet und in der Region München vorhanden, dagegen gibt es nur verhältnismäßig geringe Anteile im Norden und Osten Deutschlands und in Rheinland-Pfalz. Vergleicht man die Verteilung auf die Bundesländer mit Angaben der Volkszählung von 1970, so wird deutlich, daß die ehemals bestehende starke räumliche Konzentration sich im Laufe der Jahre verminderte. Entfielen z.B. auf Baden-Württemberg 1970 noch 26,3 % aller Ausländer in der Bundesrepublik, waren es 1987 20,5 %. Daher hat E. GIESE (1978) die Ausbreitung der ausländischen Arbeitnehmer im Bundesgebiet als Diffusionsprozeß beschrieben, der sich sowohl am hierarchischen System der Städte und Verdichtungszentren orientierte als auch eine von Süd nach Nord gerichtete Komponente besaß.

Innerhalb der genannten Regionen lebt der überwiegende Teil der Ausländer in städtischen Altbaugebieten, in den Innen- bzw. Altstädten, in Großsiedlungen des sozialen Wohnungsbaus und in der Nähe großer Industriewerke, und die hier auftretenden Probleme sind unter Stichworten wie Ghettobildung bei insgesamt unzureichenden Wohnverhältnissen, Integrationsschwierigkeiten, Überfremdungsangst unter den verschiedensten Aspekten diskutiert, zum Teil auch näher untersucht worden. Ganz sicher verbergen sich hinter den Stichworten konkrete Schwierigkeiten sowohl für die Zugewanderten als auch für die Einheimischen, sicher gibt es eine Vielzahl von Problemen, die bisher nicht gelöst sind und für die auch zur Zeit kein Lösungsansatz erkennbar ist. Es gibt Ausländer der verschiedensten Nationalitäten mit unterschiedlichen Anpassungsproblemen, es gibt aber auch eine differenzierte einheimische Bevölkerung. Die Verhältnisse in einer Großstadt sehen anders aus als in einer Mittel- oder Kleinstadt, und weder die Kontakte am Arbeitsplatz noch im Wohnbereich finden unter überall gleichartigen Bedingungen statt.

Bei Fragen der räumlichen Segregation und gesellschaftlichen Integration von Ausländern muß man nach verschiedenen Nationalitäten unterscheiden, wobei nicht nur die kulturelle Distanz zwischen Herkunfts- und Aufnahmegesellschaft eine Rolle spielt, sondern auch die Aufenthaltsdauer und Remigrationspläne. Hier unterscheiden sich als große Gruppe die Türken von den übrigen europäischen Nationalitäten, insofern auch in der zweiten Generation in der Regel keine Integration in die westdeutsche Gesellschaft, in das Bildungssystem und den Arbeitsmarkt erfolgt ist. Von großer Bedeutung für neue Immigranten wie für nachwachsende Angehörige der ethnischen Minoritäten in der Bundesrepublik könnte die „Binnenintegration" in eine „Einwanderergesellschaft" (F. HECKMANN 1981) werden, die eine kulturelle Identität zwischen Herkunfts- und Aufnahmegesellschaft ermöglicht und eine eigene Infrastruktur mit Geschäften, Cafés, religiösen Versammlungsstätten usw. entwickelt (vgl. H.-J. BÜRKNER 1998).

6 Bevölkerungsentwicklung, Bevölkerungsprognose, Bevölkerungspolitik

6.1 Typen der Bevölkerungsentwicklung

Nach ausführlicher Erörterung der im Rahmen bevölkerungsgeographischer Untersuchungen bedeutsamen Aspekte der natürlichen Bevölkerungsbewegung und des Wanderungsgeschehens (Kapitel 4 und 5) mögen in diesem letzten Kapitel einige Bemerkungen zur Erfassung von Typen der Bevölkerungsentwicklung unter Berücksichtigung beider Komponenten genügen. Solche Typen können im Rahmen regionaler Strukturanalysen besondere Aufmerksamkeit beanspruchen und als Ausgangspunkt für Regionalprognosen dienen. Letztere gewinnen heute für die Beurteilung von Entwicklungschancen und -problemen einzelner Räume zunehmend an Bedeutung.

Die Unterscheidung von Typen der Bevölkerungsentwicklung ist in sehr einfacher Weise mit Hilfe kartesischer Koordinaten möglich (s. Abb. 37). Geburten- bzw. Sterbeüberschüsse werden gegen die senkrechte, Wanderungsbilanzen gegen die waagerechte Achse aufgetragen. Durch zwei Diagonalen läßt sich das Diagramm in acht Sektoren unterteilen, in denen die Relation der Entwicklungskomponenten klar definiert ist. Als zusätzliche Information läßt sich auch noch der Abstand vom Mittelpunkt verwerten.

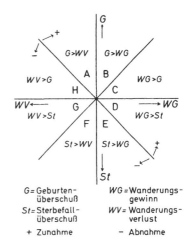

Abb. 37 Grundtypen der Bevölkerungsentwicklung

G = Geburten-
überschuß
St = Sterbefall-
überschuß
+ Zunahme

WG = Wanderungs-
gewinn
WV = Wanderungs-
verlust
– Abnahme

J. W. WEBB (1963) hat derartige Diagramme verwendet, um die Bevölkerungsveränderungen in den einzelnen Landesteilen von England und Wales im
Zeitraum 1921-1931 zu erfassen. Gegenüber der Zeit vor dem Ersten Weltkrieg haben damals die Wanderungssalden für die meisten Gebiete größere
Bedeutung erlangt als die Geburtenüberschüsse, am häufigsten waren die Typen H, C und A vertreten, jedoch mit recht unterschiedlichen Anteilen von
städtischen und ländlichen Regionen. Zu Typ H (Wanderungsverlust größer
als Geburtenüberschuß) gehörten z. B. 40,5 % aller ländlichen, jedoch nur 29,8
% der städtischen Regionen. Die durch Geburtendefizite gekennzeichneten
Typen D - G spielten eine untergeordnete Rolle, lediglich der Typ D war bei
den Städten mit 6,3 % vertreten.

Die Situation in der Bundesrepublik mit den hier zwischen 1961 und 1973
eingetretenen Veränderungen ist aus Tab. 32 zu entnehmen.

Tab. 32   Kreistypen nach Komponenten der Bevölkerungsentwicklung in der
Bundesrepublik Deutschland
(Quelle: Atlas zur Raumentwicklung 4.6., 1976)

	Typen							
	A	B	C	D	E	F	G	H
1961	145	169	197	0	0	0	1	54
1967	207	115	80	4	0	2	10	143
1970	53	53	263	81	18	10	19	45
1973	5	8	109	138	41	27	53	11

1961 überwogen in weiten Teilen der Bundesrepublik die Entwicklungstypen
mit mehr oder weniger großen Wanderungsgewinnen und Geburtenüberschüssen, Typ C besonders in Randbereichen der großen Verdichtungsräume,
Typ B eher in daran angrenzenden Zonen. Der Typ H, bei dem Wanderungsverluste die Geburtenüberschüsse übertreffen, war weitgehend auf die östlichen Teile der Bundesrepublik beschränkt. 1967 hatten sich im Zusammenhang mit einem starken Rückgang der Auslandszuwanderung und den damit
deutlicher hervortretenden Binnenwanderungsverlusten in den ländlichen
Räumen die Typen A und H ganz in den Vordergrund geschoben. Auch die
Kernstädte der meisten Verdichtungsräume gehörten nun zum Typ H mit
Wanderungsverlusten, die von den Geburtenüberschüssen nicht mehr ausgeglichen wurden. Die räumliche Verteilung der Typen im Jahre 1970 ähnelt
wieder mehr der von 1961, nur dominiert jetzt ganz Typ C, bei dem die Wanderungsgewinne die Geburtenüberschüsse übertreffen. 1973 schließlich haben
Entwicklungstypen, für die ein Geburtendefizit kennzeichnend ist, das Über-

gewicht gewonnen und die Zahl der Kreise mit einem gleichzeitigen Bevölkerungsrückgang (Typen E - G) ist in nur drei Jahren von 47 auf 121 gestiegen.
Abb. 39 gibt als Beispiel für rezente Entwicklungen die Verteilung der Stadt-
und Landkreise Westfalens auf die verschiedenen Typen im Jahre 1996 im
Diagramm wieder. Die meisten kreisfreien Städte des Ruhrgebietes haben Bevölkerungsverluste durch Geburtendefizit und Abwanderung. Diese Defizite
wären noch höher, wenn sie nicht zum Teil durch Zuwanderungen aus dem
Ausland kompensiert würden. Diese Zuwanderungen sind auch für Landkreise
von Bedeutung, so in Ostwestfalen, wo viele Aussiedler zugezogen sind. In
den Landkreisen des Regierungsbezirks Detmold übertreffen die beträchtlichen Wanderungsgewinne die meist ausgeglichene Geburtenbilanz. Im Mün-
sterland und im Kreis Paderborn sind besonders aufgrund der Altersstruktur
höhere Geburtenüberschüsse vorhanden, jedoch werden diese auch hier von
den Wanderungsgewinnen überragt.

Von Interesse kann es auch sein, die zeitlichen Veränderungen bei den Komponenten der Bevölkerungsentwicklung eines bestimmten Gebietes mit Hilfe
derartiger Diagramme zu verfolgen. Das ist bei einer Untersuchung ländlicher
Gemeinden im nördlichen Finnland durch A. NAUKKARINEN (1973) geschehen. In dem durch recht extreme Siedlungsbedingungen gekennzeichneten
Gebiet stellte sich heraus, daß die Bevölkerungsentwicklung der Gemeinden
recht einheitlich vom Typ B über A nach H verlaufen ist und im Sektor H eine
scharfe Tendenzwende durch Rückgang der Wanderungsverluste bei weiter
abnehmenden Geburtenüberschüssen eintrat. Die Untersuchungen von
NAUKKARINEN sind im Zusammenhang einer Bevölkerungsprognose durchgeführt worden, Abb. 38 zeigt den theoretischen Verlauf und die tatsächliche
Entwicklung im Zeitraum 1950-1968.

Abb. 38   Bevölkerungsentwicklung in ländlichen Gemeinden
Nordfinnlands nach ihren Komponenten (X = tat-
sächliche Entwicklung 1950-1968; Y = theoretische
Entwicklung A – H s. Abb. 37) (nach A.
NAUKKARINEN 1973)

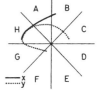

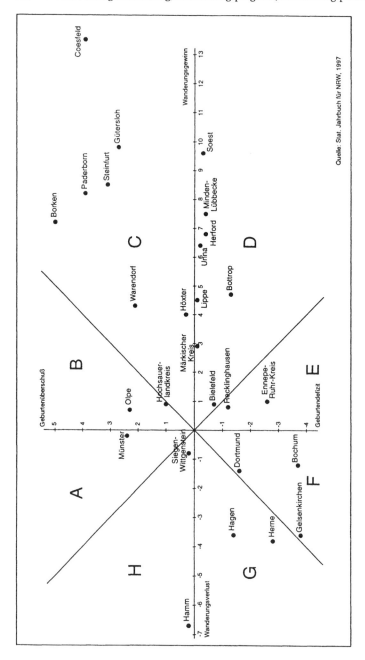

Quelle: Stat. Jahrbuch für NRW, 1997

6.2 Verfahren regionaler Bevölkerungsprognosen

Die Analyse der Bevölkerungsbewegungen mit ihren Bestimmungsfaktoren bildet die entscheidende Grundlage für Aussagen über eine künftig zu erwartende Bevölkerungsentwicklung, für *regionale Bevölkerungsprognosen*, deren Notwendigkeit für die verschiedensten Bereiche der Wirtschaft, Verwaltung und Politik nicht begründet zu werden braucht. Es ist deshalb verständlich, daß eine Vielzahl verschiedener Methoden der Vorausschätzung entwickelt worden ist, über die z. B. bei K. SCHWARZ (1975) und A. ROGERS (1985) ein ausführlicher Überblick zu finden ist. Bei allen derartigen Methoden kann es sich nicht darum handeln, die in mehr oder weniger ferner Zukunft zu erwartende Einwohnerzahl (und -zusammensetzung) eines Gebietes genau vorauszusagen. Das nämlich würde bedeuten, daß man auch noch gar nicht bekannte künftige Einflußfaktoren auf die Bevölkerungsentwicklung zu berücksichtigen hätte. Aussagen über die Zukunft können aber immer nur von fest umrissenen Annahmen ausgehen, die aus der Kenntnis tatsächlicher Vorgänge stammen. Die Qualität von Prognosemodellen ist wesentlich von diesen Annahmen abhängig, ihre Verwendbarkeit wird von der Zielsetzung, den verfügbaren Daten und dem möglichen bzw. vertretbaren Aufwand bestimmt. Auch eine Vorausberechnung, die nur auf wenigen Annahmen beruht, kann ihre Aufgabe voll erfüllen, wenn es etwa darum geht, den Einfluß ganz bestimmter Faktoren auf die künftige Bevölkerungszahl und -zusammensetzung zu erfassen und deutlich zu machen, was geschieht, wenn nicht andere Einwirkungen, seien es solche wirtschaftlicher Art oder Eingriffe des Staates, zum Tragen kommen.

Bei den meisten Prognosen wird also so vorgegangen, daß Beobachtungen aus der Vergangenheit in die Zukunft übertragen werden. Das erweist sich allerdings nur dann als erfolgreich, wenn bei der vergangenen Entwicklung eine gewisse Regelmäßigkeit feststellbar ist. Will man eine Bevölkerungsprognose für eine bestimmte Region durchführen – sei es ein ganzes Land, eine Teilregion oder auch ein Verdichtungsraum –, so lassen sich drei unterschiedliche Typen von Prognoseverfahren voneinander abgrenzen.

Der erste Typ umfaßt alle Projektionen, die auf der *Extrapolation* einer Bevölkerungsentwicklung beruhen. Dazu zählt z. B. die lineare Trendberechnung, bei der das Bevölkerungswachstum eines Basiszeitraums in der Vergangenheit durch eine Gerade approximiert wird, die dann in die Zukunft verlängert wird.

Abb. 39   Komponenten der Bevölkerungsentwicklung in den Stadt- und Landkreisen
←   Westfalens 1996 (Datenquelle: Statistisches Jb. F. NRW 1997)

Bei positivem Bevölkerungswachstum nimmt hierbei die Wachstumsrate mit der Zeit ab. Geht man dagegen von einer konstanten Rate aus, so ist das Wachstumsmodell der *exponentiellen Bevölkerungsentwicklung* angemessen. Die jährliche Wachstumsrate p läßt sich aus den empirischen Beobachtungen des Basiszeitraums (Ex-post Schätzung) berechnen oder als begründete Schätzung einer zukünftigen Entwicklung (Ex-ante) ermitteln. Ist B_0 die Bevölkerung zum Ausgangszeitpunkt der Prognose und B_t die Bevölkerung nach t Jahren, so ergibt sich aus dem Modell des exponentiellen Wachstums:

$$B_t = B_0 (1 + p)^t$$

Bei einer jährlichen Wachstumsrate von 1 % (dazu wird $p = 0{,}01$ gesetzt) verdoppelt sich die Bevölkerung alle 70 Jahre, bei einer Rate von 2 % alle 35 Jahre usw. An diesen Angaben läßt sich die große Dynamik des exponentiellen Wachstums erkennen, die für Prognosezwecke daher auch nur für relativ kurze Zeiträume Anwendung finden sollte.

Weit bedeutsamer für die heutige Praxis als Extrapolationen ist der zweite Verfahrenstyp der *demographischen Komponentenmethode*, in dem die Komponenten der natürlichen Bevölkerungsbewegung und der Wanderungen berücksichtigt werden. Am einfachsten ist es, wenn für jedes Jahr die Zahl der Geburten durch die Geburtenrate und diejenige der Sterbefälle durch die Sterberate berechnet und die so ermittelte Bevölkerung um den Wanderungssaldo verändert wird. Zur Durchführung der Prognose müssen Annahmen über Geburten- und Sterberaten sowie über Wanderungssalden gemacht werden. Ein solches Verfahren verarbeitet zwar schon spezifischere Informationen als eine einfache Extrapolation, bleibt aber unbefriedigend, weil die genannten Raten eng von der Altersstruktur der Bevölkerung abhängen, die sich ändern kann. Daher wird die Komponentenmethode im allgemeinen so angewendet, daß die Bevölkerung nach Alter und Geschlecht fortgeschrieben wird unter Benutzung alters- und geschlechtsspezifischer Fruchtbarkeits-, Mortalitäts- und Wanderungsraten.

Zur Erläuterung der Vorgehensweise sei angenommen, daß für ein Ausgangsjahr die Zahl der Männer und Frauen für jeden Altersjahrgang vorliegt. Wenn man diese Werte mit den entsprechenden alters- und geschlechtsspezifischen Sterberaten multipliziert, erhält man die erwartete Anzahl der Gestorbenen im nächsten Jahr, woraus sich die Zahl der Überlebenden ergibt. Zur Prognose der Altersklasse der Säuglinge werden die Zahlen der Frauen aller Altersgruppen im gebärfähigen Alter (z. B. zwischen 15 und 45 Jahren) mit den altersspezifischen Fruchtbarkeitsraten (vgl. 4.1) multipliziert und dann für alle Altersjahrgänge der potentiellen Mütter addiert. Nach der Fortschreibung der

Bevölkerung auf der Basis der natürlichen Bevölkerungsbewegung werden die Wanderungen durch Multiplikation mit alters- und geschlechtsspezifischen Zuzugs- und Fortzugsraten berücksichtigt. Auf diese Weise wird die Bevölkerung immer jeweils um den Prognoseschritt eines Jahres fortgeschrieben. Um die Prognose durchzuführen, bedarf es geeigneter Annahmen über alle genannten Raten. Am einfachsten ist eine *Status-quo-Prognose*, in der die Ziffern konstant auf die Werte des Beobachtungszeitraumes vor Prognosebeginn gesetzt werden. Durch verschiedene Annahmen über zeitliche Veränderungen der Raten können alternative Modellrechnungen durchgespielt werden. Als Ergebnis der Prognose stehen für jedes Jahr des Prognosezeitraums Angaben über die Alters- und Geschlechtsgliederung der Bevölkerung zur Verfügung, die häufig von mindestens so großer Bedeutung sind wie die Angaben über die Gesamtbevölkerung.

Ein dritter Verfahrenstyp zur Bevölkerungsprojektion benutzt *außerdemographische Merkmale*, von denen bekannt ist, daß sie eng mit der Bevölkerungsdynamik zusammenhängen. So beeinflußt die Zahl der neu geschaffenen Arbeitsplätze die Zuwanderungen, Veränderungen im Wohnungsbestand den intraregionalen Wanderungssaldo, die Einkommensentwicklung evtl. die Fertilität. Der Einbezug außerdemographischer Merkmale ist besonders bedeutsam zur Prognose der Wanderungen, wobei allerdings die beeinflussenden Merkmale wie Arbeitsplätze vorausgeschätzt werden müssen. Ein Beispiel für einen derartigen Ansatz ist das Modell MIDAS (Modell zur interregionalen demographischen und arbeitsplatzorientierten Simulation) des Bayerischen Staatsministeriums für Landesentwicklung und Umweltfragen. Sehr bedeutsam ist dieser Verfahrenstyp auch für kleinräumige Prognosen, denn kleinräumige Bevölkerungsveränderungen hängen sehr eng mit Veränderungen der Quantität und Qualität der Wohnungssubstanz zusammen (s. V. KREIBICH 1981).

Die *multi-regionalen* Bevölkerungsprognosen, bei denen aufeinander abgestimmte Vorausschätzungen für mehrere Teilregionen eines Untersuchungsgebietes gemacht werden, bauen auf den genannten drei Verfahrenstypen auf (A. ROGERS 1995). Am häufigsten liegt ihnen ein demographisches Komponentenmodell zugrunde, das nach Alter und Geschlecht differenziert ist. Bei den Wanderungen werden in der Regel Binnenwanderungen zwischen den Regionen, die in Migrationsmatrizen dargestellt werden, und Außenwanderungen unterschieden. Solche aufwendigen Modellrechnungen bestimmen z. B. die Bevölkerungsprognose des Bundesamtes für Bauwesen und Raumordnung (BBR), früher Bundesforschungsanstalt für Landeskunde und Raumordnung (BfLR), für die Raumordnungsregionen des Bundesgebietes, deren Annahmen und Algorithmen im Überblick bei H. P. GATZWEILER (1985) dargestellt sind.

Besonders schwierig ist die Vorausschätzung der Wanderungen, wobei man ein Verursachungs- von einem Verteilungsmodell unterschieden hat. Aus dem Verursachungsmodell ergeben sich Fortzugswahrscheinlichkeiten für jede Raumeinheit, während das Verteilungsmodell die so berechneten Migrationen potentiellen Zielgebieten zuordnet. Dabei werden in Anlehnung an die Stadien des Lebenszyklus vier Wanderungsgruppen nach dem Alter unterschieden. Die BBR-Prognose wird regelmäßig aktualisiert und neuen, nicht vorhersehbaren Entwicklungen angepaßt.

6.3 Vorausschätzungen künftiger Bevölkerungsentwicklung

Die Frage, wieviel Menschen in naher oder ferner Zukunft auf der Erde leben und wieweit sich dadurch die Lebensbedingungen verändern werden, ist heute besonders aktuell, aber keineswegs neu. Sie hat nicht nur die Wissenschaftler, sondern auch eine breite Öffentlichkeit seit langem interessiert und vielfach – gerade auch in der Gegenwart – zu wilden Spekulationen geführt, die jeder realen Grundlage entbehren. Dabei ist eine einigermaßen sichere Vorausberechnung bestenfalls für einen Zeitraum von wenigen Jahren möglich, sofern hinreichend zuverlässige Ausgangsdaten vorhanden sind – und diese gibt es eben nicht für alle Länder der Erde. Man mußte sich deshalb lange Zeit mit mehr oder weniger groben Schätzungen zufrieden geben. Diese haben allerdings – sofern sie nicht auf grundlegenden Irrtümern beruhten – durchaus ihren Wert gehabt, allein um gewisse Größenvorstellungen zu vermitteln.

Unter den Geographen hat sich schon vor der Jahrhundertwende namentlich HERMANN WAGNER mit der Bevölkerungsentwicklung einzelner Länder befaßt. Es handelte sich dabei jedoch nicht um eigentliche Prognosen, sondern lediglich um Berechnungen einer Bevölkerungsentwicklung unter der auch von H. WAGNER nicht als realistisch angesehenen Annahme, daß man für längere Zeit mit gleichbleibenden Zuwachsraten rechnen könne. Nur ein Beispiel dafür: Für die Niederlande hat H. WAGNER (1874) ausgehend von einer Einwohnerzahl von 3,67 Mio. im Jahre 1872 und einer damaligen Zuwachsrate von 0,79 % für das Jahr 2000 10,1 Mio. Einwohner berechnet. Selbstverständlich haben nach 1872 für die tatsächliche Bevölkerungsentwicklung auch Wanderungen eine wichtige Rolle gespielt, aber die natürliche Zuwachsrate ist eben keineswegs unverändert geblieben. Im Jahre 1990 lebten in den Niederlanden bereits 15 Mio.

Es liegt dann eine Reihe von Schätzungen der voraussichtlichen Bevölkerungsentwicklung auf der ganzen Erde aus der Zwischenkriegszeit und der Zeit nach dem Zweiten Weltkrieg vor, wobei vor allem die Berechnungen der UN-Experten interessieren, weil diesen am ehesten ausreichende Daten zur Verfügung standen. Praktisch sind alle diese Berechnungen aus den 50er und 60er Jahren von der tatsächlichen Entwicklung übertroffen worden. Die Vorausberechnung von 1954 ergab z. B. für 1975 eine Zahl von 3,378 Mrd. Menschen (hohe Annahme = 3,638; niedrige Annahme = 3,143). Tatsächlich wurde aber im Jahre 1975 die 4-Milliarden-Grenze fast erreicht (3,967). Die späteren Vorausberechnungen führten zwar zu höheren Zahlen, gingen jedoch auch davon aus, daß sich die Wachstumsraten verringern würden. So würde nach einer Berechnung der UN von 1963 bei anhaltendem Trend im Jahre 2000 mit einer Erdbevölkerung von 7,410 Mrd. zu rechnen sein, die Prognose kommt jedoch auf 6,3 Mrd., was etwa eine Verdoppelung gegenüber 1960 bedeutet. Auf jeden Fall werden sich – wie an anderer Stelle bereits betont – die Gewichte sehr verschieben, indem die Bevölkerung Asiens, Afrikas und Lateinamerikas im Jahre 2000 nahezu 4/5 der Weltbevölkerung umfassen dürfte gegenüber rund 70 % im Jahre 1950.

Es sind heute vor allem zwei Ländergruppen, die sich besonderen Problemen der natürlichen Bevölkerungsentwicklung gegenübersehen: Einmal die zahlreichen Länder mit einer rapiden Bevölkerungszunahme und zum anderen die Länder, in denen die Bevölkerung weitgehend stagniert oder gar schrumpft. Immerhin lag 1998 in 51 Ländern, auf die 44% der Weltbevölkerung entfielen, die Fertilität unter dem Bestandserhaltungsniveau (S. BERNSTEIN 1998).

Zu den letztgenannten gehört die Bundesrepublik Deutschland, wo die gegenwärtigen Geburtenraten bei weitem nicht ausreichen, um den Bevölkerungsstand auf lange Sicht zu halten. Man kann in diesen Ländern, die einen dem Modell entsprechenden „demographischen Übergang" längst hinter sich haben, von einer postindustriellen Gesellschaft sprechen, in der das generative Verhalten der Menschen ganz erheblich von dem früherer Stadien der Gesellschaftsentwicklung abweicht. Die auf dieses Verhalten einwirkenden Faktoren haben sich entweder verändert oder ein anderes Gewicht erhalten. Statt der tatsächlichen wirtschaftlichen Situation spielt heute eher die Einschätzung sozialer und wirtschaftlicher Bedingungen in Gegenwart und Zukunft eine Rolle. Im Mikrobereich der Familie hat sich die Position des Kindes erheblich gewandelt und die Familie selbst hat an Bedeutung verloren, was etwa im Rückgang der Heiratshäufigkeit zum Ausdruck kommt. Entscheidende Bedeutung für den Rückgang der Geburten haben aber auch Einflüsse aus dem Makrobereich der Gesellschaft.

Wie sich eine Bevölkerungsentwicklung unter dem Reproduktionsniveau auswirkt, also eine langfristige Bevölkerungsabnahme, läßt sich im einzelnen heute noch schwer beantworten. Allein aus den weitreichenden Veränderungen der Altersstruktur ergeben sich jedoch zahlreiche Probleme, mit denen sich die betreffenden Länder mehr und mehr werden auseinandersetzen müssen. In räumlicher Sicht sind es u. a. Probleme, die sich aus einer Verringerung der Bevölkerungsdichte im Bereich der Infrastruktur ergeben. Solche Probleme werden z.B. für die nördlichen Teile der neuen Bundesländer diskutiert. Auch hier ist es natürlich besonders wichtig, die zu erwartende Entwicklung abzuschätzen, und zwar vor allem in ihren Auswirkungen auf die Bevölkerungszusammensetzung. Prognosen können sich immer nur auf bestimmte Annahmen stützen, sie sind aber auch dann von großem Wert, wenn sie vom status quo ausgehen und lediglich deutlich machen, was unter der Voraussetzung geschieht, daß sich gegenwärtige Entwicklungstrends fortsetzen.

Die in Tab. 33 wiedergegebene Modellrechnung für die Bevölkerung Nordrhein-Westfalens soll besonders auf die altersstrukturellen Veränderungen in der Bevölkerungszusammensetzung aufmerksam machen. Da am Ende der 80er Jahre Nordrhein-Westfalen wie ganz Westdeutschland starke Gewinne der Außenwanderung, sowohl von Deutschen (Aussiedler) wie von Ausländern, zu verzeichnen hatte, werden in der Prognose auch für die nächsten Jahrzehnte deutliche Zuwanderungsüberschüsse angenommen. Die entsprechenden Werte einer Modellrechnung des Statistischen Bundesamtes wurden für NRW heruntergerechnet und erbrachten eine Zuwanderung von 1,57 Mio. Ausländern und 643 000 Aussiedlern zwischen 1995 und 2039. Trotz der beachtlichen Zuzugsraten wächst die Bevölkerung nach der Prognose aber nur im ersten Prognosejahrzehnt und geht dann aufgrund der niedrigen Fertilität zurück. Weit höher als bei der Gesamtbevölkerung sind die relativen Veränderungen von einzelnen Altersgruppen. Die Abnahme wird besonders ausgeprägt bei den Kleinkindern sein. Bei der erwerbsfähigen Bevölkerung werden die älteren ab 40 Jahre im Bestand anwachsen, während die 19-39jährigen deutlich zurückgehen werden. Die älteren Menschen, besonders diejenigen in hohem Alter, werden weit überdurchschnittlich anwachsen. An solchen Modellrechnungen läßt sich erkennen, daß auch bei beträchtlicher Zuwanderung der Alterungsprozeß der Bevölkerung in Deutschland, wie in vielen anderen Industrieländern auch, nicht kompensiert werden kann.

Obwohl die Fertilität in den meisten Entwicklungsländern deutlich gesunken ist, lebt der größte Teil der Menschheit in Ländern mit hohen Zuwachsraten, und die hier auftretenden Probleme sind zweifellos von besonderer Brisanz. Es ist deshalb verständlich, wenn ihnen nicht nur von wissenschaftlicher Seite, sondern auch von seiten der Politiker und zahlreicher anderer Personengruppen besondere Aufmerksamkeit zugewandt wird. Im Rahmen solcher Diskussionen spielen neben Problemen der Tragfähigkeit (Kapitel 4.5) Bevölkerungsprognosen eine bedeutsame Rolle. Hier sind vor allem die UN-Prognosen zu nennen, in denen für die einzelnen Staaten der Erde zukünftige Entwicklungen der Fruchtbarkeit und Sterblichkeit geschätzt und die Bevölkerungsangaben für Großregionen zusammengefaßt werden. Diese Prognosen werden alle zwei Jahre revidiert und enthalten eine untere, mittlere und obere Variante. Bei der mittleren Prognose der Revision von 1998 wird angenommen, daß die totale Fertilitätsrate weltweit bis zum Jahre 2050 auf 2,0 fällt. Dies wird zu einer Weltbevölkerung von 8,9 Mrd. Menschen führen. Die untere Variante mit einem schnelleren Fertilitätsrückgang ergibt 7,3 Mrd., die obere mit verzögerter Geburtenreduzierung dagegen 10,7 Mrd. Diese erhebliche Spanne zeigt die große Unsicherheit über die weitere Entwicklung der Weltbevölkerung.

Tab. 33 Bevölkerungsentwicklung in Nordrhein-Westfalen 1995-2040.
Ergebnisse der Basisvariante einer Bevölkerungsprognose
(Quelle: F. BERKE 1996)

	Stand		Vorausschätzung für	
	1995	2005	2015	2040
Bevölkerung (Mio.)	17,82	18,19	18,00	16,28
1995 = 100	100	102,1	101,0	91,4
0-18jährige	100	100,8	86,8	74,5
3-5jährige	100	81,8	72,0	60,9
19-39jährige	100	88,4	83,7	70,6
40-59jährige	100	108,3	118,3	97,7
≥ 60jährige	100	116,1	119,1	130,8
≥ 75jährige	100	128,8	156,5	179,3

Man muß aber davon ausgehen, daß das Wachstum der Bevölkerung noch längere Zeit anhalten wird. Dafür sorgt vor allem die große Zahl von jungen Erwachsenen, die in den nächsten Jahrzehnten in das reproduktive Alter kommen wird. So werden laut Weltbevölkerungsbericht 1998 der Vereinten Nationen zwischen 1998 und 2010 in den Entwicklungsländern mehr als 700 Mio. junge Menschen das erwerbsfähige Alter erreichen, mehr als die gesamte Erwerbsbevölkerung der Industrieländer im Jahr 1990. Dieser „demographische Bonus" wird einerseits auch bei reduzierter Fertilität zu deutlichem Bevölkerungswachstum führen, andererseits stellen sich schwerwiegende Probleme der Beschäftigung. Bei geeigneten wirtschaftlichen Rahmenbedingungen und beträchtlichen Investitionen in das Bildungs- und Gesundheitswesen kann der demographische Faktor zu einem Wirtschaftswachstum beitragen, wie es in den achtziger und neunziger Jahren für ost- und südostasiatische Länder der Fall war (S. BERNSTEIN 1998).

Längerfristig wird nicht nur in den Industriestaaten, sondern auch in vielen Entwicklungsländern eine deutliche Zunahme der älteren Menschen zu erwarten sein. Abb.40 zeigt, wie sich nach der UN-Prognose von 1996 der Altersindex J/A (Quotient 0-15jährige zu älteren Menschen ab 65 Jahre) nach Großregionen verändern wird. Man erkennt, daß in der Mitte des 21. Jahrhunderts die Alterung auch in Asien und Lateinamerika beträchtlich sein wird. Nur noch Afrika südlich der Sahara wird dann ein mehrfaches Übergewicht der Kinder gegenüber den Älteren aufweisen. Nach der mittleren UN-Prognose von 1996 wird die Weltbevölkerung zwischen 2045 und 2050 nur noch um knapp 50 Mio. Menschen pro Jahr wachsen, während die mittlere Variante von 1984 noch von fast 200 Mio. ausgegangen war. Von diesen weniger als 50 Mio. werden 21 Mio. auf die Zunahme der älteren Menschen ab 65 Jahren zurückgehen, und 97% dieses Zuwachses wird sich auf die heutigen Entwicklungsländer beziehen.

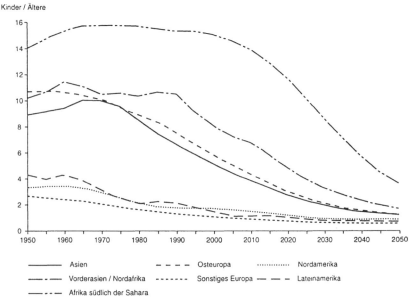

Abb. 40   Verhältnis junger Menschen (unter 15 Jahren) zu alten Menschen (älter als 65 Jahren), 1950 – 2050, für Großregionen der Erde (nach Weltbevölkerungsbericht 1998, hrsg. von der dtsch. Ges. für die Vereinten Nationen, Bonn 1998)

6.4 Bevölkerungspolitik

Bevölkerungsprognosen und Modellrechnungen zeigen sehr deutlich, daß Veränderungen von Wachstumsraten beachtliche mittel- und langfristige Wirkungen auf Zahl und Zusammensetzung künftiger Bevölkerungen haben. Politik als gestaltende Daseinsfürsorge wird solche Informationen berücksichtigen müssen. Dabei ergibt sich allerdings oftmals eine Diskrepanz zwischen der „Trägheit" demographischer Prozesse und den erst längerfristigen, dann aber um so deutlicheren Auswirkungen demographischer Veränderungen auf der einen Seite und einer an kurzfristigen Horizonten und Wahlperioden orientierten Politik auf der anderen.

Von politischen Entscheidungen, die demographische Veränderungen und ihre Auswirkungen berücksichtigen, zu unterscheiden sind explizite staatliche Beeinflussungen von Bevölkerungsentwicklung und -struktur. Diese werden unter dem Oberbegriff *Bevölkerungspolitik* zusammengefaßt, die sich definieren läßt als „zielgerichtetes, begründetes Handeln zum Zweck der planmäßigen Beeinflussung demographischer Tatbestände wie Größe, Altersaufbau, regionale Verteilung und Wachstumsintensität der Bevölkerung. Die strategischen Zielkomponenten für bevölkerungspolitische Maßnahmen sind Geburtenhäufigkeit, Sterblichkeit und Wanderungen" (C. HÖHN und H. SCHUBNELL 1986, S. 4).

Ein dritter Problembereich im Schnittfeld von Bevölkerung und Politik ist die Frage nach demographischen Konsequenzen staatlichen Handelns, bei dem es vor allem um ungeplante Effekte geht. Beispiele dafür sind die längerfristige Wirkung der Gastarbeiterpolitik, die in den Aufnahmeländern zu einer nicht intendierten Einwanderung geführt hat, oder Maßnahmen der Steuer- und Rentenpolitik, die Entscheidungen für oder gegen Kinder beeinflussen.

Bei den Maßnahmen der Bevölkerungspolitik stehen heute weltweit zielgerichtete Beeinflussungen der Fertilität und von Migrationen im Vordergrund, also die beiden Teilbereiche der Fertilitäts- und Migrationspolitik. Während ein weitgehender Konsens darüber besteht, daß die Regulierung von Einwanderungen ein Aufgabenfeld der Politik ist, stellt Fertilitätspolitik einen umstrittenen Bereich staatlichen Handelns dar. Es wird allgemein als Menschenrecht anerkannt, daß die Entscheidung für Kinder allein der Verantwortung der Paare und Individuen obliegt und nicht durch staatliche oder gesellschaftliche Institutionen determiniert werden darf. In einer Reihe von Ländern wird deshalb eine auf Fertilität bezogene Bevölkerungspolitik abgelehnt, weil der Staat nicht in persönliche Entscheidungsfelder für oder gegen Kinder hineinregieren dürfe. Zu diesen Ländern zählt auch die Bundesrepublik Deutschland. Bei regelmäßigen Befragungen der Mitgliedsländer der Vereinten Nationen zur Beurteilung ihrer demographischen Lage bewertet die Bundesregierung das Geburtenniveau zwar als zu niedrig, lehnt aber staatliche Interventionen zur Erhöhung der Geburten ab (C. HÖHN 1995). Demgegenüber betreiben andere Industrieländer, die von einer zu geringen Geburtenzahl ausgehen, eine entsprechende Interventionspolitik. Daß in Deutschland Vorbehalte gegenüber expliziter Bevölkerungspolitik besonders hoch sind, hängt nicht zuletzt mit deren Mißbrauch im Nationalsozialismus unter Einschluß von Zwangssterilisation und rassistischer Diskriminierung bis hin zum Holocaust zusammen.

Dennoch wird auch in den Ländern, die keine explizite Fertilitätspolitik betreiben, das Fruchtbarkeitsniveau der Individuen von staatlichen Rahmenbedingungen beeinflußt. Diese werden in Deutschland und anderen Ländern vor allem durch die *Familienpolitik* geprägt, die die Unterstützung der Funktionen familialer Lebensgemeinschaften zur Aufgabe hat (M. WINGEN 1997). Da die Reproduktionsfunktion zu den familiären Grundfunktionen zählt, sollten es familienpolitische Maßnahmen gewährleisten, daß Kinderwünsche ohne unzumutbare materielle oder andere Einschränkungen realisiert werden können. Ziel ist dann die Entlastung von solchen Restriktionen, aber nicht die Erreichung bestimmter Vorgaben für Geburtenzahlen.

Es hat sich eingebürgert, bei fertilitätspolitischen Maßnahmen zwei Grundtypen voneinander zu unterscheiden, die als *pronatalistisch*, also geburtenfördernd, und *antinatalistisch* gekennzeichnet werden. Beide Typen verbinden sich mit zwei „Weltbevölkerungsproblemen" (H. BIRG 1996). Das erste bezieht sich auf Bevölkerungswachstum und betrifft im wesentlichen Entwicklungsländer, auf die ein immer höherer Anteil der Menschheit entfällt, das zweite auf die Industrie- und immer mehr Schwellenländer und ihre Probleme der Bevölkerungsstagnation oder -schrumpfung. Aufgrund der hohen Zuwachsraten der Weltbevölkerung haben verständlicherweise Wachstumsprobleme in der Nachkriegszeit immer im Vordergrund gestanden und die Diskussion politischer Antworten bestimmt.

Dabei lassen sich nach J. SCHMID (1990) zwei gegensätzliche politische Positionen unterscheiden. Die erste der sog. Neo-Malthusianer geht davon aus, daß eine ökonomische und soziale Entwicklung nur nach einer vorherigen Reduktion der Geburtenzahlen möglich wäre. Die notwendige Geburtenreduktion müsse durch antinatalistische Bevölkerungspolitik, durch staatlich gelenkte Geburtenplanung und -kontrolle erreicht werden. Ein Beispiel für eine derartige Politik ist Indien, wo in den sechziger und siebziger Jahren die medizinisch-klinische Infrastruktur zur Geburtenplanung stark ausgebaut wurde und bevölkerungspolitische Maßnahmen bis hin zur nicht-freiwilligen Sterilisierung erfolgten, die diese Programme später in Verruf brachten.

Eine zweite Grundposition sieht andere Kausalitäten und betont die Vorrangigkeit der wirtschaftlichen Entwicklung, die als Folge eine Reduzierung des Geburtenniveaus mit sich bringen würde. Diese Meinung wurde einerseits von den sozialistischen Staaten vertreten, die sich auf K. Marx und seine Kritik an Malthus beriefen, andererseits von liberalen Marktwirtschaftlern, die das Schlagwort aufbrachten, daß Entwicklung die beste Pille sei.

Auf der ersten Weltbevölkerungskonferenz 1974 in Bukarest spielten kontroverse Diskussionen beider Grundpositionen eine große Rolle, wobei die meisten westlichen Industrieländer, die die Bedeutung antinatalistischer Bevölkerungspolitik hervorhoben, dem Ostblock und der Mehrzahl der Dritt-Welt-Länder gegenüberstanden, die eine Umverteilung wirtschaftlicher Macht forderten und Bevölkerungspolitik als sekundär einstuften. Als Ergebnis der Diskussionen wurde schließlich ein mittlerer Weg gewählt, der eine Kombination von demographischen, d.h. antinatalistischen, und ökonomischen Maßnahmen empfahl (J. SCHMID 1990).

Bei der nächsten Weltbevölkerungskonferenz in Mexiko-Stadt 1984 waren viele Entwicklungsländer zu der Auffassung gelangt, daß zur Unterstützung entwicklungspolitischer Ziele der Einsatz antinatalistischer Instrumente notwendig sei. Dies setzt sich später noch fort, so daß zwischen 1976 und 1989 der Anteil der Regierungen, die das Geburtenniveau ihres Landes als zu hoch einschätzten, von 35 % auf 44 % anstieg, obwohl in der Zwischenzeit in vielen Dritt-Welt-Ländern der Geburtenrückgang in vollem Gange war. In Mexiko waren es aber die USA, die von einer Unterstützung der Geburtenkontrolle zu der Auffassung wechselten, daß explizite Fertilitätspolitik im Sinne des Wirtschaftsliberalismus vermieden werden müsse. In der Folgezeit kürzten die USA als Konsequenz ihre Beiträge für den UN-Fonds für Bevölkerungsaktivitäten.

Einen grundsätzlichen Wandel in der bevölkerungspolitischen Orientierung erbrachte die dritte Weltbevölkerungskonferenz in Kairo 1994. An die Stelle von Familienplanung und Geburtenkontrolle tritt hier das Konzept der reproduktiven und sexuellen Gesundheit, die durch entsprechende Interventionen der Staaten zu gewährleisten sei. Für Fertilität und Fertilitätsrückgang kommt eine entscheidende Rolle der Gleichberechtigung und Ermächtigung (empowerment) der Frauen zu, die durch Bildung und Gesundheitspolitik zu fördern seien. Hinsichtlich der Fertilitätspolitik werden vor allem zwei Aspekte hervorgehoben: einmal die Einbettung entsprechender Maßnahmen in einen integrativen, entwicklungsbezogenen Politikansatz, zum anderen die Betonung der freien Entscheidung für Kinder als Menschenrecht (C. HÖHN 1995). Auf der Basis solcher Grundsätze können restriktive staatliche Maßnahmen wie bei der Ein-Kind-Politik in China, wo Unterstützungszahlungen bei der Geburt von Zweitkindern und weiteren Geschwistern entzogen wurden und andere Strafmaßnahmen erfolgten, keinen Bestand haben.

Auch wenn die Grundsätze von Kairo allgemeine Anerkennung gefunden haben, gibt es weiterhin große Unterschiede zwischen den Staaten hinsichtlich bevölkerungspolitischer Interventionen. Bei der UN-Umfrage von 1990 verfolgten zwar die meisten Entwicklungsländer eine antinatalistische Politik, aber Länder wie Gabun, Äquatorialguinea, Kambodscha und Irak hielten trotz hoher Geburtenraten ihr Geburtenniveau für zu niedrig mit der Konsequenz von pronatalistischen Ansätzen (C. HÖHN 1995). In anderen Ländern gab es im Laufe der Zeit drastische Kurswechsel in der Bevölkerungspolitik. Ein bekanntes Beispiel ist Singapur, wo zwischen 1960 und 1980 die totale Fertilitätsrate von über 6 auf unter 2 gefallen war. Der rapide Geburtenrückgang wurde u.a. durch ein umfangreiches bevölkerungspolitisches Programm erreicht, das unter dem Motto „Stop at two" stand und restriktive Maßnahmen wie die Verweigerung eines bezahlten Mutterschutzurlaubs für dritte und folgende Kinder enthielt. Seit 1983 erfolgte ein Kurswechsel mit pronatalistischer Orientierung, der insbesondere Frauen mit guter Ausbildung dazu bewegen wollte, früher zu heiraten und mehr Kinder zu gebären. Der neue Slogan dieser von eugenischen Auffassungen mitgeprägten Politik hieß „Have three, or more if you can afford it". Darauf reagierte die Regierung des benachbarten Malaysias, das in den sechziger und siebziger Jahren ebenfalls einen, allerdings weniger ausgeprägten Geburtenrückgang erlebt hatte, mit der Devise „Go for five" (D.J. DWYER 1987, G.W. JONES 1990). Trotz dieser pronatalistischen staatlichen Einstellungen liegt aber die totale Fertilitätsrate 1997 in Singapur bei nur 1,7 Kindern pro Frau, während Malaysia einen Wert von 3,2 erreicht.

Viele Industrieländer stehen heute vor dem Problem, daß die Geburtenhäufigkeit längerfristig nicht ausreicht, den Bevölkerungsbestand zu erhalten. Wenn Fertilitätspolitik betrieben wird, ist diese daher pronatalistisch orientiert. Nach J. HECHT und H. LERIDON (1993), die fertilitätsbezogene Maßnahmen in Europa untersuchten, hat kein europäischer Staat zu Beginn der neunziger Jahre eine explizite Bevölkerungspolitik. Es gibt aber eine Reihe von Politikfeldern mit mehr oder weniger deutlichem demographischen Bezug, vor allem die Familienpolitik, die Familien mit Kindern finanzielle Kompensationen zuteilt und familienbezogene Infrastruktur wie Kindergärten und Kinderkrippen fördert. Die einzelnen Maßnahmen sind in den europäischen Staaten durchaus sehr unterschiedlich und können daher auch sehr unterschiedliche Konsequenzen für eine Förderung von Geburten haben.

Das beste Beispiel für eine konsequente, umfassende und kontinuierliche pronatalistisch orientierte Familienpolitik ist Frankreich, das ja als erstes europäisches Land den säkularen Geburtenrückgang begonnen hatte. Kennzeichnend ist die besondere Förderung der Drittgeburten durch Progressionen beim Kindergeld, längeren Mutterschutzurlaub etc. sowie das umfassende Angebot an Einrichtungen der Kinderbetreuung, das für viele Frauen die Kombination von Erwerbstätigkeit und Familie erleichtert (F. SCHULTHEIS 1991). Untersuchungen über die Wirkung dieser Maßnahmen sind aber nur auf eine zusätzliche Zahl von 0,2 bis 0,3 Kindern pro Frau gekommen (J. HECHT und H. LERIDON 1993, C. HÖHN und H. SCHUBNELL 1986).

Zwischen Mitte der siebziger und den späten achtziger Jahren wurde in der DDR eine aktive pronatalistische Bevölkerungspolitik betrieben, deren Ziel die Erreichung des Bestandserhaltungsniveaus war. Ausgehend vom Leitbild der erwerbstätigen Mutter wurden umfangreiche heirats- und geburtenfördernde Maßnahmen, die bei J. DORBRITZ und J. FLEISCHHACKER (1995) zusammengestellt sind, entwickelt einschließlich einer hohen Versorgungsrate mit Kindertagesstätten. Als Folge dieser Politik stiegen seit Mitte der siebziger Jahre die Fertilitätsziffern deutlich an und erreichten um 1980 fast das Reproduktionsniveau, gingen dann aber wieder auf Werte um 1,7 zurück. Demographische Untersuchungen über die Effekte der Bevölkerungspolitik haben gezeigt, daß ein Großteil des vorübergehenden Anstiegs der Fertilität auf das Vorziehen oder Nachholen von Geburten zurückgingen. Ein längerfristiger Anstieg wurde auf etwa 0,2 Kinder pro Frau geschätzt, ein ähnlicher Wert wie für Frankreich (J. HECHT und H. LERIDON 1993). Allerdings war in der zweiten Hälfte der achtziger Jahre schon vor der Wende ein Rückgang der Geburtenziffern festzustellen, der u.a. mit einer langsamen Lösung der jüngeren Erwachsenen vom staatlich vorgegebenen Familienmodell mit einer weitgehenden Vereinheitlichung der Heirats- und Geburtenbiographien zusammenhing (J. DORBRITZ und J. FLEISCHHACKER 1995).

Insgesamt haben Untersuchungen über die Auswirkungen pronatalistischer Politiken in den Industrieländern gezeigt, daß sich das Fertilitätsverhalten der Paare und Individuen nur in sehr begrenztem Ausmaß beeinflussen ließ. Häufig konnten nach der Einführung von Fördermaßnahmen Effekte des Vor- oder Nachziehens von Geburten festgestellt werden, die an der gesamten Fertilität von Kohorten aber nicht viel veränderten. Das gilt mit einigen Abstrichen selbst für schwerwiegende repressive Eingriffe des Staates, für die

Rumänien ein bekanntes Beispiel bietet. Dort wurden 1966 ganz plötzlich, um ein weiteres Absinken der Geburtenrate zu verhindern, Verbote von Abtreibungen, die bis dahin sehr üblich waren, und von Ehescheidungen erlassen und Steuern bei Kinderlosen über 25 Jahre erhoben. Die Geburtenraten stiegen aufgrund dieser drakonischen Maßnahmen zwischen 1966 und 1967 auf das doppelte an (vgl. Abb. 20), sanken dann aber schnell wieder und unterschritten ab Anfang der achtziger Jahre das Niveau der Bestandserhaltung (C. HÖHN und H. SCHUBNELL 1986).

Zum Schluß diese Abschnitts seien noch einige knappe Hinweise zur *Migrationspolitik* gegeben, die neben fertilitätsbezogenen Maßnahmen heute einen wesentlichen Teilbereich demographisch relevanter Politiken beinhaltet. Hier läßt sich zunächst einmal trennen zwischen politischen Regulierungen der Zuwanderung und solchen der Abwanderung. Während nach der politisch-gesellschaftlichen Wende der sozialistischen Länder die meisten Staaten Abwanderungen keine großen Hindernisse in den Weg legen, sieht das bei der Zuwanderung ganz anders aus. Heute haben auch die klassischen Einwanderungsländer wie die USA, Kanada und Australien ihre Türen nicht für jedermann geöffnet, sondern Einwanderungsquoten für genau definierte Migrationsgruppen festgelegt. Die Quoten und die dahinter stehenden Prinzipien wie Aufnahme von Siedlern, Bedarf an Arbeitskräften in der Industrie oder in persönlichen Dienstleistungen, Anreize für den Zuzug von Unternehmern, humanitäre Aufnahme von Flüchtlingen, Bevorzugung oder Zurückweisung bestimmter ethnischer Gruppen haben sich im Laufe der Zeit geändert. Dies gibt Anlaß für eine Periodenaufteilung der Immigrationspolitik einzelner Länder (vgl. Abschnitt 5.7.2).

In den letzten Jahrzehnten sind viele europäische Industrieländer zu Einwanderungsländern geworden, ohne daß dies so geplant war (Kapitel 5.7.5). Nach A. FIELDING (1993) lassen sich folgende fünf Typen des Zugangs unterscheiden: Der erste Typ bezieht sich auf den freien, ungehinderten Zugang, wie er innerhalb der Europäischen Union aufgrund der freien Wahl von Arbeitsort und Wohnplatz gewährleistet sein sollte. Zweitens gibt es einen geförderten Zugang (promotional entry), der auf der Anwerbung bestimmter Migrationsgruppen basiert, wie es bei den Gastarbeitern der Fall war. Drittens gewährt ein erlaubter Zugang (permissive entry) bestimmten Personengruppen wie hochqualifizierten Mitarbeitern oder Managern multinationaler Unternehmen oder Studierenden eine meist temporäre, als unproblematisch empfundene Zuwanderung. Dagegen ist mit dem vierten Typ des selektiven Zugangs, der sich auf Familiennachzug bezieht, in der Regel eine langandauernde Immigration verbunden. Schließlich gelingt es einer Reihe von Migranten, trotz eines unerlaubten Zugangs als Illegale im Lande zu bleiben, sei es durch unberechtigten Zutritt oder durch Überziehen einer befristeten Aufenthaltserlaubnis.

Nach dem Ende der Anwerbung von Gastarbeitern haben die europäischen Industrieländer die meisten regulären Tore der Zuwanderung geschlossen. Wie in Kap. 5.7.5 geschildert hat dies aber eine größere Zuwanderung besonders zu Beginn der neunziger Jahre nicht verhindern können. Neben dem Familiennachzug haben viele versucht, als Asylbewerber Aufnahme zu finden (zur Flüchtlingspolitik vgl. F. NUSCHELER 1995 und die regelmäßig erscheinenden, vom Hohen Flüchtlingskommissar der Vereinten Nationen herausgegebenen Berichte zur Lage der Flüchtlinge in der Welt). In Deutschland gibt es daneben die durch die Verfassung privilegierte Zuwanderung der Aussiedler, die in den letzten Jahren nicht zuletzt aufgrund von Überprüfungen deutscher Sprachkenntnisse deutlich zurückgegangen ist. Die Bestrebungen in Europa, zu übernationalen migrationspolitischen Vereinbarungen zu kommen, haben bislang nur zu recht begrenzten Erfolgen geführt. Die Vereinbarungen äußern sich mehr in restriktiven Maßnahmen, die einen mehrfachen Zugang von Migranten verhindern sollen (Schengen-Abkommen) als in einer koordinierten Politik zur Aufnahme von Migranten (vgl. S. ANGENENDT 1997).

Schließlich zählt zur Migrationspolitik neben der Regelung des Zugangs von Migranten die Integrationspolitik, die faktisch Eingewanderten eine angemessene Partizipation in Gesellschaft und Staat zu erwerben gestattet. Hier gibt es erhebliche Unterschiede zwischen den Staaten im Hinblick etwa auf die Möglichkeiten zum Erwerb der Staatsangehörigkeit, der Integration in das soziale Netz, die Chancen auf dem Arbeitsmarkt und im Bildungsbereich, auf die hier nicht im einzelnen eingegangen werden kann (vgl. J. FIJALKOWSKI 1997).

Literaturverzeichnis

ACHENBACH, H.: Studien zur räumlichen Differenzierung der Bevölkerung der Lombardei und Piemonts. Erdk. 30 (1976), S. 176-186

ACKERMAN, E.A.: Geography and Demography. In: HAUSER, P. M. u. DUNCAN, O.C. (Eds.): The Study of Population. An Inventory and Appraisal. Chicago, London 1959, S. 717-727

ALBERS G.: Der Dichtebegriff in Städtebau und Landesplanung. In: Die Gliederung des Stadtgebietes - Raum und Bevölkerung. 7. Forschungsberichte des Ausschusses Raum und Bevölkerung. Veröffentl. d. Akad. f. Raumforschung u. Landesplanung. Forschungs- u. Sitzungsber. 42 (1968), S. 185-197

ALBRECHT, G.: Soziologie der geographischen Mobilität. Stuttgart 1972

ANGENENDT, S. (Hrsg.): Migration und Flucht. Aufgaben und Strategien für Deutschland, Europa und die internationale Gemeinschaft. Schriftenreihe Bundeszentrale f. polit. Bildung 342, Bonn 1997.

ATLAS ZUR RAUMENTWICKLUNG. Hrsg. v. d. Bundesforschungsanstalt für Landeskunde und Raumordnung. 4. Bevölkerung. Bonn 1976

ATTESLANDER, P.: Dichte und Mischung der Bevölkerung. Raumrelevante Aspekte des Sozialverhaltens. Berlin, New York 1975

AUROUSSEAU, M.: The Distribution of Population: A Constructive Problem. G. Rev. 11 (1921), S. 563-592

AUROUSSEAU, M.: The Geographical Study of Population Groups. G. Rev. 13 (1923), S. 266-282

BADE, K.J.: Die deutsche überseeische Massenauswanderung im 19. und 20. Jahrhundert: Bestimmungsfaktoren und Entwicklungsbedingungen. In: BADE, K.J. (Hrsg.): Auswanderer - Wanderarbeiter - Gastarbeiter. Band 1. Ostfildern (1984), S. 259-299

BÄHR, J.: Bevölkerungsgeographie. Entwicklung, Aufgaben und theoretischer Bezugsrahmen. Geogr. Rdsch. 40 (1988), S. 6-13

BÄHR, J.: Bevölkerungsgeographie. Verteilung und Dynamik der Bevölkerung in globaler, nationaler und regionaler Sicht. 3. Aufl. Stuttgart 1997.

BÄHR, J.; GANS, P.: Regionale Differenzierung der Fertilität in Entwicklungsländern. Zeitschrift f. Bevölkerungswiss. 16 (1990), S. 3-28

BÄHR, J.; JENTSCH, C.; KULS, W.: Bevölkerungsgeographie. Lehrbuch der Allgemeinen Geographie 9. Berlin, New York 1992

BAIROCH, P.: De Jéricho à Mexico. Villes et éonomie dans l'histoire. Paris 1985

BALLOD, K.: Wieviel Menschen kann die Erde ernähren? Schmollers Jb. f. Gesetzgeb., Verwalt. u. Volkswirtsch. N.F. 36 (1912), S. 595-616

BARTELS, D.: Türkische Gastarbeiter aus der Region Izmir. Erdk. 22 (1968), S. 313-324

BATHELT, H.: Die Bedeutung der Regulationstheorie in der wirtschaftsgeographischen Forschung. Geogr. Zeitschrift 82 (1994), S. 63-90

BATTY, M.; KIM, K.J.: Form Follows Function: Reformulating Urban Population Density Functions. Urban Studies 29 (1992), S. 1043-1070

BENDER, S.; HIRSCHENAUER, F.: Regionale Unterschiede in der Frauenerwerbstätigkeit. Eine Typisierung westdeutscher Arbeitsmarktregionen. Mitteilungen Arbeitsmarkt- u. Berufsforschung 26 (1993), S. 294-312

BERKE, P.: Vorausschätzung der nordrhein-westfälischen Bevölkerung bis zum Jahr 2040. Statistische Rundschau Nordrhein-Westfalen H.9 (1996), S. 503-512

BERNSTEIN, S.: Weltbevölkerungsbericht 1998. Die neuen Generationen. Bonn 1998

BERRY, B.J.L. (Ed.): Urbanisation and Counterurbanisation. Berverly Hills, London 1976

BERRY, B.J.L.; SIMMONS, J.W.; TENNANT, R.J.: Urban Population Densities: Structure and Change. G. Rev. 53 (1963), S. 389-405

BILLETER E.P.: Eine Masszahl zur Beurteilung der Altersverteilung einer Bevölkerung. Schweizerische Zeitschr. f. Volkswirtschaft u. Statistik 90 (1954), S. 496-505

BIRABEN, J.-N.: Essai sur l'évolution du nombre des hommes. Population 34 (1979), S. 13-25

BIRG, H.: Regionales Humankapital und räumliche Mobilität. Univers. Bielefeld, Institut für Bevölkerungsforschung und Sozialpolitik, Materialien 21 (1986), S. 97-112

BIRG, H.: Die Weltbevölkerung. Dynamik und Gefahren. München 1996

BIRG, H.; FLÖTHMANN, E.J.; HEINS, F.; REITER, I.: Migrationsanalyse. Empirische Längsschnitt- und Querschnittanalysen auf der Grundlage von Mikro- und Makromodellen für die Bundesrepublik Deutschland. Forschungen zur Raumentwicklung 22. Bonn 1993

BLACK, R.: Migration, Return, and Agricultural Development in the Serra do Alvao, Northern Portugal. Economic Development and Cultural Change 41 (1993), S. 563-585

BLASIUS, J.; DANGSCHAT, J.S. (Hrsg.): Gentrification. Die Aufwertung innenstadtnaher Wohnviertel. Frankfurt a.M. u. New York 1990

BLUMEN, O.: Gender Differences in the Journey to Work. Urban Geography 15 (1994), S. 223-245

BOBEK, H.: Über den Einbau der sozialgeographischen Betrachtungsweise in die Kulturgeographie. In: 33. Deutscher Geographentag Köln 1961. Tagungsber. u. wissenschftl. Abh. Wiesbaden (1962a), S. 148-165

BOBEK, H.: Zur Problematik der unterentwickelten Länder. Mitt. d. Österr. Geogr. Ges. 104 (1962b), S. 1-24

BÖHM, H.: Bevölkerungsstruktur und Bevölkerungsbewegungen in der zweiten Hälfte des 19. Jahrhunderts unter besonderer Berücksichtigung der Preußischen Rheinprovinz. Innsbrucker Geogr. Studien 5 (1979), S. 173-198

BÖLTKEN, F.; BUCHER, H.; JANICH, H.: Wanderungsverflechtungen und Hintergründe räumlicher Mobilität in der Bundesrepublik seit 1990. Informationen zur Raumentwicklung (1997), S. 35-49

BONGAARTS, J.: Global Trends in AIDS Mortality. Population and Development Review 22 (1996), S. 21-45

BONGAARTS, J.; WATKINS, S.C.: Social Interaction and Contemporary Fertility Transitions. Population and Development Review 22 (1996), S. 639-682

BORCHERDT, C.; MAHNKE, H.P.: Das Problem der agraren Tragfähigkeit mit Beispielen aus Venezuela. Stuttgarter Geogr. Studien 85 (1973) S. 1-93

BÖRSCH, D. (Hrsg.): Bevölkerung und Raum. Handbuch des Geographieunterrichts 2. Köln 1994

BREPOHL, W.: Der Aufbau des Ruhrvolkes im Zuge der Ost-West-Wanderung. Recklinghausen 1948

BROOK, S.: Ethnic, Racial and Religious Structure of the World Population. Population and Development Review 5 (1979), S. 505-534

BROWN, L.A.; MOORE, E.G.: The Intra-Urban Migration Process: A Perspective. Geogr. Ann. B 52 (1970), S. 1-13

BUCHHOLZ, H.J.: Die Wohn- und Siedlungskonzentration in Hong Kong als Beispiel einer extremen städtischen Verdichtung. Erdk. 27 (1973), S. 279-290

BURDACK, J.: Bevölkerungsentwicklung im ländlichen Raum der USA in den achtziger Jahren: Trendwende oder Kontinuität? Erdk. 43 (1989), S. 280-292

BURGDÖRFER, F.: Die Wanderungen über die deutschen Reichsgrenzen. Allgemeines Statistisches Archiv 20 (1930), S. 161-196, 383-419 u. 537-551

BÜRKNER, H.-J.: Was ist aus der Binnenintegrationsthese geworden? Überlegungen zu ihrer Praxisrelevanz und zum Stand der Forschung. Berliner Geogr. Arbeiten 86 (1998), S. 5-15

BUTZIN, B.: Zentrum und Peripherie im Wandel. Erscheinungsformen und Determinanten der „Counterurbanization" in Nordeuropa und Kanada. Münstersche Geogr. Arb. 23 (1986)

CADWALLADER, M.: Migration and Residential Mobility: Macro and Micro Approaches. Madison 1992

CALDWELL, J.C.: Theory of Fertility Decline. London et al. 1982

CARLSON, E.: European Contrasts in Sex Ratios: Implications for Living Arrangements in Old Age. European Journal of Population 6 (1990), S. 117-141

CARLSSON, G.: The Decline of Fertility: Innovation or Adjustment Process. Population Studies 20 (1966), S. 149-174

CARR-SAUNDERS, A.M.: World Population: Past Growth and Present Trends. Oxford 1936

CASTLES, S.; MILLER, M.: The Age of Migration. London 1993

CAVALLI-SFORZA, L.; CAVALLI-SFORZA, F.: Verschieden und doch gleich. München 1994

CHAMPION, A.G. (Ed.): Counterurbanization: The Changing Pace and Nature of Population Deconcentration. London et al. 1989

CHAMPION, A.G.: Population Change and Migration in Britain since 1981: Evidence for Continuing Deconcentration. Environment and Planning A 26 (1994), S. 1501-1520

CHAMPION, T. u.a.: The Population of Britain in the 1990s. A Social and Economic Atlas. Oxford 1996

CHUNG, R.: Space-Time Diffusion of the Transition Model: The Twentieth Century Patterns. In: DEMKO, G.J.; ROSE, H.M.; SCHNELL, G.A. (Eds.): Population Geography: A Reader. New York (1970), S. 220-239

CIECHOCINSKA, M.: Gender Aspects of Dismantling the Command Economy in Eastern Europe: the Polish Case. Geoforum 24 (1993), S. 31-44

CLARK, C.: Urban Population Densities. Journal of the Royal Statistical Society 114 (1951), S. 490-496

CLARK, C.: Population Growth and Land Use. 2. Aufl. London, Basingstoke 1977

CLARK, W.A.V.: Recent Research on Migration and Mobility: A Review and Interpretation. Progress in Planning 18, 1 (1982), S. 1-56

CLARK, W.A.V.: Human Migration. (Scientific Geography Series 7). Beverly Hills, London, New Delhi 1986

CLARKE, C.; LEY, D.; PEACH, C. (Eds.): Geography and Ethnic Puralism. London, Boston, Sydney 1984

CLARKE, J.I.: Persons per Room - An Index of Population Density. T.E.S.G. 51 (1960), S. 257-260

CLELAND, J.; SCOTT, C. (Eds.): The World Fertility Survey. An Assessment. Oxford 1987

CLOKE, P.J.: An Index of Rurality for England and Wales. Regional Studies 11 (1977), S. 31-46

CLOKE, P.J.; EDWARDS, G.F.: Rurality in England and Wales 1981: Replication for the 1971 Index. Regional Studies 20 (1986), S. 289-306

COALE, A.J.: Factors Associated with the Development of Low Fertility: an Historic Summary. In: United Nations World Population Conference 1965. New York 1967

COLEMAN, D.; SALT, J.: The British Population. Oxford 1992

CONRAD, C.; LECHNER, M.; WERNER, W.: East German Fertility After Unification: Crisis or Adaptation? Population and Development Review 22 (1996), S. 331-358

CORNELISSEN, C.: Wanderer zwischen den Welten: neuere Forschungsergebnisse zur Migration aus und nach Deutschland im 19. Jahrhundert. Neue Politische Literatur 40 (1995), S. 30-61

CORVINUS, F.: Probleme und Ergebnisse der demographischen Erfassung - Das Beispiel Nigeria. Zeitschrift f. Bevölkerungswiss. 2 (1976), S. 94-105

CORVINUS, F.: Regionale Analyse von Volkszählungen in Südnigeria. Giessener Geogr. Schriften 42 (1978)

COULSON, M.R.C.: The Distribution of Population Age Structures in Kansas City. A.A.A.G. 58 (1968), S. 155-176

COX, K.R.: Man, Location and Behavior: An Introduction to Human Geography. New York, London, Sydney, Toronto 1972

CRAMPTON, G.R.: Residential Density Patterns in London - Any Role Left for the Exponential Density Gradient? Environment and Planning A 23 (1991), S. 1007-1024

CRIBIER, F.: Aspects of Retirement Migration from Paris. In: WARNES, A. M. (Ed.): Geographical Perspectives on the Elderly. Chichester u. a. (1982), S. 111-137

CRIBIER, F., KYCH, A.: La migration de retraite des Parisiens: une analyse de la propension au départ. Population 47 (1992), S. 677-718

DAY, L.H.: Recent Fertility Trends in Industrialized Countries: Toward a Fluctuating or a Stable Pattern? European Journal of Population 11 (1995), S.275-288

DE GEER, S.: A Map of the Distribution of Population of Sweden: Method of Preparation and General Results. G. Rev. 12 (1922), S. 72-83

DE LANGE, N.: Bevölkerungsgeographie. Paderborn 1991

DEMKO, G.J.; CASETTI, E.: A Diffusion Model for Selected Demographic Variables: An Application to Soviet Data. A.A.A.G. 60 (1970), S. 535-539

DEMKO, G.J.; ROSE, H.M.; SCHNELL, G.A. (Eds.): Population Geography: A Reader. New York 1970

DE RUDDER, J.: Lorenz Curves and Concentration Indices Applied to Population Densities in Belgium (1970). Bull. de la Soc. Belge d'Etudes Géogr. 46 (1977), S. 153-170

DE SMET, R.E.: Degré de concentration de la population. Revue Belge de Géographie 86 (1962), S. 39-66

DHEUS, E.: Geographische Bezugssysteme für regionale Daten. Stuttgart 1970

DIESFELD, H.J.: Malaria auf dem Vormarsch? Die Epidemiologie der Malaria, 100 Jahre nach der Aufklärung ihrer Übertragung. Geogr. Rdsch. 49 (1997), S. 232-240

DINKEL, R.J.: Demographie. Band I: Bevölkerungsdynamik. München 1989

DORBRITZ, J.; FLEISCHHACKER, J.: Der Übergang von der Bevölkerungs- zur Familienpolitik in den neuen Bundesländern - ein Beitrag zum familienpolitischen Diskurs in Deutschland. Zeitschrift f. Bevölkerungswiss. 20 (1995), S. 159-185

DÖRRIES, H.: Siedlungs- und Bevölkerungsgeographie (1908-1938). Geographisches Jahrbuch 55, 1 (1940), S. 1-380

DUNCAN, O.D.: The Measurement of Population Distribution. Population Studies 11 (1957), S. 27-45

DURAND, J.D.: The Modern Expansion of World Population. Proceedings of the American Philosophical Society 111 (1967), S. 136-159

DURAND, J.D.: Historical Estimates of World Population: An Evaluation. Population and Development Review 3 (1977), S. 253 -296

DWYER, D.J.: New Population Policies in Malaysia and Singapore. Geography 72 (1987), S. 248-250

DZIEWÓNSKI, K.; EBERHARDT, P.; GAŹDZICKI, J.; IWANICKA-LYRA, E.; KROLSKI, J.; ZENIEWSKA, M.: The Population Potential of Poland between 1950 and 1970. Geographia Polonica 31 (1975), S. 5-28

EHLERS, E.: Ägypten: Bevölkerungswachstum und Nahrungsmittelspielraum. Geogr. Rdsch. 29 (1977), S. 98-107

EHLERS, E.: Wieviel Menschen trägt die Erde? Geographie und Schule 8 (1986), S. 2-11

ESENWEIN-ROTHE, I.: Einführung in die Demographie. Bevölkerungsstruktur und Bevölkerungsprozesse aus der Sicht der Statistik. Wiesbaden 1982

EVANS, G. (Ed.): Asia´s Cultural Mosaic. An Antropological Introduction. Singapore 1993

FAGNANI, J.: City Size and Mothers' Labour Participation. T.E.S.G. 81 (1990), S. 182-188

FASSMANN, H.; MÜNZ, R. (Eds.): European Migration in the Late 20th Century. Aldershot 1994

FEICHTINGER, G.: Bevölkerungsstatistik. Berlin, New York 1973

FIELDING, A.: Migrants, Institutions, and Politics: the Evolution of European Migration Policies. In: KING, R. (Ed.): Mass Migrations in Europe. London 1993, S. 40-62

FIELDING, A.J.: Counterurbanisation in Western Europe. Progress in Planning 17, 1 (1982), S. 1-82

FIJALKOWSKI, J.: Integrationspolitik im europäischen Vergleich. In: ANGENENDT, S. (Hrsg.): Migration und Flucht. Bonn 1997, S. 154-170

FINDLAY, A.M.; GRAHAM, E.: The Challenge Facing Population Geography. Progress in Human Geography 15 (1991), S. 149-162

FISCHER, A.: Zur Tragfähigkeit des Lebensraumes. Zeitschr. f. Geopolitik 2 (1925), S. 763-779 u. S. 842-858

FLASKÄMPER, P.: Bevölkerungsstatistik. Hamburg 1962

FLESSA, S.: Die Sensitivität der Malariaausbreitung auf Klimaveränderungen und Migrationen - eine strategische Analyse mit Hilfe eines System Dynamics Modells. Geogr. Zeitschrift 86 (1998), S. 158-170

FOURASTIÉ, J.: Le grand espoir du XXe siècle. 1. Aufl. Paris 1949. (Deutsche Übersetzung: Die große Hoffnung des 20. Jahrhunderts. 3. Aufl. Köln 1969)

FRANZ, P.: Soziologie der räumlichen Mobilität. Eine Einführung. Frankfurt a.M. 1984

FRICKE, W.; MALCHAU, G.: Die Volkszählung in Nigeria 1991 - Geographische Aspekte eines politischen Pokers. Zeitschr. f. Wirtschaftsgeogr. 38 (1994), S. 163-178

FRIEDRICH, K.: Altern in räumlicher Umwelt. Darmstadt 1995

FUCHS, R.J.; DEMKO, G.D.: The Postwar Mobility Transition in Eastern Europe. G. Rev. 68 (1978), S. 171-182

FUHRICH, M; MANNERT, H.: Großwohnsiedlungen - gestern, heute, morgen. Informationen zur Raumentwicklung (1994), S. 567-585

GATZWEILER, H.P.: Zur Selektivität interregionaler Wanderungen. Ein theoretisch-empirischer Beitrag zur Analyse und Prognose altersspezifischer interregionaler Wanderungen. Forschungen z. Raumentwicklung 1 (1975)

GATZWEILER, H.P.: Ein Modell zur Prognose der regionalen Bevölkerungsentwicklung in der Bundesrepublik Deutschland. In: Colloquium Geographicum 18 (1985), S. 144-179

GEIST, H.: Agrare Tragfähigkeit im westlichen Senegal. Zur Problematik von Nahrungsspielraum und Bevölkerungsentwicklung in den semiariden Tropen Westafrikas. Arbeiten aus dem Institut für Afrika-Kunde 60. Hamburg 1989

GIBBS, J.P.: The Evolution of Population Concentration. Econ. Geogr. 39 (1963), S. 119-129

GIESE, E.: Räumliche Diffusion ausländischer Arbeitnehmer in der Bundesrepublik Deutschland 1960-1976. Die Erde 109 (1978), S. 92-110

GILLMAN, C.: A Population Map of Tanganyika Territory. G. Rev. 26 (1936), S. 353 -375

GLEBE, G.: Statushohe ausländische Migranten in Deutschland. Geogr. Rdsch. 49 (1997), S. 406-412

GOBER, P.: How and Why Phoenix Households Changed: 1970-1980. A.A.A.G. 76 (1986), S. 536-549

GOBER, P.: The Retirement Community as a Geographical Phenomenon: The Case of Sun City, Arizona. Journal of Geography 84 (1985), S. 189-198

GORDON, I.R.: Activity Rates: Regional and Subregional Differentials. Regional Studies 4 (1970), S. 411-424

GOULD, P.; WALLACE, R.: Spatial Structures and Scientific Paradoxes in the AIDS Pandemic. Geogr. Ann. B 76 (1994), S. 105-116

GRAAFEN, R.: Die Aus- und Abwanderung aus der Eifel in den Jahren 1815-1955. Forschungen z. dt. Landesk. 127 (1961)

GRASLAND, C.: Potentiel de population, interaction spatiale et frontières: des deux Allemagnes à l'unification. L'Espace géographique (1991), S. 243-254

GREEN, A.: The Geography of Changing Female Economic Activity Rates. Issues and Implications for Policy and Methodology. Regional Studies 28 (1994), S. 633-645

GRÖNER, G.: Der Geburtenrückgang in Baden-Württemberg. Jahrbücher f. Statistik u. Landeskunde von Baden-Württemberg 21 (1976)

GRUNDY, E.: Population Aging in Europe. In: COLEMAN, D. (Ed.): Europe's Population in the 1990s. Oxford (1996), S. 267-296

GRÜNHEID, E.; MAMMEY, U.: Bericht 1997 über die demographische Lage in Deutschland. Zeitschrift f. Bevölkerungswiss. 22 (1997), S. 377-480

GÜSSEFELDT, J.: Regionalanalyse. München, Wien 1996

HÄGERSTRAND, T.: On the Definition of Migration. In: JONES, E. (Ed.): Readings in Social Geography. Oxford (1975), S. 200-209

HAGGETT, P.: Geography. A Modern Synthesis. 3. Aufl. New York 1979

HAHN, H.: Der Einfluß der Konfession auf die Bevölkerungs- und Sozialgeographie des Hunsrücks. Bonner Geogr. Abh. 4 (1950)

HAHN, H.: Konfession und Sozialstruktur. Vergleichende Analyse auf geographischer Grundlage. Erdk. 12 (1958), S. 241-253

HAJNAL, J.: European Marriage Patterns in Perspective. In: GLASS, D.V.; EVERSLEY, D.E.C. (Eds.): Population in History. Essays in Historical Demography. London (1965), S. 101-143

HAJNAL, J.: Two Kinds of Preindustrial Household Formation Systems. Population and Development Review 8 (1982), S. 449-494

HALFACREE, K.H.: Locality and Social Representation: Space, Discourse and Alternative Definitions of the Rural. Journal of Rural Studies 9 (1993), S. 23-37

HAMBLOCH, H.: Der Höhengrenzsaum der Ökumene. Anthropogeographische Grenzen in dreidimensionaler Sicht. Westfäl. Geogr. Stud. 18 (1966)

HANSON, S.; PRATT, G.: Gender, Work, and Space. London u. New York 1995

HARTKE, W.: Gedanken über die Bestimmung von Räumen gleichen sozialgeographischen Verhaltens. Erdk. 13 (1959), S. 426-436

HARTMANN, M.: Typology of Countries by Labor Force Participation Patterns. Economic Development and Cultural Change 25 (1977), S. 349-362

HATTON, T.J.; WILLIAMSON, J.G.: What Drove the Mass Migrations from Europe in the Late Nineteenth Century? Population and Development Review 20 (1994), S. 533-559

HAUSER, J.A.: Von der demographischen zur demo-ökologischen Transformationstheorie - ein essayistischer Beitrag. Zeitschrift f. Bevölkerungswiss. 15 (1989), S. 13-37

HEBERLE, R.; MEYER, F.: Die Großstädte im Strome der Binnenwanderung. Leipzig 1937

HECHELTJEN, P.: Bevölkerungsentwicklung und Erwerbstätigkeit. SPES-Projekt. Sozialpolitisches Entscheidungs- und Indikatorensystem für die Bundesrepublik Deutschland 2 (1974)

HECHT, J.; LERIDON, H.: Fertility Policies: a Limited Influence? In: NOIN, D. u. WOODS, R. (Eds.): The Changing Population of Europe. Oxford 1993, S. 62-75

HECKMANN, F.: Die Bundesrepublik als Einwanderungsland? Zur Soziologie der Gastarbeiterbevölkerung als Einwandererminorität. Stuttgart 1981

HECKMANN, F.: Ethnische Minoritäten, Volk und Nation. Soziologie inter-ethnischer Beziehungen. Stuttgart 1992

HELMFRID, S.: Der Norden heute. 37. Deutscher Geographentag Kiel 1969. Tagungsber. u. wissenschaftl. Abh. Wiesbaden (1970), S. 39-49

HERFERT, G.: Wohnsuburbanisierung in Verdichtungsräumen der neuen Bundesländer. Europa Regional 4 (1996), S. 32-46

HERLYN, U.: Upgrading and Downgrading of Urban Areas. T.E.S.G. 80 (1989) S. 97-105

HERMANNS, H.; LIENAU, C.: Rückwanderung griechischer Gastarbeiter und Entwicklung ländlicher Räume in Griechenland. Münstersche Geogr. Arb. 4 (1979), S. 51-86

HETTNER, A.: Über bevölkerungsstatistische Grundkarten. Geogr. Zeitschr. 6 (1900), S. 185-192

HOERDER, G. (Hrsg.): Aufbruch in die Fremde. Europäische Auswanderung nach Übersee. Bremen 1992

HOF, B.: Gesamtdeutsche Perspektiven zur Entwicklung von Bevölkerung und Arbeitskräfteangebot 1990 bis 2010. Köln 1990

HOFFMANN-NOWOTNY, H.-J.: Migration. Ein Beitrag zu einer soziologischen Erklärung. Stuttgart 1970

HÖHN, C.: Der Familienzyklus. Zur Notwendigkeit einer Konzepterweiterung. Schriftenreihe Bundesinstitut f. Bevölkerungsforschung 12 (1982)

HÖHN, C.: Der Weg nach und von Kairo. Bevölkerungswissenschaftliche Betrachtungen zu den Ergebnissen der Internationalen Konferenz über Bevölkerung und Entwicklung 1994 (ICPD). Zeitschrift f. Bevölkerungswiss. 20 (1995), S. 3-26

HÖHN, C.; SCHUBNELL, H.: Bevölkerungspolitische Maßnahmen und ihre Wirksamkeit in ausgewählten europäischen Industrieländern. Zeitschrift f. Bevölkerungswiss. 12 (1986), S. 3-51 u. 185-219

HÖLLHUBER, D.: Innerstädtische Umzüge in Karlsruhe. Plädoyer für eine sozialpsychologisch fundierte Humangeographie. Erlanger Geogr. Arb. Sonderheft 15, 1982

HOLLSTEIN, W.: Eine Bonitierung der Erde auf landwirtschaftlicher und bodenkundlicher Grundlage. P. M. Erg.h. 234 (1937)

HORNBY, W.F.; JONES, M.: An Introduction to Population Geography. Cambridge 1993. 2. Aufl.

HORSTMANN, K.: The Nanyang Chinese - History and Present Position of the Chinese in SE Asia. GeoJournal 4 (1980), S. 64-66

HUNTER, J.: Ascertaining Population Carrying Capacity under Traditional Systems of Agriculture in Developing Countries. The Professional Geographer 18 (1966), S. 151-154

ILLERIS, S.: The Many Roads Towards a Service Society. Norsk geogr. Tidsskrift 45 (1991), S. 1-10

ISENBERG, G.: Zur Frage der Tragfähigkeit von Staats- und Wirtschaftsräumen. Raumforschung u. Raumordnung 6 (1948), S. 41-51

JEFFERSON, M.: Distribution of the World's City Folks: A Study in Comparative Civilization. G. Rev. 21 (1931), S. 446-465

JEFFERSON, M.: The Law of the Primate City. G. Rev. 29 (1939), S. 226-232

JONES, G.W.: Fertility Transitions Among Malay Populations of Southeast Asia: Puzzles of Interpretation. Population and Development Review 16 (1990), S. 507-535

JONES, H.R.: A Population Geography. London, New York 1990, 2. Aufl.

JONES, J.P. III; KODRAS, J.E.: Restructured Regions and Families: The Feminization of Poverty in the U.S. A.A.A.G. 80 (1990), S. 163-183

KAGERMEIER, A.; POPP, H.: Gastarbeiter-Remigration und Regionalentwicklung in Nordost-Marokko. Geogr. Rdsch. 47 (1995), S. 415-422

KANT, E.: Migrationernas Klassifikation och Problematik. Svensk Geografisk Arsbok 29 (1953), S. 180-209

KANT, E.: Zur Frage der inneren Gliederung der Stadt, insbesondere der Abgrenzung des Stadtkerns mit Hilfe der bevölkerungskartographischen Methode. In: NORBORG, K. (Ed.): Proceedings of the IGU Symposion in Urban Geography Lund 1960. Lund Studies in Geogr. B. 24 (1962), S. 321-381

KEMPER, F.-J.: Wandel und Beharrung von regionalen Haushalts- und Familienstrukturen. Entwicklungsmuster in Deutschland im Zeitraum 1871-1978. Bonner Geogr. Abh. 96 (1997)

KEMPER, F.-J.; ECKERMANN, D.; HEINS, F.; MAAS, A.: Das Bevölkerungspotential der Bundesrepublik Deutschland. Raumforschung u. Raumordnung 37 (1979), S. 177-183

KEMPER, F.-J.; KOSACK, K.: Bevölkerungsgeographische Skizze der Stadt Bonn. In: MAYER, E.; FEHN, K.; HÖLLERMANN, P.-W. (Hrsg.): Bonn - Stadt und Umland. Arbeiten zur Rheinischen Landeskunde 58 (1988), S. 19-44

KEMPER, F.-J.; KULS, W.: Wanderungen älterer Menschen im ländlichen Raum am Beispiel der nördlichen Landesteile von Rheinland-Pfalz. Arbeiten zur Rheinischen Landeskunde 54 (1986)

KEMPER, F.-J.; THIEME, G.: Regional Disparities of Mortality in the Federal Republic of Germany. Espace, Populations, Sociétés (1991), 1, S. 93-100

KENNETT, S.: The Changing Distribution of Sex Ratios in the British Urban System. Geoforum 11 (1980), S. 31-41

KIEFL, W.; SCHMID, J.: Empirische Studien zum generativen Verhalten. Schriftenreihe des Bundesinstituts für Bevölkerungsforschung 15 (1985)

KING, R.: The Evolution of International Labour Migration Movements Concerning the E.E.C. T.E.S.G. 67 (1976), S. 66-82

KING, R. (Ed.): Return Migration and Regional Economic Problems. London 1986

KING, R. (Ed.): Mass Migrations in Europe: The Legacy and the Future. London 1993

KIRK, D.: The Demographic Transition. Population Studies 50 (1996), S. 361-387

KIRSTEN, E.; BUCHHOLZ, E.W.; KÖLLMANN, W.: Raum und Bevölkerung in der Weltgeschichte. 2 Bde. Würzburg 1955

KISTEMANN, T.; LEISCH, H.; SCHWEIKART, J.: Geomedizin und Medizinische Geographie. Entwicklungen und Perspektiven einer „old partnership". Geogr. Rdsch. 49 (1997), S. 198-203

KLIOT, N.: Mediterranean Potential for Ethnic Conflict. Some Generalizations. T.E.S.G. 80 (1989), S. 147-163

KNODEL, J.E.: The Decline of Fertility in Germany, 1871-1939. Princeton 1974

KOCH, J.: Rentnerstädte in Kalifornien. Eine bevölkerungs- und sozialgeographische Untersuchung. Tübinger Geogr. Studien 59 (1975)

KOCH, R.: Altenwanderung und räumliche Konzentration alter Menschen. Forschungen zur Raumentwicklung 4 (1976)

KOLB, A.; JASCHKE, D.: Die agrarische Tragfähigkeit Nordaustraliens, mit Kartenbeilage. Geogr. Rdsch. 29 (1977), S. 366-374

KÖLLMANN, W.: Bevölkerung und Raum in Neuerer und Neuester Zeit. In: Raum und Bevölkerung in der Weltgeschichte. Bevölkerungs-Ploetz 2, III. Teil. Würzburg (1955), S. 139-404

KÖLLMANN, W.: Zur Bevölkerungsentwicklung ausgewählter deutscher Großstädte in der Hochindustrialisierungsperiode. Jb. f. Sozialwissenschaft 18 (1967), S. 129-144

KÖLLMANN, W.: Die Bevölkerung Rheinland-Westfalens in der Hochindustrialisierungsperiode. Vierteljahresschr. f. Sozial- u. Wirtschaftsgesch. 58 (1971), S. 359-388

KONTULY, T.: The Deconcentration Theoretical Perspective as an Explanation for Recent Changes in the West German Migration System. Geoforum 22 (1991), S. 299-317

KONTULY, T.; VOGELSANG, R.: Explanations for the Intensification of Counterurbanization in the Federal Republic of Germany. The Professional Geographer 40 (1988), S. 42-54

KOSIŃSKY, L.A.: Interregional migration in East-Central-Europe. In: KOSIŃSKY, L.A.; PROTHERO, R.M. (Eds.): People on the Move. Studies on Internal Migration. London (1975), S. 277-292

KOSIŃSKY, L.A.; WOJCIECHOWSKA, A.: Koncentracja ludności w europejskich krajach socjalistycznych. (Concentration of Population in European Socialist Countries.) Przegląd Geograficzny 39 (1967), S. 181-193

KRAAS, F.: Ethnolinguistische Bevölkerungsgruppen und Minoritäten in der geographischen Forschung. Die Erde 123 (1992), S. 177-190

KRAAS, F.; SAILER-FLIEGE, U.: Alleinerziehende in Deutschland. Geogr. Rdsch. 47 (1995), S. 222-226

KRAAS-SCHNEIDER, F.: Bevölkerungsgruppen und Minoritäten. Handbuch der ethnischen, sprachlichen und religiösen Bevölkerungsgruppen der Welt. Stuttgart 1989

KREBS, N.: Die Verteilung der Bevölkerung Süddeutschlands auf geographische Einheiten. Zeitschr. d. Ges. f. Erdk. (1923), S. 180-187

KREIBICH, V.: Zum Zwangscharakter räumlicher Mobilität. In: JÜNGST, P. u.a. (Hrsg.): Stadt und Gesellschaft. Urbs et Regio, Sonderband 13 (1979), S. 153 - 210

KREIBICH, V.. Kleinräumige Bevölkerungsprognosen auf der Grundlage der Wohnungsbelegung. In: OSTHEIDER, M.; STEINER, D. (Hrsg.): Theorie und Quantitative Methodik in der Geographie. Zürcher Geogr. Schriften 1 (1981), S. 187-200

KREUTZMANN, H.: Ethnizität im Entwicklungsprozeß. Die Wakhi in Hochasien. Berlin 1996

KÜHNE, I.: Die Gebirgsentvölkerung im nördlichen und mittleren Apennin in der Zeit nach dem Zweiten Weltkrieg. Unter besonderer Berücksichtigung des gruppenspezifischen Wanderungsverhaltens. Erlanger Geogr. Arb., Sonderband 1 (1974)

KULS, W. (Hrsg.): Probleme der Bevölkerungsgeographie. Wege der Forschung 468. Darmstadt 1978

KUNZ, D.: Anfänge und Ursachen der Nord-Süd-Drift. Informationen zur Raumentwicklung (1986), S. 829 - 838

KUPISZEWSKI, M.; DURHAM, H.; REES, P.: Internal Migration and Urban Change in Poland. European Journal of Population 14 (1998), S. 265-290

LANGEWIESCHE, D.: Wanderungsbewegungen in der Hochindustrialisierungsperiode. Regionale, interstädtische und innerstädtische Mobilität in Deutschland 1880-1914. Vierteljahresschr. f. Sozial- u. Wirtschaftsgesch. 64 (1977), S. 1-40

LASLETT, P.: The World We Have Lost. 3. Aufl. London 1983 (deutsche Übersetzung: Verlorene Lebenswelten. Wien, Köln, Graz 1988)

LAUX, H.D.: Dimensionen und Determinanten der Bevölkerungsentwicklung preußischer Städte in der Periode der Hochindustrialisierung. In: RAUSCH, W. (Hrsg.): Die Städte Mitteleuropas im 20. Jahrhundert. Beiträge zur Geschichte der Städte Mitteleuropas VIII, Linz/Donau 1984, S. 87-112

LECHTENBÖRGER, Ch.: Satellitenbildgestützte Bevölkerungsstatistik. Ein neuer Weg der Volkszählung in Städten des Südlichen Afrika? Geogr. Rdsch. 49 (1997), S. 450-455

LEE, E.S. : A Theory of Migration. Demography 3 (1966), S. 47-57

LEIB, J.: Neuere Ergebnisse über die Auswirkungen der Gastarbeiterwanderung in den mediterranen Herkunftsländern. Ein Forschungsbericht. Marburger Geogr. Schriften 100 (1986), S. 38-62

LEIB, J.; MERTINS, G.: Bevölkerungsgeographie. Braunschweig 1983

LEIDLMAIR, A.: Bevölkerung und Wirtschaft in Südtirol. Tiroler Wirtschaftsstudien 6 (1958)

LEIDLMAIR, A.: Grundzüge der Bevölkerungsentwicklung Tirols. Geogr. Rdsch. 27 (1975), S. 214-222

LEINER, S.: Migration und Urbanisierung. Binnenwanderungsbewegungen, räumlicher und sozialer Wandel in den Industriestädten des Saar-Lor-Lux-Raumes 1856-1910. Veröff. d. Kommission f. Saarländische Landesgeschichte u. Volksforschung 23 (1994)

LEISTER, J.: Ursachen und Auswirkungen der Entvölkerung von Eire zwischen 1841 und 1951. Erdk. 10 (1956), S. 54-68

LENDL, E.: Zur Frage der Berechnung der agraren Dichte. In: Geographisches Taschenbuch 1954/55. Wiesbaden (1954), S. 424-427

LESTHAEGHE, R.: Der zweite demographische Übergang in den westlichen Ländern: Eine Deutung. Zeitschrift f. Bevölkerungswiss. 18 (1992), S. 131-354

LICHTENBERGER, E.: Gastarbeiter. Leben in zwei Gesellschaften. Wien, Köln, Graz 1984

LICHTENBERGER, E.: Schmelztiegel Wien. Das Problem der „neuen Zuwanderung" von Ausländern. Geogr. Rdsch. 47 (1995), S. 10-17

LICHTENBERGER, E.: Stadtgeographie. Band I. 3. Aufl. Stuttgart 1998 (1. Aufl. 1986)

LINDE, H.: Theorie der säkularen Nachwuchsbeschränkung 1800 bis 2000. Forschungsbericht des Instituts für Bevölkerungmngsforschung und Sozialpolitik 8. Frankfurt a.M., New York 1984

LOWENTHAL, D.; COMITAS, L.: Emigration and Depopulation: Some Neglected Aspects of Population Geography. G. Rev. 52 (1962), S. 195-210

LÜTZELER, R.: Räumliche Unterschiede der Sterblichkeit in Japan. Bonner Geogr. Abh. 89 (1994)

MACKENROTH, G.: Bevölkerungslehre - Theorie, Soziologie und Statistik der Bevölkerung. Berlin, Göttingen, Heidelberg 1953

MAIER, J.; PAESLER, R.; RUPPERT, K.; SCHAFFER, F.: Sozialgeographie. Braunschweig 1977

MALTHUS, T.R.: An Essay on the Principle of Population, as it Affects the Future Improvement of Society, with Remarks on the Speculation of Mr. GODWIN, M. CONDORCET and other writers. London 1798 (dt. Übersetzung von C.M. BARTH, München 1977)

MARSCHALCK, P.: Deutsche Überseewanderung im 19. Jahrhundert. Ein Beitrag zur soziologischen Theorie der Bevölkerung. Schriftenreihe des Arbeitskreises für moderne Sozialgeschichte, Stuttgart (1973)

MASSEY, D.S. u.a.: Theories of International Migration. Population and Development Review 19 (1993), S. 431-466

McDOWELL, L.: Life without Father and Ford: the New Gender Order of Post-Fordism. Transactions Institute of British Geogr., N.S. 16 (1991), S. 400-419

McGLASHAN, N.D. u.a.: Omran's Omission? The Fourth Stage of the Epidemiological Transition. In: FRICKE, W.; SCHWEIKART, J. (Hrsg.): Krankheit und Raum. Erdkundliches Wissen 115. Stuttgart (1995), S. 119-135

MEIER-BRAUN, K.-H.: Auf dem Weg zur multikulturellen Gesellschaft? Zeitschrift für Kulturaustausch 41 (1991), S. 9-26

MERTINS, G.; LEIB, J.: Räumlich differenzierte Formen der spanischen Arbeitsemigration nach Europa. Marburger Geogr. Schriften 84 (1981), S. 255-276

MESAROVIC, M.; PESTEL, E.: Menschheit am Wendepunkt. 2. Bericht an den Club of Rome zur Weltlage. Stuttgart 1974

MEUSBURGER, P.: Bildungsgeographie. Wissen und Ausbildung in der räumlichen Dimension. Heidelberg, Berlin 1998

MEYNEN, E.; HAMMERSCHMIDT, A.: Die Bevölkerungsdichte in der Bundesrepublik Deutschland (Stand 6.6.1961) nach naturräumlichen Einheiten. Ber. z. Dt. Landesk. 39 (1967), S. 138-170

MITTERAUER, M.: Der Mythos von der vorindustriellen Großfamille. In: MITTERAUER, M. u. SIEDER, R. (Hrsg.): Vom Patriachat zur Partnerschaft. Zum Strukturwandel der Familie. München (1977), S. 38-65

MONHEIM, H.: Zur Attraktivität deutscher Städte. Einflüsse von Ortspräferenzen auf die Standortwahl von Bürobetrieben. WGI-Ber. z. Regionalforschung 8. München 1972

MONTANARI, A.; CORTESE, A.: South to North Migration in a Mediterranean Perspective. In: KING, R. (Ed.): Mass Migrations in Europe. London (1993), S. 212-233

MOROKVASIC, M.; RUDOLPH, H. (Hrsg.): Wanderungsraum Europa. Menschen und Grenzen in Bewegung. Berlin 1994

MUELLER, U.: Bevölkerungsstatistik und Bevölkerungsdynamik. Berlin u. New York 1993

MÜLLER-WILLE, W.: Gedanken zur Bonitierung und Tragfähigkeit der Erde. Westfäl. Geogr. Stud. 35 (1978)

MÜNZ, R.; ULRICH, R.: Demographische Entwicklung in Ostdeutschland und in ausgewählten Regionen. Zeitschrift f. Bevölkerungswiss. 19 (1993-94), S. 475-515

NAUKKARINEN, A.: The Application of Areal Demographic Development Types to Population Projections - a Case Study on Northern Ostrobothnia, Finland. Fennia 125 (1973)

NEVILLE, W.: Singapore: Ethnic Diversity and its Implications. A.A.A.G. 56 (1966), S. 236-253

NEVILLE, W.: Singapore. Ethnic Diversity in an Interventionist Milieu. In: ROSEMAN, C.C.; LAUX, H.D.; THIEME, G. (Eds.): EthniCity. Lanham, London (1996), S. 251-281

NEWLING, B.E.: The Spatial Variation of Urban Population Densities. G. Rev. 59 (1969), S. 242-252

NIPPER, J.: Mobilität der Bevölkerung im Engeren Informationsfeld einer Solitärstadt. Eine mathematisch-statistische Analyse distanzieller Abhängigkeiten, dargestellt am Beispiel des Migrationsfeldes der Stadt Münster. Giessener Geogr. Schriften 33 (1975)

NOIN, D.: Géographie de la population. Paris u.a. 2. Aufl. 1988 (1. Aufl. 1979)

NOIN, D.: La baisse de la fécondité dans le monde. Annales de Géographie 50 (1991), S. 257-272

NOIN, D.: Atlas de la population mondial. Montpellier, 2. Aufl. 1996

NOIN, D.; THUMERELLE, P.-J.: L'étude géographique des populations. Paris 1993

NORDSTRÖM, O.: Verteilung der Altersklassen und Geschlechter in den verschiedenen Gesellschaftsgruppen im südöstlichen Schweden von 1800 - 1910. Lund Studies in Geography B 10 (1953)

NUCCI, A.; LONG, L.: Spatial and Demographic Dynamics of Metropolitan and Non-metropolitan Territory in the United States. International Journal of Population Geography 1 (1995), S. 165-181

NUSCHELER, F.: Internationale Migration. Flucht und Asyl. Grundwissen Politik 14. Opladen 1995

ÖBERG, S.; SPRINGFELDT, P. (Eds.): National Atlas of Sweden. The Population. Stockholm 1991

OGDEN, P.E.: Population Geography. Progress in Human Geography 22 (1998), S. 105-114

OMRAN, A.R.: The Epidemiologic Transition. A Theory of the Epidemiology of Population Change. Milbank Memorial Fund Quarterly 49 (1971), S. 509-538

OMRAN, A.R.: Epidemiologic Transition in the United States - The Health Factor in Population Change. Population Bulletin 32 (1977)

PAESLER, R.: Urbanisierung als sozialgeographischer Prozeß - dargestellt am Beispiel südbayerischer Regionen. Münchner Studien zur Sozial- und Wirtschaftsgeographie 12 (1976)

PALM, R.: An Index of Household Diversity. T.E.S.G. 67 (1976), S. 194-201

PENCK, A.: Das Hauptproblem der physischen Anthropogeographie. Sitzungsberichte der Preuß. Akad. d. Wiss. XXII (1924), S. 242-257

PENCK, A.: Das Hauptproblem der physischen Anthropogeographie. Zeitschr. f. Geopolitik 2 (1925), S. 330-348

PETERSEN, W.: A General Theory of Migration. American Sociological Rev. 23 (1958), S. 256-266

PFAU-EFFINGER, B.: Erwerbsbeteiligung von Frauen im europäischen Vergleich. Am Beispiel von Finnland, den Niederlanden und Westdeutschland. Informationen z. Raumentwicklung (1995), S. 49-60

PICHERAL, H.: La transition sanitaire dans le monde. Bulletin Ass. Géogr. Franc. 73 (1996), S. 75-85

PLANE, D.A.; ROGERSON, P.A.: The Geographical Analysis of Population. With Applications to Planning and Business. New York u.a. 1994

POPULATION REFERENCE BUREAU, Washington D.C. (Ed.): World Population Data Sheet. Jährliche Ausgaben

PÖRTGE, K.-H.: Der Mittelpunkt Deutschlands. Eine unendliche Geschichte. Pädagogische Hochschule Erfurt, PH Report 7, 3 (1997)

PROTHERO, R.M.: Migrants and Malaria. London 1965

PUMAIN, D.: Les migration interrégionales de 1954 à 1982. Directions préférentielles et effets de barrière. Population 41 (1986), S. 378 -389

RATZEL, F.: Anthropogeographie. Zweiter Teil: Die geographische Verbreitung des Menschen. Stuttgart 1891

RAVENSTEIN, E.G.: The Laws of Migration. Journal of the Royal Statistical Society 48 (1885), S. 167-227 u. 52 (1889), S. 241-301

RAVENSTEIN, E.G.: Lands of the Globe still Available for European Settlement. Proccedings of the Royal Geographical Society 13 (1891), S. 27-35

REES, P.: Multiregional Mathematical Demography. Theories and Issues. Environment and Planning A15 (1983), S. 1571-1583

REES, P.H.; STILWELL, J.S.C.; CONVEY, A.; KUPISZEWSKI, M. (Eds.): Population Migration in the European Union. London 1996

ROBINSON, A.H.; LINDBERG, J.B.; BRINKMAN, L.W.: A Correlation and Regression Analysis applied to Rural Farm Population Densities in the Great Plains. A.A.A.G. 51 (1961), S. 211-221

ROBINSON, W.C.: The Economic Theory of Fertility over Three Decades. Population Studies 51 (1997), S. 63-74

ROGERS, A.: Regional Population Projection Models. Beverly Hills u.a. 1985

ROGERS, A.: Multiregional Demography. Chichester 1995

ROGERSON, P.A.: Changes in U.S. National Mobility Levels. The Professional Geographer 39 (1987), S. 344-351

ROSEMAN, C.C.: Migration as a Spatial and Temporal Process. A.A.A.G. 61 (1971), S. 589-598

ROSEMAN, C.C.; LAUX, H.D.; THIEME, G. (Eds.): EthniCity. Geographic Perspectives on Ethnic Change in Modern Cities. Lanham/Maryland, London 1996

RÜCKERT, G.R.: Die Kinderzahl der Ehen in der Bundesrepublik Deutschland im Intergenerationenvergleich. In: TEGTMEYER, H. (Hrsg.): Soziale Strukturen und individuelle Mobilität. Schriftenreihe des Bundesinstituts für Bevölkerungsforschung 6 (1979), S. 319-336

RUHL, G.: Das Image von München als Faktor für den Zuzug. Münchener Geogr. Hefte (1971)

RUPPERT, K.; SCHAFFER, F.: Zur Konzeption der Sozialgeographie. Geogr. Rdsch. 21 (1969), S. 205-214

RUTZ, W.: Methoden zur quantitativen Kennzeichnung von Staaten nach ihrer ethnischen Struktur. T.E.S.G. 61 (1970), S. 306-311

SACKMANN, R.; HÄUSSERMANN, H.: Do Regions Matter? Regional Differences in Female Labour-Market Participation in Germany. Environment and Planning A 26 (1994), S. 1377-1396

SADIK, N.. Weltbevölkerungsbericht 1990. Entscheidungen für das nächste Jahrhundert. Bonn 1990

SAHNER, W.: Unterschiede der Bevölkerungskonzentration in der Bundesrepublik Deutschland. Raumforschung u. Raumordnung 19 (1961), S. 201-205

SASSEN, S.: Migranten, Siedler, Flüchtlinge. Von der Massenauswanderung zur Festung Europa. Frankfurt a.M. 1996

SAUVY, A.: Théorie générale de la population. Paris 1966. (Engl. Übersetzung: General Theory of Population. London 1969)

SCHAFFER, F.: Untersuchungen zur sozialgeographischen Situation und regionalen Mobilität in neuen Großwohngebieten am Beispiel Ulm-Eselsberg. Münchner Geogr. Hefte 32 (1968)

SCHARLAU, K.: Bevölkerungswachstum und Nahrungsspielraum. Geschichte, Methoden und Probleme der Tragfähigkeitsuntersuchungen. Veröffentl. d. Akad. f. Raumforschung u. Landesplanung, Abh. 24 (1953)

SCHLÜTER, O.: Die Ziele der Geographie des Menschen. München, Berlin 1906

SCHMID, J.: On Contemporary Demographic Structures in Europe. The Explanatory Power of Economic and Sociological Frameworks. Zeitschrift f. Bevölkerungswiss. 14 (1988), S. 115-132

SCHMID, J.: Bevölkerungswachstum und Entwicklungsprozeß in der Dritten Welt. In: OPITZ, P.J. (Hrsg.): Weltprobleme. 3.Aufl., Bonn 1990, S. 25-51

SCHÖLLER, P.: Leitbegriffe zur Charakterisierung von Sozialräumen. In: RUPPERT, K. (Hrsg): Zum Standort der Sozialgeographie. Wolfgang Hartke zum 60. Geburtstag. Münchner Studien zur Sozial- und Wirtschaftsgeographie 4 (1968), S. 177-184

SCHÖLLER, P.: Probleme der Bevölkerungsgeographie in Japan und Deutschland. Geogr. Zeitschr. 58 (1970), S. 35-40

SCHUBNELL, H.: Der Geburtenrückgang in der BRD. Die Entwicklung der Erwerbstätigkeit von Frauen und Müttern. Schriftenr. des Bundesmin. f. Jugend, Familie u. Gesundheit 6 (1973)

SCHULTHEIS, F.: Quadratur und Zirkel: familienpolitische Instrumente im Dienst der Bevölkerungspolitik. Eine Fallstudie. In: FICKL, S. (Hrsg.): Bevölkerungsentwicklung und öffentliche Haushalte. Frankurt a.M. u. New York 1991, S. 227-248

SCHWARZ, K.: Analyse der räumlichen Bevölkerungsbewegung. Veröffentl. d. Akad. f. Raumforschung u. Landesplanung, Abh. 58 (1969)

SCHWARZ, K.: Meßzahlen zur Beurteilung der räumlichen Verteilung der Bevölkerung im Bundesgebiet. Wirtschaft u. Statistik (1970), S. 337-342

SCHWARZ, K.: Methoden der Bevölkerungsvorausschätzung unter Berücksichtigung regionaler Gesichtspunkte. Taschenbücher z. Raumplanung 3 (1975)

SCHWARZ, K.: Regionale Unterschiede der Geburtenhäufigkeit. Schriftenr. des Bundesmin. f. Jugend, Familie und Gesundheit 63 (1979), S. 155-168

SCHWARZ, K.: Frauenerwerbstätigkeit im Lebenslauf gestern und heute. Zeitschrift f. Bevölkerungswiss. 19 (1993-94), S. 541-575

SCHWEITZER, W.; MÜLLER, G.: Interregionale Wanderungen in der Bundesrepublik Deutschland. Eine empirische Untersuchung gravitationstheoretischer Wanderungs-modelle. Zeitschrift für Bevölkerungswissenschaft 5 (1979), S. 439-453

SKODA, L.; ROBERTSON, J.C.: Isodemographic Map of Canada. Geographical Paper. Dep. of Energy, Mines and Resources 50 (1972)

SMIL, V.: How Many People Can the Earth Feed? Population and Development Review 20 (1994), S. 255-292

SOMMERFELDT-SIRY, P.: Regionale Erwerbsbeteiligung von Frauen 1972 und 1978 in der Bundesrepublik Deutschland. Forschungen zur Raumentwicklung 18 (1990)

SORRE, M.: Les fondements de la géographie humaine. Tome II: Les fondements techniques. Paris 1948

STASZEWSKI, J.: Vertical Distribution of World Population. Polish Academy of Sciences. Institute of Geography. Geographical Studies 14 (1957)

STASZEWSKI, J.: Die Verteilung der Bevölkerung der Erde nach dem Abstand zum Meer. P.M. 103 (1959), S. 207-215

STASZEWSKI, J.: Bevölkerungsverteilung nach den Klimagebieten von W. KOPPEN. P.M. 105 (1961), S. 133-138

STATISTISCHES BUNDESAMT: Bevölkerung und Wirtschaft 1872-1972, Stuttgart, Mainz 1972

STEGMANN, D.: Lebensverläufe Alleinerziehender in West- und Ostdeutschland. Materi-alien zur Bevölkerungswiss. 82e, Wiesbaden 1997

STEIGENGA, W.: Enkele aantekeningen betreffende bevölkingsdichtheidskaarten naar annleiding von een zeventig jaar oude kaart von J. KUPYER. Tijdschr. v. h. koningl. nederl. aardrijksk. Genootsch. 80 (1963), S. 144-157

STEINBERG, H.-G.: Die Entwicklung des Ruhrgebietes von 1840 bis 1914 aus der Sicht der Raumforschung. In: Raumordnung im 19. Jahrhundert. Forschungs- und Sit-zungsberichte d. Akademie f. Raumforschung und Landesplanung 30 (1965), S. 175-244

STEWART, J.Q.: Empirical Mathematical Rules Concerning the Distribution and Equili-brium of Population. G. Rev. 37 (1947), S. 461-485

STIENS, G.; GATZWEILER, H.P.: Regionale Unterschiede der Sterblichkeit in der Bundes-republik Deutschland. In: PUTZ, F. U. SCHWARZ, K. (Hrsg.): Neuere Aspekte der Sterblichkeitsentwicklung. Wiesbaden 1984, S. 165-191

STOUFFER, S. A.: Intervening Opportunities: A Theory Relating Mobility and Distance. American Sociological Rev. 5 (1940), S. 845-857

STREET, J.M.: An Evaluation of the Concept of Carrying Capacity. The Professional Geographer 21 (1969), S. 104-107

STRUCK, E.: Migration Patterns and the Effects of Migration on Household Structure and Production in an East Anatolian Village. T.E.S.G. 79 (1988), S. 210-219

SZABADY, E.; TEKSE, K.; PRESSAT, R.: La population des pays socialistes européens. I. La fécondité. Population 21 (1966), S. 941-970

SZELL, G. (Hrsg.): Regionale Mobilität. Nymphenburger Texte zur Wissenschaft. Modelluniversität 10 (1972)

TERMOTE, M.: Wanderungsmodelle. In: SZELL, G. (Hrsg.): Regionale Mobilität. Nymphenburger Texte zur Wissenschaft. Modelluniversität 10 (1972), S. 141-175

THISTLETHWAITE, F.: Europäische Überseewanderung im 19. und 20. Jahrhundert. In: KÖLLMANN, W.; MARSCHALCK, P. (Hrsg.): Bevölkerungsgeschichte. Köln (1972), S. 323-355

TOEPFER, H.: Die türkischen Arbeitnehmergesellschaften. Geogr. Rdsch. 35 (1983), S. 61-66

TREWARTHA, G.T.: A Case for Population Geography. A.A.A.G. 43 (1953), S. 71-97

TROLL, C.; PAFFEN, K.H.: Karte der Jahreszeiten-Klimate der Erde. Erkd. 18 (1964), S. 5-28

UNGERN-STERNBERG, R. V.; SCHUBNELL, H.: Grundriß d. Bevölkerungswissenschaft. Stuttgart 1950

VANBERG, M.: Kritische Analyse der Wanderungsforschung in der BRD. Institut f. Soziologie, Technische Universität Berlin. Arbeitsh. 3, Arbeitsgruppe Wanderungsforschung 2 (1971)

VARIS, E.: Facing Transition in Rural Hungary - a Case Study of an Agricultural Village. Fennia 156, 2 (1998), S. 259-300

VEYRET-VERNER, G.: Un nouvel indice démographique, l'indice de vitalité. Rev. de Géogr. Alpine 46 (1958), S. 333-342

VEYRET-VERNER, G.: Populations vieillies. Types, variétés des processus et des incidences sur population adulte. Rev. de Géogr. Alpine 59 (1971), S. 433-456

VINING, D.R. JR.; STRAUSS, A.: A Demonstration that the Current Deconcentration of Population in the United States is a Clean Break with the Past. Environment and Planning A 9 (1977), S. 751-758

VOGELSANG, R.: Ein Schema zur Untersuchung und Darstellung ethnischer Minoritäten erläutert am Beispiel Kanadas. Geogr. Zeitschrift 73 (1985), S. 145-162

WAGNER, H.: Allgemeine Betrachtungen und historische Rückblicke. P.M. Erg.h. 35 (1874), S. 1-8

WANDER, H.: Ökonomische Theorien des generativen Verhaltens. Schriftenr. des Bundesmin. f. Jugend, Familie und Gesundheit 63 (1979), S. 61-76

WARNES, A.M.: Demographic Aging: Trends and Policy Responses. In: NOIN, D.; WOODS, R. (Eds.): The Changing Population of Europe. Oxford (1993), S. 82-99

WEBB, J.W.: The Natural and Migrational Components of Population Changes in England and Wales, 1921-1931. Econ. Geogr. 39 (1963), S. 130-148

WEBER, B.: Sozialräumliche Gliederung des Siegerlandes seit der Mitte des 19. Jahrhunderts. Arb. Z. Rhein. Landesk. 43 (1977)

WEBER, E.: Gegenstand, Stellung und Aufgaben der Bevölkerungsgeographie. Wissenschaftl. Zeitschr. Der Friedrich-Schiller-Universität. Math.-Nat. Reihe 19 (1970), S. 781-794

WEBER, E.; BENTHIEN, B; KÄNEL, A: Einführung in die Bevölkerungs- und Siedlungsgeographie. Gotha, 3. Aufl., Leipzig 1986

WEBER, P.: Geographische Mobilitätsforschung. Erträge der Forschung 179. Darmstadt 1982

WEIDLICH, W; HAAG, G. (Hrsg.): Interregional Migration. Dynamic Theory and Comparative Analysis. Berlin u.a. 1988

WHITE, P.: Ethnic Minority Communities in Europe. In: NOIN, D.; WOODS, R. (Eds.): The Changing Population of Europe. Oxford (1993), S. 206-225

WHITE, P.; JACKSON, P.: Research Review I. (Re)theorising Population Geography. International Journal of Population Geography 1 (1995), S. 111-124

WILLCOX, W.F.: Increase in the Population of the Earth and of the Continents Since 1650. In: WILLCOX, W.F. (Ed.): International Migrations II. Interpretations. New York 1931

WINCHESTER, H.P.M. (1990): Women and Children Last: the Poverty and Marginalization of One-Parent Families. Transactions Institute of British Geographers, New Series 17, S. 70-86

WINGEN, M.: Familienpolitik. Grundlagen und aktuelle Probleme. Schriftenreihe Bundeszentrale f. polit. Bildung 339. Bonn 1997

WINIGER, M.: Die Bestimmung des natürlichen Potentials und dessen Inwertsetzung im Gebiet des Mount Kenya. Geomethodica 11 (1986), S. 177-216

WINKLER, G. (Hrsg.): Sozialreport '90. Daten und Fakten zur sozialen Lage in der DDR. Berlin 1990

WIRTH, E.: Theoretische Geographie. Stuttgart 1979 (= Teubner Studienbücher der Geographie)

WITT, W.: Bevölkerungskartographie. Veröff. der Akademie f. Raumforschung u. Landesplanung, Abhandl. 63, Hannover 1971

WITTHAUER, K.: Verteilung und Dynamik der Erdbevölkerung. P.M. Erg.h. 272 (1969)

WOLPERT, J.: Behavioral Aspects of the Decision to Migrate. The Regional Science Association. Papers 15 (1965), S. 159-169

WOODS, R.: Population Analysis in Geography. London, New York 1979

WOODS, R.: Theoretical Population Geography. London, New York 1982

WOODS, R.; REES, Ph. (Eds.): Population Structures and Models. Development in Spatial Demography. London 1986

WRIGLEY, E.A.: Geography and Population. In: CHORLEY, R.J.; HAGGETT, P. (Eds.): Frontiers in Geographical Teaching. London (1965), S. 62-80

WRIGLEY, E.A.: Bevölkerungsstruktur im Wandel. Methoden und Ergebnisse der Demographie. München 1969

ZELINSKY, W.: Changes in the Geographical Patterns of Rural Population in the United States 1790-1960. Geogr. Rev. 52 (1962), S. 492-524

ZELINSKY, W.: The Hypothesis of the Mobility Transition. Geogr. Rev. 61 (1971), S. 219-249

ZELINSKY, W.; KOSIŃSKI, L.A.; PROTHERO, R.M. (Eds.): Geography and a Crowding World. A Symposium on Population Pressures upon Physical and Social Resources in the Developing Lands. New York 1970

ZIELKE, E.: Die Japaner in Düsseldorf. Manager-Mobilität, Voraussetzungen und Folgen eines Typs internationaler geographischer Mobilität. Düsseldorfer Geogr. Schriften 19 (1982)

ZIPF, G.K.: The P_1P_2/D Hypothesis: On the Intercity Movement of Persons. American Sociological Rev. 11 (1946), S. 677-686

ZLOTNIK, H.: International Migration 1965-96: An Overview. Population and Development Review 24 (1998), S. 429-468

Abkürzungen:

A.A.A.G.	= Annals of the Association of American Geographers
Econ. Geogr.	= Economic Geography
Erdk.	= Erdkunde. Archiv für wissenschaftliche Geographie
G. Rev.	= The Geographical Review
Geogr. Rdsch.	= Geographische Rundschau
Geogr. Ann.	= Geografiska Annaler
P.M.	= Petermanns Geographische Mitteilungen
T.E.S.G.	= Tijdschrift voor Economische en Sociale Geografie

Sachverzeichnis